Arrebatos Carnales

FRANCISCO
MARTÍN MORENO

Arrebatos Carnales

Planeta

© 2009, Francisco Martín Moreno

Derechos reservados

© 2009, Editorial Planeta Mexicana, S.A. de C.V.
Bajo el sello editorial PLANETA M.R.
Avenida Presidente Masarik núm. 111, 2o. piso
Colonia Chapultepec Morales
C.P. 11570 México, D.F.
www.editorialplaneta.com.mx

Primera edición: noviembre de 2009
Décima segunda reimpresión: marzo de 2011
ISBN: 978-607-07-0273-0

Impreso en los talleres de Litográfica Cozuga, S.A. de C.V.
Av. Tlatilco núm. 78, colonia Tlatilco, México, D.F.
Impreso y hecho en México – *Printed and made in Mexico*

AGRADECIMIENTOS

¿Cómo no comenzar con Beatriz? Claro, otra vez Beatriz, siempre Beatriz, quien en esta ocasión no solo me volvió a obsequiar su generosa paciencia a la hora de escuchar mis planteamientos, alternativas y soluciones, sino porque también dedicó una buena parte de su tiempo en la purga de los textos de modo que la redacción fuera fluida, no decayera la tensión de la trama y se evitaran repeticiones innecesarias. Le agradezco una vez más que no tenga el menor sentimiento de piedad a la hora de leer mis trabajos.

Beatriz jugó además un papel muy importante en el momento final de la selección del título, porque yo había propuesto *Arrebatos carnales y otras efemérides mexicanas* y sin embargo me convenció de la conveniencia de suprimir la segunda parte, punto de acuerdo en el que concluimos mis editores y yo.

A Erick Llamas, una joven promesa entre los investigadores mexicanos de la historia patria.

A Carolina, mi eterna asistente, por su comprensión y tolerancia en los difíciles momentos de la mecanografía.

UN PAR DE PÁRRAFOS A MODO DE PRÓLOGO

Abordar la vida de grandes personajes, no sólo de México sino de todo el mundo, en cualquier tiempo, implica invariablemente un desafío. Lo asumí con el propósito de exhibirlos a la luz pública en una textura diferente a la expuesta en las enciclopedias, en los libros de texto y, por supuesto, en los manuales de confusión redactados por los eternos narradores de la historia oficial que han subsistido sin mayores penas, al cobrar en las interminables listas de nómina de los enemigos de México.

Morelos, por ejemplo, cuenta con miles de calles que con justicia llevan su nombre. Existe un sinnúmero de estatuas con su imagen; su vida y su gesta heroica aparecen en almanaques, ensayos, textos de diferente naturaleza, novelas y libros en general. En la inmensa mayoría de ellos se proyecta como el magnífico héroe de la Independencia, como en realidad fue en términos indiscutibles. ¡Claro que sí, nadie como él! Pero, ¿por qué, en lugar de analizar estrictamente su figura histórica, no exponemos su existencia como la de un hombre con las fortalezas y debilidades de un personaje de carne y hueso? ¿O acaso no llegó a sentir una gran atracción por el sexo opuesto? Por supuesto que vivió pasiones intensas, las de un ser humano enamorado de la vida, y compartió sinsabores y éxitos con diversas mujeres. ¿Por esta razón dejaría de ser uno de los grandes forjadores de México? Entonces, ¿por qué hacer de él una figura cuasi religiosa, carente de sentimientos como si el hecho de tenerlos denigrara su personalidad o provocara decepciones entre sus admiradores y seguidores? Es evidente que Morelos vivió romances que hicieron girar radicalmente el rumbo de su existencia. El hecho de divulgarlos no empequeñece su figura, sino que la aumenta de manera exponencial al revelar la circunstancia en que desarrolló su carrera política, religiosa y militar.

La pareja, la compañía, el ser amado, fuera hombre o mujer, tuvo que jugar un papel muy importante en los acontecimientos, como sin duda es el caso de cualquiera de nuestros semejantes. Resulta inadmisible estudiar las biografías de los grandes personajes de nuestra historia con un criterio moralista o religioso que excluya sus inclinaciones sentimentales o ignore los arrebatos carnales en que pudieron haber caído, víctimas de una obnubilación permanente o pasajera. El amor constituye la columna vertebral de las relaciones humanas. ¿Adónde se va en la vida sin un cómplice con quien se comparten secretos exquisitos en la cama?

Si se trata de investigar al gran protagonista de un episodio histórico, resulta imperativo describir el contexto amoroso en que se desempeñaron la monja, el revolucionario, el político reformador, el emperador, el líder de la Independencia o el dictador para poder comprender a cabalidad sus obstáculos e impedimentos, que una vez salvados le permitieron alcanzar sus objetivos y justificar con ello su existencia. ¿Por qué omitir esta parte del relato sólo para caer en los terrenos de la hipocresía donde germina la confusión? ¿Por qué un novelista tiene que convertirse en otro mojigato, en un santurrón, en un comediante mendaz que aprueba la falsedad, la simulación y la beatería? Me niego: no dedico mi vida a la historia y a las letras para ser etiquetado como un fariseo más... Por dicha razón me atreví a meterme en las alcobas de Sor Juana, Porfirio Díaz, Vasconcelos, Villa, Morelos y hasta en la habitación imperial de Maximiliano, porque Carlota nunca lo acompañó en el lecho durante su breve estancia en el Castillo de Chapultepec.

Si el amable lector que pasa la vista generosamente por estas líneas desea acompañarme a descubrir secretos ignorados durante siglos, los mismos que conocí oculto en armarios o escondido debajo de la cama o en la sala de baño o disfrazado para entrar o salir de las tiendas de campaña militar, y se ha armado del debido valor para conocer la cara oculta de los amores y desamores vividos por algunos de los grandes protagonistas de la historia, pase la página y comience por imaginar a la emperatriz Carlota destrozada, sentada en un sillón de seda verde cosido con brocados de hilo de oro, en tanto recordaba sus años de soltera en la corte de Bélgica, con la mirada clavada en la inmensidad del Valle de México, enmarcado por los volcanes, cuyos nombres nunca pudo pronunciar correctamente...

Maximiliano y Carlota
AMORES Y DESAMORES IMPERIALES

A Francisco Betancourt, el hombre generoso que
obsequia palabras de aliento cuando más se necesitan.

Ven, ven, toma una silla, sí, aquélla, la de bejuco, la que se encuentra al fondo, mi preferida, la de mis más felices recuerdos. Yo conservo una, la otra se perdió en la noche de los tiempos cuando Maximiliano abandonó para siempre su pequeño Trianón, mejor dicho, nuestro pequeño Trianón, construido en Acapatzingo, Morelos, en donde volvimos a vivir días de apasionado amor como en los felices años cuando éramos adolescentes y mi tío Enrique Bombelles nos educaba en los suntuosos palacios de Viena.

Ven, ven, te cuento, ¿sabías que Maximiliano de Habsburgo era nieto de Napoleón, sí, el emperador de los franceses y rey de Italia? ¿Sabías que Maximiliano era homosexual, pero que además disfrutaba compartir el lecho con mujeres? ¿Sabías que a partir de su llegada a México y varios años atrás, la pareja real nunca volvió a dormir en la misma cama y que las historias de amor respecto a su eterno idilio eran totalmente falsas? ¿Sabías que cuando Carlota abandonó México para no volver jamás y viajó por Europa movida supuestamente por el deseo de convencer a Napoleón III y al Papa Pío Nono de las consecuencias de abandonar a su suerte al Segundo Imperio Mexicano, en realidad la emperatriz huía del país para ocultar un embarazo, cuya paternidad era completamente ajena a Maximiliano, quien nunca reconoció al hijo bastardo que su esposa diera a luz el 21 de enero de 1867? ¿Sabías que la así llamada locura de Carlota no era sino una estrategia para excluirla y excluirse de la sociedad y esconder así su estado de gravidez? ¿Sabías que mientras Carlota *negociaba* en Francia la salida de las tropas francesas del territorio mexicano en el verano de 1866, *la India Bonita*, Concepción Sedano, una de las amantes de Maximiliano, daba a luz a un hijo de ambos en Cuernavaca? ¿Cuál fidelidad entre la famosa pareja real...? Sí, en efecto, cornudos ambos...

¿Sabías, sabías, sabías...?

Ven, ven, acércate, confía en mí, no te dejes impresionar por las terribles condiciones de miseria en las que vivo desde que el emperador Francisco José, medio hermano mayor de Maximiliano, me excluyó de la corte sin detenerse a considerar que me sepultaba en la pobreza. ¡Cómo olvidar cuando mi Maxi me nombró coronel comandante de la Guardia Palatina en el Segundo Imperio Mexicano o cuando, a mi regreso de México, el propio Francisco José me acogió para elevarme a la categoría de Gran Chambelán de la casa del archiduque Rodolfo. No, el agradecimiento no es un sentimiento que anide en la aristocracia.

Yo, Carlos Bombelles, el conde Carlos Bombelles, título de nobleza heredado de mi padre, escúchame bien, fui el primer hombre que besó a Maximiliano escondidos en cualquiera de los cuartos del castillo de Schönbrunn en 1840, cuando ambos contábamos con tan sólo ocho años de edad. Todo comenzó como una travesura sin que yo imaginara, por mi corta edad, la trascendencia de disfrutar semejantes relaciones con el heredero al trono austriaco, en el caso de que llegara a faltar Francisco José. En aquella feliz coyuntura que yo jamás olvidaré, intercambiamos besos esquivos y juguetones en la boca antes de reventar entre carcajadas sin que pudiéramos vernos a la cara congestionada por el rubor. Justo es reconocerlo, nuestra inocencia nos impidió llegar a las caricias y a la adopción de papeles propios del niño o de la niña, episodios que se darían después cuando la pasión y la madurez, la plena conciencia de los poderes ocultos de nuestros cuerpos, irrumpieran en nuestras vidas con la fuerza de un huracán.

Maxi y yo, al final niños, corríamos a lo largo de los interminables pasillos del castillo rompiendo con cualquier protocolo y sin tomar en cuenta que tal vez heríamos la memoria de María Teresa, su real alteza imperial, la archiduquesa de Austria y reina de Hungría y Bohemia, un siglo atrás. No, nada nos detenía: de la misma manera en que nos correteábamos en medio de un griterío ensordecedor por las galerías y salones, de cuyos techos colgaban enormes candiles decorados con miles de brillantes, auténticas arañas de vidrio, y retozábamos sobre inmensos tapetes persas sin percatarnos de la presencia de varios gobelinos descoloridos que contenían diversos pasajes heroicos de la historia del Sacro Imperio Romano, salíamos de golpe al jardín francés o al inglés o al botánico, hasta llegar al grito de «salchicha el último», a la glorieta en donde se encontraba el gran parterre. Nunca dejamos de sorprendernos por los extraños animales que alojaba el zoológico, extraídos, según las apariencias, de antiguas fábulas, ni nos explicábamos por qué a los mayores les llamaba tanto la atención las ruinas romanas ahí todavía existentes, o bien la fuente con un gran obelisco. Para nosotros, alegres chamacos, todo era diversión en aquellos exquisitos espacios construidos por generaciones de austriacos ilustres, ávidos de lujo, boato, bienestar y trascendencia política.

Nos cansamos de visitar las recámaras habitadas, en su momento, por Napoleón Bonaparte, el invicto general invasor, al igual que aquellas en las que fallecería su propio hijo, Napoleón Francisco José Carlos Bonaparte, mejor conocido como Franz, al cumplir tan sólo veintidós años de edad. Uno de los secretos mejor guardados en la corte austriaca fue, sin duda alguna, la relación que sostuvo la archiduquesa Sofía con el joven Bonaparte, Napoleón II, *el Aguilucho*, el rey de Roma, no sólo por su físico, sino por su sensibilidad y talento, muy a pesar de estar casada de acuerdo con la ley y la Iglesia con Francisco Carlos, *el Bombón* o *el Bonachón*, un imbécil, incapaz de juntar ambas manos para producir un breve aplauso. Sofía de Baviera ya había sucumbido al poder de los intereses políticos impuestos por la realeza y había dado a luz a Francisco José, el futuro emperador austrohúngaro, en la inteligencia de que contraer nupcias con un Habsburgo de la más pura cepa, por más taras que éste exhibiera, de ninguna manera constituía un objetivo menor...

Maximiliano, mi íntimo amigo de correrías infantiles, conocería mucho tiempo después la identidad de su propio padre, Napoleón II, quien había muerto de pulmonía agravada por una avanzada tuberculosis, dieciséis días después de que Maxi, mi Maxi, llegara a este mundo. Sofía no ocultó el profundo dolor que le produjo el precoz fallecimiento de su ilustre amante, el adorado Aguilucho, de cuyo lecho mortuorio sólo pudo ser apartada cuando las contracciones del parto anunciaron el nacimiento de Maximiliano, obligándola a retirarse para dar a luz al real bastardo el 6 de julio de 1832.

Napoleón II, agonizante, sabiendo de sobra que se le escaparía la vida en cualquier suspiro prolongado, todavía contó con tiempo para redactar una carta dirigida a su hijo, el futuro Maximiliano de Habsburgo, emperador de México, a quien, bien lo sabía él, ya no vería crecer ni reír ni llorar ni jugar ni trepar ni soñar ni dormir...

Mi bien amado hijo:

Yo, vuestro infortunado padre, me preparo a abandonar este mundo en el mismo instante en que vos acabáis de llegar a él. Este demonio de rostro humano, Metternich, se ha dado cuenta de que no he de vivir mucho tiempo. Mis locuras han sido provechosas a sus designios. Temo que sepa el secreto de vuestro nacimiento. Para preveniros en contra suya, escribo la presente carta, con la esperanza de que la conozcáis en un momento en que os sea posible pensar con libertad. Nada os dirá vuestra madre; ella considera una vergüenza el haber llevado a un hijo que es el nieto y el verdadero heredero del más grande hombre que ha existido, y un día os será dado cumplir vuestro destino.

Francia reclamará un día, para gobernarla, al descendiente directo del más grande de sus hijos, y cuando llegue ese día, deberéis proclamar en voz alta vuestro origen. Sois, en efecto, de sangre imperial por los dos costados.

Envío este cofrecito de joyas a vuestra madre, con la petición póstuma de que lo guarde para vos hasta el día en que lleguéis a ser adulto, y que entonces os lo entregue. Temo mucho que ella os calle siempre que éste es un regalo mío; tanto es lo que teme comprometerse.

Con todo, he encargado a dos de mis amigos os digan, cuando lleguéis a los veintiún años, que esta cajita era mía y que puede conferiros un gran poder. Espero que este simple mensaje despertará vuestra curiosidad lo suficiente para incitaros a romper el cofrecillo y descubrir mi carta.

Mi pobre espíritu ha llegado al límite de sus fuerzas. Sólo puedo orar para que un ángel bueno se encargue de aquella misión y para que se os haga justicia.

Vuestro padre que agoniza,

NAPOLEÓN II[1]

¡Claro que Maximiliano llegó a conocer el origen de su sangre real por ambos costados, pero se cuidó mucho de proclamarla en voz alta! Eran muchos y diversos los intereses políticos que estaban en juego. ¡Claro que nunca hizo referencia a ser el nieto del «hombre más grande que había existido»! ¡Claro que después de haber sido fusilado por el ejército liberal mexicano, el cadáver de Maximiliano fue amortajado y enviado a Europa para ser colocado en la cripta de los Capuchinos —el Escorial austriaco— junto al lugar en donde des-

[1] Toro, 1948: 150-151.

cansaba su verdadero padre, mientras que su abuelo pateaba una y otra vez su ostentoso ataúd en Los Inválidos, muy cerca del Sena, a un lado del pueblo que tanto amó...! ¿Cómo que su querido hijo y su nieto habían quedado sepultados entre austriacos cuando Franz, sobre todo Franz, un nombre invencible, su Aguilucho, era un francés de la más pura cepa, a quien el príncipe Metternich pensó en asesinar una y otra vez para evitar una nueva convulsión europea? ¡Cuidado con los Bonaparte...! Si algo pudo consolar al gran Napoleón en el más allá fue el hecho de saber y constatar cómo una mujer con el rostro oculto por una pañoleta negra depositaba, día con día, un ramo de flores frescas sobre el sarcófago del duque de Reichstag, su hijo. Nadie nunca sabría que se trataba de la archiduquesa Sofía que moriría eternamente enamorada de aquel joven, mezcla de Habsburgo y Bonaparte, nacido para dominar el mundo...

Sí, yo fui quien aceptó el penoso encargo de identificar el cadáver de mi amado, el heredero de Mayerling, cuando éste fue enviado de México. Después de la entrega de unas monedas de oro y de las súplicas vertidas por Maxi al pelotón de fusilamiento de modo que no le dispararan a la cara para no llegar con el rostro destrozado a Miramar, los soldados mexicanos cumplieron su palabra al pie de la letra, pero en cambio, la mayor parte de los tiros dieron precisamente en el blanco: en los testículos del emperador, como si quisieran darle una lección a los extranjeros que intentaran volver a invadir militarmente su país para gobernarlo por medio de las bayonetas.

—¡Hombre, hombre! —se dolía Maximiliano tirado en el piso con el rostro lleno de polvo mientras se cubría con ambas manos los genitales, en tanto que Aureliano Blanquet lo volteaba de cara al sol para dispararle dos tiros dirigidos al corazón.

—Este güerito sí que me salió cabrón —dijo el militar mexicano encargado de rematar al aristócrata—, no cualquiera resiste dos disparos de mi compañera inseparable —agregó sorprendido al tiempo que acariciaba la cacha de concha nácar de su pistola.

Pero bueno, querido amigo, no te hice venir a estas horas de la noche, en medio de una densa nevada alpina, para contarte la historia de los padres de Maximiliano, el amor de mi vida, sino para revelarte intimidades de esa famosa pareja real, cuyas relaciones amorosas no pudieron sino concluir en una escandalosa tragedia de proporciones previsibles, tal y como lo repitió hasta el cansancio la reina Victoria de Inglaterra.

El conde Carlos Bombelles narró entonces, a la luz de la llama de una vela parpadeante, la afición de Maximiliano por el mar, sus viajes a lugares remotos del Mediterráneo, sus visitas recurrentes a los puertos más pintorescos, donde desembarcaba goloso para dirigirse con paso apresurado a los mercados, con el fin de participar en las subastas de esclavos y esclavas, con quienes, una vez de su absoluta propiedad, organizaba espléndidas bacanales. Durante aquellos recorridos probó por primera vez el hachís hasta terminar posteriormente con el opio, el que ingirió en forma de pastillas hasta el mismo día de su fusilamiento.

Yo ya no estaba en México el día de su ejecución, pero supe que consumió una buena dosis antes de ser pasado por las armas del miserable bribón de Juárez, un apestoso indio enano que nunca supo ni imaginó ni entendió a quién mandó asesinar por más que hayan tratado de disimular el homicidio por medio de un juicio improvisado, tendencioso y perverso. ¡Con un millón de esos aborígenes zapotecos no haces ni medio Fernando Maximiliano, archiduque y príncipe real de Hungría y Bohemia, conde de Habsburgo y príncipe de Lorena, un legítimo heredero de los Hohenstauffen, descendiente de los duques de Borgoña, de Carlos V y nieto de José II...! ¿Me entendiste...? Mira que venir a perder la vida en México a manos de un indígena analfabeto... *Mon Dieu...* !

Pero volvamos al tema que nos ocupa. Cuando Maximiliano y Carlota fueron presentados en los elegantes salones de los palacios de Bélgica, ella contaba con dieciséis años de edad y él con tan sólo veinticuatro. Maxi no había podido olvidar todavía a la también joven princesa portuguesa Amalia de Braganza, recién fallecida, su gran amor hasta antes de conocer a Carlota, quien se entusiasmó desde un primer instante con la soberbia presencia de este magnético archiduque de elevada estatura, ojos verdes, piel blanca, la de la auténtica realeza europea, eternamente pálido, barba entre rojiza y rubia, partida en dos; frente amplia, despejada, manos bien cuidadas, dientes, eso sí, desiguales y con manchas cafés, de exquisitos modales, espléndida educación, un simpático conversador de semblante varonil y grave. Maxi atrajo de inmediato la atención de la hermosa heredera belga, la que se encargó de presionar a su padre, el rey Leopoldo, para que moviera sin tardanza alguna sus influencias a través de los canales diplomáticos, de modo que se precipitara, a la brevedad posible, la ceremonia matrimonial. ¡Cuidado con que otra doncella de las cortes europeas le pudiera arrebatar a este orgulloso vástago de la casa Habsburgo! El enlace fue provocado por Leopoldo para darle gusto a su hija, huérfana de madre desde los siete años de edad: «La niña quería marido, el papá quería un marqués, el marqués quería dinero, ya están contentos los tres.»

Debes saber, querido lector, que Carlota, una mujer políglota, estudiosa de cuestiones económicas, políticas y jurídicas, se casó profundamente enamorada. La emperatriz no se distinguió por su belleza ni poseía la fina y soberana elegancia de su marido, el archiduque y emperador. Si bien era alta, delgada, bien hecha, de bellos y expresivos ojos, de tez blanca y cabello negro, invariablemente se conducía con una actitud sombría, triste, sin que en ningún caso proyectara la imagen de una mujer dichosa ni entusiasta. Maxi, por su parte, contrajo nupcias profundamente interesado en la fortuna y en la dote que pagaría la casa real de Bélgica el día del intercambio de las argollas. No se equivocó. Recibió tres millones de francos, además del generoso obsequio de Leopoldo I a su querida hija. De esta transacción salieron los fondos para poder construir su famoso castillo en Miramar. Sin embargo, el desengaño no tardó en presentarse como si un telón se hubiera desprendido del techo estrellándose violentamente contra el piso. Bien pronto todo quedaría al descubierto exhibiendo a los actores en paños menores. Los primeros años de convivencia arrojaron datos contundentes: las personalidades de ambos resultaban evidentemente incompatibles. Carlota había sido preparada para gobernar, gozaba el ejercicio de la política, mientras que Maximiliano, a diferencia de sus tres hermanos formados en la línea militar, disfrutaba el ocio, *il dolce far niente*, caminar por el bosque, cazar mariposas y atrapar los más diversos tipos de insectos y de dípteros. Coleccionaba abejorros, sobre todo los tropicales, además de mayates, próturos, colémbolos, tisanuros, dipluros, odonatos, blactáreos, dermápteros, isópteros, neurópteros, hemípteros, sin olvidar a diversas especies de arácnidos y demás bichos vivientes por demás espantosos. ¡Qué horror...! Jamás el trabajo llamó tanto su atención como la lectura de poesía europea, invariablemente rodeado por la naturaleza, más aún si ésta era tropical como la de Cuernavaca. De gobernar ni hablemos...

El primer gran golpe, imprevisto, rudo y certero, la decepción de su existencia, se la llevó en pleno rostro Carlota cuando visitaron la isla de Madeira, durante la luna de miel. Lo acepto, lo concedo: Maxi cometió, en dicha ocasión, excesos imperdonables e indigeribles para una mujer tan joven e ingenua como su candorosa cónyuge. Cuando el amor de la pareja alcanzaba su máxima expresión llegó a oídos de ella que su marido había pasado la noche con tres musculosos esclavos negros provenientes del África septentrional, la mejor bacanal de nuestra existencia a la que yo también fui cordialmente invitado... La realidad, la auténtica verdad consistió en que no fueron tres, sino cuatro los esclavos que compramos para pasar varias noches con ellos, no sólo una. ¡Qué va...! Recuerdo que las velas escasamente alumbraban sus cuerpos fornidos, selváticos, los propios de fieras poderosas ejercitadas para matar. Algún hechizo especial sentimos Maxi y yo cuando acariciamos esos brazos semejantes a troncos de árbol y tocamos sus piernas talladas en maderas oscuras preciosas creadas por la naturaleza para no descansar jamás. Aquellos hombres jóvenes podían haber acabado con nosotros porque no parecían agotarse. Después de cada encuentro amoroso perdidos entre piernas, brazos, penes, lenguas sedientas, labios mordelones, cabezas y cabelleras, olores a rancio de mil siglos, ellos parecían adquirir nuevas fuerzas, con las que podrían habernos aniquilado de no ser porque Maxi y yo huimos oportunamente antes de desfallecer para siempre aprisionados por la musculatura de estos salvajes medio simios y medio humanos...

El golpe de muerte lo recibió Carlota cuando, a pesar del pleito en pleno viaje de novios —alguien, por supuesto, se ocupó de delatar nuestras felices andanzas—, Maximiliano y yo nos embarcamos juntos rumbo a Brasil, abandonando por un par de semanas a la recién casada en aquella isla atlántica. Nunca se lo perdonó a su marido. Volvimos de América lo más rápido posible, pero a partir de esos hechos tan significativos y no menos catastróficos, la pareja real volvió a compartir lecho de tarde en tarde, muy de tarde en tarde... Su relación matrimonial quedó severamente dañada. Los arrumacos eran ciertamente esporádicos. Si acaso Carlota aceptaba el intercambio carnal eventual, por cierto, era por un deseo tan fundado como justificado de conocer la dicha de la maternidad y también, claro está, de hacerse de un heredero que pudiera presidir el día de mañana el imperio austro-húngaro o el belga, según jugara la vida sus partidas imprevisibles...

No puedo dejar de hacer constar el odio y el resentimiento con los que la futura emperatriz castigaba mi presencia cuantas veces nos reunían las circunstancias. Suscribieron un pacto implícito en el que ocultarían ante terceros la desastrosa realidad de su relación con todo género de cartas y textos, unos más hipócritas que otros, a través de los cuales exhibirían al mundo la envidiable fortaleza de su matrimonio, las ligas románticas que los unían, la sólida identificación que disfrutaban, el intenso amor que se dispensaban recíprocamente, así como el promisorio futuro que ambos conquistarían mediante la suma de esfuerzos y facultades que concurrían en ambos. Sí, sí, lo que fuera, cualquier pretexto sería válido, pero Maxi no volvería a tocarla… ¿Estamos?

¿Con quién se sentía Maximiliano un auténtico rey, el emperador de Austria y de todas las Europas y de todos los continentes? ¿Con quién se sentía el amo del mundo? No lo pienses mucho, amable lector: conmigo, sólo conmigo, con Carlos Bombelles. Maximiliano y yo recordamos entre carcajadas las maldiciones lanzadas por Carlota con el rostro trabado, descompuesto, cuando nos hicimos a la mar sin considerar que se trataba de su luna de miel, el momento que una mujer espera durante una buena parte de su vida… ¿Su qué…? ¿Su luna de miel…? ¡Qué va…! ¡Nuestra luna de miel! En mi memoria sólo hay espacio para volver a vivir las caricias que intercambiamos Maxi y yo, los besos interminables cuando despertábamos fundidos en un abrazo, entrepiernados, sudorosos, hechizados por el lenguaje de nuestros cuerpos en el interior de nuestro camarote. ¡Cuánto admiraba y disfrutaba el rostro sereno de este singular Habsburgo, de escaso parecido napoleónico, cuando dormía apaciblemente durante la travesía! Éramos el uno para el otro. El contacto de su barba con mi rostro lampiño me enloquecía. ¡Claro que los integrantes de la tripulación nos miraban sorprendidos; eso sí, con la debida discreción! Nada nos importaba salvo entregarnos todos los días de navegación trasatlántica a los placeres de la piel, a intercambiar saliva, a estrecharnos hasta la asfixia, a contemplarnos extasiados, a acariciarnos el cabello el uno al otro, a adorarnos hasta el límite máximo de nuestra imaginación recurriendo a diversos objetos o posiciones que o nos reportaban mucho más allá del placer esperado, o bien nos hacían estallar en carcajadas, las mismas de aquellos tiempos cuando nos besamos por primera vez en los elegantes salones eternamente vestidos de etiqueta en el Palacio de Schönbrunn…

A partir de 1861, toda vez que el clero mexicano y sus huestes habían sido derrotados en la guerra de Reforma, Napoleón III propuso la candidatura de Maximiliano para hacerse cargo del gobierno mexicano, cuando mi Maxi llevaba escasamente cuatro años de casado y contaba con tan sólo veintinueve años de edad. Apenas había sido expulsado de Milán donde se desempeñaba nada menos que como virrey de Lombardía: una revolución nacionalista —de la que no fue ajeno el propio Napoleón III, quien la apoyó en secreto— lo obligó a abdicar para ir a buscar refugio en el castillo de Miramar, recién construido con el dinero de la dote pagada por el rey de Bélgica. Tiempo después comenzarían las visitas oficiales de los grupos conservadores y clericales interesados en la instalación del Segundo Imperio, tan pronto el ejército francés aplastó finalmente al mexicano, integrado por muertos de hambre, soldados liberales fatigados, exhaustos, escépticos, a raíz de la conclusión de la devastadora guerra de Reforma. Asistí al desfile de las máximas autoridades eclesiásticas mexicanas en Miramar como la del arzobispo Pelagio Antonio Labastida y Dávalos, quien posteriormente se haría cargo de la regencia del imperio, o sea de la jefatura del Estado mexicano, en espera del arribo de Maximiliano, además del cura Francisco Xavier Miranda y Morfi, quien de hecho había sido, según lo supe después, el verdadero presidente de la República, el auténtico poder detrás del trono, durante el breve gobierno de Félix Zuloaga, este último una triste marioneta al servicio de los intereses de la Iglesia mexicana.

La delegación de traidores mexicanos —¿es excesivo el término?, entonces, ¿cómo se llama o se califica a quien vende o entrega su país a extranjeros por la razón que sea...?— que acosó a las cortes de Francia y de Austria, además de las nutridas comisiones de sacerdotes, curas y obispos que viajaban a Europa para convencer e imponer a Maximiliano, estaba integrada fundamentalmente por José María Gutiérrez Estrada, Juan Nepomuceno Almonte, hijo natural de José María Morelos y Pavón, y José Manuel Hidalgo Esnaurrízar, el ministro en París de Maximiliano, entre otros tantos más. Yo los recibí en Miramar, hablé con ellos, me percaté de su sorprendente capacidad de convencimiento, así como de su escasa calidad moral. Después de tanta insistencia para que fuéramos a México, después de haberlos escuchado mentir y engañar de la manera más artera alegando que todo México exigía la presencia de Maximiliano como jefe del Estado, ¿sabes cuántos de ellos se jugaron el pellejo viajando con el emperador a su propia patria en lugar de buscarse cómodas posiciones diplomáticas en Europa dotadas con buenos emolumentos sin correr riesgo alguno? ¿Sabes cuántos de ellos asistieron a las exequias fúnebres del tristemente célebre emperador de México cuando lo enterramos definitivamente en la tierra que lo vio nacer? ¿Sabes cuántos de ellos mostraron algún agradecimiento hacia el esfuerzo realizado por Maximiliano desde que tuvo que renunciar a sus títulos nobiliarios para irse a jugar la vida a México? Insisto: quien traiciona a su patria está roto por dentro y quien está roto por dentro no puede tener sentimientos de ninguna índole... Por eso mi Maxi escribió, y dejó por ahí escondido en el castillo de Chapultepec, un librito al que tituló *Los traidores pintados por ellos mismos*, donde describe y desnuda a esos seres deplorables. Algún día la posteridad deberá honrar estas líneas históricas cargadas de verdades en relación con el comportamiento de los conservadores clericales, los malditos *cangrejos* de todos los tiempos...

Después de las visitas, de los innumerables escritos, cartas, pliegos, certificados espurios, de las promesas y garantías políticas vertidas por los ensotanados y los conservadores, mejor conocidos como *cangrejos* en el argot político mexicano, porque caminan para atrás, vinieron las presiones de Napoleón III y, por si fuera poco, las de los Habsburgo, en particular las de Francisco José, su hermano mayor, ungido emperador a los dieciocho años, en 1848, y las de Sofía, su madre, ambos interesados en deshacerse de Maximiliano con cualquier pretexto para apartarlo de la línea sucesoria y privarlo de la menor posibilidad de acceso al trono del imperio austriaco en su carácter de primer heredero. Por si lo anterior fuera poco, Carlota, ávida de poder y poseída del deseo de llegar a ser reina y exhibir sus talentos, fortalezas y capacidades como gobernante, guiada por una ambición ciega, insistió aún más que Napoleón III, que Eugenia, su esposa, que Francisco José y Sofía, y que nosotros mismos, Schertzenlechner, el valet de cámara, y yo, para que Maximiliano aceptara la corona mexicana, sin que nosotros, al menos, hubiéramos oído hablar siquiera de México.

Cuando el matrimonio entre Maxi y Carlota era relativamente tierno, la pareja recibió un segundo golpe demoledor del que nunca pudo recuperarse. Se estrellaron abruptamente contra un muro. Ella abortó a su primer hijo en condiciones desastrosas. El futuro

heredero de la casa Habsburgo y de la belga fue tirado a los basu-
reros reales envuelto en paños ensangrentados. El epitafio grabado
sobre la fría lápida sin nombre, sin lugar ni fecha, dice así:

> Yace aquí quien no pecó
> ni jamás pudo pecar
> le llamó a Jesús muriendo
> y no se pudo salvar.

¡Claro que Maximiliano podía engendrar un hijo: nada de que las pa-
peras sufridas en sus años de niño, convertidas en orquitis, lo habían
dejado estéril ni que fuera impotente de nacimiento o que hubiera
contraído sífilis en uno de sus viajes o en sus orgías! ¡Falso! Embustes y más embustes… Más tarde te contaré detalles de su paternidad.
Todo lo demás fueron inventos de sus enemigos, la mayor parte de su
propia familia sanguínea, la austriaca, y del clero mexicano, resentido porque no derogó las leyes juaristas ni accedió incondicionalmente a sus peticiones políticas, que le hubieran permitido recuperar
los bienes y privilegios perdidos durante la guerra de Reforma, el
verdadero objetivo que se había propuesto la Iglesia católica al invitar a Maximiliano a venir a gobernar México apoyado por el ejército francés, en aquellos años uno de los más poderosos del mundo.

«Tengo miedo, padre de mi alma —escribía Carlota—, porque,
como sabes, he descubierto desde hace tiempo en mi marido una
falta de iniciativa que me espanta. Maximiliano tiene más de bur-
gués que de príncipe, y ello puede ahora labrar nuestra desdicha.»

¿Resultado? Maximiliano, viéndose acosado por políticos nacionales y extranjeros, por su propia familia, por su esposa, amigos
y colaboradores, y siendo un hombre irresoluto, frágil, sin mayores apetitos políticos, decidió acceder al trono mexicano, siempre y
cuando Napoleón III le extendiera toda clase de seguridades militares y se le demostrara que el pueblo de México deseaba su presencia
al frente del gobierno y del Segundo Imperio…

¡Claro que se le extendieron las debidas garantías, todas ellas
falsificadas como las mexicanas o las francesas, cobardemente urdi-
das por el clero mexicano y por Napoleón III! El trono se le ofreció
formalmente a Maximiliano en octubre de 1863. Lo aceptó después
de desahogar a medias sus dudas y suspicacias. Viajó a México en
abril de 1864 a bordo del Novara. ¿Cómo se atrevieron los ensota-

nados y los alevosos conservadores a jurarle a Maximiliano que el pueblo mexicano lo esperaba de rodillas, y todavía le presentaron documentos apócrifos en los que se asentaba una realidad inexistente? ¡Qué engaño! ¿Y el emperador francés no prometió dejar sus tropas en territorio mexicano a sabiendas de que bien podría verse en la obligación de retirarlas al concluir la guerra de Secesión en Estados Unidos, entre otras amenazas previsibles? Trampas, trampas y trampas, mentiras, mentiras y más mentiras... ¡Pobre Maxi, tan débil, tan solo y tan confundido...!

Al despedirse de la emperatriz Eugenia, ésta le dijo al oído a Carlota, a la hora del té, en el palacio de Versalles: «No tardará México en poseer un régimen sabio y paternal que os dé todas las garantías imaginables... Vais a ser muy dichosos porque el emperador os dará cuanto necesitéis... Ya veréis cómo a la llegada de Maximiliano todo se pacifica... No perdáis de vista que Brasil tiene su propio emperador pariente de vuestro marido y las cosas marchan de maravilla. No será el único imperio en América», agregó a sabiendas de que el día anterior se había entrevistado con el embajador plenipotenciario de Norteamérica en Francia y éste le había hecho saber con la debida precisión, guardando escrupulosamente las distancias:

—*Madame* —se dirigió el embajador plenipotenciario a la emperatriz de los franceses—: el norte vencerá. Francia tendrá que abandonar su proyecto y esto terminará mal para el austriaco.

María Eugenia repuso muy excitada:

—Y yo le aseguro que si México no estuviera tan lejos y mi hijo no fuese aún un niño, desearía que se pusiese él mismo a la cabeza del ejército francés para escribir con la espada una de las más hermosas páginas de la historia del siglo.

Flemáticamente, el norteamericano cortó el diálogo:

—*Madame*, dé gracias a Dios que México esté tan lejos y que su hijo sea todavía un niño...

«Tened la seguridad —escribirá poco después Napoleón III— de que en la realización del cometido que con tanto ánimo tomáis a vuestro cargo, nunca os faltará mi más entusiasta apoyo.» Y claro que le falló: Napoleón III también nos traicionó...

La abuela de Carlota, visionaria y aguda, muy agitada por los proyectos aventureros de sus nietos, gritó al verlos entrar al castillo de Claremont, en Inglaterra: «¡Oh!, pero ¿qué vais a hacer? ¿Es que no sabéis que los mejicanos son unas criaturas horribles, con semblantes patibularios, que saquean los palacios reales?... ¡Os matarán, os matarán a los dos!»

Los emperadores recibieron, tiempo después, la comunión eucarística de manos de Su Santidad en la Capilla Sixtina:

«He aquí —dijo Pío IX a los soberanos al entregarles la Sagrada Forma— el Cordero de Dios que borra los pecados del mundo. Por Él reinan y gobiernan los reyes... Grandes son los derechos de los pueblos, siendo por lo mismo necesario satisfacerlos, y sagrados son los derechos de la Iglesia, esposa inmaculada de Jesucristo... Respetaréis, pues, los derechos de la Iglesia; lo cual quiere decir que trabajaréis por la dicha temporal y por la dicha espiritual de aquellos pueblos. —Maximiliano manifestó su resolución de reparar los daños hechos a la Iglesia por Juárez y sus amigos.»

El rey Leopoldo, al abrazar a Carlota momentos antes de despedirla en la estación de trenes, le prometió al oído: «Mientras viva tu padre, ha de poner en juego toda su influencia como decano de los reyes de Europa, para que podáis cumplir dignamente vuestro destino. Yo obligaré a ese Bonaparte a mantener su palabra.»

Maximiliano se anima. Brasil, es cierto, también tiene un emperador de origen extranjero. «No estará mal aceptar México y correr el imperio hasta Sudamérica. Tras de México vendrá Colombia y Venezuela; Guatemala se nos adherirá y no tardaremos en saber que otras repúblicas del sur piden también ingresar a la Federación de Estados que se formarán bajo la égida de Carlos V que va a procurar que las cosas de los viejos dominios de sus antepasados vuelvan a su cauce... Me financiaré —agrega— con las minas de diamantes de Guerrero, las de oro de Sonora, las de plata de Guanajuato y Zacatecas y los yacimientos de carbón de Coahuila.»

Cuando Maximiliano aborda la fragata *Novara* en dirección al puerto de Veracruz, lleva una estocada en el bajo vientre que le atraviesa el cuerpo con un orificio de salida por la espalda a la altura del riñón derecho. Sangra abundantemente por dentro. La herida es mortal, jamás se recuperará ni sanará por completo: su medio hermano, Francisco José, conocedor tal vez del secreto de su madre, lo consideró siempre un enemigo afrancesado, una amenaza para el imperio austriaco, un traidor en potencia, un peligroso napoleoncito al que se le debe someter y excluir de cualquier derecho o privilegio real. El propio emperador empuñará el estoque y se lo encajará a su hermano de frente, viéndolo a la cara:

—Maximiliano, si te conviertes en el emperador mexicano, deberás renunciar a tus títulos austriacos, a tus derechos sucesorios, en fin, al trono austrohúngaro. Escoge: aquí mando yo y mientras yo viva no serás nunca nadie entre nosotros. Ser jefe de gobierno en México, dirigir los destinos de un país que se encuentra al otro lado del mundo, totalmente ajeno a nosotros, es incompatible con tu calidad de heredero. Ve a América para ser alguien, pero abandona cualquier privilegio o posición en Austria… Debes decidir entre la nada aquí o ser alguien allá…

—¿Por qué se quiere dejar ya ahora, en principio, a mis herederos, que todavía no han nacido y que, por lo demás, tengo pocas esperanzas de tener, sin los derechos de sus antepasados?

Al final el archiduque decidió aceptar la corona ofrecida por los mexicanos y renunciar a sus derechos a la sucesión del trono austriaco. La hemorragia era intensa. La suave brisa del Atlántico en aquellos meses primaverales de 1864 le ayudaría a olvidar la ríspida discusión con su hermano mayor, un egoísta, ventajoso, quien finalmente alcanzaba un viejo objetivo: deshacerse de Maximiliano. Francisco José esperaba que desapareciera en ese momento y para siempre. Se cumplieron al pie de la letra sus deseos…

Si bien la llegada a Veracruz a bordo del *Novara* fue decepcionante al no encontrar el despliegue de una muchedumbre entusiasmada y delirante en las calles ni distinguir mantas alusivas para agradecer su arribo, ni arcos florales ni marimbas ni los encendidos discursos prometidos ni oradores ni cantantes ni bandas de música ni salvas de honor disparadas por la marina mexicana, además de diversos bailarines de la Huasteca y del puerto que les extendieran una estruendosa bienvenida, el arribo a la capital de la República les permitió disfrutar la recepción idealizada, la soñada, tal como la habían imaginado cuando todavía se encontraban en Miramar y discutían las ventajas e imponían las condiciones para aceptar el trono mexicano. Por las calles escuchaban porras, alaridos, cantos, estallidos de cuetones, así como poemas recitados desde las ventanas de las residencias, mientras las mujeres arrojaban flores desde los balcones repletos de curiosos. La gente, en general, gritaba encendidos vivas al emperador austriaco, en tanto flanqueaba su paso por las calles de la ciudad entre chiflidos de los pelados, aplausos y diversas manifestaciones de júbilo popular. La ciudad estalló en una alegría efímera y artificial impuesta por la Iglesia.

Nunca olvidaré los comentarios saturados de desprecio cuando Carlota contempló por primera vez la fachada del Palacio Nacional, un edificio deprimente, según ella, de escasa inspiración arquitectónica si se le comparaba con el Palacio de Schönbrunn o con el de Chambord en Francia a orillas del río Loire. Parece, en el mejor de los casos, una cárcel, adujo la emperatriz, sin saber que, en efecto, los planes correspondían a una prisión peruana, pero que debido a un error el proyecto de reclusorio se convirtió en el Palacio Nacional mexicano. En otro orden de ideas, la emperatriz no disimuló su asombro cuando constató cómo, sus ahora gobernados, comían «moscos, hormigas, saltamontes, gusanos y chinches de agua», así como despertaron su curiosidad otras costumbres mexicanas. Bien pronto «bebió agua en una cáscara de calabaza, se bañó a jicarazos, se talló la piel con un estropajo, sopeó los frijoles con tortillas cortadas a la mitad, se aficionó por el picante y se enamoró de los bizcochos humedecidos en el chocolate caliente». Se mexicanizó rápidamente al extremo de pedir posada, disfrutar intensamente la celebración decembrina del nacimiento del Niño Dios, romper la piñata, compartir la colación y beber ponche «bien caliente» confeccionado con caña de azúcar, tejocotes y aguardiente.

Por supuesto que el clero se apresuró a obsequiar a Maximiliano y a Carlota con un espléndido Tedeum, una ostentosa misa de gracias concluida con los cánticos del *Domine Salvum Fac Imperatorem*, similar a aquélla igualmente fastuosa con la que la Iglesia católica honró, según fui informado posteriormente, a las tropas del ejército norteamericano una vez ocupadas militarmente las diversas plazas del país en 1847.

Rescaté en mis archivos esta joyita de discurso pronunciado por el arzobispo Pelagio Antonio Labastida y Dávalos el día del cumpleaños de Carlota, en la ciudad de México. Estoy convencido de que cualquier mexicano que lea este breve texto podrá comprobar una vez más la ausencia de todo sentimiento nacionalista entre la jerarquía católica de ese país: «Señores, no olvidemos que a la magnánima y generosa Francia, que nos ha cubierto con su glorioso pabellón, debemos el haber alcanzado la dicha de constituir un gobierno nacional conforme a la voluntad de la mayoría y apropiado a las circunstancias de nuestra patria...»

Patrañas y más patrañas; embustes y más embustes: si hubiera sido cierto lo afirmado por la alta jerarquía católica, Maximiliano no hubiera perecido fusilado en un mugroso paredón en Querétaro. ¿Cuál gobierno nacional conforme a la voluntad de la mayoría...? Que no se me olvidara, me hicieron saber, que la Iglesia había excomulgado a todos aquellos mexicanos que habían defendido a su patria al atacar a los soldados yanquis invasores de 1846 a 1848, así como a quienes habían dado la vida y combatido a las tropas francesas en 1862, cuando el general Ignacio Zaragoza había logrado que las armas nacionales se cubrieran de gloria...

Después de los honores rendidos a su elevada investidura imperial y una vez cumplidos los requisitos impuestos por el protocolo para obsequiar al emperador una recepción en las condiciones que su cargo ameritaba, se le sirvió un elegante banquete, cuyo menú me es muy grato presentar, no sin antes aclarar que la entrada de los emperadores costó al país entre muebles, convivios, obras y arcos, versos, etcétera, \$336,473.06.

MENÚ DEL 1ᴱᴿ BAILE DEL IMPERIO:
«EL ESCUDO IMPERIAL»

–Comida del día 19 de julio de 1864–

Sopa de querellas
Pechugas de aves
Filetes de lenguados a la holandesa
Filetes a la italiana
Cartuja de codornices a la bagration
Costillas de cerdos con espárragos
Timbal a la moderna
Estómagos de aves a la perigueux
Pastel de codorniz a la buena vista
Espárragos con salsa
Alcachofas a la portuguesa
Pavos trufados
Filete a la inglesa
Ensalada

Budín de Berlín, pasteles de perones, crema
de vainilla y chocolate, conservas de todas frutas, queso
y mantequilla, helado de durazno, fruta y postres.

COCINEROS:
J. Bouleret, A. Huot, L. Mosseboeu, J. Incontrera, M. Mandl.[2]

Las invitaciones convocaban a la concurrencia en punto de las diez
de la noche. Sin embargo, la mayor parte de los convidados, siendo obviamente mexicanos, quisieron dar a los europeos de la corte imperial muestras de refinada distinción, por lo que en lugar de
presentarse a la hora indicada, lo hicieron a las once, un poco antes, un poco después, por lo que se quedaron sorprendidos, es más,
pasmados al ver cerradas las puertas del palacio... Se les negó la
entrada... por orden del Gran Chambelán. Se les explicó, con finas
y corteses palabras, con mucha ceremonia, que después de que sus
majestades los emperadores entraban en los salones, no podía hacerlo nadie, absolutamente nadie; que ésa era la etiqueta de todas
las cortes... Los liberales tuvieron por mucho tiempo de qué reírse.
   Tan pronto llegó Maximiliano al Castillo de Chapultepec y
guardó escrupulosamente su corona en el interior de una vitrina,
se dispuso a enfrentar el caos que de nueva cuenta asolaba a México, ahora por la imposición de un imperio encabezado por él y que
sólo podría sostenerse por medio de las armas extranjeras, a las
que tendría que oponerse, otra vez, el dolorido pueblo de México. Maximiliano quiso convertirse en el mejor mexicano, eso sí, sin
confiar en los mexicanos. Despachó a Miramón a Berlín; a Márquez a Estambul, además de encarcelar a otros tantos conservadores acusados de conspiración. El padre Miranda, alma de todas las
confabulaciones reaccionarias de los últimos años, incluida la creación del imperio, afortunadamente había muerto días antes de la
llegada de Maximiliano. El *mexicanísimo* Maximiliano se quedó
solo, rodeado únicamente de franceses, en su gran mayoría intri-
gantes profesionales que bien hubieran podido crear, a manera de
ejemplo, un auténtico ejército mexicano bien capacitado para apoyar al emperador en el entendido de que la presencia de la armada

[2] Campos, 1944: 42.

napoleónica en México no podría ser de ninguna manera eterna. Si los militares franceses hubieran confiado en sus contrapartes mexicanas, el objetivo se habría cumplido, Maximiliano hubiera gozado de la debida fuerza militar, de protección y seguridad, sólo que no creían en los talentos y habilidades de los hombres de piel oscura, pelo negro, intenso, abundante, baja estatura, hablar ininteligible, comida indigerible, religión inaceptable y costumbres irrepetibles. ¡Claro que Napoleón III no iba a poder apoyar indefinidamente a Maximiliano con sus tropas, mismas que, además, tenían que ser pagadas con cargo al erario público mexicano, según los acuerdos suscritos con el emperador de los franceses! ¡Claro que Maximiliano sabía que las arcas públicas de la nación estaban secas, erosionadas, como por otro lado habían estado siempre, y que obviamente no podría cumplir con su compromiso de financiar los costos de la estancia en México del ejército francés!; y sin embargo, como un ignorante de las cuestiones castrenses y rodeado de generales y oficiales desconocidos, no se integró la armada doméstica debidamente adiestrada, que hubiera podido defender el imperio mexicano en el evento de que los franceses tuvieran que abandonar el territorio nacional por la razón que fuera.

Maximiliano observó cómo se producía una enorme grieta en el edificio que soportaba su gobierno cuando a finales de 1864 se presentó en México monseñor Meglia, representante del Papa para firmar un concordato con el joven Segundo Imperio Mexicano. Meglia venía a derogar las Leyes de Reforma, a restablecer el culto católico bajo el régimen de religión única, a volver a instalar las órdenes monásticas, a permitir al clero participar en materia de educación pública y, sobre todo y por todo, el punto más importante y destacado, el de regresar a la Iglesia todos los bienes expropiados durante la gestión juarista, decisión histórica que había constituido el éxito político más sonado de liberalismo mexicano del siglo XIX y que, por lo mismo, había elevado la figura de Juárez a la del verdadero Padre de la Patria. Maximiliano incumplió su palabra empeñada ante el Sumo Pontífice, el Papa Pío Nono, porque en buena parte a través de Carlota, se negó a aceptar las peticiones provenientes de Roma y que justificaban, según la alta jerarquía católica mexicana, la presencia de Maximiliano al frente del imperio.

Nunca dejó de sorprenderse ante la presión sufrida por las fuerzas conservadoras para que se reviviera con Estados Unidos el tratado McLane-Ocampo que tanto habían criticado los proclericales, acusando a Juárez de vendepatrias, cuando ellos pretendían ir mucho más allá de la propuesta del así llamado Benemérito de las Américas.

«Creo en las leyes juaristas», me dijo en alguna ocasión mi Maxi, mientras yo lo abrazaba por la espalda estando ambos desnudos, en tanto él observaba el jardín a través de una ventana abierta y admirábamos cómo crecían las flores después de la temporada de lluvias en nuestro Trianón, en Acapatzingo. «¿Sabes Carlos que aquí, en Cuernavaca, puedo escuchar cómo crecen las plantas cuando deja de llover…?»

El clero católico mexicano se sintió traicionado, clamó justicia divina en todos los altares, exigió explicaciones y hasta llegó a demandar la inmediata deposición del emperador por no haberse ajustado a lo pactado en Roma, cuando el Papa extendió su venia ante el gobierno de Napoleón III, de modo que el archiduque pudiera venir a gobernar a México.

Las Leyes de Reforma no se revocarán.

¿Otra guerra civil?

Lo que sea, las leyes juaristas son justas y mantendrán su vigencia.

Es una traición para la Iglesia que lo invitó a venir a gobernar México. Si se logró convencer a Napoleón III para que mandara su ejército a México, toda una proeza diplomática de corte clerical, fue porque se esperaba un apoyo incondicional del archiduque austriaco. Negarse a derogar dichas leyes diabólicas constituye una felonía que habrá de lavarse con sangre.

Que se lave entonces con sangre…

Maximiliano veía con alarma el desarrollo de la guerra civil en Estados Unidos, sin duda otro frente abierto en su contra. Llegó a saber cómo Napoleón III había acordado con Washington el retiro de sus tropas, oferta condicionada a que fuera reconocido su gobierno imperial. Las intrigas palaciegas en Chapultepec crecieron, las dificultades políticas complicaron aún más el escenario, los intereses creados paralizaron los acuerdos a falta de un líder sagaz, intrépido, audaz, un gran negociador que conociera la naturaleza humana. La carencia de recursos y la imposibilidad de concretar pactos hicieron gradualmente inhabitable el Castillo de Chapultepec y obligaron a Maximiliano a derramar la vista por la magnífica provincia mexicana, la que se dispuso a descubrir y visitar nombrando nada menos que regente del imperio a la emperatriz Carlota, para el caso de sus ausencias breves o indefinidas. Carlota empezó a tomar en sus manos la jefatura del Estado sin contar con el apoyo de su marido, a quien ya no se encontraba atrás del regio escritorio imperial, ni mucho menos en la cama, que ambos no compartían hacía años...

El emperador empezó a quedarse entonces quince días en México y otros tantos en Cuernavaca, en donde nos deleitábamos pasando las noches abrazados, desnudos, sin estar cubiertos por sábana alguna y con las ventanas abiertas para disfrutar el cálido clima mexicano, los suaves aromas del campo y sus jardines inolvidables, debidos sobre todo a los perfumes despedidos por esas plantas mágicas, desconocidas en Europa y tan apreciadas en México, las Huele de Noche. Al amanecer nos preparaban enormes rebanadas de papaya roja servidas con un limón muy ácido y jugoso, algo nunca visto, además de mangos petacones o de Manila, los auténticos reyes del trópico, además de chicozapotes, granadas, mandarinas, sandías, melones, duraznos, chabacanos, plátanos y dominicos, frutas que nos obsequiaba este hermoso país de tantos contrastes. Injusto sería si no subrayara yo los detalles con los que Concepción, Concepción Sedano, la hija del encargado de los jardines Borda, alegraba nuestra mesa al cubrirla de las más diversas flores, entre las que colocaba exquisitos platillos que sólo pudimos apreciar en toda su extensión cuando aprendimos a comer picante y se exacerbaron nuestros sentidos surgiendo una personalidad desconocida entre nosotros. A los mexicanos, gente tan brava y recia, se les identifica por la comida. Ellos no pueden ser diferentes a sus enchiladas, a sus tacos con chile habanero, a su mole poblano, a sus tamales de cerdo endiablados: ¿pueden ser acaso tan tranquilos como un austriaco amante de la contemplación de las últimas estribaciones de los Alpes y que consume leche, quesos y carne insípida o condimentada con hongos de toda clase?

«Vestido, de ordinario, con una levita de paño gris sin chaleco, calzado con pantuflas bordadas de un dibujo chillante y vulgar, el emperador vivía retirado de su gabinete de México, o, más a menudo, en sus residencias campestres de Chapultepec y de Cuernavaca. Gastaba su tiempo en estériles redacciones de proyectos de ley o de reglamentos, en chismorreos sin importancia, y daba audiencia rodeado de sus cuatro perros blancos y bebiendo copa tras copa de champaña, de vinos del Rhin o de España...»

En el mes de febrero de 1866, Maximiliano escribió a una amiga vienesa, la baronesa Binzer, para explicarle en términos líricos, cómo era «el largo valle bendecido del cielo» extendiéndose a sus pies «como un tazón de oro rodeado de cadenas de montañas». En su quinta, la casa de campo Borda, Maximiliano era extraordinariamente feliz, al menos eso quiso hacer creer en Viena: «El jardín de viejo estilo está atravesado por soberbios emparrados de sombra, cubiertos por rosas de té siempre en flor. Innumerables fuentes refrescan la temperatura bajo las coronas enramadas de los naranjos y los rizóforos centenarios. Sobre el balcón que bordea nuestras habitaciones, penden nuestras lindas hamacas, mientras los pájaros multicolores trinan sus canciones, y nosotros nos sumergimos en dulces quimeras». Admiraba más que todo el jardín, una alfombra de flores bajo los árboles de cien especies diferentes, el lago color esmeralda rodeado de manglares y bordeado por una galería barroca construida para gozar mejor la frescura del agua pura traída de la montaña por un acueducto de seis kilómetros. El emperador pensaba que aquel marco hechicero conspiraba a favor de la indolencia y que las horas, arrulladas por el murmullo de las aguas, corrían por ahí deliciosamente, lejos de las preocupaciones de México. Decidió entonces mandar ejecutar las obras necesarias y hacer de La Borda una «residencia secundaria», cuando la canícula volviera insoportable la capital.

Pues bien yo empecé a ver el rostro atento del emperador cuando Concepción, Conchita Sedano, nos preparaba unos huevos rancheros, con pedazos de jitomate y mucha salsa picante, además de una buena ración de puré de frijoles servidos con queso rallado y totopos, así conocida la tortilla rebanada en triángulos muy bien fritos, dorados, como se decía en aquellas inolvidables latitudes, siendo que esta hermosa mujer de no más de veinte años de edad, una flor de aquellos territorios mágicos, acompañaba el platillo con una carne seca llamada cecina proveniente de un pueblo cercano denominado Yecapixtla. Conchita se presentaba en el reducido comedor lleno de luz y de naturaleza, con una blusa muy amplia que se detenía por un resorte a ambos lados de sus brazos y que dejaba ver el nacimiento de unos pechos plenos, abundantes y tal vez apetecibles para los hombres inclinados a esas cosas. Era de llamar la atención su piel color canela, sus labios gruesos y sugerentes, su estatura ligeramente superior a la media de la región, sus caderas anchas y voluptuosas que el emperador contemplaba atónito hasta que se perdía atrás de la puerta de la cocina para llevar o traer platos o viandas o charolas o cubiertos.

«No camina, flota —me decía Maxi sin que yo experimentara la menor sensación de celos—. Fíjate en el perfume que despide cuando se desplaza por el comedor: es un claro olor a heliotropo que me enloquece... ¿A ti no...?»

«Las mujeres no me dicen nada ni huelo a nada», hubiera deseado contestarle a Maximiliano. Por supuesto que no giré, ni mucho menos para ver las formas de aquella peluda, cuyos ancestros bien podrían haber sido vendidos o canjeados por un par de sacos de naranjas en las épocas nada remotas de la esclavitud mexicana en los años de la Colonia española. Yo percibía con la debida claridad cómo Maxi se sentía atraído por aquella mujer, aparentemente extraída de la selva, como si se tratara de hacerse de un trofeo de caza, la cabeza o el cuerpo disecado de una fiera que le hubiera gustado poseer. Carlota nunca reaccionó a sus caricias y, bien lo sabía él, nunca reaccionaría. Asunto concluido. Enterrado. Sólo que Conchita Sedano le despertaba una fiebre, la del conquistador, la de la autoridad colonial que puede hacer lo que le plazca con las bellezas indígenas como si fueran de su propiedad y estuvieran resignadas a cumplir los caprichos que fueran y cuando fueran, a la hora que fueran de sus amos, dueños absolutos de sus vidas...

En una ocasión, mientras desayunábamos a placer gracias a que los dolores de estómago, cada vez más recurrentes en Maximiliano, le habían obsequiado, por lo visto, una breve tregua, la fiera, esa mujer, Conchita, quien día con día empezaba a disputarme el amor y el tiempo del emperador, se colocó a su lado para poner sobre la mesa más tortillas calientes envueltas en un trapo rojo y retirar los platos y vasos sucios. Mientras cumplía con los menesteres propios de una criada, pude constatar cómo el brazo derecho de Maxi descendía hasta tocar los tobillos de aquella, para él, belleza alada, para mí, un ser negroide extraído de una caverna del paleolítico tardío. La mujer se paralizó al sentir la mano del emperador sujetándole, por lo visto, una de sus pantorrillas. Cerró los ojos crispados. Estuvo a punto de soltar la charola y tirar al suelo la vajilla real. Inexplicablemente pudo controlar sus emociones sin gritar ni hacer mayores aspavientos. Parecía temblar de punta a punta en tanto sentía los dedos del emperador jugando con su piel. Él podía hacerlo, por ello era Maximiliano de Habsburgo, emperador de México, dueño de vidas y haciendas, amo y señor de territorios, aun de los prohibidos, gran patrón de pobres y plebeyos, suprema autoridad del país mientras Juárez no le echara el guante encima.

Maximiliano me miró en busca de una sonrisa aprobatoria, el entendimiento de una complicidad. Su rostro congestionado lo delataba: bien sabía él que rompía con las reglas de buen comportamiento aprendidas en la corte europea, que pasaba por encima de todos los principios y valores establecidos por las buenas costumbres, que violaba los más elementales conceptos de respeto que un noble de su estirpe le debía a una humilde doncella, pero pudo más el deseo y la mentalidad del hacendado titular de derechos eternos sobre sus dependientes económicos, la voluntad del monarca impuesta por encima de los deseos de sus súbditos, la del soberano que acepta entre sonrisas picarescas una realidad incontestable, la del amo que truena el látigo frente al rostro de sus esclavos: no hay más ley que mis estados de ánimo ni más poder que el representado por este cetro ante el cual se doblega la aristocracia, la burguesía y el pueblo adinerado o no... Un solo gesto del rey corta más que el filo de cualquier guillotina...

La mano de Maximiliano continuó ascendiendo hasta tomar firmemente la parte trasera del muslo de aquella mujer que apenas un par de años atrás había dejado de ser un capullo. Hoy explotaba como la naturaleza tropical. Sus carnes firmes, abundantes y jóvenes por lo visto le hacían perder la cordura al emperador sin que yo alcanzara a distinguir si la misma pasión despertaban las mías, una piel ya entrada en los treinta y cuatro años de edad, el tiempo de la madurez, la antesala del esplendor de los hombres, cuando realmente se luce la elegancia, la autoridad, la gallardía y la experiencia sin que hayan desaparecido los arrebatos propios de la juventud. La chica permaneció inmóvil con los ojos cerrados, crispados, como si elevara con todas las fuerzas del alma una plegaria al Señor para que suspendiera aquella tortura mezclada con un placer infinito, una confusión de sentimientos. Bastó un guiño mío para que Maxi diera rienda suelta a sus instintos y, venciendo sus resistencias morales, prosiguiera explorando el cuerpo de Conchita, quien hubiera preferido gritar, correr, volar o desaparecer cuando el emperador, por lo visto, llegó a introducir su mano por debajo de sus pantaletas para tocar, palpar, agarrar, sujetar, exprimir, pulsar aquellas nalgas con las que había soñado cuando ella se retiraba después de haberle llevado un vaso de agua de pepino con limón o una copa de vino o un plato lleno de jícama a una esquina de los jardines Borda, donde ella ayudaba humildemente a su padre en el quehacer doméstico.

Nunca pensó ni se le antojó tocar así a Carlota, quien no le despertaba la menor fantasía ni le abría apetito carnal alguno. Nunca pudo hacerla vibrar en el lecho, ni sus caricias, por más atrevidas que fueran, lograron sacudir a la mujer que habitaba en ella. Los escasos juegos eróticos no pasaban de ser momentos ingratos, insípidos, de alguna manera vulgares, corrientes, propios del populacho entregado al alcohol, que en ningún caso deberían ser practicados por la realeza con otro concepto de la educación y de la cultura, del arte y de la vida, de las formas y del respeto. ¿Acaso no había aprendido ella que las normas de etiqueta y de elegancia que se observaban en la mesa, en los banquetes reales, deberían practicarse igualmente en la cama? ¿Que te toque qué, Max...? ¿Estás loco...?

De golpe, el emperador sacó la mano de las pantaletas, se cuidó de no bajarle la falda para no dejar expuestas esas piernas bien torneadas, fuertes y resistentes como troncos de laureles de la India, esos árboles frondosos y robustos que se dan naturalmente en todo el inmenso valle de Cuernavaca. Acto seguido, dándole una cariñosa nalgada la largó a la cocina ofreciéndole una recompensa por su buen comportamiento... Un terrón de azúcar al perro domesticado y obediente... El rostro enrojecido de Maxi hablaba de las resistencias que había vencido a cambio de pulsar la feminidad de aquella doncella. Él estaba habituado a cortejar, a seducir con todo el aplomo de su nombre, la prosapia de su apellido y el peso de su investidura, sí, pero difícilmente se había atrevido a tomar a una mujer así, como se arranca un mango de un árbol, sin mayores consultas o precauciones o, al menos, algún pudor. ¿Que había sido brutal? Sí, en efecto, ¿y qué...? ¿No era acaso propietario de todo lo que pudieran ver sus ojos hasta que Juárez, algún día, pudiera colgarle de la rama del ahuehuete más cercano? A partir de ese momento supo que tendría a Conchita cuantas veces lo deseara, virgen o no, comprometida o no, ¿qué más daba...? No ignoraba los apremios económicos de la familia del jardinero: no podría prescindir del sueldo pagado por el imperio a cambio de sus servicios, cualesquiera que éstos fueran... No se trataba de un abuso, sino de la ampliación de un pacto ciertamente implícito. Un intercambio de valores entendidos. Durante el café Maxi ingirió un par de pastillas de opio como el sediento que apura un vaso de agua después de caminar un par de días extraviado en el desierto.

Las relaciones entre el emperador y Concepción Sedano se estrecharon con el paso del tiempo. Ella jamás pensó en tener contacto, menos si éste era íntimo, con un destacado integrante de la realeza europea. ¿Ella, Conchita, la hija de un jardinero de Cuernavaca, descalza, mal vestida con ropa de manta, ni hablar de las sedas y de los brocados, de piel oscura, analfabeta, ignorante de cualquier tema, incapaz de hablar siquiera bien el castellano, ya no se diga cualquier otro idioma de los tantos que dominaba Carlota; desprovista de los perfumes, maquillajes, y de los arreglos del cabello, tocados y peinetas propios de las mujeres europeas, había llegado a atrapar la atención del emperador de México? ¿Por qué Maximiliano, un príncipe, un rey, un emperador, había puesto sus ojos en ella teniendo a su alcance a damas de su estatura política, económica, cultural y social? ¿El conocido cuento de la indígena y del soberano?

Por su parte, Maxi disfrutaba sonriente el acceso a lo prohibido, a lo nuevo, a lo diferente. No perdía de vista cuando Conchita cruzaba el jardín con su eterna blusa blanca, escotada y su falda floreada de gran vuelo, cargando una cubeta con ropa sucia que lavaba en un río de los alrededores. En los desplazamientos de esta diosa de la selva, según me la describía al referirse a ella, no retiraba la vista de sus senos que se agitaban escondidos tras esa breve gasa de la que ya la había desprendido tantas veces para llenar sus manos y su boca con esos, para él, carnosos y jugosos frutos del trópico.

Mientras Maxi jugaba con Concepción y la perseguía entre los árboles majestuosos de los jardines Borda, retozaba junto a ella en los ojos de agua cercanos, hacían recorridos a caballo y cazaban entre carcajadas diversos géneros de mariposas o se hacían el amor perdidos en las milpas o entre los sembradíos de girasoles, Carlota se encargaba del imperio, dedicada a gobernarlo en medio de sofisticadas intrigas y chismes desesperantes, hundida en reflexiones que le recordaban la viva voz y la figura de su padre, sepultada en una patética soledad, constatando día con día el inminente derrumbe del proyecto imperial mexicano, la destrucción de sus más caros anhelos; no dejaba de contemplar con meridiana claridad otro futuro más negro aún, el relativo a sus relaciones matrimoniales con el emperador, quien pasaba, por cierto, cada vez más largas temporadas en la tierra de la eterna primavera, perdido, hasta ese entonces, en arrebatos nunca antes vistos, ni supuestos ni siquiera imaginados. Con Conchita podía ser él, el emperador y su vasalla más fiel, más incondicional, la esclava que siempre deseó tener invariablemente dispuesta a satisfacer sus apetitos más primitivos sin chistar, sometida, así abnegada, dócil y entregada, en fin, la libertad total sin culpas ni recriminaciones ni chantajes sentimentales ni rencores ni resabios: admiraba en ella la lealtad canina.

Pues bien, a principios de la primavera de 1866, intuyendo que Maximiliano pasaría largas horas en el lecho con aborígenes mexicanos o con mulatas, en lugar de hacerse cargo de sus elevadas responsabilidades imperiales; observando con horror cómo se incumplía el convenio de Miramar, a través del cual Maximiliano se había comprometido con Napoleón III a pagar puntualmente el sostenimiento al ejército intervencionista francés con fondos del menguado y eternamente quebrado «tesoro mexicano», así, con las comillas más grandes del universo, sin ignorar tampoco, en ningún caso, el hecho de que había concluido hacía casi un año la guerra de Secesión en Estados Unidos y que el presidente Andrew Johnson le había recordado al emperador francés los términos de la Doctrina Monroe, en el entendido amenazador de que el significado de América para los americanos lo impondría por la fuerza si Francia no se retiraba de México en un término perentorio y, por si todo lo anterior fuera insuficiente, había llegado a sus oídos cómo Bismarck, *el Canciller de Hierro*, expresaba ya públicamente sus intenciones de recuperar los territorios de la Alsacia y la Lorena, para lo cual obviamente tendría que recurrir a la guerra en contra de Napoleón III, otra auténtica amenaza en contra del imperio mexicano que no se sostendría sin el apoyo militar francés, empezó a recibir cada vez con más frecuencia las visitas recurrentes de Alfred Van der Smissen, comandante de su guardia personal, el hombre enviado por su padre, el rey Leopoldo de Bélgica, para ver, en todo caso, por su integridad física.

El teniente coronel Alfred Van der Smissen, cumplía al pie de la letra con las instrucciones dictadas por el rey Leopoldo. No se separaba de Su Alteza Imperial ni cuando la ayudaba a apearse del caballo en aquellos paseos esporádicos que hacían por el Valle de México y la apretaba de la cintura, ciñéndola firmemente a su cuerpo hasta depositarla despacio, muy despacio, en el piso, sintiendo el pulso de sus senos adheridos a su pecho poderoso. Él, Van der Smissen, sabía de las largas ausencias de Maximiliano en Cuernavaca y conocía el abandono de la emperatriz en la cama por parte de su marido. Él, Van der Smissen, su querido paisano belga, mandaba miradas traviesas a Carlota mientras ella viajaba a bordo de la carroza dorada de la pareja real. ¡Claro que le guiñaba un ojo para darle valor y evitar que sucumbiera ante el peso insoportable de la soledad! Él, Van der Smissen, de elevada estatura, corpulento, de veintiséis años de edad, tres años menor que la emperatriz, escaso pelo rubio, piel blanca —a ella no la atraían los indígenas enanos de tez oscura y abundante cabellera negra, no sufría los complejos colonialistas de su marido—, ojos azules intensos, nariz estilo Roma, la de un César, barba cerrada, la de las cinco de la tarde, espesa, la de un hombre, distinta a la rala, escasa, de su marido, un lampiño en toda la acepción de la palabra, quien carecía de músculos, de fortaleza física, de vigor varonil, en fin, el cuerpo de una niña que se hubiera dedicado a cazar mariposas en el campo cubriéndose del sol con una sombrilla de brocados belgas... Él, Alfred Van der Smissen, lucía mejor que nadie el uniforme de húsar, realmente lo llenaba con sus brazos fornidos y su formidable tórax sobre el que colgaban justificadas condecoraciones obtenidas en el campo del honor, muy distintas a las usadas por Maximiliano, todas ellas obtenidas por compromiso o por el peso de su apellido, un Habsburgo. Hoy lo confieso en mi calidad de conde Bombelles: si yo hubiera sido Carlota habría caído a los pies, bueno, a las rodillas de este hermosísimo ejemplar de macho quien, por razones obvias, nunca osó pasar siquiera sus ojos por mi humilde figura, pues entre otras razones, no debía de ignorar mis tiernas relaciones con Su Majestad, el emperador... Él, Alfred Van der Smissen, era la única persona de toda la corte que gozaba del derecho de picaporte a las habitaciones de la emperatriz, siempre y cuando Maximiliano estuviera en Cuernavaca... Él, Van der Smissen, resultó ser, con el paso del tiempo, el inseparable compañero de Carlota, el mismo con quien pasaba largas horas sentada en una barca mientras el soldado belga remaba en el lago de Chalco perdiéndose en las orillas para comer un refrigerio y beber una botella de vino tinto francés. A veces pasaban la tarde en el lago de Chapultepec, sin embargo, preferían retirarse a sitios deshabitados, apartados de los eternos curiosos o, tal vez, de los espías morbosos...

Así, durante lentos paseos por el lago de Chalco, hundido en «un valle pintoresco y grandioso donde sobresalen dos grandes

montañas que se elevan hasta las nubes, el Popocatépetl y el Iztac-
cíhuatl, los Alpes mexicanos, coronados eternamente de nieve en
donde todo es romántico, el aire es melancólico, el cielo es transparente y las tierras fértiles humedecidas por el deshielo de los volcanes expresan la abundancia de la madre naturaleza, un remanso de
paz, la residencia de antiguos reyes y lugar donde se surca con ca-
noas que los indígenas cargan con flores y frutas dirigidas a México, en fin, el espacio en donde el Creador le regala al artista y a las
almas sensibles una de Sus obras más acabadas que hablan de Su
generosa existencia, ahí, en Chalco, en esa región de lagos y canales, el valle y las montañas, el encuentro de multitud de canales na-
vegables, aguas que regaban las tierras fértiles situadas en el valle y,
como marco majestuoso, los cerros y las montañas...», sí, sí, decía
Carlota durante dichos paseos; en una ocasión, cuando la barca se
encontraba prácticamente inmóvil, la emperatriz estalló en un llanto compulsivo, mientras le narraba a su leal cancerbero la magnitud de su desgracia amorosa, así como las amenazas que se cernían
sobre su futuro político. Lloraba desesperadamente en tanto repetía
cubriéndose el rostro con ambas manos:

—Me equivoqué, Alfred, me equivoqué al casarme con Maximiliano, un cobarde, un sodomita, un irresponsable respecto de sus
obligaciones políticas, y me volví a equivocar al venir a México a
encabezar un imperio que pronto se derrumbará y del que sólo podremos salvar, si bien nos va, la vida, porque el honor y la dignidad
se habrán perdido para siempre, al igual que los títulos reales de mi
marido, a los que renunció antes de venir a este país absolutamente
engañados por los malditos curas de todos los demonios...

El coronel dejó los remos a un lado pensando cómo consolar a
la emperatriz. En un primer impulso pensó en tomar uno de sus tobillos, si acaso uno de sus zapatos forrados de satín café claro, con
complejos bordados ejecutados por las monjas de Bélgica, verdaderas maestras de la aguja y el hilo. Se contuvo mientras Su Alteza Imperial descargó un terrible sentimiento del fondo de su corazón que
nunca nadie había escuchado:

—No tengo relaciones con el emperador desde nuestra penosa
luna de miel, por lo que estoy destinada a no ser madre, a no tener
descendencia, a no vivir jamás la dicha de ser mujer y disfrutar la
inolvidable vivencia de la maternidad. ¿Acaso crees que no deseo
amamantar al fruto de mi vientre y alimentar con mi cuerpo, con

mis esencias, con mi amor y mi vida misma una larga y feliz existencia? ¿Qué se sentirá cuando tu crío te muerde los pezones en busca de leche o da sus primeros pasos o le enseñas el mundo a través de los libros y puedes comprobar el resultado de haberlo forjado como un ser humano pleno orientado a dirigir imperios? ¿Voy a privarme de ese privilegio que la naturaleza obsequia a las de mi sexo, de la misma manera en que ya me he quedado sin marido, usted lo sabe, y muy pronto, me veré también sin imperio, en la nada, en la más absoluta nada...? Sin marido, sin imperio, sin hijo, sólo vergüenza y desastre, Alfred, sólo tragedia y dolor, amigo Alfred —concluyó Carlota buscando su breve bolso de seda en el que esperaba encontrar un pequeño pañuelo perfumado con sus iniciales grabadas.

Antes de que diera con el abanico y empezara a agitarlo para recuperarse de su doloroso trance, Van der Smissen se acercó lentamente de rodillas sobre la notable estrechez de la barca con el ánimo de consolarla sin caer ambos al agua. Nunca antes lo había intentado. Al sentir el contacto con el hombre que la abrazaba, Carlota creyó desvanecer. La protección que siempre había deseado, finalmente llegaba. Mientras más lloraba la emperatriz y desahogaba su desesperación, más intensamente la estrechaba el coronel Van der Smissen guardando como podía el equilibrio. Muy pronto su boca quedó a un lado del oído izquierdo de Su Alteza Imperial. La emoción del militar belga se exhibió desde que su respiración desacompasada fue escuchada por Carlota. Hacía tanto tiempo que Van der Smissen deseaba ese momento. Sabía que muy pronto se presentaría la coyuntura con la que había soñado años atrás. Ella se contrajo al percibir el aliento cálido y desquiciado de su guardián. Lo abrazó con firmeza como si lo comprendiera, como si ella a su vez también deseara consolarlo y compartir el momento, mientras que la inercia de las aguas acercaban la piragua a la orilla, en donde se encontraba un gran pirul, cuyas ramas caían indolentemente sobre la superficie del lago.

El militar saltó entonces a tierra y le extendió una mano a la emperatriz para que desembarcara con la máxima seguridad posible sin mojarse ni sus zapatos ni su vestido ni sus crinolinas, que costarían toda una fortuna. Ató entonces la barca a una de las ramas del árbol, bajó una canastilla con el almuerzo, sin faltar la botella de vino de Bordeaux, además de unas mantas para ver por la máxima comodidad de Carlota durante el almuerzo. Ella esperaba la conclusión de las maniobras y el segundo acto a cargo de Van der Smissen. Mientras el militar cumplía con sus labores, se daba tiempo también para meditar sobre la siguiente jugada. ¿Qué más tenía que oír de aquella mujer? La estrategia del estallido de llanto había funcionado a la perfección, pero resultaba imposible y falaz tratar de continuarla. ¿Conversar? No había espacio. ¿Disfrutar la comida después de invitarla a sentarse? Parecía una opción tibia y torpe en la que tal vez se desperdiciaría para siempre la oportunidad de abrazarla y tomarla. No, no: era obvio que si la emoción estaba presente había que aprovecharla antes de que se apagara el fuego. ¿El fuego estaba ahí? ¿Sí...? Pues a saltar encima de la hoguera hasta morir devorados por sus mil lenguas amarillas, cafés y azules...

Cuando hizo el último amarre se dirigió lentamente hacia la emperatriz y, sin pronunciar palabra alguna ni solicitar su venia, sin retirarle la mirada del rostro, dio unos breves pasos hasta donde ella se encontraba y sin más rodeó firmemente su breve cintura con el brazo derecho, en tanto que con la mano izquierda tomaba del chongo a la emperatriz para besarla, atraparla, someterla, cercarla, controlarla: no había escapatoria posible, aun cuando justo es decirlo, tal vez ninguno lo deseaba. Con breves pasos condujo a la emperatriz hacia el pirul, en donde la inmovilizó apretando su cuerpo contra el de ella, ahora su esclava, aprisionada por el árbol, su feliz cómplice en aquellas circunstancias. El recodo del lago, ubicado en un lugar lleno de sombras y apartado del escaso tránsito lacustre, parecía el lugar pensado previamente por Van der Smissen para seducir a la emperatriz. Entre besos eternos, extraviados en el infinito, de pronto se percataron de que sobraba el vestido, así como las crinolinas. Las prendas volaron a un lado de la canasta con los víveres. ¿Quién iba a pensar aún en las más exquisitas viandas en semejante coyuntura? ¡Al diablo con las viandas e incluso con el vino de Bordeaux! ¡Al diablo con el corpiño! Sí, pero sólo con el corpiño porque Van der Smissen descubrió en ese momento unos breves senos, discretos, con pezones sonrosados de princesa núbil, intocados, perfectos, proporcionados, que se apresuró a besar y a recorrer con su barba cerrada, mientras ella se retorcía como quien agoniza. Sin embargo, Carlota no se atrevía a devolver las caricias ni a desvestir a Van der Smissen, quien se arrodilló repentinamente al tiempo que desprendía del último vestigio de su pudor a Su Alteza Imperial, Su Majestad la emperatriz mexicana. Así, a la luz de aquella mañana de primavera de

1866, para ser más preciso el mes de abril, aquella joven aristócrata belga quedó expuesta al desnudo en el propio lago de Chalco, a la vista de los volcanes, de Quetzalcóatl, de Coatlicue, de Tezcatlipoca y su espejo negro, y de Huitzilopochtli. Una buena parte de los dioses precolombinos, los padres de esas tierras mesoamericanas.

Si las líneas del rostro de Carlota no eran particularmente atractivas, su cuerpo y sus ostentosos veintiséis años de edad despertaban cualquier tipo de tentación. ¿Cuándo se iba a imaginar Van der Smissen que iba a tener en esa posición a la emperatriz de México, desnuda, con los brazos caídos, cubriéndose como podía sus senos y su juvenil anatomía, dejando al descubierto un pubis escasamente cubierto por vello, como si se tratara de una mozuela que estuviera naciendo a la vida? ¿Él, un simple militar de bajo rango, haciendo el amor con una emperatriz, la esposa de un Habsburgo, de esos que se decían los amos del mundo? Ante la inmovilidad de ella, un producto de su timidez y recato, él se desprendió también del uniforme de húsar arrojándolo al suelo con todo y condecoraciones. Bien pronto aparecieron los pantalones y las botas a un lado, aventadas encima del vestido de la emperatriz como si la ropa anunciara la culminación del romance con un plebeyo. Desprovisto de toda prenda y sin recato alguno se acercó a Carlota, quien permanecía recargada dócilmente al pirul, la abrazó ferozmente, la devoró a besos, la palpó, la tocó palmo a palmo; ella se colgó del cuello de aquel corpulento soldado llamado a ser el verdadero hombre de su vida. Sus carnes firmes la incendiaban y no podía dejar de compararlas con el cuerpo de Maximiliano, que parecía el de una nena muy mal agraciada, lechosa e insípida.

De pronto él se apartó de Carlota para contemplarla de nueva cuenta totalmente desnuda. Necesitaba cierta perspectiva para admirarla a distancia. Era un privilegio. Sin retirarle la mirada caminó para atrás, de espaldas, como el cazador que no desea perder de vista ni un instante a su presa. Extendió las mantas, una tras otra, el lecho improvisado pronto pareció inmejorable. Mientras se dejaba caer, llamó a la emperatriz con la mano, invitándola cortésmente a su lado para compartir un momento de eternidad. La musculatura del teniente coronel era imponente. El tiempo invertido en montar a caballo horas y más horas, días y más días, además del ejercicio cotidiano al que eran sometidos los militares revelaban el cuerpo de un atleta en toda la forma. ¿Grasa? Sólo en la cabeza y en el cuerpo de Maximiliano...

Carlota caminó lentamente hacia Van der Smissen, quien la esperaba con el codo derecho apoyado sobre el piso. Ella se arrodilló a su lado tratando de cubrir con algún dejo de pudor sus partes más delicadas, que sólo había conocido y escasamente palpado un hombre. Con el dedo índice de la mano izquierda el comandante, encargado de su custodia personal, recorrió los senos de la doncella haciendo un breve contacto a base de círculos concéntricos alrededor del aura hasta tocar fugazmente el pezón, en tanto Carlota echaba la cabeza para atrás con los ojos crispados, expresando un rictus confuso, mezcla de placer y dolor. Los puños apretados reflejaban el esfuerzo a que se sometía al pasar por alto los principios morales aprendidos desde sus más jóvenes años en la corte de Bélgica. Tenía que decidir sobre ella misma, brincar sobre sus propios pruritos, ignorar los llamados a la razón para no cometer adulterio y menos con un plebeyo. Ella pertenecía a la realeza de la más alta alcurnia, que no se le olvidara, por lo que resultaba una temeridad desconocer el sentimiento de peligro, apagar la voz de alarma que advertía el riesgo de un posible embarazo. Estaba obligada a cuidar su imagen para que nadie, absolutamente nadie advirtiera el desliz y, sobre todo, en una mujer tan racional como ella. Finalmente tendría que controlar el sentimiento de culpa que podría aniquilarla en los días o años subsecuentes... ¡Cuidado con los pasos irreversibles y las decisiones que sólo pueden durar una vida...!

Al mismo tiempo, Carlota no podía dejar de comparar la imponente musculatura del militar belga con el cuerpo escurrido, propio de un alfeñique, como el de Maximiliano, su marido. Van der Smissen, siempre audaz, al igual que en el campo de batalla a la hora de perseguir y masacrar liberales juaristas, tomó la mano de Carlota y suavemente la condujo hacia el centro de poder del universo, el origen de la primera fuerza, la fuente de la autoridad y de la vida. Ella accedió sin oponer la menor resistencia hasta percatarse de las intenciones de su súbdito. En ese momento retiró la mano con suave violencia para cubrirse el rostro sonrojado. Levantarse en dicha coyuntura le significaba sufrir una vergüenza que ya no podría resistir. Bastante esfuerzo estaba haciendo como para tener que desplazarse desnuda hasta donde se encontraba su ropa desordenada. Mejor, mucho mejor, perderse en un abrazo con Alfred en el que él ya no pudiera verla y luego cerrar definitivamente los ojos para abrirlos, si acaso cuando contemplara el cielo y sintiera sobre sí toda la virilidad del comandante de su guardia real.

Los dedos hábiles de Alfred, movidos con una suave dureza, recorrieron el rostro nacarado de la otrora princesa belga hasta que se hundieron en su espesa cabellera, en la que se enredó el militar para atraerla hacía sí. Ella accedió dócilmente hasta recostarse a su lado, mientras él montaba una pierna sobre las suyas al tiempo que besaba su cuello y simultáneamente volvía a recorrer con su mano izquierda aquellos senos escasos que se levantaban al solo contacto de aquel hombre. ¡Cuánta mujer yacía escondida bajo esa piel mágica que respondía en silencio a la menor de sus caricias! ¡Qué olor tan rancio, mezcla de sudor y perfume viejo despedía la emperatriz acostumbrada a no bañarse regularmente, a diferencia de su marido, Maximiliano, quien a diario bajaba, temprano en la mañana, hasta los baños de Moctezuma, ubicados al pie del Cerro del Chapulín, a zambullirse en las aguas heladas que tanto disfrutaba! Van der Smissen inhalaba los aromas de Carlota, que le recordaban los de las mujeres de su tierra. Rara vez había tenido contacto con mexicanas, sus prejuicios raciales se lo impedían. Él, precisamente él, con el mismo concepto de desprecio, había sido uno de los tantos culpables de la inexistencia de un ejército profesional mexicano, adiestrado por belgas y franceses para defender al imperio de los atentados juaristas, sólo que el concepto de ineficacia, torpeza e inutilidad de los soldados locales lo habían convencido de la necesidad de excluir cualquier posibilidad de adiestramiento a quienes eran incapaces de aprender y disciplinarse. ¡Qué equivocado estaba! Cuando Napoleón III llamó a sus fuerzas armadas, Maximiliano se hundió absolutamente indefenso....

Muy pronto la emperatriz y el plebeyo huyeron de este mundo perdidos entre besos y caricias deseadas de tiempo atrás, retenidas, ocultas, soñadas, idealizadas, añoradas. Cuando finalmente pudieron dar rienda suelta a sus sentimientos y se tuvieron, se abrazaron, se encontraron, se fusionaron como dos metales sometidos al poder del fuego, el uno para la otra, hechos por manos celestiales para integrarse y complementarse, ambos creyeron vivir un sueño que no se repetiría porque nada había como aquel momento en que se resumían los apetitos contenidos, las fantasías reprimidas que se materializaban finalmente en esa hora feliz. Ambos sintieron un gran amor por México, un profundo agradecimiento por haberles permitido vivir ese encuentro. Parecían escuchar marchas militares interpretadas por los músicos de la escuela de guerra de Bélgica, los acordes lejanos los enardecían llenándolos con un repentino sentimiento de grandeza. Se reconciliaban mientras él arremetía sin piedad alguna rompiendo todas las barreras, contenciones y reductos imperiales. Era mujer, Carlota se sintió mujer, mujer por primera vez, la mujer honrada, aquilatada, distinguida y hasta, tal vez, amada, en tanto su amante la tomaba, la asfixiaba, la elevaba, la humedecía, la enervaba, la crispaba, la envolvía, la devoraba, ella se aferraba a aquellas espaldas de fierro como si temiera desaparecer de la faz de la Tierra durante jadeos ensordecedores y súplicas inaudibles. De pronto se fueron inmovilizando hasta quedar exhaustos contemplando la inmensidad de la bóveda celeste del Valle del Anáhuac; poco a poco recuperaron la respiración y constataron que no había una sola nube en ese cielo azul intenso, impoluto, el gran y único testigo mudo de su romance.

¿Cómo morir sin haber conocido el encuentro entre un hombre y una mujer, un verdadero encuentro así de feroz, arrebatado, incontenible e inolvidable? ¡Qué imperio ni qué nada si se comparaba ese momento con el día de su coronación en la catedral de México! ¿Cómo agradecerle a ese ilustrísimo súbdito suyo todo lo que había hecho por darle sentido a su vida, mostrándole los caminos que justificaban la existencia? ¿Sudar? ¡Nunca había sudado ni llorado ni se había retorcido ni gritado hasta enloquecer de placer! Y pensar que podría haber muerto sin conocer el significado brutal de la palabra mujer, es decir, sin que un garañón como Alfred le mordiera los labios, perdiera la cabeza entre sus senos, le sujetara la cabeza para dominarla, la tomara firmemente de los hombros y de las nalgas para hundirse totalmente en ella. ¿Cómo...? ¿Acabar sus días sin ser montada por un jinete experimentado como Van der Smissen? ¡Gracias, Alfred, mil gracias, amor de mi vida! Dios Nuestro Señor te tenga por toda la eternidad en Su santa Gloria! ¡Gracias, amor, por tu interminable virilidad...!

La presencia repentina de unos patos en la orilla del lago de Chalco hicieron volver a la pareja a la realidad. Los Alpes mexicanos lucían como nunca en su historia. ¿Culpas de la emperatriz? Ninguna: no faltaba más. Si había acordado con Maximiliano el sostenimiento de un matrimonio supuestamente feliz a los ojos de terceros, sobre la base de que jamás —en especial después de que se enteró de lo acontecido en la isla de Madeira con aquellos esclavos negros provenientes de África— volverían a compartir cama alguna, ¿le quedaba acaso como opción pasar la vida tejiendo entre las damas de la corte? Por supuesto que no, menos aún cuando Maximiliano invertía la mayor parte de su tiempo en la persecución de mulatos, trofeos de cacería, en lugar de ocuparse, por lo menos, de los delicados asuntos del imperio. ¿Por qué montar a Orispelo, su caballo, siempre sobrado a falta de jinete, o preferir jugar con sus cuatro perros habaneros o esperar la caída de la noche bebiendo champán o vinos blancos, dulces, del Rhin o los de Burdeos o amanecer entre los brazos del degenerado de Bombelles, cuando medio mundo sabía cómo se entendían en el lecho, en lugar de gobernar?

Fue entonces cuando Van der Smissen la abrazó por la espalda y se cubrieron ambos con una frazada hasta perder la mirada en las alturas nevadas del Popocatépetl. Una vez saciada la fiera que habitaba en ellos, la emperatriz, ya sin secretos, sintiéndose protegida por su paisano y amante, el hombre de las confianzas de su padre, decidió hablar como tal vez no volvería a hacerlo en su vida. El teniente coronel prefirió no interrumpirla. Obviamente que en ningún momento advirtió la menor señal de demencia…

—Maximiliano y yo nos casamos en 1857, todavía en 1863 estuvimos a punto de procrear, pero desde entonces no tenemos relaciones amorosas —adujo Carlota con marcado pesar.

—Tres años son muchos para una pareja tan joven, ¿no, Su Alteza…?

Carlota prefirió no contestar y agregar que por esa razón habían adoptado al nieto de quien fuera Agustín de Iturbide para que en su momento y según se presentaran las circunstancias, él gobernara el Segundo Imperio, como su gran abuelo sin duda lo habría hecho de no haber sido fusilado.

Van der Smissen escuchaba.

—Maximiliano insistió mucho en la adopción de un niño otomí, decisión a la que yo me opuse porque en nada se parecía a nosotros. Parecía un tumor negro con pelos, Alfred, algo horrible. La muerte precoz lo apartó de nuestro lado y de los planes imperiales para siempre…

Carlota, agobiada, reveló de pronto sus preocupaciones matrimoniales, además de las relativas a las complejas políticas de Estado. Expuso cómo desde principios de ese año de 1866, en enero para ser más precisos, Napoleón III les había hecho saber que de continuar sin pagarle a su ejército con cargo al tesoro mexicano, él, el emperador de todas las Francias, no tendría otra alternativa más que repatriar a sus hombres para hacerle frente a la amenaza armada de Alemania y evitar una declaración de guerra por parte de Estados Unidos, otro enemigo opuesto a la Intervención francesa en México.

—Imposible mantenernos aquí sin el apoyo militar de Napoleón, Alfred...

—¿Y su hermano, Su Majestad —preguntó Van der Smissen cauteloso—, él no estaría dispuesto a apoyar la causa con hombres a falta de los franceses?

—Me lo ha repetido en todos los tonos: está interesado en mí, su hermana, pero no moverá un dedo para sostenernos en México. Él insiste en que abdiquemos, que Maxi renuncie al trono y que volvamos a Europa sin pensar ni un momento en nuestro futuro en la corte austrohúngara, en la cual no quieren saber nada de mi marido, quien renunció a todos los derechos sucesorios ante su hermano antes de zarpar a México. A Maxi lo prefieren muerto por una y mil razones que no viene al caso contarte ahora, Alfred... Leopoldo, mi hermano, cree que con la fortuna que me heredó mi padre podríamos tener una vida mucho más que digna en Miramar...

Carlota confesó que ella era quien redactaba las cartas enviadas por Maximiliano y el emperador las firmaba. Ella gobernaba mientras Maxi cazaba mariposas en el mejor de los casos... Ella había acordado con Bazaine firmar el decreto para fusilar a los traidores... Ella había discutido, a petición de Maximiliano, con el nuncio apostólico, «un loco al que había que tirar por la ventana», la imposibilidad de derogar las Leyes de Reforma, muy a pesar de las consecuencias políticas que sin duda se derivarían al haber incumplido la palabra de honor empeñada con el Santo Padre... Ella había leído a Voltaire, se había convertido en una amante del liberalismo y de las ventajas de la separación de la Iglesia y el Estado. Las mujeres mexicanas eran tan fácilmente manipulables por los sacerdotes católicos porque «jamás las había visto con un libro en las manos diferente al misal». Eran tan ignorantes, temerosas y supersticiosas que cualquiera podría lucrar con sus miedos e inducirlas al fatalismo... Ella y sólo ella le había prohibido a Maximiliano renunciar a pesar de la realidad, de las presiones, de las perspectivas de perecer arrollados por los juaristas apoyados por la Casa Blanca. Según ella, la abdicación era una fórmula vergonzosa...

—Abdicar —concluyó la emperatriz— sólo significa para un soberano la consumación de su derrota. Eso está bien para ancianos o débiles mentales, pero no para un príncipe de treinta y cuatro años, lleno de vida y de perspectiva en el porvenir...

Ella sabía que Maximiliano estaba perdido, perdido al igual que su efímero imperio. Giró entonces para encontrarse cara a cara con Alfred Van der Smissen. Se besaron. Ella le rodeó el cuello con sus brazos mientras que él la atraía hacia sí con la misma fuerza arrolladora e imponente que la anulaba y devastaba. ¿Cuánto tiempo más podría estar en México la pareja real? Pues el tiempo que fuera lo pasaría entre los brazos de Van der Smissen, salvo que un acontecimiento inesperado los obligara a separarse... Y el acontecimiento se produjo sorpresivamente antes de que ambos pudieran percatarse ni resistirse: Carlota supo que estaba embarazada en mayo de 1866 y supo también, lo sabía, imposible negarlo, que el hijo no era del emperador y que éste jamás reconocería a un bastardo como su heredero ni lo presentaría como tal ante la corte austriaca. ¿Cómo acreditarlo ante su hermano Francisco José y ante Sofía, su madre, ante la aristocracia europea, como su descendiente real, a sabiendas de que era el producto de una escaramuza de su mujer? ¡Imposible! Maximiliano tampoco desearía tener en el Castillo de Chapultepec a un vástago de Carlota que no llevaba su sangre. ¡Mantengan fuera de mi vista al bastardo! Ni en México ni en Austria se abriría el menor espacio para el pequeño Van der Smissen: ¡ni pensarlo! ¿Cómo explicarle a su hermano, el rey Leopoldo de Bélgica, que ella, la emperatriz de México, había tenido un desliz con un militar de grado menor y que, además, esperaba un niño de esa relación prohibida?

En uno de los primeros días lluviosos de mayo de 1866, Maximiliano y Carlota sostuvieron una conversación que jamás hubieran llegado a imaginar. En el salón comedor del Castillo de Chapultepec, al mediodía, la emperatriz despidió al servicio para que no hubiera testigos de la discusión que empezaba a encenderse. Ella advirtió la presencia del peligro cuando Maximiliano empezó a perder los estribos y golpeó violentamente la mesa con los puños cerrados lastimándose los nudillos. Sus ojos claros brillaban por la rabia. Sólo los cuatro perros del emperador estuvieron presentes, además de la pareja imperial. Muy pronto el silencio se hizo total. Hasta el chef abandonó la cocina limpiando su cuchillo cebollero al frotarlo contra su delantal blanco.

¡Claro que Maximiliano aceptó, fuera de sí, el haber embarazado a Concepción Sedano, la India Bonita, sólo que ése era un privilegio reservado a los hombres, tal y como el padre de Carlota y su propio hermano Leopoldo habían tenido hijos fuera del matrimonio! ¡Sí y qué... Carlota, a ver, sí y qué...! Pero una mujer que se hace o se deja embarazar por alguien que no es su marido, y más si ella pertenece a una de las altas casas reales de Europa, se convierte, por lo menos, en una casquivana, en una perdida, en una disoluta acreedora a los peores calificativos...

—Tú sí puedes engendrar con una mugrosa indígena, ¿verdad?

—Por supuesto, ese es mi privilegio entre otros tantos más... Tú ya no quisiste intentarlo conmigo después de aquella noche en la isla de Madeira...

—¿Y cómo querías que lo intentara si me dabas asco después de haberte acostado con no sé cuántos negros? ¿Cómo creías que reaccionaría cualquier mujer, muerta de miedo, además, por las enfermedades contagiosas? Si te sabías sodomita, ¿por qué te casaste conmigo?

—Por tu dinero, Carlota, tú siempre lo supiste: por tu dinero. No podías ignorar que a la mujer que yo verdaderamente amé fue aquella princesa portuguesa, Amalia de Braganza.

—Al diablo con ese cuento, Maximiliano, tarde o temprano también la habrías abandonado por el marica de Bombelles o por algún otro afeminado, pues no te preocupó sacrificar a cualquier mujer con tal de satisfacer tus apetitos más bajos y, al mismo tiempo, preservar tu apellido, cuidar tu imagen y hacerte de dinero; ellas que se mueran, ¿no...?

—Eres una cualquiera, Carlota, no vengas ahora a enrostrarme debilidades imposibles de probar con tal de salvar tu prestigio aquí en México y en Europa. ¿Qué tal la famosa Carlota, la famosísima Mamá Carlota convertida en una vulgar putita?

—Y tu madre, la también famosa, famosísima archiduquesa Sofía, ¿no se acostó con Napoleón II y se embarazó de él estando casada con Francisco Carlos, de donde naciste tú? ¿No eres igualmente un bastardo, sólo que tu madre supo cobijarte para no dañarte, de la misma manera en que yo te suplico que reconozcas a este niño que ya vive en mis entrañas para darle un futuro político que no tendrá en ningún caso tu hijo con la India Bonita, la estúpida huarachuda esa? ¿Quién va a aceptar en Europa como nuestro heredero a un indito prieto y chaparro, en lugar de uno rubio y alto, con ojos azules como tú?

—Estás loca, jamás aceptaré semejante mentira...

—Tu madre te cubrió a ti y ocultó tu bastardía.

—Eso lo sabes tú porque yo te lo comenté, pero nunca nadie podrá probarlo ni yo lo confesaré.

—Sé generoso, Max...

—No engañaré así a mi familia.

—Ellos te desprecian.

—Ése es mi problema.

—¿Sabes a lo que me condenas si no reconoces a mi hijo?

—Por supuesto, tú te lo buscaste al acostarte con un don nadie.

—¿Y si hubiera sido *alguien* sí lo hubieras reconocido?

—Ni muerto: sólo reconoceré a quien lleve mi sangre real, mi sangre azul...

—¿De modo que reconocerás al hijo que tendrás con Concepción Sedano?

—Antes muerto...

—Eres un miserable...

—Y tú una loca perdida sin principio alguno. Tendrás que exhibir tus vergüenzas por el mundo. No quiero aquí en Chapultepec a tu bastardito ni mucho menos a ti. A ver qué estrategia urdes para esconder tus desvaríos y tus despropósitos.

Al verse sin recurso alguno, Carlota se puso de pie, se dirigió al gran ventanal confeccionado con vidrio soplado veneciano. Lo abrió lentamente para contemplar desde las alturas del Cerro del Chapulín el Paseo de la Emperatriz, que conducía casi hasta Palacio Nacional. Respiró lentamente. Pronto estuvo lista para reiniciar el ataque. Giró sobre sus zapatos decorados con satín color púrpura.

—¿No reconocerás a mi hijo?

—¡No insistas, no! —tronó Maximiliano.

—¿No podrá vivir conmigo aquí en Chapultepec?

—Jamás le daré abrigo a un bastardo en mis dominios.

—Entonces debes ayudarme, ya como viejos amigos, a salir decorosamente de este doloroso entuerto. Te lo pido en nombre de nuestra amistad, que es lo único que podría quedar entre nosotros.

—Tú dirás...

—He ideado un plan para salir airosa de esta coyuntura, una vez conocida tu posición, que ya no voy a discutir. —Sin dejarse interrumpir, la emperatriz de México, recargada a un lado del ventanal que inundaba de aire puro el comedor real, expuso su deseo de viajar a Europa con el pretexto político de tratar de convencer a Napoleón III y al propio Papa del daño que ocasionaría al imperio mexicano si los soldados franceses que lo sostenían fueran repatriados. Le explicaría que Juárez fusilaría a Maximiliano de llegar a echarle la mano encima. Ella, Carlota, adoptaría el papel de embajadora ante la emperatriz Eugenia para inducirla a cumplir su palabra, a influir para que se mantuviera el apoyo militar con el ánimo de evitar que los indios se los comieran vivos, tal y como lo había previsto la reina Victoria de Inglaterra cuando habían ido a despedirse de ella.

Maximiliano adujo que la idea era una locura. Napoleón no era Napoleón I, sino Napoleón III, un hombre acobardado ante Alemania y Estados Unidos. Nadie podría convencerlo de dejar en México ni un solo soldado ni a un triste mosquete francés después de principios de 1867. Fracasaría el plan. El Papa, por otro lado, no había escondido su furia con la pareja real desde que el nuncio le informó que no serían derogadas las Leyes de Reforma y que continuarían con la política juarista de separar Iglesia y Estado sin devolver los bienes expropiados al clero. Era inútil tocar las puertas del Vaticano. También fracasaría el plan...

—Antes que tú lo supieras o lo adivinaras, mientras hacías el amor con tu india o te acostabas con Bombelles, me era cada vez más claro que estábamos perdidos —adujo en tono doctoral la emperatriz, sin derramar una lágrima— ambos sabemos ahora toda la verdad y advertimos el futuro que nos espera. Sé que todo es una farsa. Sé que Napoleón III difícilmente me recibirá, como no ignoro la resistencia del Papa, sólo que mi plan no persigue esos fines ya perdidos de antemano, sino buscar un pretexto aceptable para salir de México, es más, para huir de México. Por mí, Napoleón III y Pío IX se pueden ir juntos, tomados de la mano, a la mierda. ¿Lo entiendes?

—¿Entonces?

—Entonces cúbreme y protégeme como amigos. No reconozcas, está bien, la paternidad de mi hijo ni ante la corte austriaca ni ante la belga ni ante ninguna otra... Sólo acepta que voy como tu embajadora a tratar de convencerlos, dame al menos esa salida que ambos sabemos es falsa.

—Bien, ¿y cómo disimularás tu embarazo? Tu hijo nacerá en enero de 1867, según dices.

—Es correcto. Sólo que al llegar a Europa tengo otro pretexto, este para esconderme de los curiosos y de las miradas inoportunas.

—¿Cuál pretexto?

—Fingiré estar perdidamente loca para que me recluyan por lo pronto en un departamento privado de la corte austriaca, y al nacer el niño en Miramar seré trasladada sola a Bélgica en donde mi hermano me ayudará a educar a mi hijo en cualquier país europeo.

—¿Te harás la loca?

—Así es, fingiré demencia, me ocultarán y nadie podrá verme...

—¿Prefieres pasar a la historia como loca antes que como...?

—Te estoy pidiendo un salvoconducto para rescatar lo que quede de mi dignidad. ¿Quieres que te diga cómo pasarás tú a la historia si yo abro la boca...? ¿Quieres que cuente a la prensa lo acontecido en Madeira? ¿O tal vez lo de tus aventuras con Bombelles? A Francisco José le fascinará saber que tiene un hermano sodomita, y además, que en lugar de ocuparse de los delicados problemas del Estado mexicano, prefirió perseguir muchachitos y muchachitas en Cuernavaca, perdido en el alcohol y en las pastillas de opio. ¿Eso quieres?

El rostro de Maximiliano se contrajo adquiriendo una severidad desconocida.

—No serías capaz, Carlota...

—No me provoques. Sería capaz de todo si tú me exhibes, yo ya no tengo nada que perder. A ti mismo no te conviene dañarme porque el desprestigio nos perjudicaría a los dos.

—¿Me chantajeas?

—Por supuesto que no, Maxi, tú comenzaste burlándote de mis debilidades al preguntarme cómo deseaba pasar a la historia...

—Mi hermano Francisco José sabrá tarde o temprano la verdad porque tú tendrás un hijo que yo no reconoceré, o ¿crees que el médico de la corte no informará que diste a luz un hijo en Miramar?

—Ellos compartirán el secreto por la conveniencia de todos. Si salen a decir que el hijo no es tuyo y que yo soy una casquivana, entonces te exhibirán a ti como cornudo y más tarde precisaré la situación publicando tus debilidades, las de tu madre y las de tu padre, otro cornudo. Sé, además, de varias de las parrandas en las que se ha visto envuelta Sissi, que tu hermano ha tratado de ocultar a cualquier precio. A nadie le conviene, Max, un derramamiento de verdades, pecados e infidelidades. Todos fuimos por lo menos infieles, tú, tu madre, Sissi y yo, ¿por qué divulgar la ruindad familiar?

—Es chantaje vil y puro.

—No, no lo es, cubrámonos las espaldas. Garantiza que tu familia guarde bien el secreto. Bastante cargo con abandonar el imperio mexicano, ir a hacer el papel de idiota con Napoleón III y con el Papa, además y por si fuera poco, embarazada, y para rematar fingiendo una demencia que no tengo. ¿Te das cuenta de que se acabó mi vida?

—¿Te das cuenta también de que se acabó la mía? Yo ya no tengo otra opción salvo la de abdicar al trono. Si me quedo sin las tropas francesas, Juárez me colgará de cualquiera de las ramas de estos ahuehuetes del bosque de Chapultepec. De modo que te seguiré en cualquier momento con toda mi indignidad a cuestas para vivir de la caridad en Viena porque no tengo ningún título que me represente el menor ingreso.

—No puedes rendirte de esa manera, Max, sé emperador hasta el final. Demuestra tu sentido del honor, recuerda que eres un Habsburgo. Capacita a las tropas mexicanas, todo lo que les falta es adiestramiento. El coraje lo tienen y hasta más que los franceses. Napoleón te dejará las armas, tú busca a los hombres y demuéstrale al mundo que el cargo te lo ganaste a pulso. ¿A dónde van los mexicanos sin un extranjero como tú que les indique e imponga el camino de la prosperidad? Lo peor que les puede suceder a los mexicanos es que se autogobiernen. Juárez es un desnalgado que escribe con dificultad su nombre sin cometer faltas de ortografía. Yo ya no te podré ayudar en las tareas de gobierno ni tu tal India Bonita podrá sustituirme, como tampoco lo podrá hacer el marica de Bombelles...

—Ahora eres tú la que te burlas...

—No me burlo, no tengo sentido del humor ni para eso, sólo te presento la realidad. Busca entre los mexicanos a personajes centrados, moderados que puedan ayudarte y que entiendan a su país y, por lo que más quieras, hazte de un ejército que te ayude a afianzarte en el poder.

Maximiliano guardó silencio. Permaneció inmóvil, sentado como se encontraba, con los brazos metidos entre las piernas, ligeramente encorvado, mirando fijamente el piso de mármol blanco.

—Mi madre, Sofía, y Francisco José —aclaró como otro amigo de la emperatriz— me han prohibido que abdique: ambos prefieren verme muerto antes que verme vil.

—Y tienen razón —acotó de inmediato Carlota—, hay mucho qué defender, hay mucho por qué luchar —agregó a sabiendas de que exponía la vida de su marido si éste se quedaba en México. ¡Claro que Juárez lo colgaría o lo fusilaría para imponer un ejemplo ante la comunidad internacional! Ya todos sabrían la suerte que correrían los extranjeros que invadieran México.

¿Y si llegaran a pasar por las armas a su marido, el emperador? Al fin y al cabo eso tendría que haberle pasado apenas unas horas después de haber nacido. ¿Que lo fusilen? ¡Que lo fusilen! La debilidad debería ser un pecado mortal. La debilidad de Maximiliano habrá de acabar con su imperio y con su vida. ¿Que lo maten? ¡Que lo maten! Su vida fue inútil desde el momento mismo en que abrió por primera vez los ojos, pensó en silencio la emperatriz.

—Escucha, Carlota —agregó Maximiliano apesadumbrado—, no sólo tú, mi madre y mi hermano están en contra de mi abdicación, sino también Concepción Sedano y el propio Bombelles, nadie me da la razón, ni mucho menos mi Estado Mayor mexicano a pesar de que los franceses se largarán en cualquier momento y de que saben que Juárez acabará conmigo. Si ese indio zapoteca cayera en mis manos, lo desterraría, pero no lo mataría... Sé que él carecería de esa generosidad conmigo...

—¡Quédate entonces y véncelos, Max! Gánate el derecho a un trono que en realidad te regalaron, bueno, nos regalaron. Demuestra quién eres militar y políticamente hablando —ahora era Carlota la que se burlaba sin que el emperador se percatara— para evitar caer en el ridículo. ¿No eres descendiente de los duques de Borgoña, de Carlos V, nieto de José II y de Napoleón I...? Pruébales que tu herencia no es gratuita, que la mereces, que la sabes honrar —agregó Carlota a sabiendas de que con sus comentarios acercaba a Maximiliano al patíbulo. Sabía que él había arruinado su vida como madre, como mujer y como emperatriz y que ese final trágico se lo merecía Maximiliano en retribución justa por la suerte que le había tocado vivir a su lado...

—Tienes razón, Carlota —balbuceó el emperador en tanto levantaba la cabeza—, me quedaré a enfrentar, mientras pueda, mi realidad como hombre... En relación con tus planes, sólo te pido que los ejecutes a más tardar en junio próximo, antes de que el tamaño de tu vientre nos exhiba a todos.

—Tengo todo planeado para hacerlo en un mes más. Yo a mi vez te exijo el cuidado meticuloso de las formas y que sepamos vestir dignamente nuestra estrategia de cara a las cortes mexicana y europea.

Maximiliano guardaba silencio viendo a su mujer a la cara.

—Lo primero es lograr citas con Napoleón III, quien se resistirá a recibirme porque bien sabe lo que le voy a pedir, aun cuando tú y yo aceptemos nuestra causa como perdida. Requerimos como nunca de los oficios diplomáticos de José Manuel Hidalgo Esnaurrízar, nuestro embajador en París, para lograr de inmediato la audiencia imperial, como también requerimos el apoyo de tu hermano y del mío para que yo sea recibida por el Papa a pesar de todas las resistencias que, sin duda, manifestará.

—Cuenta con ello…

—Además quisiera que organizaras banquetes de despedida, fiestas y misas. Es imperativo que la Iglesia me cante un Tedeum antes de mi partida. No podemos mostrar la menor fisura entre nosotros. Nos cruzaremos cartas como si estuviéramos profundamente enamorados al igual que cuando nos conocimos. Si alguien descubre este juego, estaremos perdidos. No te permitas hablar mal de mí. Yo, por mi parte, diré que creo en ti y en Dios, en ese orden…

—Tus damas de compañía sabrán la realidad de lo acontecido cuando te bañen, Carlota…

—Podré bañarme sola…

—Pero si te saben loca no te dejarán sola…

—Sabré manejarlas, Max…

—¿Y cómo te conducirás frente a Napoleón y el Papa?

—Me beberé de repente el agua de un florero o aventaré en el salón de los espejos el té por los aires o meteré las manos en la limonada cuando la traigan… Yo sé cómo divulgar la imagen que deseo…

—¿Y si te encierran en un manicomio?

—Eso no sucederá porque nuestros hermanos lo impedirán, ellos sabrán que todo se trata de una farsa.

—¿Y te quedarás encerrada como loca en un castillo en Bélgica o en Miramar o donde sea?

—Ése será mi precio, como lo será no volver a ver a mi hijo para disimular los hechos, aun cuando tal vez pueda llegar a salir disfrazada… Ya veremos…

—Mañana mismo giraré instrucciones para lograr las entrevistas con Napoleón y con el Papa…

—No se te olviden las recepciones de despedida ni la misa —alegó Carlota mientras se dirigía a sus habitaciones, que daban al lado sur de la ciudad.

—No, no lo olvidaré…

—Otro punto —adujo antes de cerrar la puerta—, por favor no le hagas daño a Alfred Van der Smissen. Él es y será el hombre de mi vida y espero seguir viéndolo hasta que me vaya para siempre de México. ¿Verdad que no nos vamos a hacer daño, Max?

—No nos haremos nunca daño. Si tuvimos un muy mal matrimonio, tengamos al menos un buen divorcio.

Maximiliano encontró esta carta encima de su cama el día en que vio por última vez a Carlota al despedirla cerca de Puebla, en aquella primavera de 1866:

Abdicar es pronunciar una condena, otorgarse un certificado de incapacidad; y esto sólo es admisible en los viejos o débiles de espíritu, no es propio de un príncipe de treinta y cuatro años, lleno de vida y con el porvenir ante él. La soberanía es la propiedad más sagrada que hay en el mundo; no se abandona el trono como se deja una asamblea cercada por un cuerpo de policía. Desde el momento en que uno toma a su cargo el destino de una nación, lo hace con sus riesgos y peligros, y jamás tiene derecho a abandonarlo. No conozco casos en que la abdicación no sea una falta o una cobardía; únicamente podría imponerse si se hubiera hecho traición a los intereses que a uno le han confiado, o ante la perspectiva de un tratado oneroso o de una cesión de territorios; entonces la abdicación es una excusa y una expiación; no podría ser otra cosa. También se puede abdicar cuando se ha caído en manos del enemigo, a fin de quitar todo carácter legal a los actos que haya que ejecutar obligados por la fuerza.

Amigo, los reyes no deben rendirse en la derrota —decía Luis *el Gordo* a un inglés que quería hacerlo prisionero—. Pues bien: yo digo que los emperadores no se rinden. Mientras haya un emperador aquí, habrá un Imperio, aunque no comprenda más de seis pies de tierra. El Imperio no es nada sin el emperador. El hecho de que esté desprovisto de dinero no es una excusa; con crédito puede procurar serlo; el crédito se obtiene con el éxito; se gana luchando.

Y si no se tiene ni crédito ni dinero, no faltan medios de procurárselos; lo esencial es vivir y no desesperar de sí mismo; nadie creerá, aunque se diga que se ha hecho imposible, una cosa que se emprendió y se tuvo por posible. Añadir que uno se retira porque se creía capaz de fundar la dicha de una nación y se ha dado cuenta de lo contrario, es una flagrante declaración de impotencia; es, además, una mentira si uno es para tal país la única tabla de salvación.

Conclusión: el Imperio es el único medio de salvar a México; todo debe hacerse para salvarlo, porque uno se ha comprometido a ello por juramento y no hay imposibilidad alguna que nos desligue de la palabra dada.

Nadie abandona su puesto delante del enemigo. ¿Por qué se ha de abandonar una corona? Los reyes de la Edad Media esperaban, por lo menos, a que les arrebataran sus Estados antes de entregarlos, y la abdicación no fue inventada hasta que los soberanos se olvidaron de saltar a caballo en los días de peligro. Mi abuelo quiso evitar una efusión de sangre y fue indirectamente responsable de la sangre vertida en Francia en febrero y en junio, luego el 2 de diciembre, sin contar lo que pudiera suceder más tarde.

La guerra civil ya no existe, pues ni siquiera tiene pretexto: el gobierno de Juárez ha pasado. A Santa Anna no lo ha elegido nadie y todo lo demás será considerado como comprado por el extranjero. No se debe ceder el puesto a tal adversario; tampoco se dice ya, como en el casino, que ha saltado la banca, o, como en el teatro, que la comedia ha terminado y que van a apagar las luces. Nada de eso es digno de un príncipe de la casa Habsburgo, ni de Francia y su ejército, que sería llamado a ser testigo de tal espectáculo y a torearlo, porque ¿con quién se quedaría el mariscal Bazaine hasta el año próximo?

De lo sublime a lo ridículo no hay más que un paso. Partir como campeones de la civilización, como libertadores y regeneradores, y retirarse bajo el pretexto de que no hay allí nadie a quien regenerar, y todo ello de acuerdo íntimo con Francia, que siempre ha pasado por ser el país de los valores espirituales, preciso es confesar que, tanto para los unos como para los otros, sería el mayor absurdo cometido bajo el sol... Aunque estuviera permitido jugar con los individuos, no se debe jugar con las naciones, porque Dios las venga.[3]

EPÍLOGO

Cuando la emperatriz Carlota se embarcó rumbo a Europa en junio de 1866 supuestamente «para tratar de convencer a Napoleón III y al Papa Pío IX de las consecuencias de suprimir la intervención militar francesa», se cancelaron de inmediato las obras de beneficencia que ella había iniciado con tan buen empeño y eficacia. En particular, las mujeres extrañarían el entusiasmo con el que Carlota había intentado rescatar de las tinieblas de la ignorancia, del sometimien-

[3] Praviel, 1937: 119-123.

to y de la insalubridad a niños y ancianos, a los que dedicó buena parte de sus tareas altruistas. Tanto fue querida la emperatriz por sus súbditos que cuando su barco se perdió en la inmensidad del horizonte marino, todavía se escuchaba aquella canción compuesta por el pueblo que tanto le agradecía su sentido filantrópico:

> Adiós mamá Carlota
> Adiós mi tierno amor
> Se marchan los franceses
> Se va el emperador
> Alegre el marinero
> Con voz pausada canta
> Y el ancla ya levanta
> Con extraño rumor
> La nave va en los mares
> Botando cual pelota:
> ¡Adiós mamá Carlota
> Adiós mi tierno amor!

Carlota zarpó rumbo a Europa porque no quería saber del hijo de su marido, el emperador, que abriría por primera vez los ojos en agosto de 1866, ni tampoco deseaba dar a luz a su propio vástago en tierras mexicanas, por lo que Maxime Weygand nacería en Miramar el 21 de enero de 1867, por más que haya sido registrado en Bélgica en ese mismo año. ¿Quién acompañó a la emperatriz durante su viaje de regreso a Europa? Una de las personas que más odió en su existencia: el conde Carlos de Bombelles, precisamente el autor de la pasada narración. ¿Razones de su presencia? Preservar los secretos y vigilar que Carlota cumpliera en todo momento con su palabra, cerciorarse de que la familia real austriaca le dispensara las debidas atenciones para ayudarla a cumplir con su cometido evitando todo tipo de filtraciones. En síntesis, viajaba como espía y testigo, la oreja y los ojos de Maximiliano...

Deben subrayarse con doble línea negra las frecuentes náuseas que sufrió Carlota durante la larga travesía de Veracruz a Saint-Nazaire, así como los vómitos recurrentes padecidos durante su paseo en coche en los Alpes y las Dolomitas. Disimular los primeros meses de embarazo no fue nada difícil, con la moda de los grandes *chales* cubriendo hasta debajo de la cintura, y las gigantescas *crino-*

linas de la época que habían obligado a suprimir un sillón de cada dos en el teatro Compiègne...

Durante sus conversaciones con Napoleón III, la emperatriz hizo todo lo posible por mostrarse esquiva y demente. Ejecutó a la perfección el plan, exhibiendo tan enormes como desconocidas facultades histriónicas que Napoleón III y su mujer, Eugenia, se convencieron de la locura precoz de aquella princesa belga que tan bien los había impresionado en su momento. Los emperadores franceses no pudieron ocultar su azoro al constatar la conducta inexplicable de la emperatriz durante la breve audiencia que le concedieron en el Castillo de Fontainebleu. Repentinamente gritó durante una amable conversación:

—Sangre, sangre... —exclamó recorriendo los salones imperiales, como una fiera recién presa se revuelve en su jaula—. Sangre... —siguió vociferando sin control—: ¡Ay, cuánta sangre —continuó entre sollozos y risas histéricas—, va a correr por culpa de vuestro abandono, y toda va a caer sobre la cabeza y la corona de Vuestra Majestad! ¡Maldición, maldición! Mi sangre de Borbones se ha humillado, arrastrado a los pies de un Bonaparte. ¡Ay... maldición...! —exclamó tirándose de los cabellos para desplomarse sin sentido sobre la alfombra.

Llamada una de las damas de Carlota que esperaba en la antesala, ayudó a Eugenia a aflojarle las ropas y a friccionarla y a darle a oler sales. El emperador abandonó el salón.

—¡Asesinos... asesinos. No quiero más refresco envenenado... No quiero... No... Asesinos...! —y se perdió en una crisis de llanto prolongado.

Escandalizado, Napoleón III solicitó los oficios de Pío IX para que se apiadara de esa pobre mujer enloquecida concediéndole una audiencia inmediata. Efectivamente el Papa recibió, contra su voluntad, a la emperatriz Carlota, quien de forma intencional se quemó las manos al introducirlas en un caldero ardiente, para el espasmo y horror del Sumo Pontífice.

Carlota habló de sus sueños mientras observaba por el rabillo del ojo derecho el rostro estupefacto de sus interlocutores. Sabía que se burlaba de ellos. Sabía también que debían disimular, por cortesía, sus impresiones: la emperatriz soñaba que su marido era el soberano de la Tierra.

Durante su visita por el Vaticano, Carlota expuso sus puntos de vista: «Es que me muero de hambre, Santísimo Padre... Perdón, pero hace dos días que no puedo comer nada. Perdón... pero todo lo que me sirven está envenenado».

Con virtud y paciencia apostólica, Su Santidad compartió el desayuno con una criatura ciertamente extraña, la única mujer que había pasado la noche en la Capilla Sixtina, después de haberse improvisado un dormitorio para ayudarla a superar sus escalofriantes miedos. El Papa la confortó con su palabra luminosa, le dio su bendición, y al verla ya tranquila, la despidió atribuyendo aquello a un trastorno pasajero. Si el Papa hubiera sabido que la *locura* se presentó *agresiva y curiosamente* a partir del momento en que la emperatriz fue informada de su embarazo...

Con la obsesión del veneno, de no ser por la señora Doblinger, su camarera heroica y abnegada, Carlota hubiera muerto de hambre. La buena señora convirtió el cuarto de hotel en gallinero, y en presencia de la enferma mataba y cocinaba un pollo conforme se necesitaba. El plan marchaba a las mil maravillas.

Después de haber fracasado en el intento de *convencer* a Napoleón III y al Papa de sus afanes políticos y diplomáticos, se dirigió a la corte austriaca, de donde surgió la noticia, como un reguero de pólvora, de que Carlota, la emperatriz mexicana, esposa de Maximiliano de Habsburgo, había caído en demencia y necesitaba ser recluida para recibir el adecuado tratamiento médico. ¿El diagnóstico clínico? Carlota «padece una psicosis maniaco-depresiva caracterizada por frecuentes ataques de paranoia y esquizofrenia en las que se alterna con euforia y melancolía...» ¿Se prestó el doctor Louis Laussedat a una simulación? ¿Se habrá inclinado ante la razón de Estado? ¿Era un familiar de la corte de Bélgica? Quizá menos de lo que algunos han afirmado. Parece, efectivamente, que ese médico francés atendía a numerosos miembros de la alta sociedad de Bruselas, y era bastante cercano a la corte. Su sobrino, el doctor Henri Laussedat, fue llamado a presentar sus cuidados a Leopoldo II al final de su vida.

La estrategia funcionaba a la perfección. Francisco José, el emperador, y su madre Sofía, entendieron cabalmente la importancia de guardar la máxima discreción para ocultar, a como diera lugar, el embarazo de Carlota, del que Maximiliano se declaró, en la intimidad familiar, totalmente inocente, negándose en todo caso a reconocer la paternidad del real bastardo. Cuando nació Maxime Weygand —algo tenía de parecido con el nombre de Maximiliano—, Carlota se trasladó a Bélgica, en febrero de 1867, para morir en reclusión «víctima de una enfermedad mental», en 1927, encerrada en el castillo de Bouchot.

Los médicos reales que la atendieron durante el parto dieron fe del nacimiento de su hijo. Otro grupo de doctores confirmaron el estado de demencia de la emperatriz, a sabiendas de que no sufría la enfermedad cuya existencia estaban afirmando. Una parte más de las intrigas y poderes palaciegos...

Maxime Weygand, el hijo de Carlota, fue registrado como de padres desconocidos. A nadie escapó el notable parecido entre Maxime Weygand y Alfred Van der Smissen. Era asombroso realmente. Ambos eran idénticos. El niño fue educado por un tutor llamado David de León Cohen, quien más tarde lo hizo reconocer civilmente por su contador, un francés complaciente llamado François Joseph Weygand, reconocimiento que permitió al joven oficial, que entró en Saint-Cyr a título de extranjero, ser nombrado sin dificultad subteniente en la caballería francesa. En lo que hace a Weygand, éste llegó a ser jefe del Estado Mayor de Francia en la Primera Guerra Mundial y posteriormente ministro de Defensa, además de mariscal de Francia, miembro de la academia y prologuista del libro *L'Empire Oublié. La aventura mexicana*.

«La casa donde nació Weygand, que es hoy la Taverne Waterloo, fue comprada en 1904 por el barón Auguste Goffinet, gran maestro de los comandos de la emperatriz Carlota y administrador de la fortuna personal de Leopoldo II, y vendida una vez más en 1927 después del fallecimiento de la antigua soberana...»

Otro detalle impresionante: Una señora muy vieja sabía por el ingeniero de Broeu, entonces de ochenta y cinco años, e hijo de un médico de la emperatriz Carlota, que «cuando Weygand permanecía en Bruselas, iba a Bouchot (residencia de la emperatriz) y a veces cenaba con el propio barón Auguste Goffinet». Ésta es una confidencia hecha a Albert Duchesne por el conde Robert Capelle, entonces secretario de Leopoldo II...

Pero Weygand no respondió y tampoco asistió al sepelio de la emperatriz, aunque se haya afirmado lo contrario.

En suma, no fue la locura sino su embarazo lo que la obligó a esconderse en el castillo de Miramar, que después de todo se había construido con su dinero, con la herencia de su padre, Leopoldo I de Bélgica. Y si no, ¿por qué no fue encerrada en un manicomio? ¿No constituía al menos una temeridad o una irresponsabilidad permanecer solitaria en un castillo, como si no pudiera atentar contra su propia vida o contra la de las personas que supuestamente la rodeaban?

Pero llama todavía más la atención el hecho de que, loca y solitaria, se le permitiera conservar el manejo de su fortuna, de la que formaba parte —sólo parte— ¡un tercio del Congo Belga! Se sabe que «durante los sesenta años de demencia, cada semestre, cuando el administrador de sus bienes se aparecía para rendirle cuentas, Carlota aparentaba sumergirse en el examen de los números que aquel le presentaba y que ella entendía muy bien», pero, ¿será que sólo aparentaba sumergirse o que en efecto se sumergía en esos números, en ese mar de números que para 1887 le revelaban la posesión de 29 millones de francos?

Lo cierto es que «en un balance posterior, hecho en 1909, su capital era de más de 53 millones de francos. Carlota era una de las mujeres más ricas del mundo». Con mucha, con sobrada razón, «por la comarca —de Miramar— llegó a correr el rumor de que Carlota estaba en su sano juicio y que todo aquello de la locura era una historia inventada...»

Resulta particularmente curioso que en la misma medida en que Carlota adquiere conciencia de su estado de gravidez, aumenta significativamente su supuesta locura, al extremo de que ésta se manifiesta con sorprendente agresividad a partir del momento en que desembarca en Europa después de un mes aproximado de travesía trasatlántica. Antes de viajar, escasamente se distinguen señales de demencia mientras todavía se encuentra en México. ¿Enloquece durante las semanas de navegación? No puede ser el caso: Carlota se expresa con la debida claridad ante Napoleón III y ante el Papa, hilvana sus razonamientos, los cuales presenta de manera espléndidamente articulada y vertebrada, salvo las ocurrencias de advertir las intenciones de envenenarla o su decisión de quemarse las manos en un caldero u otras extravagancias que convencieron al emperador y al vicario de Roma de las perturbaciones mentales que sufría la emperatriz. ¿Loca la que arguye con gran talento e información? ¿Loca la que multiplica su fortuna en el corto plazo? ¿Loca la que no es encerrada en un hospital para enfermos mentales sobre la base de que había perdido totalmente la conciencia? ¿No constituía una auténtica crueldad recluir en un centro hospitalario a una persona en pleno uso de razón? Si al fin y al cabo no se percataba de cuanto acontecía en su entorno, ¿por qué no recluirla entonces, por su seguridad y por la de terceros, en un centro de rehabilitación? Como quiera que sea la estrategia de salir de México con el pretexto de convencer a Napoleón III y solicitar el apoyo del Papa con tal de esconder su embarazo y simultáneamente aparentar una dolencia para ser apartada de la sociedad, resultó un plan perfectamente urdido por una mujer dueña de una inteligencia superior a la media común.

¿Viajaría por el mundo disfrazada simulando el encierro en Bouchot? ¿Se habría entrevistado muchas veces con Van der Smissen en distintos lugares del mundo? He ahí, en esas respuestas, preciosas oportunidades para recrear nuevos arrebatos carnales...

Alfred Van der Smissen se privó de la vida en el año de 1897 al darse un tiro en la cabeza sin haber confesado jamás sus relaciones amorosas con la emperatriz Carlota ni reclamado, obviamente, la paternidad del pequeño Maxime. Murió como correspondía a un caballero, preservando un delicado secreto y, por ende, el honor de Carlota, a quien seguía frecuentando secretamente en el castillo de Bouchout y viajando con carácter anónimo por todo el mundo. Weygand tampoco reconoció jamás a su madre. Acusado de colaborar con el nazismo fue liberado al concluir la Segunda Guerra Mundial. Murió en el año de 1965, en París, de noventa y ocho años de edad.

Por su parte, Maximiliano, después de haber pensado o intentado huir de México abdicando al trono de su imperio, dudando del camino a seguir, frágil e indeciso, confundido y manipulado como siempre, decidió finalmente quedarse en el país debido a las súplicas de Concepción Sedano, su amante; las de su madre, la archiduquesa Sofía; las de su esposa, la emperatriz Carlota, así como las de su hermano, el emperador de Austria, y de buena parte de sus súbditos mexicanos, entre ellos, los ultraconservadores Miramón, Mejía y Márquez, los brazos armados de la Iglesia católica, quienes fueron rescatados a última hora de sus misiones en Europa para venir a tratar de salvar militarmente lo poco que quedaba del imperio mexicano.

Maximiliano fue fusilado por Benito Juárez en junio de 1867 en el Cerro de las Campanas. La autopsia no reveló rastro alguno de sífilis ni de ninguna otra enfermedad que le hubiera impedido fecundar a alguna mujer. Los rumores han pretendido hacer pensar que Maximiliano era sifilítico e impotente. Sin embargo, no hay pruebas: los médicos que lo trataron previamente en Austria y en México, los doctores austriacos Jelek, Semeleder, Bash, Bohuslavek y el famoso médico mexicano Lucio nunca lo confirmaron. Si en la autopsia o el embalsamamiento los médicos republicanos Rivadeneyra y Licea hubieran encontrado trazos de dichas enfermedades, no hubieran tenido motivos para silenciarlo.

Julián Sedano y Leguísamo, el hijo de Maximiliano, bisnieto de Napoleón I, murió fusilado durante la Primera Guerra Mundial, acusado de conspirar con los alemanes en contra de los franceses.

¿Sería el que apareció en Francia antes de la guerra de 1914-1918 peinando su barba negra de igual forma que Max y declarándose hijo del antiguo emperador de México? Cubierto de deudas, entregándose a negocios sospechosos, fue contratado como agente por los servicios secretos alemanes de 1915. Desenmascarado en 1917 por el contraespionaje francés, fue arrestado y condenado a muerte. El 10 de octubre, frente al pelotón de ejecución, se le leyó la siguiente conclusión de la sentencia: «¡Sedano y Leguísamo, hijo del emperador mexicano, va a ser fusilado como traidor!»

Y Sedano murió de la misma forma y con el mismo valor que *su padre*. Numerosos son aquellos que han considerado y consideran a Sedano como un impostor.

Ahora bien, en la Enciclopedia de los Municipios de México, en la parte correspondiente al estado de Morelos, sección «Personajes», encontramos el siguiente registro:

> Julián Sedano y Leguísamo (1866-1914). Nació el 30 de agosto, hijo de Concepción Sedano Leguísamo y de Maximiliano de Austria. Fusilado en París.

Porfirio Díaz

EL GRAN ENTERRADOR DEL
LIBERALISMO DEL SIGLO XIX

*A Guillermo Prieto Fortún, el hombre que,
como dijera el poeta, es el fiel espejo en el
que todos deberíamos vernos reflejados.*

—¡Siéntate, Porfirio...!

—Es que yo...

—¡He dicho que te sientes!

—Pero, Señor...

—¿Te atreves acaso a desafiar mis órdenes?

Una mirada saturada de furia salió disparada hacia los ojos del implacable Juzgador. El dictador oaxaqueño no pudo oponer mayor resistencia. Con el rostro congestionado por la ira, el maxilar desencajado y un manifiesto temblor en los labios, el ex presidente de la República se dirigió a una silla, ¿silla? No, no se trataba de una silla, sino de un triste banco, diminuto, por cierto, ubicado en el centro de un salón extraordinariamente bien ventilado por la brisa suave, acariciadora y generosa. Una luz matutina y cálida iluminaba el ambiente inundándolo de paz, una paz que el tirano no percibía en su arrebato. Mientras contemplaba en silencio el lugar asignado, una evidente humillación al ignorarse su anterior investidura, empezó a titubear decidido a no tolerar que semejante ofensa se perpetrara en contra de su persona o de su recuerdo. Cuando al sentirse deshonrado intentó, de nueva cuenta, refutar la instrucción, una voz ensordecedora lo convenció de la necesidad de someterse sin más a tan elevados designios. Él, el gran jinete, percibía cómo la fuerza de sus piernas podría abandonarlo en cualquier momento. Sin embargo, permanecía de pie. ¿Someterse él, Porfirio Díaz, obedecer a quien fuera, después de haber gobernado México por más de treinta y cuatro años? ¿Él, el gran militar de indiscutible prosapia que había carecido de espacio en el pecho de su guerrera decorada con charreteras y puños de oro para colocar al mismo tiempo todas las condecoraciones, cruces, medallas, bandas y emblemas, además de órdenes diplomáticas de la máxima jerarquía con las que lo había distinguido el mundo entero, sí, sí, él, nada menos que él, tendría que rendir finalmente cuentas a alguien? ¡Horror!

Díaz, acostumbrado durante décadas a ser objeto de todo género de homenajes, por ejemplo, al pasar revista a las tropas uniformadas de gala después de saludar marcialmente a la bandera patria; él, habituado a escuchar cómo tañían las campanas de pueblos y ciudades para anunciar su arribo; él, el Padre de la Patria, quien se emocionaba hasta las lágrimas al oír la detonación de una serie de veintiún cañonazos de salva disparados por los cadetes del Colegio Militar para distinguir su presencia en cuanto foro a cielo abierto se presentara, mientras se interpretaban las notas vibrantes del himno nacional; él, José de la Cruz Porfirio Díaz Mori, reconfortado con todas las bendiciones espirituales impartidas por su Santa Madre Iglesia Apostólica y Romana y reconciliado absolutamente con ella, ¿tenía que aceptar una jurisdicción divina para ser absuelto o condenado? ¿Por qué Juárez pasaría a la historia como el Benemérito de las Américas, rodeado de honores, mientras él, el gran constructor del México moderno, no sería recordado con un enorme monumento de mármol blanco diseñado por uno de los grandes artistas italianos, es más, tal vez ni siquiera llegaría a contar con una simple sepultura en la tierra que lo había visto nacer?

—¡Siéntate, he dicho...! No me gusta repetir mis instrucciones.

Díaz no tuvo entonces más remedio que sentarse en un banquillo muy parecido, por cierto, a los utilizados por los indígenas zapotecas para lustrar el calzado de los caballeros que exhibían alguna personalidad económica en el zócalo de Oaxaca. ¡Qué años aquellos!

—¿Llegaste a creer, extraviado en tu megalomanía, que tu comportamiento nunca sería juzgado, verdad? Que nadie jamás podría levantar la mano y señalarte con el dedo, ¿no es cierto? Que en ningún caso llegarías a comparecer ante tribunal alguno porque tú eras el juez de jueces, el señor de señores, a quien nadie se atrevía a contradecir, ¿no? La justicia eras tú, la suprema verdad eras tú, la última palabra eras tú, la mismísima encarnación de toda sabiduría eras tú, ¿así pensabas o me equivoco? —volvió a sonar aquella voz imperiosa salida de un grupo de densas nubes, tras las cuales apenas aparecían, suspendidas en el vacío, las patas brillantes de un inmenso sillón de oro rodeado, por lo que se podía escasamente distinguir, de una corte de arcángeles y querubines.

—Nnnooo...

—¡Calla!, ¡calla!, no he terminado... Hablarás cuando yo te conceda la palabra. Mientras tanto escucha: fuiste un gran militar al servicio de tu estado natal, de la misma manera en que defendiste exitosamente los intereses de la República cuando de muy joven, tan sólo a los dieciséis años, luchaste contra la invasión norteamericana de 1846. Más tarde apoyaste el Plan de Ayutla para expulsar a Santa Anna por última vez del poder. Estuviste invariablemente al lado de los liberales. Bravo, bravísimo. La mejor prueba de ello fue tu papel determinante en la batalla de Puebla cuando el 5 de mayo de 1862 cooperaste, con tanto acierto y coraje, en la derrota del ejército francés, el mejor del mundo, al lado de Ignacio Zaragoza. Imposible olvidar, Porfirio, hijo, que también te convertiste en el héroe de la batalla del 2 de abril, cuando, cinco años después, agonizaba el imperio de Maximiliano y volviste a derrotar a los invasores precisamente en la ciudad de Puebla. ¡Cuánto te debía México por tus hazañas militares! ¡Cuánta congruencia en tus principios y objetivos! Expusiste en innumerables ocasiones la vida, incluso llegaste a estar gravemente herido en la espalda, a cambio de obsequiar a tus semejantes un México libre, soberano, independiente y progresista. Ahí están los hechos. Sobran las evidencias. Luchaste como un gran liberal con las armas en la mano contra los invasores extranjeros y contra una Iglesia ávida de bienes materiales y de prebendas y privilegios que pagaba una nación depauperada. Te caracterizaste como el hombre defensor de la democracia y de la libertad. Bien, muy bien, felicidades por todo ello...

El tirano se encontraba callado e intrigado. Las expresiones de su rostro sorprendido y no menos confundido apenas se podían distinguir oculto, como estaba, en una bruma repentina. Todo parecía indicar que observaba sus polainas adquiridas, en los últimos días vividos en el París de sus sueños, en una zapatería de los Campos Elíseos, una de las más concurridas avenidas en las que gustaba pasear al lado de Carmelita, su amada Carmelita, tal vez, quién sabe, la mujer que más había amado en su existencia. Cuando Díaz se evadía sus recuerdos los acaparaban, en un principio, Juana Catalina, una paisana vendedora de cigarrillos, de granos de cacao, añil y otros objetos que, con el paso del tiempo, empezó a colocarlos exitosamente en el mercado internacional. Cata, la *Didjazá*, a quien Díaz conoció durante la guerra de Reforma, le había salvado la vida en una ocasión durante la batalla de Miahuatlán, cuando ella lo ocultó bajo sus enaguas. El agradecimiento sería eterno. Cata sabía muy bien que cuando recibía visita del joven militar y más tarde caudillo y éste le tomaba la trenza para deshacérsela, mientras ella conversaba, era que el amor de siempre había tocado a la puerta. Era el momento del arrebato que sólo se extinguiría con el paso del tiempo. Esa humilde campesina conquistó el corazón de Porfirio, quien, según cuenta la leyenda, mandó a construir el ferrocarril de Tehuantepec especialmente para poder llegar hasta la casa de Juana Cata, su primer gran amorío, en nada comparable, eso sí, con los sentimientos que despertó en él Delfina Ortega Díaz, su sobrina carnal, la hija natural de su hermana Manuela. ¡Claro que había tenido en sus brazos a la recién nacida con quien después engendraría varios hijos!

Por supuesto que Díaz siempre disfrutaba recordar en silencio los pasajes amorosos de su vida, por ello no podía dejar en el tintero los momentos de intensa felicidad vividos al lado de una dama misteriosa, mejor conocida como la Mujer de Tlalpan, a la cual visitaba con frecuencia el presidente de la República a un mes escaso de la muerte de Delfina, su sobrina y esposa. El fruto de esa relación fue un niño que nació el primero de febrero de 1881... Porfirio lo recogió y encomendó su educación a Antonio Ramos, un viejo amigo. El niño recibió el nombre de Federico Ramos y con ese mismo moriría porque el malvado chamaco y después adulto, plenamente consciente de su posición y de los privilegios a los que renunciaba, invariablemente se negó a cambiar su apellido por el de Díaz, a pesar de las súplicas del general, su padre, quien lo reconoció como su hijo y veló por él en todo momento.

Porfirio no podía sino sonreír cuando recordaba momentos felices como aquéllos tan intensos disfrutados al lado de Rafaela Quiñones, una soldadera a la que amó apasionadamente durante las interminables noches de la Intervención francesa y que había conocido en Huamuxtitlán, en el estado de Guerrero, a mediados de 1866. De aquellos arrebatos incontrolables nació su hija Amada, por la que Díaz tuvo una inagotable y evidente debilidad durante toda su existencia. Con Petrona Esteva, si bien es cierto que vivió inolvidables momentos de éxtasis, fue falso que hubiera tenido descendencia. ¡Cuántas oportunidades le había obsequiado la vida para ser feliz! Bien lo sabía él: había vivido en deuda permanente con la existencia. ¿Cómo retribuir tantos honores y placeres? Había sido un consentido de los astros y si se quiere, ¿por qué no?, de Dios, ahí estaban las evidencias para demostrarlo. ¿Cuántos hijos del Señor habían sido premiados con tantos excesos como él? A ver, sí, ¿cuántos…?

Después de un breve silencio se escuchó un trueno estremecedor, un anuncio para llamar al orden a Díaz por haberse distraído de la conversación, según lo delataba su mirada perdida.

—Después, Porfirio, los problemas empezaron a presentarse a lo largo de los tortuosos años de la Restauración de la República, cuando fuiste civilizadamente vencido en las urnas en cuatro elecciones presidenciales, sí, cuatro, durante los siguientes diez años: Benito Juárez te derrotó en 1867 y te volvió a derrotar en las urnas en 1871, mientras que Sebastián Lerdo de Tejada te aplastó materialmente en 1872, para repetir el escarmiento en 1876. Las mayorías no te querían y por ello fuiste descalificado con la debida limpieza, ¿no…? Pero justo es decirlo, se te agotaba la paciencia y se te desbordaba la ambición. Tú querías ser y serías por las buenas o por las malas, ¡ah, que si serías…!, ¿verdad…? O me lo dan o se los arrebato… Estaba clara, muy clara tu posición, Porfirio, hijo…

Un denso aroma a incienso invadió repentinamente la habitación.

—Pero no olvidemos que Lerdo y José María Yglesias te habían vencido electoralmente cuando también competiste con ellos por la presidencia de la Suprema Corte de Justicia de la Nación. En apretado resumen: sólo lograste conquistar con la debida transparencia dos humildes curules como diputado por los congresos V y VII, en tanto era del dominio público que en todas las sublevaciones militares de esos diez años invariablemente aparecía tu nombre involucrado a la violencia. Ése eras tú, ¿verdad?

—Es que…

El intento de réplica fue ignorado.

—¿Decidiste entonces ser el Jefe de la Nación pasando por alto la voluntad del electorado que no te concedió el cargo anhelado en cuanta competencia electoral participaste? ¿Cómo ibas a pasar el resto de tu vida en una ranchería después de haber sido el hijo pródigo que rescata al país del reino de las tinieblas?

La conducta de Díaz se reducía a arquear la ceja izquierda y a fruncir el ceño. Arrugaba la frente. Él mismo se cuestionaba. Contenía su inclinación natural hacia la violencia. Antes que nada era un bravucón, esta vez domado.

—México era para ti un país de mal agradecidos porque no te reconocía tus méritos y haberes de campaña y te hundía en la soledad y en la impotencia, ¿no es cierto? Si el país no accedía a tus caprichos te harías del primer cargo de la nación por medio de un garrote al estilo de los hombres de las cavernas. Por ello y sólo por ello urdiste el Plan de la Noria para derrocar a tu paisano Benito Juárez y hacerte por la fuerza de la titularidad del Poder Ejecutivo aun cuando tuvieras que destruir el incipiente Estado de derecho que lentamente se gestaba durante los días aciagos de la Restauración de la República. Sólo que el Plan de la Noria acabó en una catastrófica derrota militar, política y moral, Porfirio querido, en una debacle en la que hiciste el ridículo de tu vida, ahora también como militar... ¿Estamos? ¿Cómo se te ocurrió organizar una revuelta en la misma hacienda que te regaló el gobierno del estado de Oaxaca como recompensa por los servicios prestados a la patria? Menudo concepto tienes de la lealtad, hijo mío.

—Sí, pero gané finalmente en Tuxtepec...

Se escuchó un ruidoso tamborileo sobre uno de los brazos del trono celestial.

—Si te permito esta nueva interrupción y el desacato, sólo es para recordarte que tu triunfo, eso que llamas triunfo, te convirtió en un gran traidor...

—¿Traidor? —preguntó Díaz como si deseara llevarse la mano a la espada.

—En eso mismo te convertiste cuando derrocaste a Lerdo, quien te había perdonado la vida después de la intentona de la Noria, y todavía te había concedido la libertad y devuelto tus bienes, al igual que tu rango militar, es decir, tu honor, muy a pesar de haber intentado destruir las endebles instituciones mexicanas. Sí, señor, además de traidor y golpista te exhibiste como un gran tonto.

—¿Tonto? —cuestionó el general sorprendido.

—Sí, tonto, porque quien tiene que recurrir a la fuerza para cumplir sus objetivos está confesando, en el fondo, su incapacidad para dialogar, para convencer, para trabar alianzas y negociar. Te mostraste como un individuo intolerante y autoritario que no puede discernir ni parlamentar ni hablar y se ve obligado a recurrir a las manos con tal de satisfacer sus caprichos o, si quieres eufemísticamente, alcanzar sus metas.

Se hizo un pesado silencio en espera de más explicaciones.

—Tu conducta es comparable a la del violador que no sabe cómo convencer a la mujer deseada por medio de la palabra y el encanto y decide golpearla, atarla y amordazarla para tenerla a cualquier precio. ¿No es antes que nada un imbécil quien carece de argumentos, estilo, simpatía y elocuencia para seducir al ser amado y conducirlo al lecho o al matrimonio? ¿Te imaginas el mundo en el que vivirían si todos los rechazados siguieran tu ejemplo y recurrieran a las manos para salirse con la suya? Quien no logra convencer, ¿no es un incapaz? El verdadero líder es quien arrastra a las masas con su verbo seductor, las domina, las enternece y las guía con su magnetismo, pero de ninguna manera es quien las somete con las armas, las persigue como un inquisidor de los que tanto odié, y las controla con el miedo y las amenazas. Tonto es quien carece de habilidades para ganar dinero y roba para hacerse de él, porque de otra manera jamás podría construir un patrimonio con un trabajo inteligente, esforzado e imaginativo dentro de las reglas impuestas por la ley y la sociedad. Quien asalta a mano armada para despojar de sus bienes a un tercero, ¿no está exhibiendo su imposibilidad de generar honorablemente recursos con su talento, sin echar mano de una pistola o de una navaja para lograrlo? O es un menso o es un zángano que opta por lo fácil abusando de la superioridad física o de las armas, o sea, un bruto, tú perdonarás, o un troglodita.

—¿O sea que fui tonto, inútil, incapaz y no tuve argumentos ni estilo ni simpatía ni elocuencia?

—En efecto —concedió el eco ensordecedor que se perdía en la inmensidad del universo sin que apareciera ningún rostro visible—. ¿Convenciste al electorado o a los integrantes del Congreso para legitimar tu acceso a la presidencia? ¡No!, ¿verdad? Tuviste que derrocar a Lerdo de Tejada a cañonazos, en lugar de conciliar intereses con talento político, labia y verbo, ¿no es cierto? Es el mismo caso entonces del violador y del ratero: lo que no puedes obtener por medio de la palabra, ha de ser con la violencia. Destruyes aquello con lo que no puedes, al estilo de los cavernícolas. Acéptalo, Porfirio, quien derroca a un presidente legítimo con arreglo a cualquier justificación, es un golpista. Tú derrocaste a Lerdo, por ende eres un golpista y así pasarás a la historia, te guste o no...

—Golpista tal vez, pero si lo fui se debió a mi deseo de servir a la patria —repuso Díaz airado echando mano de una notable fortaleza para defenderse en el seno de semejante tribunal.

—Cada quien tiene un pretexto para justificar su conducta. ¿O crees acaso que la prostituta se acepta prostituta por gusto o por tener que dar de comer a sus hijos? O buscas una justificación o enloqueces al enfrentarte a ti mismo sin argumentos. Debes evadir la culpa a todo trance. Esa mujer humilde o rica, también tiene, te lo aseguro, sus razones para resultar absuelta de las terribles acusaciones que tal vez le pueda hacer su conciencia. Tú justificas tu decisión de convertirte en un golpista porque, según tú, defendías los supremos intereses de la patria, ¿no...? Es claro que, en un primer término, a la luz de los hechos, tus supuestos nobles motivos produjeron una espantosa revolución que echó para atrás, por lo menos un siglo, las manecillas del reloj de la historia de México. Mira nada más cómo acabó tu patria después de más de treinta años de dictadura. ¿Hacemos un balance de tu defensa...?

Cuando Porfirio Díaz intentaba responder a las acusaciones enumeradas, una tras otra, como si se tratara de los golpes asestados por el mallete de un juez, fue abruptamente detenido al escuchar más cargos, en realidad una cadena de cargos, cada uno más difícil de refutar. Su absolución parecía remota por instantes.

—No te sorprendas, hijo, sé que llamarte traidor te agrede, pero ¿acaso no derrocaste a Lerdo enarbolando la bandera de la no reelección y te reelegiste de 1876 a 1910, incluidos los cuatro años de farsa política del gobierno de tu compadre Manuel González? ¿No te parece de un majestuoso cinismo descarrilar un gobierno legítimo con el argumento de la No Reelección y, tú, el gran demócrata, te reeliges en 1884, 1888, 1892, 1896, 1900, 1904 e intentas hacerlo todavía en 1910, después de cambiar el cuatrienio por sexenio? ¿A eso llamas congruencia, o traición a tu propia ideología política?

Se estaba tan a gusto en aquel lugar sin frío, sin calor, sin techos ni ventanas, sin días ni noches, sin hambre, sin sueño, sin ruido, fuera del alcance de las pasiones humanas, del dolor y de las rabias mundanas, de los apetitos de venganza, de las zancadillas y de las trampas. Ahí, suspendido en el vacío, ya era inmune a las palabras y a las reclamaciones de los suyos y de los extraños. Nadie podría tocarlo ni lastimarlo ni agredirlo ni empañar su figura histórica, salvo las acusaciones que escuchaba de esa voz poderosa, inaudible, eso sí, para todos los mortales. ¿Qué más daba si finalmente nadie se iba a enterar del Juicio ni de su resultado? Ya no tendría que maquillarse las manos ni pedirle a Carmelita que le talqueara el rostro con polvos de arroz para disimular su piel oscura en los grandes ágapes de la diplomacia internacional. En los altos círculos de la aristocracia la tez blanca constituía un requisito insalvable. Tampoco sería mal visto escupir porque carecía de saliva, ni limpiarse los dientes en público con el dedo meñique podría significar una infracción social a la etiqueta porque no tendría necesidad de comer, y menos en público. ¿Para qué? ¡Cuánta alegría prescindir de los convencionalismos y de las formas! Ahora podría ser auténtico y recordar nostálgicamente aquellos retratos al óleo que le habían hecho al pie del Cerro del Chapulín, sentado a caballo con el uniforme de gala mientras su mirada se perdía al sur del Valle del Anáhuac. ¡Cómo olvidar aquella pintura de Napoleón realizada para recordar su triunfo espectacular en Austerlitz! Él había ganado igualmente otras batallas que lo habían hecho famoso. Sus recuerdos eran suficientes para llenarlo de orgullo y de paz. Sólo que nunca imaginó un juicio tan radical en el que por primera vez se encontraba con alguien que lo sabía todo y carecía del menor sentimiento de piedad en la búsqueda definitiva de la verdad.

—Pocos saben, Porfirio, que ya antes de la caída del Segundo Imperio empezaste a conspirar para adueñarte de la presidencia. Acuérdate que ya desde entonces estabas «en combinación secreta con la Iglesia para derrocar al gobierno liberal, sólo que Juárez se enteró y tuviste que abandonar tus planes». No pierdas de vista que Yo lo sé todo, como sé que mientras tú te dabas sonoros golpes en el pecho con el puño cerrado y le aconsejabas a Juárez, años después, la reelección con los ojos encharcados, ofreciéndole sofocar cualquier levantamiento armado en su contra, tú mismo, a los seis meses de empeñar tu palabra, ya encabezabas otra asonada anti-juarista. ¿Cierto o no? ¿Es cierto o no es cierto que saltaste sobre el cadáver de Juárez con una espada en la mano y el Plan de Tuxtepec en la otra? ¿Es cierto o no que la de Tuxtepec no fue revolución, sino sedición porque fue consumada por el ejército y no por el pueblo? ¿Es cierto o no es cierto que Lerdo de Tejada se rodeó de hombres civiles dando la espalda a los militares, en la inteligencia de que deseaba fundar una república de azúcar, situación que tú aprovechaste para aplastar el embrión democrático? ¿Cierto o no cierto que tus convicciones liberales fueron una gran farsa? ¿No es cierto que las campañas militares sólo las llevaste a cabo para hacerte de prestigio político y así facilitar tu encumbramiento para apropiarte, en su momento, del país y administrarlo a tu antojo como si fuera una ranchería? ¿Cierto o no que todo ello no es sino un conjunto de traiciones? ¿Cuál vanguardia política? ¿Cuáles principios republicanos? ¿Cuál amor a la libertad? Tú sabías mejor que el resto de los mexicanos lo que le convenía al país, ¿no?

Díaz negaba con la cabeza en espera de su oportunidad para defenderse. Apretaba firmemente la quijada. ¿Reventaría?

—¿Verdad que en el Plan de Tuxtepec proclamaste el principio de la No Reelección, desconociste al gobierno de Lerdo y te nombraste presidente interino con sus debidas condiciones? ¿Qué más evidencia quieres? Todo el movimiento lo apoyaste en la No Reelección. Te creyeron y decapitaste políticamente al país antes de que se cumplieran siquiera diez años de la Restauración de la República. Acto seguido te fuiste deshaciendo de tus secuaces hasta quedarte solo en el poder sin que nadie imaginara tus verdaderas intenciones. No fuiste revolucionario, sino un sedicioso. No fuiste amante de la libertad, sino un déspota. No fuiste un hombre honesto, sino un traidor. No buscabas la democracia, sino la tiranía...

¿Te acuerdas de estas palabras expuestas en tus declaraciones de principios de la Noria y de Tuxtepec? ¿No te avergüenzas, Porfirio?

> La reelección indefinida, forzosa y violenta del Ejecutivo Federal, ha puesto en peligro las instituciones nacionales.
>
> En el Congreso, una mayoría regimentada por medios reprobados y vergonzosos ha hecho ineficaces los nobles esfuerzos de los diputados independientes y convertido la representación nacional en una cámara cortesana, obsequiosa y resuelta a seguir siempre los impulsos del Ejecutivo.
>
> Varios estados se hallan privados de sus autoridades legítimas y sometidos a gobiernos impopulares y tiránicos, impuestos por la acción directa del Ejecutivo... su soberanía, sus leyes y la voluntad de los pueblos han sido sacrificados al ciego encaprichamiento del poder personal.
>
> El favoritismo y la corrupción han cegado las ricas fuentes de prosperidad pública, los impuestos se agravan, las rentas se dispendian, la Nación pierde todo crédito y los favoritos monopolizan sus más espléndidos gajes.
>
> Han rebajado todos los resortes de la administración buscando cómplices en vez de funcionarios pundonorosos.
>
> Han conculcado la inviolabilidad de la vida humana, convirtiendo en práctica cotidiana asesinatos horrorosos.

Han empapado las manos de sus valientes defensores con la sangre de los vencidos, obligándolos a cambiar las armas del soldado por el hacha del verdugo.

Han escarnecido los más altos principios de la Democracia.

Combatimos, pues, por la causa del pueblo, y el pueblo será el único dueño de la victoria. Constitución del 57 y libertad electoral, será nuestra bandera; menos gobierno y más libertades, nuestro programa.

Que la Unión garantice la independencia de los ayuntamientos.

Que ningún ciudadano se imponga y perpetúe en el ejercicio del poder y ésta será la última revolución.[4]

—Vete frente al espejo, Porfirio, por favor hazlo: el Congreso siguió siendo una representación nacional todavía más cortesana, más obsequiosa y más resuelta pero esta vez sometida a tus determinaciones dictatoriales... Es más, hiciste que estuviera integrado fundamentalmente por familiares y amigos, así como por políticos obsecuentes dedicados servilmente a cumplir con todos tus caprichos, tal y como acontecía en los años del santannismo, en donde su Alteza Serenísima establecía qué, cuándo y cómo legislar. Entre Santa Anna y tú no hay mayores diferencias en ese sentido.

A pesar del tiempo transcurrido el clima no variaba, mientras que Díaz se acomodaba y se volvía a acomodar en el banquillo. No se percibía la proximidad de la tarde ni refrescaba ni oscurecía. La temperatura y la luminosidad eran exactamente las mismas desde el momento en que había comenzado la sesión. ¿Así sería la eternidad?

—¿Más...? Te cuento: durante tu interminable dictadura nombraste, uno por uno, a los gobernadores, violando flagrantemente tanto el pacto federal como tus propios principios políticos. ¿Dónde quedaron las autoridades legítimas locales que te convencieron de la necesidad de recurrir a la violencia para hacerlas respetar? Cuántas mentiras y embustes incalificables, ¿no, hijo...? La soberanía, las leyes y la voluntad de los pueblos siguieron sometidas y sacrificadas, ahora a tu encaprichamiento. ¿Cómo te atreviste a pronunciarte en contra del favoritismo y de la corrupción cuando tu propio suegro, Manuel Romero Rubio, el secretario de Gobernación, padre de tu esposa Carmelita, entre otros tantos delincuentes más de tu gabi-

4 Barrera, 1911: 20-23

nete, sin olvidar a tu hijo Porfirito, se enriquecieron ilícitamente y a manos llenas durante tu cadena de gobiernos? ¡Corrupción la que se padeció en tu dictadura! Acusaste de que se habían escarnecido los más altos principios de la democracia, cuando nadie los escarneció más que tú. Toda una desfachatez. ¿Cómo que combatiste por la causa del pueblo para que fuera el único dueño de la victoria, cuando al pueblo lo controlaste a sangre y fuego y reprimiste la menor expresión de libertad? ¿Te acuerdas del «mátalos en caliente» o de aquello de que «quien cuenta los votos gana las elecciones» o de que «ese gallito quiere su maicito…»? ¿Eso entiendes por victoria del pueblo? Declarar que la Constitución del 57 y la libertad electoral serían tus banderas cuando violaste abiertamente la Carta Magna e ignoraste la voluntad popular, sólo te expone Porfirio, hijo, como un farsante desvergonzado. ¿Cómo hablar de libertad electoral cuando no sólo no la impulsaste, sino que la impediste, la ultrajaste y la desconociste sin el menor pudor? ¿Cuándo y en qué caso garantizaste la independencia de los ayuntamientos? Y la más indignante de tus declaraciones: «ningún ciudadano deberá ser impuesto ni perpetuarse en el ejercicio del poder para concluir así con las revoluciones», cuando tú precisamente te impusiste y te perpetuaste como dictador hasta conducir a tu pueblo a una nueva revolución. Todo fue un gigantesco embuste Porfirio, acéptalo de una buena vez, obviemos los trámites…

La voz estentórea no estaba dispuesta a detenerse.

Díaz escuchaba cabizbajo.

—Nunca guardaste lealtad a tus propios principios, a tus iniciativas políticas con arreglo a las cuales te atreviste a derribar un gobierno legítimo. ¿Pero qué pasó? Tan pronto te hicieron el primer óleo, inmenso por cierto, en el que apareces con toda la dignidad del caso, con la banda presidencial cruzada en el pecho y el Castillo de Chapultepec al fondo, te olvidaste de tus objetivos y te traicionaste y traicionaste a la patria convirtiéndote en uno de esos gorilas latinoamericanos que derrocaban gobiernos con los más diversos pretextos, sólo para eternizarse en el poder. Matas y destruyes porque estás en contra de la reelección, juegas con la estabilidad del Estado porque estás en contra de la reelección, expones la seguridad de todo un país porque estás en contra de la reelección y sales reeligiéndote más de tres décadas porque, eso sí, a nadie escapa que si no hubiera estallado la Revolución te hubieras llevado la presidencia a la tumba, ¿o no…?

Ninguna luz aparecía en el cenit. ¿No habría sol...? La luminosidad, sin embargo, no era mortecina.

—Entonces, ¿eres un traidor o no eres un traidor, además de todos los calificativos a que me he referido anteriormente? Es tu momento de ejercer tu propia defensa sin recurrir a argumentos que insulten mi inteligencia. Acuérdate que Yo conozco todos los hechos, soy experto en justificaciones y sé, a ciencia cierta, las intenciones más íntimas de todos ustedes. De modo que habla, hijo, habla, ha llegado tu turno. ¿No eres tonto ni inútil ni incapaz y tienes argumentos, estilo, simpatía y elocuencia para convencer civilizadamente a personas y a pueblos de tus objetivos políticos? ¿Cuando finalmente llegaste al poder domaste a la nación con verbos, cantos y promesas o recurriste de nuevo a la fuerza para hacerla feliz aun en contra de su voluntad? ¿Concediste la libertad como corresponde a un liberal de tus tamaños o te convertiste en el gran intérprete de la voluntad popular y recurriste a la represión, sabedor de que tú conocías mejor que nadie lo que convenía a tus paisanos, para imponer con la policía secreta, con tus temidos rurales y con el ejército, la alegría en los hogares mexicanos? Dime, dime, dime... Espero, hijo mío...

—¿Puedo ponerme de pie?

—¡No! —repuso la voz sin dejar el menor espacio de duda.

—Sentado en este banco me siento muy poca cosa, es más, agrede mi personalidad.

—Vanidad, Porfirio, vanidad, es sólo vanidad, un hombre no es más ni menos si se sienta en una silla, en un banco o en un trono. Tampoco lo es si viste traje de manta o uniforme militar de gala para impresionar. ¿Tú te sientes disminuido al expresarte desde el banquillo? ¿Tan poca cosa eres? ¿Necesitas de afeites y de ropajes principescos, luces y oropeles y sólo así experimentas una sensación de superioridad para hacer que tus semejantes inclinen la cabeza ante tu presencia? En lugar de tratar de dominar por medio de un aparato, inténtalo con la fuerza de tu mente, por ello estás bien en el banquillo...

Díaz se acomodó, colocó los codos sobre las rodillas, echó el cuerpo para adelante y miró a las alturas en busca de comprensión.

—Cuando Iturbide llegó al poder había en México un noventa y ocho por ciento de analfabetos. Yo recibí el gobierno con una cifra ligeramente inferior porque resultó imposible educar en el siglo XIX a raíz de los diez años de luchas por la Independencia, el último intento de la corona española para recuperar México a través de la expedición militar de Barradas en 1828, los golpes de Estado recurrentes, las disoluciones de los congresos por la fuerza, el despojo de Tejas, nuestra Tejas, así con jota, la guerra de los Pasteles, la invasión militar yanqui que nos privó de la mitad del territorio patrio, el estallido de la guerra de Reforma, la Intervención francesa, la imposición del Segundo Imperio Mexicano encabezado por Maximiliano, el interminable período de la Restauración de la República, la imposibilidad de colocar una piedra encima de la otra, el interminable caos financiero, la quiebra permanente del país, la ignorancia, la apatía... Toda esta historia y estos fenómenos sociales, tanta inestabilidad, me impulsaron a tomar el poder para establecer la paz porfiriana que nos permitiría construir el México que todos soñamos. No es factible edificar una democracia sobre la base de noventa por ciento de analfabetos... Primero eduquemos, luego liberemos...

—Espera, espera, Porfirio —se escuchó a lo largo y ancho del universo—, son ciertas todas esas calamidades que narras. México sin duda las padeció durante el siglo XIX, sólo que comenzaría por hacerte unas preguntas: a lo largo de tus treinta y cuatro años de gobierno ¿en qué grado disminuiste los niveles de analfabetismo? ¿De verdad crees que pasarás a la historia como el gran maestro que exigía la nación? Cuando te sacaron del poder a punta de bayonetazos heredaste un catastrófico ochenta y cinco por ciento de analfabetos. ¿Semejante porcentaje permitiría, ahora sí, edificar la democracia con la que supuestamente soñabas? ¿Viniste a educar para hacer de México un país libre y próspero, evolucionado políticamente? ¿Ése era tu objetivo para proyectar a México a la madurez y a la estabilidad? ¿Eh...? Pues fracasaste, hijo mío, permíteme decirte. El México de 1910, popularmente hablando, no es más maduro que el de 1876, ni más culto ni más educado ni más preparado y capacitado ni más estable. La mejor manera de demostrarlo es que tuvo que estallar una revolución para expulsarte del poder y del país, simplemente porque la nación ya estaba harta de tanto bienestar prometido que nunca se convirtió en frijoles ni en vivienda ni en aulas ni en alumbrado. Muy pocos cambiaron los huaraches llenos de costras de lodo por zapatos europeos. La inmensa mayoría siguió utilizando paliacate en lugar de pañuelos blancos de seda perfumados con lavanda inglesa... ¿Te echaron a patadas del cargo porque ya había empleo para todos, el campo mexicano era un vergel, la tierra de indios mantenía alimentariamente al país, había libertad de prensa, libertad sindical, la pobreza había sido erradicada gracias a tus políticas públicas, la ciudadanía creía en la honestidad de tu gobierno y se habían sentado las bases espectaculares para construir el México del futuro?

—Me echaron unos ricos como los Madero...

—Sí, pero apoyados por millones de mexicanos sepultados en el hambre, en la desolación y en la miseria. El país era propiedad de ochocientas familias, la concentración de la riqueza era aberrante y la presión social hizo estallar a México por los aires. No, Porfirio, no fuiste el déspota ilustrado que destroza las instituciones de un país para crear unas nuevas y con éstas fincar un mejor futuro. Además, durante la Restauración de la República, México empezó a respirar, a sentir los brazos y las piernas, a volverse a colocar la cabeza sobre los hombros después de tantas guerras domésticas, invasiones e intervenciones extranjeras. La muerte repentina de Juárez no desquició a la nación. La sustitución fue ejemplarmente civilizada. Lerdo iba a empezar un nuevo gobierno constitucional sin caos ni desorden, con absoluta tranquilidad hasta que tú, harto de tanto fracaso electoral, decidiste imponer por la fuerza tu paz porfiriana, siendo que ya existía la paz lerdista y México empezaba a levantar el vuelo. Lerdo no era Santa Anna y sus once regresos al poder. No, no lo era. El desorden, en ese caso, lo creaste tú porque tu amor propio no permitió otra derrota electoral y buscaste cualquier pretexto para imponerte brutalmente. El país se recuperaba después de la expulsión de los franceses con el gobierno de Juárez y se consolidaba con el de Lerdo, pero tú desenvainaste la espada y al derrocar a Lerdo, un pacifista, torciste el destino de México por complejos personales.

—Invariablemente tuve buenas intenciones respecto a la patria. Mi esfuerzo y mi conducta siempre estuvieron dirigidos para lograr lo mejor para mi país.

—Lo dudo, Porfirio. En primer lugar deseabas el poder, luego el poder y en tercer lugar, el poder. Tal vez para llenar los vacíos de tu historia infantil, además de tus bolsillos personales, los de tus familiares y amigos consentidos. México era un suculento botín, ¿no...? Pero además, ya sabes que el camino al infierno está poblado precisamente de buenas intenciones y tus buenas intenciones produjeron no sólo miseria, sino una revolución...

Porfirio Díaz se volvió a evadir. Era muy difícil sostener una conversación con quien creía saberlo todo y tal vez lo sabía. Ante semejante catarata de reclamaciones, el tirano decidió permanecer sentado en el banquillo dejando volar su mente hasta los años dorados en que su sobrina Delfina, la hija natural de su hermana Manuela, empezó a adquirir formas de mujer, hablar de mujer, andar de mujer, mirar de mujer, seducción de mujer, y comportamiento de mujer. ¿No era mejor, mucho mejor, soñar en la tarde aquella en que él desvistió por primera vez a su sobrina que encarar al Señor? Le resultaba mucho más cómodo, por el momento, dejar su gestión en manos de los historiadores mexicanos hasta que se conociera, con el paso del tiempo, la verdad absoluta. Por lo pronto, el juicio continuaría, en efecto, pero él escaparía hasta los brazos de Delfina, porque el Creador no podía controlar sus pensamientos, de modo que, como quien se entrega a un sueño con los ojos abiertos, volaría a su lado para revivir los viejos tiempos en escrupuloso silencio. Una sonrisa sardónica empezó a aparecer gradualmente en sus labios.

Por su cabeza pasó fugazmente el recuerdo del fallecimiento de su padre, don José, víctima de una epidemia de cólera cuando él tan sólo contaba tres años de edad, en 1833, y de cómo su madre, doña Petrona Mori, se había tenido que hacer cargo de la familia a través de la administración de un mesón, el único patrimonio del que dependían tanto él mismo como Félix, el recién nacido, y sus hermanas Desideria, Nicolasa y Manuela, ya que Pablo y Cayetano habían fallecido tempranamente. Con el tiempo Desideria se casaría con un comerciante de Michoacán; Nicolasa contraería nupcias para quedar viuda en el corto plazo y Manuela tendría una relación extramarital con un médico de nombre Manuel Antonio Ortega Reyes, un botánico, además de distinguido cartógrafo con el que engendraría a Delfina, quien nacería en Oaxaca el lunes 20 de octubre de 1845. Cuando el doctor Ortega se negó a reconocer el fruto de su amor con Manuela Victoria Díaz Mori, dedicada a la venta de rebozos, la madre apenada decidió abandonar a la niña en las puertas de la casa de Tomás Ojeda, el futuro padrino de la menor. Delfina fue vergonzosamente registrada como hija de *padres incógnitos* en la catedral de Oaxaca, ignorando, claro está, su futuro, puesto que, a pesar de tanta pena, la vida le tenía reservada una sorpresa, un incuantificable premio después de padecer tantos sufrimientos:

sería la primera dama de la República, esposa frente a la ley, de su tío carnal, el señor jefe del Estado mexicano, José de la Cruz Porfirio Díaz Mori. El doctor Ortega, quien de manera recurrente se había negado a reconocer a Delfina, su hija, aceptaría poco tiempo después honrar pública y legalmente, como hombre, la dignidad de aquella joven bastarda, gracias a una respetuosa petición de su futuro yerno, a la que, desde luego accedió el galeno para evitar la posibilidad de sufrir un accidente en cualquiera de sus viajes para estudiar cartografía, su gran debilidad... Delfina dejó de ser Díaz de cara a terceros para convertirse en Ortega Díaz, como correspondía de acuerdo con el honor y la ley...

Porfirio nunca se explicó la razón por la que le gustaba pasar largos ratos al lado de Delfina desde que él contaba, cuando mucho, con quince años de edad. Se divertía haciendo sonar las sonajas de semilla que Nicolasa, su tía, le había obsequiado para distraerla. Sentía una extraña fascinación al observar cómo su hermana Manuela amamantaba a la recién nacida, en lugar de salir a jugar a las estacas, en compañía de otros muchachos, en las calles polvorientas de Oaxaca. La niña creció durante los años de la guerra contra Estados Unidos de 1846. Alcanzó la plenitud de su infancia con la estrepitosa caída del último gobierno de Santa Anna, Su Alteza Serenísima, en 1855. Entró abruptamente en la adolescencia con el estallido de la guerra de Reforma en 1858, en donde su tío escribió valientes páginas en el campo del honor. Escuchaba sus hazañas, sin embargo le resultaba imposible exponerle su admiración porque las condiciones impedían un encuentro que, por otro lado, hubiera resultado inútil ante la enorme diferencia de edades. El tiempo, también escultor de bellas formas, continuaba tallando pacientemente el cuerpo de Delfina mientras la fama de Porfirio Díaz, como estratega militar, rebasaba los linderos del estado de Oaxaca.

Delfina, Fina, pensaba que sólo admiraba a su querido tío por ser un militar audaz, intrépido y exitoso, si acaso la perturbaba la imagen del macho que presenciaba la fiesta de las balas en el campo de batalla sin inmutarse. No se permitía ningún pensamiento pecaminoso, en primer lugar por tratarse de un pariente carnal ciertamente cercano y, en segundo, porque Porfirio era un hombre quince años mayor que ella, sí, claro, sin embargo, sentía una profunda atracción hacia ese héroe muy a pesar de no entenderla y de sentirse culpable en su interior al darle inexplicablemente cabida en sus sentimientos.

—Pero si es tu tío, Fina, el mismísimo hermano de tu madre, sería un amor prohibido por la ley, la sociedad y la Iglesia. Te encarcelarán, tendrás hijos idiotas, si llegaras a tenerlos, o enfermos incurables... Nadie te aceptará en su casa y además te excomulgarán y pasarás la eternidad a lado de Satanás, quemándote para siempre de los siempres en la galera más recalcitrante del infierno... Piénsalo, Fina, piénsalo, además estos generalotes tienen una mujer en cada pueblo...

Sí, lo que fuera, pero Delfina, de dieciséis años, no podía dejar de pensar en Porfirio. Nada de tío ni de pariente: ¡Porfirio!, de casi treinta años. De la misma manera en que una ceiba se sujeta a la tierra con unas poderosas raíces que se pierden en la historia de los bosques y que únicamente talando el árbol, es decir, matándolo y cortándolo en pedazos, es posible arrancarlo del suelo, así Delfina aún muy joven empezó a idealizar una vida en común con ese recio exponente masculino. ¿Qué más daba si su madre, Manuela, había muerto y su padre se negaba siquiera a verla, ya no hablemos de recibirla en su casa? De muy niña, durante los años de la guerra, mientras él estaba fuera de Oaxaca, ella le escribía para contarle los sucesos familiares. «Al enterarse del triunfo mexicano en la batalla del 5 de mayo de 1862, le envió una cachucha militar bordada con sus propias manos. Su tío, el general, en agradecimiento, le envió una pintura en la que aparecía él, en plena batalla, para que la colgara en la sala donde Delfina vivía a cargo de su tía Nicolasa, la hermana mayor de Porfirio.»

El último día de octubre de 1866, Porfirio Díaz conquistó la ciudad de Oaxaca. El imperio francés se desmoronaba. Carlota ya se encontraba en Europa dispuesta a arrodillarse ante Napoleón III para que no retirara sus tropas del territorio mexicano, según cuenta la leyenda, mientras Juárez soñaba con un pelotón de fusilamiento para escarmentar al regio archiduque austriaco. «Quien se vuelva a meter con México correrá la misma suerte...» Mientras Díaz planeaba su próxima campaña se reencontró con Delfina ya convertida en mujer. Quedó cautivado. Atusándose el bigote, la recorrió en silencio de arriba abajo. Sonrió esquivamente. Acto seguido, dio varias vueltas alrededor de ella. Tomó su trenza entre los dedos y se la llevó a la nariz. Olía a agua de rosas. Cerró los ojos, en tanto pensaba en la difunta, su hermana Manuela, a la que tantas veces había llorado en silencio. «Porfirio, es tu sobrina, una menor de edad, te condenarás. El presidente Juárez te escupirá a la cara, perderás prestigio, te harás fama de degenerado, es una chiquilla que, además, tiene tu propia sangre.» Sólo que mientras más pensaba en lo prohibido de semejante relación, más deseaba desabotonar su blusa para descubrir lo que nunca nadie había descubierto ni mucho menos tocado. Ese privilegio, bien lo sabía, estaba reservado para hombres bravíos, como él, para los elegidos. Un día palparía todo ese trabajo que el tiempo y la naturaleza habían preparado para él y para nadie más.

Pasearon por la Plaza de Armas, a la vista de todo Oaxaca sin tomarse de la mano. Nadie pensó en la pareja, sino en el tío cariñoso que viene a consolar a la huérfana que su padre, un perverso, había abandonado. ¿Cuándo pasó por la mente de Manuel Ortega que su yerno, un capitancillo oaxaqueño o generalito, lo que fuera, iba a llegar a ser nada menos que presidente de la República? Ninguno de los dos olvidaría que mientras daban una y otra vuelta conversando e intercambiando miradas, la banda de la ciudad interpretaba el vals *La Golondrina*, la pieza musical que ambos adoptarían y que sería para siempre una de las favoritas de Porfirio Díaz.

El país vivía un momento crítico y, por lo tanto, reclamaba la presencia de sus mejores hombres. Díaz se vio obligado a reintegrarse al servicio militar llevándose en la boca el sabor de un beso esquivo que se dieron involuntariamente, en apariencia, en el momento preciso de la despedida. Tirado sobre un catre o sarape, a veces a la intemperie durante las noches interminables de campaña para destronar a Maximiliano, se humedecía los labios con la lengua o se los mordía delicadamente como si se trataran de los de Fina, que de pronto se había convertido en obsesión. Ninguna otra hembra acaparaba sus pensamientos como esa mujer, sin importar que fuera su sobrina. En el caso de haber Juicio Final, él se encargaría de dar las debidas explicaciones a Manuela, y al Señor, claro está... El corazón no entiende las respuestas de la razón.

El 18 de marzo de 1867, cuando dirigía el sitio de la ciudad de Puebla, antes de convertirse en el héroe del 2 de abril, Porfirio se decidió a escribirle una carta a su sobrina Delfina, en la que le confiaba abiertamente y sin más, todos sus sentimientos y sus planes de hacer una vida en común con ella:

Querida Fina:

Estoy muy ocupado y por eso seré demasiado corto no obstante
la gravedad del negocio que voy a proponerte a discusión y que
tú resolverás con una palabra.

Es evidente que un hombre debe elegir para esposa a la mujer
que más ame entre todas las mujeres si tiene seguridad de ser de
ella amado, y lo es también que en la balanza de mi corazón no
tienes rival, faltándome de ser comprendido y correspondido; y
sentados estos precedentes no hay razón para que yo permanez-
ca en silencio ni para que deje al tiempo lo que puede ser inmediatamente. Éste es mi deseo y lo someto a tu juicio, rogándote
que me contestes lo que te parezca con la seguridad de que si es
negativamente no por eso bajarás un punto en mi estimación,
y en ese caso te adoptaré judicialmente por hija para darte un
nuevo carácter que te estreche más a mí, y me abstendré de casarme mientras vivas para poder concentrar en ti todo el amor
de un verdadero padre.

Si mi propuesta es de tu aceptación, avísame para dar los pasos convenientes y puedas decírselo a Nicolasa, pero si no es así,
te ruego que nadie sepa el contenido de ésta, que tú misma pro-
cures olvidarla y la quemes. No me propongas dificultades para
que yo te las resuelva, porque perderíamos mucho tiempo en una
discusión epistolar. Si me quieres, dime sí, o no, claro y pronto.
Yo no puedo ser feliz antes de tu sentencia, no me la retardes.

Mas a lo sublime del amor hay algo desconocido para el idioma, pero no para el corazón, y para no tocar lo común, en él me
despido llamándome sencillamente tuyo.

PORFIRIO.[5]

Delfina le respondió el 24 de marzo en los siguientes términos:

Mi muy querido Porfirio:

Tengo ante mis ojos tu amable carta de fecha 18 del presente.
No sé cómo comenzar mi contestación; mi alma, mi corazón, y
toda mi máquina se encuentran profundamente conmovidos al
ver los conceptos de aquélla. Yo quisiera en este instante estar
delante de ti para hablarte todo lo que siento y que mis palabras
llegaran a ti tan vivas como son en sí, pero ya que la Providencia
me tiene separada de tu presencia, tengo que darte la respuesta
tan franca y clara como tú me lo suplicas, pero me permitirás el
que antes te diga que varias reflexiones me ocurren, que pudiera

[5] en http://diatrasdiaz.blogspot.com/2008/12/cartas-de-porfirio-daz-carmelita.html

exponértelas previamente, pero sacrifico este deber sólo porque te quiero dar una prueba de que vivo tan sólo para ti, y que sin perjuicio de que alguna vez tenga derecho a explicarte las citadas reflexiones, me resuelvo con todo el fuego de mi amor a decirte que gustosa recibiré tu mano como esposo a la hora que tú lo dispongas, esperando que mi resolución franca la recibirás no como una ligereza que rebaje mi dignidad, sino por no hacerte sufrir incertidumbres dolorosas.

Nada de esto sabe tía porque no me pareció el decírselo yo, sino que tú se lo digas. En caso de que dispongas cualquier cosa, te suplico que sea por conducto de nuestro pariente Pepe Valverde, pues sólo en éste tengo confianza.

Te ruego que te cuides mucho sin ajar tu buen nombre y, entre tanto, saber que es y será tuya,

DELFINA.[6]

Porfirio no ignoraba que en cualquier momento aquella voz ensordecedora le enrostraría el contenido de aquella misiva.

—A ver, a ver, ¿cómo estuvo eso de que si la respuesta es negativa, «en ese caso te adoptaré judicialmente por hija para darte un nuevo carácter que te estreche más a mí, y me abstendré de casarme mientras vivas para poder concentrar en ti todo el amor de un verdadero padre»? ¿Qué, qué...? ¿Debo entender que estabas dispuesto a adoptar a quien, al mismo tiempo, le proponías matrimonio? Si tu sobrina no te aceptaba como marido, ¿la adoptarías como hija sin casarte con ella para poder darle todo el amor de un padre? ¿No te parece, Porfirio, hijo mío, que existe una clara confusión de sentimientos? Si accedía a tus deseos, ¿entonces cambiarías de actitud y te irías a la cama con ella en lugar de contarle un cuento de hadas a tu hija adoptiva? O la haces tuya como Yo mando o aplastas un cacho de chocolate en el metate para revolverlo con leche y obsequiárselo a la niña antes de dormir. ¡Escoge y decídete! La personalidad del padre es incompatible con la del amante, ¿no crees? Eres un gran hipócrita manipulador de menores: o la amas como mujer o como hija, pero no se puede adoptar los dos papeles simultáneamente. ¿Hasta dónde llegaba tu desfachatez, muchacho?

Lo que fuera, sí, lo que fuera, pero en esos momentos, Porfirio Díaz no estaba para semejantes elucubraciones ni para adelantarse de tal manera al futuro, no, claro que no, ¿acaso se iba a poner a pen-

---

[6] en http://diatrasdiaz.blogspot.com/2008/12/cartas-de-porfirio-daz-carmelita.html

sar, en dicha coyuntura de su vida, en la actitud que asumiría Dios de cara a su concubinato el día del Juicio Final? ¡Al diablo!, perdón, pero no tenía tiempo para ello. De ahí que, apresuradamente y a sabiendas de que era imposible contraer nupcias en persona, decidiera enviar poderes suficientes para que, en su nombre y representación, Juan de Mata Vázquez, el presidente del Supremo Tribunal de Justicia, contrajera matrimonio civil con Delfina, «mientras él tomaba Puebla el 2 de abril y luego derrotaba a Leonardo Márquez para culminar su campaña sitiando la ciudad de México». Ningún pudor tuvo Porfirio en casarse con Delfina casi al mismo tiempo en que nacía su hija Amada, procreada con Rafaela Quiñones. Obviamente no se estaba frente al supuesto de una traición, dicho término le producía salpullido al glorioso militar. A Rafaela la convenció de la importancia de casarse con un coronel del ejército, a quien favorecería con una jugosa pensión para no pasar hambres. Respecto de la hija, tampoco habría mayor problema: se la llevaría a vivir con Delfina, ella sabría entender... «Te quito una hija pero te doy un maridazo, además rico. Yo respondo por él... Todos contentos, ¿ves?»

—¿Qué explicación le darás a Delfina...?

—Que todo lo mío es suyo... Ella gana una hija, tú ganas un marido, yo gano una familia por si no puedo tener hijos con Delfina y tu marido gana mucho dinero y una pareja de lujo, afirmación íntima que yo puedo avalar ampliamente...

La imagen y la vida de Delfina en Oaxaca cambiaron radicalmente desde el momento del anuncio del compromiso del general Porfirio Díaz con la huérfana y bastarda. Él la honraría y la amaría como esposa. Dejaría de apellidarse Díaz para tomar el apellido de su padre, Ortega, quien *amablemente* reconocería a su hija «para que pudiera contraer matrimonio con dignidad con el victorioso general republicano» y lo que es más, también accedería *gustoso* a pesar del conflicto familiar al que se enfrentó con su propia señora, a entregar personalmente ante la presencia del oficial del registro civil a su hija, en ilustre e inolvidable ceremonia. Para sorpresa de propios y extraños, después de no querer saber una palabra de su hija en veintidós años y de haberse casado frente a la ley con su actual esposa, de pronto hasta *ofreció* su propia casa para que ahí se sirviera el banquete con el que se celebraría la enorme felicidad de la pareja. ¿Qué pasó? ¿Por qué el cambio? No cabía la menor duda, el apellido Díaz empezaba a operar mágicamente. Todo fue muy simple y civilizado:

Bastó que Delfina se resistiera a la lectura en voz alta y ante la sociedad de Oaxaca, de sus datos generales en los que se afirmaría su origen como de *padres incógnitos*, para que el general Díaz enviara a un par de mensajeros de gran confianza con el fin de ayudar a entrar en razón al doctor Ortega. Su padre tenía que responsabilizarse y reconocerla ante la sociedad y ante el Estado. No faltaba más. Muy pronto los dos embajadores plenipotenciarios del distinguido militar, armados cada uno con un par de pistolas al cinto, sombreros de paja amarillentos de siglos de sudor, barbas crecidas de tiempo indefinido, ausencia de dientes delanteros, bigotes chorreados de aguamielero, ropas desgastadas y hablar rufianesco, se hicieron presentes en la residencia del ilustre médico y además cartógrafo:

—Pos mire asté, dotorcito, el asunto que nos trai aquí mesmamente es el de nuestra futura patroncita, la seño Delfinita —aseveró el mayor de ellos, un hombre de aproximadamente treinta y cinco años de edad que olía a alcohol barato a tres lunas de camino plano.

Ortega se puso violentamente de pie decidido a no escuchar una palabra más de aquella mujer producto de una aventura amorosa de la que se resistía a recordar, ya no digamos a hablar y menos con extraños. Delfina había estado, estaba y estaría fuera de su vida para siempre. Pero si sólo había sido un desliz, hombre... Alguien podría estar escuchando detrás de la puerta...

—¡Fuera de esta casa, señores! Me tienen sin cuidado los asuntos de su patroncita... ¡Fuera, he dicho!

—Sosiéguese, sosiéguese, dotorcito: nosotros no nos vamos a ir hasta que terminemos de hablar. Si asté se pone bronco, yo me pongo más. Asté no está para saberlo pero yo sí estoy para contarlo: sépaselo que soy de mecha corta, cabroncete. No acaba asté de prenderla cuando ya le tronó el pinche cuete en la meritita jeta, verdá de Dios —agregó el otro *diplomático* mientras mordía una pajita antes de perder la compostura.

—Mecha o no mecha, ¡fuera de aquí! ¡Rufianes! No tengo nada qué hablar con ustedes. Soy un científico que merece respeto —adujo al ponerse de pie y señalar rabioso la puerta con el dedo índice. Exigía consideración respecto a su jerarquía social, intelectual y académica.

—¡A callar, carajo! Si asté grita, yo grito más. Se sienta o lo siento a chingadazos, dotor —agregó el más ecuánime poniéndose de pie al mismo tiempo que desenfundaba la pistola y la azotaba sobre la superficie del escritorio cubierta por un cuero negro muy bien barnizado—. ¡Siéntese, chingao, y escuche!

El famoso doctor Ortega se sintió intimidado al ver el arma y constatar que el otro personaje se echaba para atrás el sarape y acariciaba la cacha de su pistola. Volvió a su lugar preocupado por su vida. Delfina y su madre Manuela sólo le habían causado problemas y sinsabores. ¿Cómo era posible que un estúpido resbalón, intrascendente, pudiera tener consecuencias a lo largo de toda la existencia? Él era un hombre casado y con una posición social. Imposible tener esta conversación con dos prófugos de la justicia capaces de cometer cualquier fechoría.

—¡Al grano, siñorcito! Vinimos de parte de mi general Díaz —uno le pegó al otro para que se pusieran brevemente de pie al escuchar ese nombre— porque se va casar con su hija Delfina…

Ortega se quedó perplejo. Esta vez quedaban confirmados los rumores. Se abstuvo de externar sorpresa alguna ante la noticia.

—En primer lugar no es mi hija y, en segundo lugar, ¿cómo es posible que el general se vaya a casar con ella si es su sobrina? —preguntó negando en silencio con la cabeza.

—Pos así son las cosas, siñor dotor y naidien de los que estamos aquí en este saloncito astá pa' juzgarlo, allá ellos con sus dicisiones… Lo que vinimos a decirle es que la siñorita Delfina Díaz sí es su hija y que más le vale reconocerlo, no con nosotros, qué chiste, sino ante el público y ante el rigistro civil el mesmísimo día de la boda, siñor…

—Están locos… ¿Quién se los pidió…?

—Pos mi general Díaz, ¿quién más iba a ser, siñor…? Él dice que prifiere una sobrina huérfana, antes que deshonrada…

—Díganle a Díaz que no accederé por ningún concepto. ¿Cómo le explicaré a mi esposa?

—¿Ésa es su última palabra, siñor…? —cuestionó el primero en hablar mientras escupía sobre el tapete como si estuviera en una cantina pueblerina, al tiempo que empuñaba la pistola y se llevaba el dedo al gatillo.

—Sean razonables, estoy casado y mi mujer no sabe ni una palabra de mi vida pasada, porque es pasada…

—Para mi general no es pasado, es presente, de modo que dígame nomás qué mensaje le llevamos de regreso —adujo el mayor al ponerse de pie y darle un codazo al otro para que lo imitara en sus movimientos. Ambos apuntaron a la cara del doctor con cuatro pistolas.

Ortega, aterrorizado y pegado al librero de espaldas, con las manos en alto y sin poder pronunciar palabra alguna, sólo alcanzó a decir:

—¿Cuándo es la ceremonia? Denme tiempo...

—La cirimonia es la semana intrante, siñor, sólo quiremos que nos dé garantías de qui no se va a rajar porque sépaselo, nosotros lo buscaríamos, y si la rajaríamos a asté, siñor nuestro.

—Está bien, está bien, bajen sus armas, por favor bájenlas, no se les vaya a ir un tiro...

—Qui va siñor, ésta la tengo bien adistrada, la tartamuda sólo habla cuando yo digo, no se atreve a hablar solita, pues...

—¿Qué quieren, señores?

—Quiremos que vaya asté a la boda y entregue a la novia como Dios manda a su novio, nuestro general, siñor.

Ortega había enmudecido.

—Además quiremos que firme el acta como padre de nuestra futura patroncita, siñor...

El cartógrafo y médico respiraba sin poder ocultar su ansiedad.

—Además y, por último, la ceremonia será en la casa de mi general, pero quiere que asté sirva el banquete aquí, en esta su casa, siñor, mi general se lo pide amablemente. Asté dirá quí le contestamos. Él mesmamente nos está esperando... Y mire, mire, ya no si haga el payaso: baje las manos, ni qui la cosa estuviera como para qui le partamos toda su madre. Asté se presenta, entrega a la novia, chulísima, verdá de Dios, firma como su padre, invita a los invitados a la fiesta y a dormir en santa paz, siñor... ¿Cuál es su respuesta?

Tratando de recuperar la compostura Ortega accedió a todas las peticiones.

—Ahí estaré, díganle al general Díaz, cumpliré con todo lo solicitado.

—¡Qué requetebueno!, ¿no tú...? —contestó el otro enfundando ambas pistolas—. Le va a dar harto gusto a mi general.

Cuando ambos embajadores se aprestaban a retirarse, el mayor alcanzó a decir:

—Oiga, dotorcito, no me vaya a salir con la chingadera de que se me pintó asté de Oaxaca y nos deja plantados, porque soy harto experto en encontrar culebras y ratas pa' comer cuando faltan los frijoles. Críame que lo hallaré en cualquier agujero perdido en las milpas y le partiré todititita su madre por dejarme en redículo. A mí naidien me ha visto todavía la cara de pendejo, siñor.

—No se preocupe, ahí estaré...

—Y otra más, no se le ocurra estar de jeta como si alguien lo hubiera obligado a estar en la boda porque me cuelgan a mí, siñor, de modo que buena jetita cuando entregue a la novia y cuando firme. Ya me contarán cómo bailó asté la primera pieza con la chamaquita...

De la Iglesia ni hablemos: ¿qué cura, obispo o arzobispo iba a casar a una sobrina con un tío carnal, siendo que éste, además, era un excomulgado por haber jurado hacer valer y respetar la Constitución de 1857? ¿Casar ante la suprema ley de Dios a un excomulgado que había destruido los privilegios y el patrimonio de los representantes del Señor aquí en la Tierra? ¿Qué broma era ésa...? Con los años, el doctor Ortega recibiría la muestra material del agradecimiento de su yerno: el presidente de la República le concedería el señaladísimo honor de elevarlo hasta la jerarquía de senador por el estado de Oaxaca.

Una vez obtenida la dispensa por mediación del presidente Benito Juárez, en razón del impedimento de consanguinidad establecido en el artículo 8 de la Ley del Registro Civil, casada, bien casada civilmente por poder el 15 de abril de 1867 en la residencia del general Porfirio Díaz, a donde asistió la sociedad oaxaqueña encabezada por el gobernador de Oaxaca, Juan María Maldonado, quien fungió con la debida sobriedad, a título de testigo de honor de tan fausto enlace, además, sobra decirlo, del doctor Manuel Ortega, evidentemente sonriente. Nicolasa, la tía Nicolasa, se negó a asistir por razones obvias —estaba en contra de semejante enlace—. Delfina se vio obligada a esperar todavía dos meses antes de salir, por fin, en busca de su marido. Se verían a finales de junio en la ciudad de México, en una pequeña casa ubicada atrás de la Plaza del Volador, a un lado precisamente de donde se encontraba el edificio siniestro que había sido ocupado durante siglos interminables por la Santa Inquisición. La primera decisión de Díaz, una vez recuperada la capital de la República, había consistido obviamente en enviar la autorización del viaje de su mujer para disfrutar ese feliz encuentro con el que no había dejado de soñar a lo largo de las noches de campaña. Bazaine ya había abandonado la capital el 5 de febrero de 1867 con los últimos contingentes del Cuerpo Expedicionario... Juárez había instalado su gobierno en Zacatecas... Se aproximaba a pasos agigantados rumbo al Bajío para saldar una cuenta histórica con el invasor. Ya sólo Veracruz, Puebla, Morelia y Querétaro permanecían bajo control del Imperio... Maximiliano había empezado su viaje en dirección al Cerro de las Campanas el 13 de febrero con una columna de cuatro mil hombres. Llevaba el pecho abierto a bordo del carruaje real. Estaba por cerrarse otro trágico capítulo de la historia negra de México.

Delfina vaciaba su pequeña maleta utilizada para el largo viaje en diligencia, en el lugar en que le indicaba el ama de llaves del famoso general, cuando Porfirio Díaz se presentó en la habitación arrastrando las espuelas y secándose el sudor con un paliacate desgastado. El verano estallaba con furor en la capital de la República. Un breve giro de cabeza en dirección a la puerta fue suficiente para que la doncella abandonara la habitación sin retirar la cabeza del piso. Tal vez asumiría la misma actitud al retirarse del altar de una iglesia para rendir muestras de absoluta reverencia.

Porfirio y Delfina se encontraron por primera vez solos, apartados de los ojos curiosos del pueblo oaxaqueño. Solos en la misma habitación, solos como estarían el resto de sus días. Se vieron a la cara. El general se retorció el bigote. Ella corrió a sus brazos. Se estrecharon, se besaron, se olvidaron del Juicio Final y de cualquier otro trámite pendiente. Él le retiró el sombrerito que la hacía parecer una pequeña cazadora de mariposas por la forma tan juvenil como le enmarcaba la cara. Delfina había abrazado y besado a los muchachos del barrio, cualquiera de los que le declararan su amor, sí, pero de ahí a estar con su tío, el general Díaz, ese hombrón, capitán de mil batallas exitosas, de renombre en todo México, quien, además, resultaba ser su marido, existía una diferencia abismal. Cuando Porfirio bajó las manos y la tomó por las nalgas, Delfina sintió desmayarse. Su tía Nicolasa se había negado a aconsejarle cómo conducirse en semejante circunstancia. Jamás consintió esa relación pecaminosa ni volvió a hablar ni a recibir a su sobrina, por más que la quería y la había educado como si hubiera sido su propia hija. Ella se colgó de su cuello sin timidez alguna, mientras que Porfirio la recorría bajo las faldas sin poder creer la magnitud de los hallazgos que le reportaban sus dedos expertos en aquel viaje sin final. Delfina contaba con veintidós años de edad, Porfirio con treinta y siete. Sobraba la ropa, sin embargo, ella no se animaba a desprender a su tío ni siquiera del quepí militar. Él empezó a desesperar con tantos botones e interminables enaguas.

—¿Me ayudas, Fina…? Yo mientras tanto te quito el sombrero, te suelto el pelo, te zafo los zapatos, amor, mi vida…

Nada de sobrina ni de recordar parentescos. Se dirigía a la mujer, a la hembra. Porfirio no dejaba de tocar a su mujer mientras ella abría botón tras botón y se retiraba una y otra prenda. En ocasiones le atemorizaba descubrir en su tío a la fiera que habitaba en su interior con tan sólo comprobar su mirada lujuriosa. ¿Sería un bárbaro a la hora de penetrarla? ¿Moriría del dolor y lo odiaría para siempre? ¿Desearía vivir otro momento igual o lo rechazaría indefinidamente, como acontecía con tantas otras mujeres, que habían recibido un pésimo trato en el primer encuentro amoroso? ¿Porfirio un salvaje? No, ella sabría conducirlo. Bastaba verlo para comprobar la atracción feroz que sentía por ella. Mientras haya deseo habrá amor, se dijo. Espero que esto nunca se acabe. ¿Es compatible la dulzura y la ternura con la brutalidad que encarnan la mayoría de los hombres? ¿Sólo saben ser unas bestias sin detenerse a pensar en el placer que deben experimentar sus parejas, ni en su dolor? Deseaba exhibirse desnuda ante Porfirio para que él se regocijara con sus carnes e hiciera lo que le viniera en gana con ellas.

Cuando entre los dos lograron desprender a Delfina de toda su ropa y sin pensar en lo que Nicolasa pudiera decir o dejar de alegar, Porfirio la tomó de las manos, se las elevó a la altura de los hombros, en tanto ella cerraba los ojos crispados, incapaz de controlar su vergüenza. Porfirio deseaba verla. Escasamente le había rozado una mejilla en Oaxaca o le había hecho una caricia en la mejilla, sin olvidar el beso esquivo y húmedo que se habían dado la última vez que se habían visto. Ahora la tenía a su máxima expresión frente a él, como siempre lo había deseado. La hizo girar sin que ella se atreviera a mirar en su entorno. Porfirio salivaba como un fauno. Bien pronto volvieron a quedar frente a frente. Ella entrecruzó los dedos de las manos y humilló la cabeza sin atreverse a ver a la cara a su marido. Éste comenzó a desvestirse comenzando por quitarse el quepí. Se mordía instintivamente un pelo del bigote que la navaja del peluquero no había encontrado en su camino. No había tiempo para dejar el uniforme acomodado sobre una silla. Las condecoraciones no se desprendieron cuando la guerrera fue expulsada en dirección a la puerta de entrada. Bastó soltar los tirantes para que los pantalones cayeran al piso. Parecía que se trataba de la primera vez en que el general Díaz se desvestía, porque en su apresuramiento había olvidado desprenderse de las botas. Disfrutando unas sonoras carcajadas, una vez que se sentó sobre la cama, le pidió a Delfina que se pusiera de espaldas, abriera las piernas y se agachara brevemente para recibir una de las botas y la jalara al tiempo que el militar apoyaba una pierna contra sus nalgas para empujar con ella y ayudar en la tarea. Reían como chiquillos traviesos. Sólo que Díaz no podía dejar de contemplar el cuerpo de aquella joven mujer que nunca había sido tocada. Cuando salieron ambas botas no le permitió que volteara. La jaló hacia él y la sentó sobre sus piernas ya desnudas. Besó su piel mientras ella se encorvaba y se retorcía al contacto del bigote y los labios húmedos de su tío. Sintió por primera vez la potencia del hombre debajo de ella. Él la acariciaba, acariciaba sus brazos, sus hombros, su cuello, su cabellera hasta dar con sus senos, pequeños por cierto, pero plenos, desafiantes y elocuentes. Delfina se agitaba en esa posición sin poder devolver los besos ni los arrumacos ni los mimos. Con las manos puestas sobre las rodillas de su tío, miraba el techo dejándose hacer con una expresión de embeleso en el rostro. ¡Qué gran maravilla era ser mujer y tener la capacidad de despertar esos instintos en un hombre! Hermosa la magia de la vida, ¿no…?

De pronto se levantó Porfirio, la cargó entre sus brazos mientras contemplaba su perfil. El corte de su cara era muy fino, en realidad una mezcla del origen europeo del doctor Ortega, con el corte mixteco, la sangre indígena de su hermana Manuela. En resumen, una belleza. Ella se apretó al cuello de su marido sin ignorar su suerte. El general la dejó caer abruptamente sobre la cama. No paraba de jugar ni de sorprenderla. En un principio la violencia la asustó, pero no tardó en percatarse de que se trataba de una broma. Entonces se envolvieron, se ataron con las piernas, con los brazos, con el aliento, con la mirada y con los cuerpos hasta fundirse en una sola persona. Se convulsionaron, se sujetaron, se sacudieron, se contorsionaron, sudaron, se suplicaron, se apretaron, como si fuera el último suspiro, para descansar el sueño de los justos. Cuando Porfirio empezó a recuperar la respiración, el cansancio lo había vencido. Dormía plácidamente. El guerrero había triunfado en otra batalla más. Mañana sería otro día. Mañana todo sería mejor. Mañana habría más tiempo, menos precipitación, más ritmo, menos urgencia, menos nervios, más encanto, más profundidad, más vida, más ilusiones, más, más, más…

La vida seguía, tenía que seguir… Delfina acompañaba a su marido a cuanto asunto tuviera que atender en Tehuacán, La Noria y Tlacotalpan. De pronto su vida empezó a convertirse en una maldición. Sus hijos no lograban sobrevivir a la infancia. Dios le cobraba sus flaquezas y errores. Su primer hijo, Porfirio Germán Díaz, nació en 1868 para gran alegría de la pareja. Sería militar. Llegaría a ser presidente de la República en caso de que su padre fracasara en el intento. La Pálida Blanca se lo llevó para siempre el 4 de mayo de 1870, de la misma manera en que, antes de cumplir siquiera dos años de edad, se llevó a Camilo Díaz y a Laura Delfina, nacidos en 1869 y en 1871. Ambos se reconciliaron con la existencia cuando ella dio a luz a Deodato Lucas Porfirio Díaz en 1873, y a Luz Aurora Victoria Díaz, en 1875. Los dos salieron adelante. Delfina no estaba dispuesta a rendirse. Cobró nuevos ímpetus. Se sintió perdonada por el Creador. Si luchaba era para congraciarse con Él a través de su dolor. Él había sufrido, pues ella no se quedaría atrás para recuperar su amor. Por ello intentó darle vida a una niña que nacería muerta por asfixia en 1876, golpe severo que trató de superar al traer al mundo a Camilo Díaz el 22 de enero de 1878, pero Dios se lo arrebató al día siguiente, tal y como lo hiciera con la pequeña Victoria Francisca Díaz, la última de sus ocho alumbramientos, quien únicamente alcanzó a vivir un día, del 2 al 3 de abril de 1880. La angustia era devoradora.

La muerte temprana de sus seis hijos afectó gravemente la estabilidad de Delfina, según recordaba Porfirio sentado en su banquillo, ajeno a las reclamaciones del Señor. Temía el castigo celestial. Para ella no resultaba tan importante la carrera política de su esposo. En realidad prefería la vida tranquila de Oaxaca, sin tanto aparato ni formalidades ni protocolos ni personas de hablar extraño, extranjeros fundamentalmente, ministros representantes de otras naciones, cuya cursilería irritaba a esa mujer pueblerina. La interpretación recurrente del Himno, tocado por las bandas de guerra de todos los lugares a los que asistía su marido en su carácter de presidente de la República, los banquetes, la rigidez del protocolo, los insoportables compromisos políticos, los problemas abrumadores que afligían al jefe de la nación, las molestas e interminables intrigas palaciegas en las que ella frecuentemente salía involucrada por el solo hecho de escuchar, la cantidad insufrible de mujeres que se acercaban a su Porfirio para obtener un privilegio, una franquicia, una concesión o un simple favor por el que estaban dispuestas a pagar cualquier precio a cambio de satisfacer sus caprichos o sus necesidades, las disputas por el poder entre los miembros del gabinete, las solicitudes para ocupar un cargo en la Corte de Justicia o para obtener una concesión ferrocarrilera o minera o de cualquier naturaleza, las acusaciones de sobornos, las traiciones de unos a otros, los golpes bajos, las sonrisas fingidas, unas más hipócritas que otras, las caravanas obligatorias, los falsos aplausos, las envidias para encabezar la sucesión, las zancadillas, los dobleces, eran suficientes para permanecer en su casa de la calle de Moneda núm. 1, en lugar de vivir en Palacio Nacional rodeada de una corte de sabuesos.

¡Qué tiempos aquellos en que preparaba el mole con su tía Nicolasa o hasta con su madre, cuando era muy niña, y mataban una gallina para sorpresa de la familia! Pasaban la noche moliendo el chocolate en el metate para que quedara muy bueno. En ocasiones llegaba a presentarse Félix, sí, Félix Díaz, el otro tío, antes de ser gobernador del estado de Oaxaca en 1870. Félix, tres años menor que Porfirio, había combatido del lado de los conservadores, de Miguel Miramón durante la guerra de Reforma, pero luego se había reconciliado con su hermano pasándose al lado de los liberales. En una ocasión, siendo gobernador, entró con su regimiento de quinientos soldados a Juchitán para sofocar un levantamiento armado originado por la negativa de los habitantes a pagar un impuesto a la madera. En la represión hubo muchas bajas de civiles y excesos porque el propio tío Félix había hecho bajar la figura sagrada del santo patrono del pueblo y la arrastró por diversas calles hiriendo la susceptibilidad popular. Meses más tarde devolvió la imagen en una caja de madera con la deidad hecha pedazos. El terrible agravio nunca se olvidó hasta que los juchitecos lo capturaron en marzo de 1872, lo golpearon, lo lincharon, lo castraron y lo asesinaron en venganza por el atentado cometido en contra de sus convicciones religiosas. ¡Cuidado con los juchitecos! La familia se reducía, pero los amigos comunes suplían los vacíos. Ahí en Oaxaca no había que guardar las apariencias ni quedar bien con nadie. Algo era cierto, nunca había vuelto a reír como lo hacía en el pueblo rodeada de viejos conocidos. No podía ignorar, por otro lado, que Porfirio empezaba a tener preocupaciones extrañas: le molestaba el color de sus manos, en general el de su piel, oscura, como los Mori, ¿qué más daba? Las formas tan artificiales y supuestamente educadas contrastaban ante el gusto de comer con las manos. Le encantaba partir en dos una tortilla y sumergirla en el mole para atrapar la pieza de carne de pollo o de cerdo y devorarla junto con totopos llenos de frijoles refritos cubiertos por requesón. ¿Qué tal…? Y luego cantar o contar anécdotas frente al cura, a la hora de la cena, y vivir, disfrutar, gozar, en lugar de aguantar la conversación aburrida e ininteligible del ministro de Inglaterra, cuyas bocanadas de aliento pestilente nadie podía soportar…

Las tragedias, por lo visto, no concluirían con la muerte de seis de sus ocho hijos en un plazo de trece años, no, por lo visto, no; según ella, Dios ya se había ensañado con ella. La tía Nicolasa había tenido razón: el amor entre la misma sangre está prohibido por la ley y por Dios, por algo será. «Te castigarán, Fina, te castigarán los hombres o el Señor o ambos… Te condenarás, no lo olvides, no te cases con tu tío, te lo reclamará tu madre Manuela en el más allá…»

La mañana del 2 de abril de 1880, el día en que naciera Francisca Victoria —Victoria como recuerdo precisamente de aquel heroico 2 de abril en que el general Díaz había ganado el sitio de Puebla—, la pareja presidencial mostraba una gran felicidad, ambos se reconciliaban con el Señor y con la existencia. Sin embargo, veintisiete horas después la pequeña fallecía de una anemia congénita, según rezaba el acta de defunción, sólo que ahí no acababan los males, sino que comenzaban y lo hacían con una furia devastadora. Delfina empezó a tener muy mala cara. Su rostro se descomponía por instantes. El malestar invadía todo su cuerpo. Fueron llamados los más insignes médicos de la ciudad para explorar y rescatar de la muerte a tan distinguida paciente, en tanto enterraban a la recién nacida. El diagnóstico no tardó en rendirse: metro-peritonitis puerperal. Su cuerpo se engangrenará gradualmente, se envenenará, es un caso claro de septicemia irremediable. Nada podía hacerse, cualquier esfuerzo resultaría inútil. Señor presidente, su mujer requiere la extremaunción. Se nos irá en un par de días, cuando mucho. Sea fuerte y resígnese, llame a un cura. La ciencia se estrella contra estas disposiciones del Señor…

Porfirio Díaz ingresó en la habitación donde se encontraba su mujer en la antesala de la muerte.

—Estarás bien amor…

—Mientes, Porfirio, sólo yo sé que me estoy muriendo. Di la verdad… —El presidente humilló en silencio la cabeza. Por su rostro escaparon algunas lágrimas, empezó a gimotear hasta que muy pronto estalló en un llanto contagioso. Nadie podía consolarlo. Sólo Delfina guardó la debida entereza.

—Si me muero sin haberme casado por la Iglesia, sin duda pasaré la eternidad en el infierno. No volveremos a saber nada el uno de la otra, Porfirio... No permitas que caiga en manos de Satanás y casémonos ahora mismo. No puedo morir estando en pecado mortal. Bien sabes que Dios prohíbe el concubinato, y más, mucho más, si incluso tuvimos hijos...

Porfirio Díaz levantó la cabeza, dejó de llorar como un crío y abandonó la habitación en busca del arzobispo de México, no sin antes jurarle a Delfina que antes del anochecer estaría casada, y protegido su espíritu para siempre. Pero cuál no sería su sorpresa cuando la máxima autoridad religiosa de México, Pelagio Antonio Labastida y Dávalos, el mismo que entre otras traiciones nacionales había sido una figura determinante en la llegada de Maximiliano, se negó a acceder a su petición con el argumento de que el enlace religioso era imposible debido a los lazos de consanguinidad y a la excomunión de que había sido objeto Porfirio Díaz por parte del Papa Pío IX desde que el famoso liberal había también jurado someterse y aplicar la Constitución de 1857.

—Usted perdonará señor presidente, son impedimentos insalvables. Con el debido respeto, además de pecador, usted es un hereje y, por lo tanto, no puede recibir el santo sacramento.

Después de una breve discusión en la que prevaleció el mismo tono bajo de voz, ambas autoridades llegaron a un acuerdo el 6 de abril de 1880: el señor arzobispo consentiría en pasar por alto el impedimento consanguíneo en la medida en que Díaz renunciara en secreto a aplicar la Constitución de 1857, un ordenamiento inspirado por el diablo... El expediente del matrimonio se guardaría escrupulosamente y bajo siete llaves en un archivo inexpugnable de la mitra. Nunca nadie tendría acceso a él.

El 7 de abril en la madrugada, Porfirio Díaz abjuraba. En su gobierno no sería aplicada la Constitución aun cuando ésta no se modificaría ni se reformaría para evitar escándalos públicos. Simplemente sería letra muerta de cara a la Iglesia. La guerra de Reforma en la que él mismo había participado con tanto éxito quedaba anulada, así como desperdiciada la sangre derramada por cientos de miles de mexicanos liberales que habían luchado por tener un México mejor.

A Labastida no le bastó la promesa del presidente. Exigió que constara por escrito, por lo que Díaz, con toda la humillación a cuestas, tuvo que redactar de puño y letra, palabra por palabra de las dictadas por el señor arzobispo. Declaró que su religión era la católica, que no contrariaba dogmas de fe, que no era propietario de bienes que hubieren pertenecido a la Iglesia de Dios, que no era integrante de la masonería, entre otras confesiones falsas, y firmó.

A las cinco de la mañana de ese mismo 7 de abril, apenas unas horas después del acuerdo clerical, Porfirio Díaz y Delfina Ortega unieron devotamente sus vidas de cara al Señor. La ceremonia religiosa se llevó a cabo en la recámara fúnebre en la que agonizaba la infeliz novia. Devorada por la fiebre, tartamudeando, respirando con dificultad y tosiendo lastimeramente, exhibiendo un doloroso rostro amoratado e inflamado, aceptó como legítimo esposo ante la Iglesia y ante Dios a su tío y marido, el presidente de la República, don José de la Cruz Porfirio Díaz Mori.

Al día siguiente, el 8 de abril, cuando el sol apenas empezaba a iluminar el Valle de México, a las nueve y media de la mañana, Delfina Ortega expiraba rodeada de sus seres queridos. El pueblo dolorido la acompañó hasta su última morada en el panteón del Tepeyac. Dejaba dos menores, Porfirio y Luz, además del alma destruida de su marido y de quienes tanto la quisieron.

—¡Porfirio! —tronó de nueva cuenta aquella voz ciertamente estentórea—. ¡Estoy hablando! Si nunca temiste la ira de Dios es el momento de que empieces a hacerlo, esta vez por irreverente. ¿Me has escuchado?

Díaz se acomodó como pudo en el asiento, dispuesto ahora sí a prestar atención. A saber qué consecuencias podrían desprenderse para él en ese Juicio que nada bueno podría depararle. Nada había acontecido en todo el tiempo que llevaba sentado en el banquillo. ¿Qué sentido podría tener resultar absuelto y tener derecho a pasar la eternidad en el Paraíso, si se llegaba con la pérdida total de conciencia para no volver a padecer dolores, vacíos, conflictos o pérdidas de cualquier naturaleza? ¿No constituía todo un horror estar en el cielo, eso sí, rodeado de querubines, y poder comprobar cómo su esposa Carmelita, viuda y absurdamente rica, era abordada por un patán que la engañaba con otras mujeres, mientras la desfalcaba económicamente? ¿Eso era el Paraíso sin poder maldecir, ni advertir ni mucho menos impedir ni cambiar nada...? ¡Demonios! Pero, por otro lado, ¿qué era el Paraíso sin conciencia? ¿Cómo disfrutarlo? ¿Un limbo sin sonidos ni visiones ni fantasías? ¿La nada...? ¡Qué aburrida debería de ser la nada. Con conciencia era un problema y, sin ella, algo verdaderamente inútil. Sin embargo, intentó poner atención en la medida de lo posible. ¿Por qué en esa coyuntura lo acosaban los recuerdos de sus mujeres y no de sus batallas o de su gestión como modernizador de México? ¿Por qué, sí, por qué las mujeres? Al final de cuentas, ¿de qué servían los éxitos más escandalosos, los triunfos insuperables, si no se podían compartir con la persona amada? Se disfrutarían, si acaso, a la mitad. ¡Qué importantes e imprescindibles eran ellas en la vida de un hombre! Figuras inolvidables de una nobleza y bondad infinitas.

Cuando el Señor comprobó que acaparaba la atención de Díaz, continuó con el divino procedimiento.

—¡Claro que no todo tu desempeño a lo largo de la dictadura fue una catástrofe como en tantas otras de América Latina y del mundo entero! Tu obra ferrocarrilera es una exitosa realidad que debes compartir con tu compadre el *Manco* González, un salvaje destructor de mujeres, un vivales a quien deberías haber castigado excluyéndolo de tu vida. Pero en fin, no estamos aquí para hablar del Manco que tanto te hacía reír, sino de ti, de tu comportamiento.

Díaz negaba con la cabeza en silencio ocultando una sonrisa cargada de picardía. ¡Ay, su compadrito del alma: había sido todo un caso!

—Durante tu primer periodo presidencial rehiciste el senado y repartiste asientos a tus enemigos políticos que cínicamente buscaban acomodarse en tu administración. Intentabas pacificar al país que tú mismo alebrestaste concediendo cargos públicos a tus opositores. Bien pensado. Eras un gran conocedor de tus paisanos. ¿A dónde hubieras ido sin ese don?

»Mejoraste los caminos, construiste puentes, faros y diques, subvencionaste diferentes vapores europeos, principalmente norteamericanos, para que tocasen los puertos mexicanos con tal de impulsar el comercio exterior y volver a colocar a México en el mapa de los países prósperos y seguros. En un principio te preocupaste por la agricultura e intentaste, al menos, modernizarla; dictaste medidas afortunadas para proteger a las industrias nacionales; atendiste a la minería, sobre todo en tu estado natal, donde trataste de rescatarla para devolverle la importancia que había tenido, al menos, durante los tiempos de la Colonia. Equilibraste el presupuesto federal, impusiste orden en las finanzas públicas, el país se puso a trabajar sin que lo anterior no significara que el propio Lerdo de Tejada no hubiera podido tener la misma oportunidad y la misma imaginación. Nunca lo sabremos. Tú acabaste violentamente con él.»

Esta vez Díaz asentía con la cabeza. Concedía toda la razón a la voz misteriosa, hasta que ésta se refirió a la política de pacificación, misma que no hubiera sido factible sin el concurso de la Iglesia católica. Lerdo se había echado encima al clero cuando, en 1873, elevó a nivel constitucional las Leyes de Reforma promulgadas desde 1859. Juárez no lo había logrado o no había querido hacerlo porque el país estaba fatigado después de tantas invasiones extranjeras y guerras civiles, por lo que en el periodo de la Restauración de la República, había preferido abstenerse de provocaciones a un poder tan devastador como el eclesiástico. Lerdo había ido más allá, se había atrevido y, por lo mismo, se había ganado la animadversión del sector más poderoso del país. Los tambores de la guerra llamaban a una nueva convulsión social para echar abajo las reformas constitucionales. Otra revolución estaba a punto de estallar. La Iglesia no se iba a rendir fácilmente ni estaba dispuesta a resignarse a perder sus privilegios ni su patrimonio y, por ello, Díaz se había aliado con la jerarquía católica en el golpe de Estado de Tuxtepec.

—Tu futuro gobierno llegó a un acuerdo de mutua condescendencia avalado por el Vaticano: el régimen enfriaría las Leyes de Reforma mientras la Iglesia se concentrara en su misión pastoral. ¿Te imaginas la cara de Juárez, Porfirio? ¿Te imaginas cuál hubiera sido la expresión de su rostro al saber que renunciabas a aplicar la Constitución de 1857 para salvar a tu mujer de que pereciera incinerada todos los días y por toda la eternidad en la peor galera del infierno? ¿Te imaginas lo que te hubiera dicho si hubiera llegado a conocer tu pacto con Labastida y Dávalos, un hombre que el indio recio verdaderamente execraba, y con toda razón? Pactaste con el peor enemigo de México con tal de mantenerte en el poder.

—¿Cómo que con toda razón si Labastida era tu representante en la Tierra? ¿Lo acusas de deslealtad hacia ti? —repuso airado el ex dictador que había llegado a ser octogenario—. ¡Era tu Iglesia, Señor, si hice un pacto feliz con ella fue para defender tus bienes y privilegios, y ahora me lo reclamas y se lo reclamas a Labastida! Todo fue por ti…

—¡Falso, Porfirio!, mil veces falso, falso, falso, ¿yo para qué quiero los bienes terrenales? ¡Mi reino no es de este mundo! ¿Privilegios? ¿Para qué?, ¡por favor!, ¿voy a querer privilegios, yo que los tengo todos...? El cristianismo es inmenso, sólo que una mayoría abismal de sacerdotes católicos, fundamentalmente los mexicanos, malinterpretaron mis palabras. Los he dejado actuar para poder hacer un balance final, pero uno a uno se sentarán, en su momento, en ese banquillo sobre el que te encuentras tú.

—Creí que me reconciliaba contigo...

—Otra vez falso, si suscribiste el pacto con el clero, que no es precisamente mi clero, perdóname, fue para satisfacer tus ansias de poder y para pactar con un enemigo feroz que no dejó poner una piedra encima de la otra y que empobreció a México, como espero que alguna vez se haga del dominio público. Por favor, no me digas que pactaste con Labastida para complacerme porque acabo el Juicio en este momento por insultos a mi inteligencia... Si pactaste con él fue para consolidarte como dictador de México y no para complacerme, Porfirio querido, no le estás hablando al populacho...

—Pues ellos todo lo hacen en tu nombre: firman pactos en tu nombre, financian revoluciones en tu nombre, se enriquecen en tu nombre, matan en tu nombre, torturan en tu nombre, derrocan en tu nombre, acaparan tierras en tu nombre, adquieren bancos en tu nombre, desaparecen congresos en tu nombre, cobran monstruosidades de honorarios por cualquier servicio religioso en tu nombre...

—¡Basta!, basta, ¿crees acaso que no lo sé? ¿Crees acaso que ignoro cómo violan a mujeres empapándose antes ellos mismos con agua bendita para purificarlas al tocar las carnes que supuestamente había contaminado el demonio? ¿Crees que puedo estar de acuerdo en que se abuse de esa manera de la ignorancia que ellos mismos provocaron en las ovejas de su rebaño? ¿Crees acaso que no sé los haberes y el patrimonio inconfesable de cada uno de mis supuestos representantes, obtenidos con arreglo a las limosnas que cobran en mi nombre? ¿Crees que no veo a diario sus vergonzosas andanzas? ¿No te acuerdas de que mi Hijo y Yo siempre exigimos la pobreza y la humildad y la renuncia a los bienes materiales? Demandamos la aplicación de virtudes cristianas, tales como la bondad, la caridad, la piedad, el resumen de la vida moral. ¿Por qué entonces la usura, la tenencia de interminables territorios no explotados, bienes de manos muertas, en perjuicio de la nación? ¿Por qué las amenazas

de excomunión lanzadas sobre las personas insolventes? ¿Por qué
se practicaron torturas en el palacio negro de la Santa Inquisición?
¿Qué tenía de santa? ¿Por qué quemaron viva a la gente en sus piras
públicas? ¿Ésa fue la doctrina que les enseñó mi hijo Jesús? ¿Crees
que pasó por nuestra mente la idea de contar con verdugos? ¿Lo
crees…? ¿Por qué se ejecutaron embargos y lanzamientos de los
acreedores incumplidos? ¿Toda esta cadena de infamias tiene algo
que ver con la bondad, la caridad, la piedad?

La voz hacía pequeñas pausas, sólo que ese día nada podía con-
tenerla. Se desbordaba como si hubiera retenido por siglos las acusaciones contenidas en su discurso.

—¿Cómo crees que me siento cuando compruebo que ultrajan
a un chiquillo? ¿Crees que desde aquí no observo cómo sodomizan
varias veces al día a menores de edad? ¿Crees que no lo sé todo, que
no lo veo todo y que no me enfurece todo?

—¿Y por qué no haces algo?

—¿Me estás juzgando ahora tú a mí?

—No, Señor, es mera curiosidad. Quiero saber por qué no con-
trolas a tu rebaño…

—Les concedí la libertad y debo saber cómo la administran, y a
diario compruebo que la administran mal, muy mal… Nunca estuve de acuerdo, ni podría estarlo, con que se dejara fuera de la Iglesia
y se decapitara a insurgentes o que se excomulgara, sin redención
posible, a los valientes mexicanos que defendieron a la patria de los
invasores norteamericanos de 1847, o de los intervencionistas franceses de 1862. ¿Por qué excomulgarlos, por qué, si eran auténticos
patriotas? Hidalgo acabó descuartizado por sus ideas respecto de
la Independencia. ¿Qué te parece? Él debería ser canonizado y estar
presente en todos los altares de la patria, ¿no…? En otro orden de
ideas, siempre me opuse a que se turbara la fe de los fieles, el reposo, la oración y el silencio de los claustros, y que rasgaran y pisotea-
ran el pabellón nacional por sus rivalidades políticas.

Díaz enmudeció. La santa voz continuaba. Se desahogaba, por
lo visto, como cualquier mortal.

—¿Crees que yo iba a tolerar a curas-banqueros o terratenientes
o curas-generales o curas-sargentos o curas-verdugos o iba a consentir en la posesión de sus cadenas de oro de las que cuelgan ostentosas
cruces pectorales repletas de piedras preciosas? ¿Supiste que Jesús alguna vez exhibiera una joya de ésas con las que puedes dar de comer

a miles de chiquillos? ¿Así me ves, como a esos curas malvados? ¿Ésa es la imagen que tienes de Dios, vestido como sus vírgenes con mantos tejidos de hilos de oro y piedras preciosas? ¿Verdad que yo no tengo necesidad de acumular tesoros? ¿Para qué? Entonces es una canallada que los tengan en mi nombre cuando se los podrían entregar a los pueblos más pobres del país. ¿Por qué tu Iglesia, no la mía, la que se dice católica mexicana, tenía que provocar guerras civiles en mi nombre, cuando yo jamás lo hubiera autorizado? ¿Cómo podía estar yo a favor de un crimen de esa o de cualquier otra naturaleza? Esas guerras, por retener el poder clerical, dejaban al gobierno en bancarrota, en lugar de destinar el dinero a la educación de los más necesitados.

Un coro de ángeles celestiales se escuchó a la distancia. Se produjo un repentino silencio. ¿La voz se callaría para siempre? ¿Era una señal divina?

—Mi Iglesia estuvo vergonzosamente con los invasores y no con los nacionales en los peores capítulos de la historia de México. Mi Iglesia, y mira que me avergüenza reconocerlo, financió revueltas, impidió la alfabetización de las masas, sólo educó a las elites adineradas y poderosas, se negó a permitir la libertad de conciencia, es decir, que cada quien pudiera pensar lo que deseara. Obligó al celibato para cuidar egoístamente su patrimonio cuando nosotros habíamos sentenciado aquello de creced y multiplicaos. Tu Iglesia, otra vez tu Iglesia, acaparó la riqueza durante siglos en detrimento de la prosperidad social. Luchó con las armas en la mano para retener sus fueros y sus tribunales especiales de modo que se privilegiara la impartición de justicia, compró militares para asestar innumerables cuartelazos, cerró las puertas a las ideas refrescantes de la Revolución francesa, del Enciclopedismo, de la Ilustración: de la luz, la ciencia y los derechos universales del hombre, a los cuales invariablemente se opuso. Sostuvo tiranías y se apoderó de todos los bienes de la nación. Impuso la religión católica por la fuerza y por la amenaza, infundiendo el miedo como herramienta de control social. ¿Cuándo se supo que Jesús hubiera infundido miedo o amenazara con un Dios iracundo y vengativo? Yo no soy así...

Porfirio Díaz tenía los ojos desorbitados. No era el momento para distraerse con otra mujer. Ponía toda la atención posible en cada palabra pronunciada por el Señor. Ni siquiera se acomodaba ni se movía del banquillo, al que ya parecía acostumbrarse. La voz sonó más fuerte que nunca:

—La religión, mi religión se prostituyó cuando se utilizaron los púlpitos y los confesionarios a favor de los intereses políticos y económicos. Los curas convirtieron los púlpitos en tribunas políticas, Porfirio, una inmundicia... Más de una tercera parte del año el pueblo no trabajaba por atender y cumplir con las fiestas religiosas que a diario inventaba el clero para aumentar la recaudación y las limosnas. Un pueblo ignorante y supersticioso es mucho más manejable y maleable, ¿no es cierto? Así se entiende todo, ¿o no...? ¡Cuánto, cuánto daño! Imagínate cuando la Iglesia decidió restringir la entrada a México de extranjeros salvo que éstos fueran católicos, el perjuicio fue mayúsculo; no perdamos de vista que en Estados Unidos se practicó una política de puertas abiertas y por ello en 1776 ingresaron tan sólo tres millones de personas, cifra que en 1860 se multiplicó casi por diez, para llegar un siglo después a los veintiocho millones de inmigrantes que llegaron a América en busca de una libertad religiosa que en México no encontrarían jamás. Por esa razón perdimos Tejas, Nuevo México y California, por no poder poblar esos inmensos y riquísimos territorios. ¿Y por qué no los pudimos poblar? Porque únicamente los católicos podían hacerlo. ¡Un horror, una barbaridad! Todo lo destruyeron...

—Me parece un poco exagerada la posición —adujo Díaz sorprendido por la creciente irritación que percibía en la voz.

—¿Exagerado? La Iglesia católica, la mexicana, la tuya, trabó alianzas al igual que contigo con Iturbide, con Santa Anna, con Miramón, con Zuloaga, y más tarde intentó hacerlo con Victoriano Huerta, uno de tus matarifes, perdón por la palabra, heredero de tus malos modales.

—¡Un momento!

—Te esperas, Porfirio, te esperas... Tu Iglesia, con la que también pactaste la paz, tu querida socia, comenzó por levantarse en armas en contra del último virrey, ayudó a derrocar al gobierno de Guerrero, acabó con el de Gómez Farías, derogó la Constitución de 1824, apoyó el golpe de Estado de Paredes y Arrillaga para recuperar sus privilegios vigentes durante el virreinato, organizó el levantamiento de los polkos en plena guerra contra Estados Unidos, respaldó casi todas las dictaduras de Santa Anna, incluida la última aun después de haber vendido y traicionado al país durante la guerra contra Estados Unidos. ¿Te es suficiente, Porfirio?

—El resumen me parece apabullante. No tenía el cuadro completo, lo reconozco.

—¿Cómo crees que yo iba a estar de acuerdo con la conjura de la Profesa, o con el levantamiento de Zacapoaxtla, o el de Puebla en marzo 1856, o con el Plan de Iguala o el de Cuernavaca de 1833 o el de Huejotzingo o el del Hospicio o el de Tacubaya de diciembre de 1857 o con la guerra de Reforma de enero de 1858, porque mi Iglesia se había opuesto ahora a la promulgación de la Constitución de 1857? Tú todavía vivías cuando el clero católico apoyó a Huerta, al chacal, después del asesinato de Madero.

Un suave olor a incienso invadió la enorme estancia dotada de una iluminación nunca antes vista. ¡Qué paz! Las últimas notas del Ave María, pero la compuesta por Franz Schubert, no la de Charles Gounod, se escuchó al fondo. El Señor no dejó de estremecerse, sin duda era su favorita, la tarareaba...

—Unas fichas, Porfirio, hijo mío —agregó al volver a lanzar sus conceptos como si nunca hubiera tenido la oportunidad de hacerlo— los curas, tus aliados, nunca dejaron de ser unas criaturas insaciables...

—¿Te sientes traicionado?

—Por supuesto que sí. Para comenzar, yo nunca quise fundar una Iglesia, sino dejar un ejemplo, y ese ejemplo no lo siguió la inmensa mayoría de tus curas católicos.

—Yo también desprecio a los traidores —adujo Díaz ignorando el inicio de la conversación—. Te diría que es una de las debilidades humanas que más me encienden: no la tolero...

—Un comentario muy cínico y descarado viniendo de ti.

—¿Por qué, Señor?

—Porque como te mencioné desde un principio, traicionaste hasta a Dios Padre.

—¿Yo...?

—¡Sí, tú, señor general Díaz! Dado que compruebo una vez más que los políticos adolecen, como siempre, de una buena memoria es conveniente que recuerdes cuando traicionaste por primera vez a Juárez, en 1865, al negarte a leer en voz alta, a tus soldados, el mensaje en que él aseguraba que, por ningún concepto, abandonaría el territorio nacional. Traicionaste al Benemérito y lo volviste a traicionar cuando te negaste a tomar la embajada francesa por asalto, según órdenes expresas que recibiste en 1867. Lo traicionaste de nueva cuenta en 1868, en el momento en que instigaste al ejército contra el gobierno, su gobierno, en una primera intención de desestabilizar la República. Lo volviste a traicionar en 1871, durante el levantamiento armado de La Noria, luego de que fuiste derrotado en las urnas, muy a pesar de que don Benito te había concedido la dispensa legal para poder contraer matrimonio con tu sobrina del alma.

—Yo quisiera...

—Traicionaste, no lo olvides ahora, a Trinidad García de la Cadena, tu antiguo gran amigo y aliado, a quien, además, mandaste asesinar en octubre de 1886 por puro miedo a su sombra. Traicionaste a Lerdo de Tejada derrocándolo, cuando él te había perdonado el anterior levantamiento en contra de Juárez y te había devuelto tus grados militares y tu honor como militar. Traicionaste a Protasio Tagle, a Justo Benítez, a Manuel Dublán, a Manuel Romero Rubio y a José Yves Limantour, cuando incumpliste tu promesa de entregarles el poder aunque les habías asegurado solemnemente que, para bien o para mal, ellos serían tus sucesores en distintas instancias históricas. Traicionaste a Ramón Corral, tu disciplinado, discreto e inofensivo vicepresidente, haciendo amargos chistes a sus costillas y hablando mal de él, en general a sus espaldas, como de todo el mundo.

La catarata de cargos parecía interminable:

—Traicionaste a Manuel González, condenándolo al ostracismo a pesar de haber sido uno de tus pocos amigos verdaderamente leales. ¿Tú sí sabes por qué murió envenenado en 1893? ¿Eh...? Pero escucha, escucha, traicionaste también a Bernardo Reyes, a quien emocionabas públicamente con aquello de «general Reyes, así se gobierna...», para después hacer todo lo posible por mermar su poder, a pesar de haberte demostrado su nobleza a toda prueba. Traicionaste a Madero, retándolo a encararse en las urnas y poco después mandándolo aprehender, con ganas inconfesables de hacerlo asesinar. Conque México ya estaba listo para la democracia, ¿no...? Traicionaste la Constitución de 1857, que abjuraste en secreto; traicionaste el Plan de Tuxtepec y al gran pueblo de México reeligiéndote indefinidamente a pesar de tus reiteradas promesas de no hacerlo; traicionaste a las incontables e irreparables víctimas de Leonardo Márquez al permitir su repatriación en 1898; traicionaste a los oaxaqueños y a los yucatecos al resucitar la esclavitud en sus estados; traicionaste la Independencia al gritar «Viva España» en el apogeo de las fiestas del Centenario; traicionaste al movimiento obrero cuando hiciste fusilar a los obreros de Cananea y Río Blanco; traicionaste a los perio-

distas y a la libertad de expresión cuando los mandaste encerrar en
los sótanos de la fortaleza de San Juan de Ulúa con el fin de que murieran de tuberculosis para después enterrar sus cadáveres en las are-
nas cálidas de Veracruz para que fueran devorados por los cangrejos;
traicionaste a los lerdistas y a la oposición cuando los masacraste
a balazos al grito de «¡Mátalos en caliente!» Traicionaste a México, traicionaste la voluntad popular, la defraudaste, traicionaste al
campo mexicano con tus compañías deslindadoras, traicionaste a los
campesinos a través de los hacendados que jamás respetaron las leyes
ni la vida de sus empleados desde que consentiste, entre carcajadas,
el derecho de pernada. Traicionaste, traicionaste y traicionaste... De
modo que ¿fuiste o no un traidor y, además, llorón? ¿Le seguimos?

—Si lloré en alguna ocasión fue porque me dolía el dolor ajeno
—repuso el tirano sin tratar de defenderse de los anteriores cargos.

—¿Cuándo te compadeciste del dolor ajeno, señor villano?, si
lo hubieras hecho habrías respetado la democracia y los derechos
de los tuyos, que siempre pisoteaste. Pero vayamos al grano, de que
fuiste llorón, fuiste llorón, si no, entonces, ¿por qué lloraste en Api-
zaco, en 1867, al ir a despedir, nada más y nada menos que a los
reaccionarios responsables de la guerra de Reforma, a la estación
del tren? ¿Por qué lloraste al año siguiente, 1868, cuando Juárez
sospechaba que instigabas al ejército en contra de su gobierno y te
llamó para aclarar tu posición, sólo para que te soltaras como una
plañidera, deveras berreando? Fue entonces cuando don Benito, al
observar tu servilismo y falso arrepentimiento, sentenció tu conducta con la amarga y enérgica expresión de Tácito: *Omnia serviliter
pro dominatione*. Pero hay más, mucho más, Porfirio: ¿te acuerdas cuando, en octubre de 1874, nada menos que ante el pleno del
Congreso, no sabías expresarte «y en un acto insólito hasta ese momento en la historia legislativa de México, comenzaste a llorar en
público?». Llorón, llorón, eras llorón, Porfirio: lloraste el 20 de
mayo de 1876, tras la derrota de Icamole. Volviste a llorar ante una
comisión de campesinos yucatecos que se negaban a perder sus tierras. Lloraste el día en que abandonaste para siempre la presidencia
de la República, el 25 de mayo de 1911, hasta que, derrotado, le en-
tregaste a Carmelita el papel con el texto y estas palabras: «Toma,
haz con él lo que quieras», y te dejaste caer en un sillón, sollozando,
como si tu corazón se hubiera roto. ¡Cuántos testigos presenciales
te vieron llorar como un niño cuando abordaste en Veracruz el Ipi-

ranga rumbo a la Francia de tus sueños porque te dolía abandonar aguas mexicanas...! Pobrecito, ¿no...? ¡Sólo dejabas al país envuelto en una revolución! Pero, a ver, contéstame Porfirio: ¿alguna vez te sentiste culpable de algo?

¿Para qué defenderse? Todo resultaba inútil ante la exhibición de pruebas tan contundentes. A lo largo de su vida padeció un terrible miedo a ser descubierto, a que se supiera quién era en realidad y de qué estaba hecho, y ahora, ante semejantes evidencias, estaba rendido y expuesto. Se había esforzado durante años en negar la realidad, desde ocultar el color de su piel hasta disimular la existencia de una dictadura exhibiendo un aparato republicano en el que nadie creía. La dolorosa verdad afloraba finalmente.

—¡Cuántas veces y cuántas personas te vieron también llorar en ocasión del aniversario del natalicio de Juárez, tu gran maestro, según tú, pero a quien trataste de derrocar, traicionaste y mentiste cada vez que te fue posible. Llorar tal vez fue tu mayor ventaja como estadista inmerso en un pueblo tan piadoso. Llorabas cuando te reelegían, *por amor a la patria*. Llorabas cada día de tu cumpleaños cuando la gente te ovacionaba. Llorabas, como bien decía Lerdo, a la hora en que mandabas fusilar, es decir, «Díaz mata llorando...» ¿Te acuerdas? Eras el mismo que de niño le sacaba los ojos a las gallinas para constatar cómo se estrellaban sangrientas contra las paredes del corral, y el mismo que enojado con su hermano Félix por algún hecho trivial, le puso pólvora en la nariz mientras dormía y le prendió fuego, por lo que, desde entonces se le llamó Félix *el Chato* Díaz...

El tiempo no transcurría. ¿Cuántas horas o días, meses o años llevaría ahí sentado? Nada acontecía. Todo se había detenido. Porfirio no experimentaba la menor sensación de hambre ni de sed ni había llegado la hora de los alimentos. El frío o el calor por lo visto no existían. ¿Necesidades fisiológicas? Ninguna, en ningún momento, como tampoco había sentido la presencia del sueño o de la fatiga o de la flojera. ¿Apetitos? Ni siquiera los imaginaba, como tampoco deseaba ni extrañaba. Tal vez más tarde, ¿qué era más tarde...? ¿Podría recordar lo que era una pasión?

—Te permití que te fugaras con la mente para recordar tu vida al lado de Delfina y de tus otras mujeres...

Porfirio sintió que palidecía. Pensaba que Dios no sería jamás dueño de sus pensamientos, pero estaba equivocado. Se había enterado de sus recuerdos con Delfina de la misma manera en que se observan los objetos a través de una vitrina. En la eternidad, por lo visto, todo llegaba a saberse y, además, con lujo de detalle. Las mismas reflexiones que en este momento estaba llevando a cabo seguramente las estaba escuchando el Señor. Mejor, mucho mejor, no huir del Juicio refugiándose en Carmelita, sino enfrentar valientemente los cargos.

—Es correcto, Porfirio, enfréntalos pero sin lloriqueos ni traiciones. Aquí ya no hay espacio para nada de eso. A propósito, si quieres yo mismo te cuento la historia dejando afuera las áreas complejas o difíciles.

Díaz sentía cómo se le escapaban los ojos de sus órbitas. Imposible defenderse ni tener ocultamiento alguno. Se habían acabado para siempre los dobleces y las hipocresías. Finalmente él se había convertido en un libro abierto en el que tanto su conducta como sus reflexiones, eran totalmente transparentes. ¿Qué sentido podían tener las mentiras o los chantajes o las falsas promesas o las zancadillas? Era conveniente abrirse el pecho como nunca antes lo había intentado.

—¿No crees que fue una ruindad acercarte a una chiquilla de dieciséis años cuando tú, presidente de la República, señor de señores, poderoso entre los poderosos, ya habías alcanzado los cincuenta años y tenías hijos por todos lados? ¡Claro que podía haber sido tu nieta! ¿Lo sabías, verdad? Tú y Antonio López de Santa Anna me dejaron siempre sorprendido. Él conquistó a Dolores Tosta a la misma edad: diecisiete y cincuenta y uno. ¿Degenerados, o ellas precozmente interesadas, o sus padres particularmente ambiciosos dispuestos a entregar a sus hijas menores de edad a garañones como ustedes, a cambio de un puesto en el gabinete o de un puñado grande o chico de dinero? Tú dirás...

—La verdad es que yo tenía necesidad de aprender inglés, sabía que Carmelita dominaba el idioma y después de varias clases empecé a enamorarme de ella.

—Mientes Porfirio, siempre has mentido, y todavía te atreves a mentir después de muerto. Sería conveniente que repasáramos la historia de Manuel Romero Rubio, antes de que éste llegara a ser tu suegro y, por razones obvias, tiempo después, tu secretario de Gobernación. Él, como verás, te engañó de principio a fin, y te lo podré demostrar.

Porfirio se dispuso a poner atención aun en contra de su voluntad. Estaba, bien lo sabía él, acorralado. Sus pensamientos los percibiría el Señor a la perfección. No tenía escapatoria posible.

—Después de que Lerdo se embarcó el 2 de febrero 1877 junto con algunos leales de su gabinete rumbo a la ciudad de Nueva York, a bordo del Cristóbal Colón, tu futuro suegro hizo un brindis, ya instalado en el destierro, cuyas palabras yo recogí celosamente para hacértelas saber en el momento adecuado. Y ese momento ya llegó.

Díaz levantó la cabeza y vio caer de las alturas una burbuja transparente que contenía precisamente el mensaje leído por Romero Rubio en esa triste coyuntura para el gran grupo de liberales progresistas en vía de extinción.

—¿No es una crueldad conocer su contenido ahora que ya no puedo hacer nada? ¡Dios es cruel!

—Dios es sabio, hijo, y jamás se le cuestiona. ¿A ti te gustaba que te cuestionaran? ¿No, verdad? Pues a mí tampoco, de modo que a callar.

> No debemos avergonzarnos de la revolución, que todos los pueblos tienen sus revoluciones, sino del hombre despreciable que la encarna. La vida de ese rufián uniformado ha sido una constante acechanza para las libertades públicas. Alguna vez en el seno de la Cámara, puse precio á su cabeza en medio de una oposición furibunda y arrastrando las consecuencias de aquel acto. Porque el señor Díaz estaba fuera de la ley no sólo como rebelde político, sino rebelde contra la vida y tranquilidad de los mexicanos. Yo brindo, en fin, señor Presidente —dirigiéndose a Lerdo—, por que muy en breve, México arroje de sí ese puñado de bandidos, que como los piojos en la melena del león azteca, chupan su sangre impunemente.[7]

Díaz protestó:

—¿Dijo que yo era un hombre despreciable, un rufián uniformado?

—Efectivamente…

—¿Dijo que mi gobierno era un puñado de piojos que chupan la sangre del león azteca?

[7] Lerdo, 1889: II: 7.

—Efectivamente, hijo, pero escucha lo que dijo de su ex jefe, es decir, del propio Lerdo: «Vuelvo al país muy arrepentido de haberme mezclado en la política de Sebastián Lerdo de Tejada, a quien en otros tiempos admiré, pero hoy estoy convencido de que el organismo de ese caballero ha sufrido tal degeneración, que lo ha hecho llegar a la demencia. Por lo cual decidí dejarlo y volver al seno de la familia que amo intensamente».

—¿Y qué puedo hacer ahora…? A mí qué me importa lo que haya dicho de Lerdo.

—Hacer, lo que es hacer, nada, acuérdate que a él le dio un cáncer en la cara que acabó con su vida en 1895, veinte años antes de que tú vinieras, a rendirme cuentas, Porfirio. Las pagó porque escasamente pudo disfrutar de su dinero y su poder…

—Pues sí, pero me las debe…

—Aquí ya nadie debe nada a nadie, ¿te das cuenta? Serénate porque ya todo es inútil. Por esa razón Dante, mi Dante, escribió en las puertas del Infierno: «pierda toda esperanza quien traspase el umbral de esta puerta…» De modo que cálmate, muchacho. Lo que sí debes saber —adujo aquella voz reposada y sabia— es que Romero Rubio mentía. Desde luego que no estaba resignado a pasar el resto de sus días en el extranjero, extraviado en el anonimato, sin acaparar honores y riquezas. Muy pronto urdió un plan para regresar a México con el objetivo de derrocarte y supuestamente volver a instalar en el poder a Lerdo, quien ocuparía transitoriamente la presidencia, a la que renunciaría un tiempo después para retirarse a la vida privada, no sin antes entregarle la primera magistratura a Romero Rubio.

—Ésa es una ingenuidad, por Dios, ¿quién en su sano juicio va a entregarle a Lerdo la presidencia de regreso después de haberla conquistado?

—Pues por esa misma razón te fue tan fácil derrocar a Lerdo, en el fondo un hombre muy pequeñito que nunca estuvo a la altura de las circunstancias.

—Pues claro…

—Tal vez llegó el momento de que sepas cómo te engañó Romero Rubio para poder conquistar tus afectos y tu admiración…

Porfirio había vuelto a colocar los codos sobre las rodillas, y la cabeza sobre las manos abiertas hacia el infinito, en preparación para la catilinaria que sin duda se le venía encima.

—Este hombre traidor de punta a punta, urdió en Veracruz un levantamiento armado pro lerdista en tu contra. Romero Rubio organizó todos los detalles y reunió a los cabecillas en el puerto. Cuando todo estuvo listo para detonar el movimiento, tu futuro suegro se presentó en tu oficina de Palacio Nacional para comunicarte el plan de esos sediciosos que querían acabar con tu gobierno. Los traicionó a todos. Únicamente trataba de quedar bien contigo a costa de los demás. ¡Un encanto de hombre!

—Pero yo creía que lo había hecho por lealtad a mi gobierno. La información me fue de particular utilidad.

—¡Claro!, por esa razón, acuérdate, enviaste un comunicado al general Luis Mier y Terán, gobernador del estado, en el cual le instruías: «¡Apréhendalos in fraganti y mátelos en caliente!» Y los amigos y socios de tu Romero Rubio, Antonio Ituarte, Vicente Campany, Ramón Alberto Hernández y Luis Alva, entre otros tantos más, sus íntimos compañeros de una supuesta legión liberal, todos fueron fusilados inmediatamente de acuerdo con tus instrucciones el 25 de junio de 1879. ¡Claro que no hubo ni juicio ni averiguaciones, afortunadamente, porque el nombre de Romero Rubio hubiera salido a colación, por lo que hubiera quedado muy mal parado, pero muerto el perro se acabó la rabia! ¿No? Es claro, querido Porfirio, que definitivamente pasaste a la historia con aquello de «mátelos en caliente». ¡Qué frasecita...! Acéptalo, hijo, en tu gobierno todo fue apariencia. ¿Ejemplos? La democracia, la libertad sindical, la de expresión, la independencia entre los poderes de la Unión, la disciplina en tu ejército, el progreso en todo el país. La Constitución: apariencia. La República: apariencia. La soberanía nacional y la de los estados: apariencia. La educación: apariencia. Las cuentas claras: apariencia. Las elecciones: apariencia. La honestidad: apariencia. La paz, en fin: apariencia, sólo porque transaste con la Iglesia y firmaste un armisticio vergonzoso para la causa liberal. Eso sí: quien negara las apariencias y reivindicara las realidades no merecía vivir ni como apariencia...

Porfirio Díaz deseaba tirarse de los cabellos. ¿Cómo no había visto nada? Este Romero Rubio había sido un adulador profesional del máximo cuidado. Si los dioses son débiles al halago, ¿qué no será de nosotros los endebles mortales? Lo habían embaucado y había sido víctima de una conspiración de la que no se había percatado al estar en la cúspide del poder.

La voz continuaba resonando en todos los rincones sin que Díaz pudiera saber exactamente de dónde provenía.

—Para que puedas medir el nivel de hipocresía de tu suegro, te suplico que leas esta carta que le envió al ex presidente Lerdo de Tejada a dos años de su derrocamiento en Nueva York. Observa, por favor, cómo ya le presentaba a la distancia a Carmelita, su hija, como si fuera una buena mercancía.

Ciudad de México, enero 15 de 1878.

Señor Licenciado don Sebastián Lerdo de Tejada.

Después de tantas fatigas y sinsabores, hállome nuevamente en el seno de mi familia... La pobre Agustina está avejentada [se refiere a su esposa]... Carmelita no obstante haber padecido un ataque de tifo en días pasados, la encuentro bonita y ya creci-da, es toda una señorita, y si usted la viera se la comería de ojos. Como ella ha sido siempre la favorita de vd, apenas pasadas las primeras efusiones filiales, me preguntó entre sonrisas y besos por usted, y quedó encantada con el delicado presente que tuvo vd la bondad de darme para ella. Es una lerdista consumada y odia con candor de virgen a Porfirio Díaz, que es quien ha cau-sado todas nuestras desventuras... El señor Baranda opina que Veracruz es el sitio más a propósito para sembrar, con esperan-zas de fruto, la semilla de la restauración.[8]

—¿Carmelita dijo que me odiaba?

—Bueno, tres años antes de que se casaran.

—Sí, pero cuánta confusión sembraron en la pobre muchacha.

—Carmelita adoraba a Lerdo de Tejada, tú lo sabías muy bien, y tan lo quería de corazón que le llamaba «querido papá Lerdo». Por si no lo conocías, aquí te mando otra carta caída del cielo que bien te convendría leer ya que una vez terminada su lectura desaparece-rá como si pincharas una burbuja de jabón: «El Sr. Romero Rubio es un buen amigo mío; pero es un hombre afeminado: es ministro de opereta, no de zarzuela. Por conservar honores y riquezas, sería capaz, como Medea, de estrangular a sus propias hijas». ¿Ya sabes por dónde voy? ¿No te lo imaginas? Él no estrangularía a sus hijas, menos a Carmelita, lo que haría es vendértela a cambio de favores políticos. Romero Rubio era astuto, intrigante, ávido de poder y

[8] Lerdo, 1889: II: 7.

de placeres, además completamente exento de cualquier escrúpulo moral a pesar de haber sido un ex jesuita que había estudiado en el Instituto Gregoriano junto con el presidente Lerdo.

Porfirio Díaz se levantó airado:

—No hay tal, Señor, Carmelita me adoraba, Carmelita me adoró hasta la muerte. Mi amor con ella no fue el resultado de una intriga palaciega ni una consecuencia de la corrupción moral de su padre. No hay tal, no, no, no.

—Siempre se ha dicho, Porfirio, que los presidentes de la República son los hombres más informados del país y que nadie los engaña porque conocen todos los pormenores de la política y dominan la idiosincrasia de sus semejantes. Falso hijo, falso: has de saber que Manuel Romero Rubio era un hombre muy allegado a la jerarquía católica y que dentro de ella se encontraba un sacerdote oaxaqueño, paisano tuyo, Eulogio Gillow, un obispo hijo de hacendados poblanos, educado en Inglaterra...

—Lo conozco de sobra, tenía mentalidad de banquero, hizo muchos millones durante mi gobierno...

—Bien, una vez que te lo presentó Romero Rubio, este cura particularmente mañoso se te fue acercando con la habilidad de una araña que sabe tejer su red... Al empezar a adquirir confianza contigo en el confesionario y fuera de él, se dedicó a hablarte al oído para hacerte saber que Carmelita Romero Rubio, una escuincla de dieciséis años de edad, estaba lista para casarse, y que tú, viudo de Delfina, podrías contraer nupcias con ella. ¿Verdad que nunca se te hubiera ocurrido pensar en esa chiquilla hasta que Gillow te inoculó su imagen virginal, sobre todo para un hombre como tú que ya venía de regreso en la vida? Por primera vez la viste como yo mando a las mujeres al mundo, pero eso sí, envuelta en tus sábanas de satín y tocada estratégicamente con tres gotas de tu perfume favorito, ¿no...? Recuerda por favor cuando pensaste por primera vez en Carmelita como tu pareja y esposa, y comprobarás quién te despertó sutilmente la imaginación...

Porfirio permanecía inmóvil, impertérrito. En el fondo de sus ojos se podía percibir el fuego. ¿Y las pasiones...?

—El acercamiento con Carmelita respondió a una estrategia perfectamente diseñada entre Guillow y Romero Rubio. Era un soberano desperdicio encajársela a Lerdo, al gran papá Lerdo, un cadáver insepulto, una vaca que ya no daba leche, pero tú, Porfirio, sí que tenías un futuro, y futuro en grande, la dorada oportunidad para ellos de llenarse de dinero hasta hartarse, ¿te das cuenta? Te vendieron la imagen de Carmelita, te la presentaron a la distancia haciéndote saber que esa mujer joven te transmitiría toda su juventud y te haría vivir muchos años más, en lugar de compartir tus últimos días con una anciana gorda, fea, llena de achaques y de enfermedades, amargada y frustrada. ¿Por qué entonces no buscar como pareja a una mujer joven, aun cuando tú le llevaras casi treinta y cinco años de edad, con tal de que alegrara y coloreara el otoño de tu vida? «Carmelita —te dijo Gillow— es ocurrente, graciosa, juguetona, culta y divertida, habla varios idiomas y lo representará a usted socialmente, señor presidente, a la perfección. Nadie necesita enseñarle a ella a tomar el tenedor ni a comer en manteles largos ni a comportarse en la *soirée* que sin duda continuará usted organizando en el Castillo de Chapultepec... Ella es toda una dama educada para vivir en la alta sociedad y exhibir su educación europea en los altos círculos diplomáticos, en los que sin duda caerá siempre muy bien...» ¿Qué tal Porfirio, qué tal te trabajaron Gillow y Romero Rubio sin que tuvieras la menor idea de lo que estaban urdiendo? Tú ingenuamente creías que a través de las clases de inglés que Carmelita te daría, previa aprobación de su padre, ambos se enamorarían, ¿verdad? ¡Qué equivocado estabas! Te estaban tomando el pelo de punta a punta, Porfirio, y tú no te dabas cuenta.

¿Y esto es el Paraíso? —pensó Díaz, furioso—, ¿un lugar en el que se conoce la realidad de la existencia cuando ya todo es irremediable? Uno de los grandes placeres terrenales se encuentra en la ejecución de la venganza, y aquí no existe, por lo que ya debo de estar en el Infierno...

—Pero escucha, escucha, Porfirio: Romero Rubio convenció a su hija, ya de diecisiete años, de la importancia de casarse con el ciudadano jefe de la nación, porque así tendría poder, prestigio y una imagen histórica que desde luego no disfrutaría con su otro pretendiente, al que, por supuesto, despidió con cajas destempladas. Si Medea estranguló a sus hijas, Romero Rubio las vendió a cambio de una cartera, dicho sea esto, en toda la extensión de la palabra, en tu gabinete.

»No importa en estos momentos advertir cómo, mientras supuestamente aprendías inglés, a un mes de muerta Delfina, ya te dabas tus escapadas con la Mujer de Tlalpan, a la que rápidamente le hiciste un hijo, el que invariablemente se negó a utilizar tu apellido, muy a pesar de su rancia prosapia. No perdamos el tiempo en estas andanzas, ¿para qué…? Mejor recordar cuando le obsequiaste a Gillow una esmeralda rodeada de brillantes y él a cambio te envió una joya traída desde Francia, que recordaba las guerras napoleónicas, además de un busto de Napoleón Bonaparte. Empezabas a entenderte con tu paisano, ¿no? ¡Qué bonita amistad…!»

Porfirio Díaz caminaba de un lado a otro en el inmenso salón iluminado, sin ocultar su sorpresa por la manipulación de que había sido objeto por parte de Romero Rubio y del ya arzobispo Gillow. El Señor no ignoraba el malestar que causaban sus palabras, sobre todo cuando Díaz invariablemente se había jactado al repetir una y otra vez que todavía no nacía quien tuviera el talento para engañarlo:

—«Conozco las intenciones de mis semejantes mucho antes de que se conviertan en acciones», decías, ¿verdad? Lo menos que podías haber hecho, Porfirio, era ser un poco más original con Carmelita a la hora de declararle tu amor, tal y como lo hiciste en su momento con Delfina. Pero no, claro está, a Carmelita le mandaste igualmente una carta, que te envío envuelta en otra burbuja. Después de varias clases de inglés ya era hora de declararte, ¿no…? Además lo hacías invariablemente por escrito. Tu inseguridad no te permitía ver cara a cara a tus mujeres ni enfrentar virilmente un rechazo. Eras el mismo político inseguro que sembraba intrigas entre tus colaboradores porque nunca creíste en nadie. ¿En quién llegaste a confiar realmente?

Díaz vio caer el texto escrito con su puño y letra hasta que se depositó delicadamente sobre sus piernas. Se mantuvo callado. Lo recordaba a la perfección:

Carmelita:

Yo debo avisar a usted que la amo. Comprendo que sin una imperdonable presunción no puedo esperar que en ánimo de usted pase otro tanto, y por eso no se lo pregunto; pero creo que en un corazón bueno, virgen y presidido de una clara inteligencia, como el de usted, puede germinar ese generoso sentimiento, siempre que sea un caballero el que lo cultive y sepa amar tan leal, sincera y absolutamente como usted merece, y yo lo hago ya de un modo casi inconsciente.

Yo deseo emprender esa obra; estoy ya en la necesidad de seguirla si usted no me lo prohíbe y a ese efecto espero su respuesta, en concepto de que si usted me dice que debo prescindir no necesita usted decirme por qué, yo siempre juzgaré poderosas sus razones e hijas de una prudente meditación, y puede estar segura de que obedeceré su consigna sin permitirme calificarla de injusta.

Piense usted que va a resolver una cuestión de vida o muerte para su obediente servidor, que espera sumiso y anticipadamente pide perdón.[9]

PORFIRIO

—Claro que Carmelita estaba impresionada por tu figura, tu arrogancia, tu altivez, tu mirada dura y penetrante, es decir, te admiraba, admiraba tus hazañas militares y tu prestigio mundial, suficiente para que una chiquilla como ella cayera a tus pies, sólo que Romero Rubio cabildeaba sin parar para entregarte a la palomita. Entonces surge la pregunta: ¿quién es más despreciable? ¿El que vendía a la hija o el que la compró, en la inteligencia de que Romero Rubio era un año mayor que tú? Mira que insinuarle que si no aceptaba tu solicitud te suicidarías... ¿Cómo que de vida o muerte, Porfirio? ¿El presidente de la República se iba a suicidar si una niña de diecisiete años lo despreciaba sentimentalmente? Otro chantaje. ¿Quién te lo iba a creer? Es la misma estrategia alevosa de cuando le dijiste a Delfina que si no aceptaba ser tu esposa la cuidarías como a una hija... ¡Por favor, Porfirio, por favor...!

—¿Entonces todo esto fue un pacto diabólico para encajarme a Carmelita y no una conquista amorosa de la que siempre me sentí tan satisfecho? —los argumentos que lo exhibían como a un chantajista profesional lo tenían sin cuidado. Su amor propio había resultado lastimado.

—No seas tan cándido, Porfirio, fuiste víctima de un ardid y ahora, aquí en la eternidad, te das cuenta de que nunca te lo imaginaste ni mucho menos lo descubriste, y así, en este orden de ideas, el 5 de noviembre de 1881, a las siete de la noche, Manuel Romero Rubio cumplió con el sueño de su vida: abrió los espaciosos y lujosos salones de su residencia para recibir a un escogido número de amigos que harían las veces de testigos del enlace matrimonial de su bella hija Carmelita con el general presidente de la República. Pero bueno, ¿por qué no nos preguntamos también la cara que habría

[9] en http://diatrasdiaz.blogspot.com/2008/12/cartas-de-porfirio-daz-carmelita.html

puesto Sebastián Lerdo de Tejada al saber que Carmelita se iba a casar, nada menos que con quien lo había derrocado de la presidencia de la República? Aquí sí, ya nada de papá Lerdo. El rencor de la traición empezaría un largo proceso de destrucción en el ánimo y en el cuerpo del ex presidente Lerdo. ¿Cuál cariño, no, Porfirio? Así recogió la prensa de la época el espléndido evento social: «Sirvieron de padrinos de bendición, los padres de la desposada y de velación el Sr. Justino Fernández y su esposa. La lindísima desposada vestía un soberbio traje de faya brochée y raso, adornado todo de espléndidos encajes de Alecón, con bouquets de azahares. Como alhajas, una valiosísima cruz, pendientes y anillo, todo de brillantes, regalo de boda de su esposo».

La felicidad volvía a tocar a tu puerta, ¿no, Porfirio? ¡Cuánta generosidad en un pueblo muerto de hambre! ¿Te imaginas si los esclavos de Yucatán, los henequeneros, hubieran podido presenciar el enlace? Y esa felicidad la compartías con el arzobispo de México, Antonio Pelagio Labastida y Dávalos, sí, el mismo que jugó a la distancia un papel tan importante en el derrocamiento de Ignacio Comonfort, el mismo que te casó con Delfina a cambio de que abjuraras la Constitución de 1857, uno de los peores enemigos de la historia de tu México, ¿te acuerdas? Pues dicho arzobispo no ocultó su alegría cuando te dio la bendición nupcial y te casó por la Iglesia en su capilla privada, con la Carmelita de tus sueños. ¿Te acuerdas como iba vestida la novia?

Cuando Porfirio Díaz se aprestaba a contestar la pregunta, por supuesto que recordaba con lujo de detalle el atuendo de Carmelita el día de la boda, de repente se produjo un sospechoso silencio. Las patas de oro del trono divino desaparecieron junto con el grupo de densas nubes blancas que ocultaban, tal vez, la presencia de Dios. Nada, no había nadie. De pronto se vio solo en ese espacioso salón con enormes ventanas por las que entraban esporádicas rachas de brisa gratificante y reconciliadora. Como no había techo y continuaba siendo, según todo parecía indicarlo, la misma y eterna mañana del Juicio, nada había variado, el anciano ex dictador podía contemplar paradójicamente en el espacio abierto, la presencia de la noche adornada con grupos enormes de constelaciones para él desconocidas. ¿Dónde estaba? ¿A dónde se había ido el Señor?

—Dios, ¿dónde estás…?

No hubo respuesta.

—¡Dios!, ¿qué he hecho, por favor, qué dije?

Nada. La voz estentórea parecía haberse perdido para siempre. ¿Y su corte celestial?

—Arcángeles, ¿están ahí?

Nadie contestaba. El silencio era absoluto.

—Ángeles, aunque sea —se dijo consternado—. ¿Por qué se han ido? Bueno —exclamó sorprendido—, ¡querubines!, querubincitos, no me dejen solo, ¿qué es esto...?

Era irremediable, lo habían abandonado sin que se produjera un solo ruido. El tirano permaneció sentado por unos instantes en el banquillo, sin percatarse de que no había piso, flotaba sin caer en el vacío. No existía, ¿existía?, bueno, en realidad no había nadie a su lado que pudiera interceptar sus pensamientos ni detectar su destino. Había llegado entonces el momento preciso para fugarse, siempre se había fugado, así lo hizo cuando cayó la ciudad de Puebla en manos de los franceses, el 17 de mayo de 1863, o cuando el propio Bazaine ordenó fusilarlo en septiembre de 1865, o cuando llegó a Tampico en 1876, proveniente de Nueva Orleans a bordo del vapor *City of Havanna* a mediados de junio y se arrojó al mar cuando un grupo de oficiales, decididos a arrestarlo, revisaba el barco. Siempre había logrado fugarse, ¿pero fugarse del Cielo, fugarse de Dios...? Bueno, no, en realidad deseaba buscar un rincón amable en su mente, donde pudiera recordar, como lo hiciera con Delfina, momentos amables de su vida en los que hubiera encontrado las máximas expresiones de amor. Finalmente de eso se trataba la existencia, del amor, sólo del amor, de acuerdo, pero con un respetable espacio para la política, y otro todavía mayor para el acaparamiento de dinero. Por lo pronto, lo importante era volar a un lado de Carmelita y ubicarse en la recámara nupcial la noche de su enlace, después de la magna recepción a la que habían concurrido cientos de invitados, lo más selecto de la sociedad mexicana y del cuerpo diplomático.

Semanas antes de la boda, Porfirio ya no podía conciliar el sueño tan sólo de pensar en el hecho de tener en sus brazos a Carmelita, esa chiquilla de diecisiete años que sería su esposa en los próximos días. Una gallinita así nunca había pisado mi corral, decía en silencio, mientras firmaba expedientes durante el gobierno de su compadre Manuel González. Las clases de inglés —idioma endiablado del que no aprendió ni una sola palabra, muy a pesar de los genuinos esfuerzos de la maestra— se llevaban a cabo en la sala principal de la casa de Romero Rubio, en donde encontró, para su sorpresa, un enorme óleo en el que aparecía él montado a caballo, el día en que tomó posesión de su primera presidencia. El marco dorado, sin llegar a ser barroco, era espléndido. Pues bien, las primeras lecciones de gramática las tomó sentado en una silla, apartado unos cuatro metros de la de Carmelita. Ni insinuarle, ni olerla, ni, claro está, mucho menos tocarla o morderle el lóbulo de la oreja. Únicamente podía repetir:

—*I am* Porfirio Díaz...

—*One more time...*

—*I am* Porfirio Díaz

—*One more time...*

—Ay, ¡ya!, carajo, dame un beso. Basta de *I am*, estoy hasta la madre del *I am*, *you are...*

El ejército integrado por el personal del servicio pasaba una y otra vez cerca del salón de clases. Por lo visto, Romero Rubio quería evitar cualquier contacto previo y desafortunado que echara a perder sus planes. «La tendrá cuando haya firmado y no haya marcha atrás, nada de que una probadita.» El ama de llaves revisaba cíclicamente la mantelería. El *sommelier* preparaba las copas de vino adecuadas para la cena. Una de las recamareras barría, otra trapeaba a un lado de la pareja sin permitir que se apagara una sola luz del recinto. La cocinera subía a consultar con la señora alguna duda respecto de las salsas, en tanto los caballerangos llevaban algunos bultos al carruaje o los transportaban a la alacena. Imposible cualquier movimiento extraño o una insinuación indebida. Todo se sabría:

—*I am* Porfirio Díaz...

Mientras más resistencia y adversidad encontraba Díaz, más deseaba la realización del enlace a la brevedad posible. La ansiedad era el sentimiento exacto que Romero Rubio deseaba despertar en su futuro yerno. Siempre estuvo seguro de que a Carmelita la casaría con Lerdo o con Díaz, pero de que él sería el suegro del presidente de la República no tenía la menor duda, como tampoco la tenía de que volvería a ser secretario de Estado, esta vez con don Porfirio, quien le permitiría hacerse de una fortuna sin precedentes. Carmelita, en todo caso, ya estaría por en medio...

En los días previos a la boda, Díaz pensaba, sin poder poner atención a un tema diferente, que le esperaba el mejor espectáculo de su vida, una doncella virgen recién bajada del cielo, una doncella inmaculada, una niña adolescente, una chiquilla impúber, la moza de sus sueños, nunca tocada por hombre alguno, una muchacha de su hogar, decente, honorable, una vestal que le obsequiaba la existencia, pura, casta, inocente, angelical, ingenua, limpia y candorosa. ¿Qué tal? Él sabría hacerla enloquecer de un placer desconocido. Él le enseñaría a vivir, le descubriría secretos jamás soñados, le daría las claves de la felicidad eterna, la haría vibrar, estremecerse hasta el llanto, mientras sus vergüenzas obvias le provocarían a él un vigor ya olvidado, una fortaleza hercúlea, un ánimo perdido. ¡Ah!, cuando la desnudara venciendo sus resistencias naturales, la bañara con sus esponjas de seda hundiéndola en el agua tibia con aroma de heliotropo y rosas y la perfumara con sus esencias favoritas, la secara dulcemente tocando con la toalla sus senos que apenas surgían a la luz del sol y palpara su entrepierna para avanzar sutilmente en el proceso de seducción y conquista, ¿cómo no sentirse entonces un elegido de los dioses?

¡Con qué urgencia esperaba la llegada del 5 de noviembre de 1881! La ceremonia civil estaba programada a las siete de la noche. Tal vez se llevaría una hora carísima de su tiempo. A las ocho de la noche el grupo se trasladaría a la capilla privada del arzobispo Labastida y Dávalos. No había manera de convencer a monseñor de la inutilidad del enlace religioso ni mucho menos a los Romero Rubio, unos fanáticos católicos que lo acusarían de diabólico en silencio, pero que sin embargo, bien lo sabía él, le entregarían a su hija de cualquier manera, sólo que, ¿para qué romper con los convencionalismos sociales? A las nueve y media comenzaría la recepción y el banquete, que bien podría terminar tres horas después, de modo que a Carmelita la tendría en la tina, cubierta por espuma a más tardar a la una de la mañana, bueno, una y media si es que algunos invitados se negaban a retirarse oportunamente. Llegado ese caso cancelaría la música, apagaría las luces y les agradecería a todos su presencia, sus suegros incluidos. 5 de noviembre, ¿por qué no llegas…?

Pero el 5 de noviembre llegó. No hay plazo que no se cumpla. Carmelita estuvo radiante durante la ceremonia religiosa, así como a lo largo de la civil. El tiempo pasaba lenta, tortuosamente, según constataba el ex presidente una y otra vez en su reloj de oro, al estilo de los ferrocarrileros. Terminó el banquete, cortaron el pastel, bailaron el primer vals, la abrazó en la pista por primera vez, la besó en la frente, ¿así de maravilloso olerían todas las vírgenes? Le permitió bailar otra pieza con su padre, don Manuel Romero Rubio, sin dejar de experimentar una curiosa sensación de celos, infundados, claro está, pero al fin y al cabo, celos. La música se siguió escuchando hasta altas horas de la noche, contrario a los planes del novio, ¿novio?, marido, marido de Carmelita, a quien aventajaba con treinta cuatro años de edad, ¿quién dijo «un mundo de años de diferencia»? Soldados… Preparen… Apunten…

La pequeña Carmelita invitaba a bailar una y otra pieza. La que más repitieron fue *Adiós Mamá Carlota* y, desde luego, *Dios nunca muere*, además de *Ay, ay, ay, mi querido capitán*, hasta que don Porfirio pidió una silla. Se agotaba. Carmelita no tenía compañeros de escuela porque estudiaba con sus hermanos en casa, dirigidos por institutrices norteamericanas o europeas. Lo anterior no significó que se apartara de la pista ni un momento, intercambió pareja con tanto familiar y amigo se encontró a su paso, hasta que el ex presidente se percató de una dura realidad: Carmelita hacía tiempo para retrasar su llegada irremediable a la alcoba. Bien. Él, como correspondía a todo caballero, no la presionaría de ninguna manera. La dejaría reír y gozar hasta que la fiesta fuera decayendo por ella misma y los invitados se despidieran uno a uno sin ser sometidos al menor apremio. Tarde o temprano la gallinita caería en la cacerola y él la devoraría sin prisa alguna. Al tiempo… Lo que no se valdría era alegar cansancio o fatiga y diferir el encuentro amoroso para el día siguiente. Desde muy temprano tendría que aprender Carmelita a cumplir sus obligaciones conyugales: hoy comenzarían. Bastante tiempo había esperado. No lo haría ni un minuto más.

Cuando despidieron en la puerta de su residencia al matrimonio Romero Rubio y ella le dio un intenso abrazo a su padre, que él devolvió con gran frialdad dándole palmaditas en la espalda, don Porfirio tomó con su mano arrugada y encallecida después de tantos años de faenas militares, la de Carmelita, suave, tersa y también sudada, si es que es posible contar toda la verdad. Instintivamente trató de soltarse, pero entendió que no podía ya oponer resistencia alguna. Más valía que estuviera preparada para lo que tenía que estar preparada… Entre comentarios en torno al festejo y los momentos más sobresaliente de la boda, la pareja se dirigió hacia la habitación del hombre más importante del país. El gobierno de Manuel González, según el decir público, no pasaba de ser una bufonada. Díaz regresaría al poder en 1884, con reelección o sin ella.

El momento más importante se dio cuando Díaz cerró tras de sí la puerta, en tanto ella se hacía la disimulada sin dejar de hablar y rescatar los momentos chuscos del evento. Él, sin contestar, se quitó la guerrera congestionada de condecoraciones para colgarla educadamente en el perchero. Carmelita, de pie, no dejaba de comentar escondiendo su nerviosismo. Presenciaba la escena con franco terror. Don Porfirio se sentó en un sillón para descalzarse. Acto seguido se levantó, se colocó con los brazos en jarra ante su esposa parlanchina. Ahí se veía él en toda su dimensión: su piel oscura, alto, imponente, con el bigote canoso muy poblado y retorcido, de cabellera rala, escasa, pero suficiente para su edad. No mostraba un vientre protuberante, el ejercicio a caballo lo mantenía en forma.

Sin que ella interrumpiera la narración, don Porfirio ordenó:

—¡Ven!

La chica se quedó petrificada. Inmóvil.

—Ven, he dicho —repitió el viejo garañón exhibiendo una sutil sonrisa.

Carmelita, muda, se dirigió hacia él tropezándose con tan sólo dos piernas. Imposible andar ni hablar.

Cuando la tuvo a su alcance introdujo sus dos manos debajo de la orejas y le retiró el pelo de la cara. Le acarició la frente. La miró, la contempló, se llenó de ella. Tomándola entonces por las mejillas, como quien va a hacer una ofrenda divina, se acercó para besarla por primera vez en los labios. Ella cerró dócilmente los ojos sin oponer resistencia. La habían preparado bien, se dijo en silencio. En el momento en que empezaba a besarla, ella se apartó bruscamente riéndose como loca.

—¿Qué te pasa? —preguntó el ex presidente confundido.

—Es que tus bigotes me dan como comezón o cosquillas, algo muy raro, no entiendo —adujo sin dejar de reír ni de frotarse la boca como si se hubiera enchilado.

Porfirio también sonrió.

—Eso es sólo al principio, ven, te enseño.

Esta vez pegó sus labios contra los de ella evitando cualquier roce que pudiera hacerle gracia. Todo funcionaba de acuerdo con lo planeado hasta que Porfirio dio un paso más adelante e introdujo, sin más, su lengua en la boca de ella. Carmelita se escandalizó. Se retiró otra vez frotándose con más fuerza los labios. Deseaba escupir o hasta vomitar.

—¿Pero qué es esto, Porfirio? Es una cochinada, una inmundicia, ¿cómo te atreves a meterme la lengua…?

—Pero así es, mi amor, todas las parejas de la Tierra lo hacen…

El primer impulso de ella fue pedirle que se abstuviera de decirle amor, ella no era su amor, aunque después de pensado sólo le dijo:

—Así lo harán otras parejas, como tú dices, pero a mí de da asco.

—¿Asco? —«Si esta prueba de amor ya le da asco ni me imagino lo que pasará después», pensó Díaz—. Bueno, bueno, ven, ya no lo volveré a hacer —se dijo el viejo zorro apostándole al tiempo. Ya se lo pediría después, es más, se lo suplicaría…

Volvió a besarla como si fueran un par de tímidos escolares. Aprovechó para abrazarla sin encontrar el menor placer en ello. Las crinolinas y el traje de novia le impedían hacer contacto con su cuerpo.

—¿Y si te quitas el vestido? Si quieres yo te ayudo. Voltéate y te desabotono.

—No, ni Dios lo quiera —repuso ella exaltada—. ¿Y si nos acostamos con todo y ropa?

—Se va a arrugar, Carmelita.

—Pues que se arrugue, mi mamá hará que la planchen rápidamente.

—De hoy en adelante haremos la vida sin tu mamá.

—Entonces yo la plancho.

—¿Qué te parece si nos damos un buen baño de tina?

—Bueno, primero yo y luego usted, perdón y luego tú…

—No, mi amor, los dos juntos. Tengo preparada el agua caliente.

—¿Qué tal que mejor nos dormimos y mañana seguimos con la discusión?

Después de meditarlo unos instantes, pues el diablo sabe más por viejo que por diablo, don Porfirio accedió:

—Está bien, pero con una condición…

—¿Cuál? —repuso ella, desconfiada.

—No te puedes dormir con el traje de novia, las mil crinolinas y ese peinado. De modo que te metes al baño, te pones tu camisón y te sueltas el cabello. Ése es el trato.

Carmelita aceptó a regañadientes sin imaginar la nueva trampa que escondería ese anciano libidinoso. Se tardó mucho más tiempo del previsible y necesario en la maniobra, en espera de que Porfirio ya se hubiera dormido. Los viejitos se duermen en todos lados. Sin embargo, sobra decirlo, al abrir la puerta esperando que no rechinara para constatar que por esa noche, al menos por esa noche, se había salvado, se encontró con que su marido estaba acostado boca arriba, cubierto el pecho desnudo por las sábanas y con el rostro cubierto por una sonrisa sarcástica que ella no acabó de interpretar porque el lobo de mar se apresuró a apagar la luz, dejando que ella llegara a oscuras a su lugar en la cama.

¿Tendría los pantalones del pijama puestos?, se preguntó tan temerosa como intrigada.

Arrastrando una pijama rosa con brocados franceses hechos a mano por monjas de la catedral de Chartres, Carmelita se introdujo en forma imperceptible en la cama y se cubrió con las colchas, luego se colocó igualmente bocarriba. Apenas se escuchaba su respiración. Si por lo menos hubiera habido las caricias previas que se dan las parejas durante meses de relación, si se hubieran besado a escondidas y conocido más, identificado más, todo hubiera sido mucho más fácil, pero así de pronto, con ese señor que, por más importante que fuera, ella desconocía o temía o rechazaba por la diferencia de edades o todo junto, era una locura. Porfirio le pidió su mano. Había apagado la chimenea de modo que no se pudiera ver nada. Ella accedió. La alargó por arriba de las sábanas. Él se la besó una y otra vez para que se acostumbrara a su trato y a su bigote, se relajara y se acercara más. Cuando los besos en la mano fueron insuficientes, Porfirio se acercó mientras besaba los brazos descubiertos hasta llegar a tocar su cuerpo con las piernas. Ella no se apartó. Permaneció inmóvil. Él la rodeó con su brazo derecho atrayéndola mientras la besaba en la boca, que ella se negaba a abrir. Tenía los labios duros e impenetrables. Como pudo tocó sus nalgas, las acarició una y otra vez sin que ella protestara. Eran avances importantes. Decidió entonces apartarse brevemente para rozarle con las manos los senos mientras las llevaba hacia su rostro. Ella se dejó hacer. Entonces se los acarició una y otra vez, en tanto ella por lo visto cerraba los ojos crispados. Sí que era una sirena. Al tocar sus pezones se endurecieron de inmediato. Era una lástima que no pudiera verla. Se apretó contra ella haciéndola sentir de plano el vigor masculino. Al principio, ella pensó en separarse pero decidió resistir en tanto los besos no cesaban y se sentía abrazada por un pulpo gigantesco.

Todo pareció derrumbarse cuando Díaz cometió un grave error. Teniéndola dócil y dispuesta dio dos pasos en lugar de uno, provocando que casi se perdiera la suerte. Ávido de alguna reciprocidad, él tomó su mano y se la llevó al centro de los poderes que rigen las leyes del mundo y tal vez del universo. Necesitaba que Carmelita conociera la fuerza de su virilidad, su valentía, la razón por la que había ganado tantas batallas contra enemigos de diversas nacionalidades, la fuente de su vitalidad, la mejor explicación de su temperamento indómito...

Ella, al sentir que tocaba la expresión más acabada de un hombre, retiró la mano como si la hubiera metido con los ojos cerrados a un fogón. Lo único que produjo en Carmelita fue la misma respuesta anterior:

—Es usted un cochino, señor, cochino, ya me voy...

Porfirio soltó otra carcajada:

—¿Ya te diste cuenta de que me estás hablando de usted? Además, vuelvo a lo mismo, son caricias obligatorias entre personas que se aman...

Ella iba a contestar «es que yo no lo amo, si estoy en esta cama con un viejo degenerado como usted es porque me lo ordenó mi papá, por conveniencias políticas y de negocios, según escuché tras de la puerta un día que se lo confesó a mi mamá. Yo no lo quiero, señor, ni sé quién es usted, salvo que es un hombre muy importante que tiene hijos mayores que yo, eso es todo...». Pero Carmelita se contuvo al oír la risa de su marido y únicamente se concretó a decir:

—El arzobispo Pelagio siempre me dijo en confesión que nunca le tocara yo a un hombre ahí y que menos permitiera que alguien metiera la mano debajo de mis faldas.

—Tiene razón don Pelagio, sólo que yo soy tu marido y en este caso operan otras reglas...

—Prométeme que no me harás tocar de cualquier manera esa cosa...

—Lo prometo, pero ven, no te vayas...

Ella se acercó de nueva cuenta a regañadientes. Después de caricias cada vez más atrevidas accedió en silencio a que Porfirio le levantara el camisón y la montara. Gradualmente se fue aflojando hasta que empezó a abrir las piernas. Cedía, cedía sin echar mano de la menor violencia. Muy pronto Díaz la encañonó en tanto ella se retorcía gimoteando. Apenas empezaba a penetrarla cuando ella exhibía ya un dolor descomunal y lloraba como una chiquilla arrepentida de todos su pecados, así que Porfirio apuraba el paso presintiendo una debacle. Ésta efectivamente se dio cuando ella repentinamente giró descarrilando toda la maniobra tan bien urdida y dejando que el ex presidente de la República desahogara su furia, su encanto, sus poderes y su fortaleza en las sábanas de satín francesas, sus preferidas. Se había desperdiciado la pólvora con la que había ganado tantas batallas.

Lo último que Porfirio alcanzó a decir sin que ella entendiera una sola palabra fue:

—Está bien, mi amor, ¿no quisieras dormir por esta noche de mi lado...?

Ella accedió sorprendida al constatar la renuncia inexplicable del guerrero. El canto de una alondra anunció la llegada de un nuevo día...

La voz estentórea se volvió a escuchar de nuevo.

—De modo que, ¿qué me dices de Carmelita, hijo...?

—Pero, ¿por qué la ausencia, Señor...? De pronto hasta desapareció todo tu séquito...

—Ya te lo dije una vez, Dios no da explicaciones ni justifica sus decisiones. ¿Entendido? Continuemos —agregó cortante. Sí que el Señor sabía imponerse y mandar.

—Debo reconocer —adujo Porfirio Díaz sin intentar rebatir esas sabias palabras— que efectivamente Carmelita me transmitió mucho vigor, mucha fortaleza y muchas ilusiones por vivir.

—Sí, pero también te cambió el color de la piel, algunos aspectos de tu fisonomía. De tener el aspecto rudo de un campesino fuiste adquiriendo un porte noble y elegante. Dominaste tus justificadas timideces pueblerinas y volaste por encima de los chismes y cuchicheos de los salones mundanos que hablaban de tu origen mixteca. De repente empezaste a parecer como un archiduque austriaco de la estirpe de Carlos V y no como un indio vulgar ni mal educado, de piel oscura que escupía por un carrillo. Carmelita te talqueaba las manos y te obligó a usar corsé, a pesar de tu resistencia, para mantenerte arrogante y erguido. Haz memoria, Porfirio, repasa aquellos primeros años. De pronto otra burbuja se posó sobre sus piernas y estalló. Dejó al descubierto una nota:

Es evidente por estas fechas que «había sido de color moreno y ahora tenía algo más clara la piel; su hirsuta cabellera, de pelo indócil y basto se había suavizado y era ya obediente a los estímulos del peine y el cepillo; el bigote, que caía antes por los

dos lados de la boca, al estilo indio, había tomado aspecto ci-
tadino y marcial; llevaba lustroso el calzado, blancos y duros,
cuello, pechera y puños de la camisa; bien cortada la ropa y la
cabeza erguida sobre las espaldas... Había perdido el aspecto
de hombre primitivo que le caracterizaba; no usaba ya el mon-
dadientes a la vista del público y sabía hacerse bien el nudo de
la corbata».[10]

—Uno debe mejorar, ¿o no...? Algo tenía yo que aprender de mi esposa, ¿qué hay de malo en ello...?

—Tienes razón, hijo, es irrelevante, lo verdaderamente importante fue el sufrimiento de ustedes y de Manuel Romero Rubio
cuando supieron que Carmelita y tú no podrían tener familia porque su hija era estéril de nacimiento. La descendencia se convirtió
en una posibilidad insalvable. Mientras tu esposa lloraba su desgracia, ¿sabes cómo se consolaba tu suegro de este profundo dolor
durante el gobierno del Manco González? Fue muy sencillo: con-
siguió que se estableciera la compañía mexicana de colonización
en Chiapas, The Mexican Colonization Company of Chiapas, con
capitales de San Francisco, California, que explotaría doscientas
cincuenta mil hectáreas de ricas tierras y bosques en la costa chia-
paneca. ¡Gran negocio! Para 1882, y nuevamente sin que tú lo supieras, tu suegro ya era presidente de la compañía concesionaria
del ferrocarril que recorría la zona carbonífera entre Puebla y el
pueblo de Tlaxiaco. Otro gran negocio, grandes utilidades en nada
comparables a las que lograba hacer cuando cobraba jugosas comisiones a los gobernadores a cambio de ayudarlos a obtener, a través de Limantour, créditos para sus estados, o las que acaparaba al
apropiarse ilegalmente de enormes superficies de terreno con lo que
ocasionó cruentos pleitos en la región de Soteapan, estado de Veracruz, para ya ni hablar de sus trafiques con el mercurio, una riqueza mineral de la que también se apoderó don Manuel en Huitzuco,
estado de Guerrero, para heredársela a su Carmelita del alma, pobrecita, ¿no...?

—Pues sí que se la pasaba bien —repuso Porfirio sin hacer la
menor alusión a los bienes de su esposa.

—Nada muy diferente al resto de tus gabinetes que no se carac-
terizaban por estar integrados precisamente por madres de la cari-

[10] Velador, 1990: 178.

dad, sólo que a Romero Rubio le mandé, como te dije, un cáncer facial, un tumor cerca del ojo izquierdo, que acabó muy rápido con su vida en la primera semana de 1895.

—Lo recuerdo, fue terrible. ¿Para qué tanto dinero si no te vas a llevar nada, perdón, a traer nada?

—Es cierto, pero dime, ¿de verdad no eras socio de Romero en esas lucrativas actividades comerciales? ¿En todas las concesiones de vías férreas que desarrolló Romero Rubio no tuviste nada que ver? ¿Vas acaso a atreverte a negar que disponías a tu antojo de las rentas públicas? ¿Quién te iba a levantar la mano o la voz para impedirlo? ¿Quién? Hablemos de tus acciones en la Compañía de Papel San Rafael o recordemos cómo José Sánchez Ramos, un español de toda tu confianza, era el encargado de tus negocios particulares y administraba discretamente tu fortuna. ¿Qué tal el monopolio del vestuario y equipo del ejército, un negocio íntimo para tu bolsillo? Es del dominio público tu participación accionaria en el Banco de Londres y México, así como en la compañía petrolera inglesa, El Águila. Por algo figurabas en primera línea en la lista de millonarios favoritos del régimen. Tan no había pudor ni vergüenza, que año con año, el 16 de julio, día del santo de doña Carmelita, los favoritos, ministros, gobernadores, jefes de armas, banqueros, senadores y diputados, vaciaban las joyerías de La Esmeralda y La Perla para obsequiárselas a la señora esposa del césar.

—Los regalos a mi esposa eran parte de un sistema de adulaciones, propio de cualquier gobierno —respondió Porfirio Díaz decepcionado y con el rostro contrito—, además, yo nunca tuve necesidad de asociarme con nadie ni de ponerme en la boca de nadie ni que nadie administrara mis haberes. Porfirito, mi hijo, sí llegó a ser director por propios méritos, ¿eh...?, que quede claro: de la compañía petrolera El Águila. Gracias a su esfuerzo lo retribuyeron con una buena cantidad de acciones sin que yo hubiera tenido que entregar enormes extensiones de terrenos petroleros a cambio de que lo ayudaran... Pero volviendo a Romero Rubio, allá él con sus lealtades...

—A ver si entiendo: Carmelita y tú, pobrecillos los dos, vivieron en la miseria en París, ¿verdad? Tú no te hiciste de un patrimonio con cargo al erario público en México en el marco de un sistema de absoluta impunidad y Carmelita no heredó nada de Romero Rubio... ¿Estoy bien...?

—Estábamos hablando del concepto de lealtad de Romero...

—Ajá, rehúyes el tema de la corrupción.

Silencio por respuesta.

—Quien calla otorga…

Silencio.

—Lo comprendo, entendido. Volvamos entonces a Romero Rubio y concidamos en que, quien no le es leal a una persona, no sabrá ser leal con nadie y apréndetelo: tu suegro y secretario de Gobernación no lo fue contigo ni con Lerdo ni con sus amigos, sólo fue leal al dinero y al poder político y también, no hay que olvidarlo, a su esposa, la misma que una vez viuda y desamparada arrendó en marzo de 1902 a la Pearson & Son una propiedad de setenta y siete mil hectáreas en Minatitlán, que el amado difunto había heredado a sus hijas, entre ellas Carmen, tu esposa, a cambio del diez por ciento de los productos o una opción para convertirse en socia de la empresa en un veinticinco por ciento. Lo que es una buena escuela… Setenta y siete mil hectáreas y además petroleras, medio país, exagerando, ¿no…?

Cuando Díaz iba a aclarar semejante afirmación, la santa voz ya describía la postergada luna de miel de Porfirio Díaz en Nueva York y, por primera vez durante el Juicio, Dios soltaba una estruendosa carcajada. El Señor reía al recordar una nota publicada en la prensa norteamericana, que hablaba del comportamiento del ex presidente mexicano en el extranjero:

> El general Díaz se ha cubierto de ridículo en Estados Unidos. No tiene maneras, no sabe vestir, ni mucho menos hablar ni estar entre gentes. En la recepción del Club… escupió en las alfombras y estuvo á punto de salir por un espejo… Hoy en la mañana se embarcó junto con su ménagerie en el vapor Whiteey que va para Veracruz. Quiso el diablo que a esa hora se hallaran en la calle Canal, el general Martínez y otras personas de mundo, capaces de burlarse del lucero del alba. Díaz y su comitiva iban en procesión: nuestro Presidente en vez de vestir traje de camino, iba de chistera de seda, frac, chaleco y corbata blancos. Alguien creyó que era un agente de circo, y los muchachos corrían tras él gritándole: «Stop! Stop! Clown! Clown!»[11]

Por supuesto que el ex dictador no esbozó siquiera una mueca de sonrisa, menos aún cuando supo que Carmen intentó visitar a Ler-

[11] Lerdo, 1911: 71.

do de Tejada, su padrino de bautizo, quien se negó a recibirla, aduciendo la *traición* de su padre al aliarse con Díaz.

—No me importa lo que Carmelita haya tratado de hacer o no en Nueva York, mientras yo visitaba a las autoridades políticas y financieras de aquel país.

—Entiendo tu posición, pero al menos sí desearás saber lo que ella pensaba de su vida a cuatro años de matrimonio, ¿no...? ¿O tampoco?

Díaz asintió levemente con la cabeza. A eso se redujo su respuesta. En ese momento otra pompa transparente empezó a precipitarse lentamente, jugando tal vez en su caída libre, hasta caer esta vez en sus manos.

—Lee lo que pensaba de ti y de su vida Carmelita en 1885. ¿Tú creías que ella para ti era un libro abierto? Pues lee, hijo, lee la carta que ella le escribió a su querido papá Lerdo durante tu segunda administración:

Ciudad de México, 14 de enero de 1885.

Sr. Lic. don Sebastián Lerdo de Tejada.

Mi muy querido padrino: Si continúas disgustado con papá, eso no es razón para que persistas en estarlo conmigo; tú sabes mejor que nadie que mi matrimonio con el general Díaz fue obra exclusiva de mis padres, por quienes, sólo por complacerlos, he sacrificado mi corazón, si puede llamarse sacrificio el haber dado mi mano a un hombre que me adora y a quien correspondo sólo con afecto filial. Unirme a un enemigo tuyo no ha sido para ofenderte; al contrario, he deseado ser la paloma que con la rama de olivo calme las tormentas políticas de mi país. No temo que Dios me castigue por haber dado este paso, pues el mayor castigo será tener hijos de un hombre a quien no amo; no obstante, lo respetaré y le seré fiel toda mi vida. No tienes nada, padrino, qué reprocharme. Me he conducido con perfecta corrección dentro de las leyes sociales, morales y religiosas. ¿Puedes culpar a la archiduquesa María de Austria por haberse unido a Napoleón? Desde mi matrimonio estoy constantemente rodeada de una multitud de aduladores, tanto más despreciables cuanto que no los aliento. Sólo les falta caer de rodillas y besarme los pies, como les sucedía a las doradas princesas de Perrault. Desde la comisión de limosneros que me presentaron ayer hasta el sacerdote que pedía una peseta para cenar ascendiendo o descendiendo la escalera, todos se mezclan y se atropellan implorando un saludo, una sonrisa, una mirada. Los mismos que en un tiempo no muy remoto se hubieran negado a darme la mano si me vieran caer en la acera, ahora se arrastran como reptiles a mi paso, y se considerarían muy felices si las ruedas de mi carruaje pasaran sobre sus sucios cuerpos. La otra noche, cuando tosía en el pasillo del teatro, un general que estaba a mi lado interpuso su pañuelo para que la saliva, en preciosas perlas, no cayera en el piso de mosaico. Si hubiéramos estado solos, es seguro que esta miserable criatura hubiera convertido su boca en una escupidera. Ésta no es la exquisita lisonja de la gente educada; es el brutal servilismo de la chusma en su forma animal y repulsiva, como el de un esclavo. Los poetas, los poetas menores y los poetastros, todos me martirizan a su manera: es un surtidor de tinta capaz de ennegrecer al mismo océano. Esta calamidad me irrita los nervios hasta el punto de que a veces tengo ataques de histeria. Es horrible, ¿verdad, padrino? Y no te digo nada de los párrafos y artículos publicados por la prensa que papá ha alquilado. Los que no me llaman ángel, dicen que soy un querubín; otros me ponen a la altura de una diosa; otros me ponen en la tierra como un lirio, una margarita o un jazmín. A veces yo misma no sé si soy un ángel, un querubín, una diosa, una estrella, un lirio, una margarita, un jazmín o una mujer. ¡Dios! ¿Quién soy yo para que me deifiquen y envuelvan en esta nube de fétido incienso? Ay, padrino, soy muy infortunada y espero que no me negarás tu perdón y tu consejo.

CARMEN.[12]

—No puedo creer que Carmelita haya dicho que era muy infortunada y que estaba envuelta en una nube de fétido incienso.

—Dios nunca miente, Porfirio, no tiene ninguna necesidad de hacerlo, además tú, antes que nadie, conoces a la perfección o al menos deberías conocer a la perfección la letra de tu esposa.

—¿Cómo es que nunca lo supe? ¿Cómo nunca supe que fuera tan infeliz? Ni siquiera quería tener hijos conmigo, y tal vez por eso la castigaste...

—Nadie entiende mis designios, Porfirio, nadie, ni lo intentes —adujo la voz saturada de prudencia y sabiduría—. De la misma manera que no supiste esa realidad difícil de deglutir de Carmelita, por lo visto tampoco te informaron que Romero Rubio aprovechaba su

[12] Turner, 1964: 195-196.

cargo en el gabinete para vender licencias de casas de juego públicas. Lo dejaste hacer. ¿Por qué consentiste que violara la Constitución siendo que era por todos sabido que se trataba de un liberal postizo?

—Yo no era tan ingenuo, claro que desconfiaba y sabía de sus intenciones de ser mi sustituto. Aunque debía tenerlo a mi lado tanto en el hogar como en el palacio, me ocupaba yo con buen tino de suscitarle las más diversas enemistades y declararle conflictos por donde ni siquiera se los imaginaba.

—Entonces habrás sabido que el arzobispo Gillow, a cambio de servicios prestados, se asoció con Romero Rubio, consolidaron esa gran mancuerna para que ambos, a través de concesiones ferrocarrileras, terminaran el tramo de San Martín Texmelucan a Irolo. Se supone que se ordenó sacerdote para divulgar el Evangelio, ¿tú le crees...?

»Tú que no eras tan ingenuo te diste cuenta de que Carmelita pertenecía a una familia fanáticamente católica y que día con día apretaba más el tornillo para que no aplicaras las Leyes de Reforma y te acercaras a la jerarquía católica para que dependieras de ella. Acuérdate cuando la policía iba a arrestar unas monjas que vivían en un convento clandestino, el mismo que desocuparon tan pronto Carmelita les avisó, por voz tuya, de las intenciones de encarcelarlas.»

Ante el silencio e indiferencia de Díaz la voz recurrió a nuevos cargos:

—En el Juicio Final se abordan todos los temas, por más espinosos que sean, Porfirio, por lo que te recomiendo humildad a la hora de escuchar las acusaciones.

Porfirio no se inmutaba.

Dios continuó.

—Hablemos entonces de cómo se conformaba un *Congreso* en tu dictadura y en cualquiera otra. Por ésta y otras razones se perseguía a los periodistas hasta encerrarlos en la fortaleza de San Juan de Ulúa, con los objetivos ya conocidos, ¿no? Y nada mejor que dejar constancia de los puntos de vista de uno de ellos:

A la altura de 1892, los diputados eran seleccionados por el mismo presidente. Ni siquiera las credenciales eran emitidas por el colegio electoral legal... Primero venían los familiares del presidente, su hijo, yernos, sobrino, suegro, Porfirito, de la Torre, Elízaga, Muñoz, Félix Díaz, Ortega y Reyes. Después, viejos camaradas de armas... Después venían los parientes de los generales, los de los secretarios del gabinete y los de los gobernadores.

Los dos hijos de Dehesa fueron diputados. Manuel Fernández Ortigosa y Manuel Romero Ibáñez, de Oaxaca, eran autores de la elogiosa biografía rimbombante, *La moral en acción*, y fueron diputados también...; por último, se acomodaba a los niños finos, los consentidos de Carmen, de sus amigas y del arzobispo, incluidos Luis Aguilar y Eduardo Viñas, administradores de las propiedades del arzobispado de México y Joaquín Silva, hermano del arzobispo de Morelia, Ramón Reynoso, un dentista que fue llamado de carrera una noche para atender al dictador y que luego se convirtió en su dentista de planta. Ángel Gutiérrez, su doctor, también tenía una curul. Porfirio no corría riesgos... Por último, se atendía a unos cuantos hombres de verdadero mérito, pero con conexiones similares, o cercanos a los científicos, tales como Emilio Pardo, Emilio Rabasa, José Gamboa, Rafael Zubarán, etc... Elaborada la lista final, los gobernadores recibían los nombres que «debían ser favorecidos por el voto público».[13]

¿Qué sentido tenía todo este Juicio? Si Dios conocía perfectamente todas las andanzas, errores, desviaciones, crímenes y demás fatalidades y él siempre tendría la última palabra, ¿para qué entonces enrostrarle sus verdades a cada persona cuando ya se podría tomar una decisión de antemano? ¿Dios ya lo sabía todo? Pues que procediera de una buena vez a la sentencia. De ahí que Porfirio Díaz ya escuchaba la última parte de ese procedimiento divino con una cierta indolencia.

No se defendió cuando se le dijo que al final de la dictadura más del noventa y cinco por ciento de las aldeas comunales, es decir las de los indígenas, habían perdido sus tierras. Hizo caso omiso cuando se habló de la esclavitud en el campo en buena parte del país. Le era igual que a los peones les hubieran pagado con fichas canjeables en la tienda de raya y que de esta suerte nunca pudieran acabar de pagar sus deudas o que cayeran enfermos o murieran de tanto trabajo durante jornadas infernales sin descanso alguno. Tanto así que en Valle Nacional, Oaxaca, la vida promedio de un enganchado era de menos de un año... «Es más barato comprar un esclavo en cuarenta y cinco dólares, hacerlo morir de fatiga y hambre en siete meses y gastar otros cuarenta y cinco dólares en uno nuevo, que dar al primer esclavo mejor alimentación...»

[13] Beals, 1982: 308-309.

Como Díaz no se defendía, la voz continuó con un tono de franca provocación. «Alrededor de 1895 el precio de un peón oscilaba entre doscientos y trescientos pesos. En 1900, con el auge del henequén, el precio del trabajador subió a mil quinientos y tres mil pesos, y después de la crisis de 1907 bajó de nuevo a cuatrocientos pesos... Era en la tienda de raya donde se endeudaban los peones y a la vez producían un alto ingreso complementario al hacendado, quien fijaba los precios arbitrariamente... Además ahorraba dinero al no pagar en efectivo, sino en los mismos productos de la hacienda, con lo cual dependía menos del mercado externo.»

Tampoco reaccionó cuando se le hizo saber que su dictadura había sido cómplice de estas atrocidades porque había enviado al ejército y a los rurales a combatir a los indígenas y a campesinos de Quintana Roo, así como había deportado a una enorme cantidad de yaquis al ser capturados cuando se disponían a huir de las haciendas que los explotaban. ¿Qué más daba que el despojo de las tierras comunales hubiera formado una masa inmensa de campesinos desposeídos, de la cual sólo una porción mínima pudo ser absorbida por el incipiente proceso de industrialización? No contestó tampoco cuando se le señaló por qué no se había opuesto a la regla que establecía: «Ningún propietario de la localidad aceptará a un trabajador que no sea deudor». O esta siguiente: «Está prohibido que un indio de cualquier sexo contraiga matrimonio fuera de la hacienda». «Ninguna mujer se podrá casar si no es previo el consentimiento del patrón.» La policía porfiriana obligaba a trabajar en las condiciones que fuera, dado el pacto del dictador con los hacendados. No había nada qué decir así como que todo negocio recomendado por Díaz era fallado favorablemente por los jueces y magistrados dentro de esta regla: «Toda diferencia surgida entre mexicanos y extranjeros será fallada a favor de estos últimos, sobre todo si éstos son poderosos o han formado compañías en el país».

Díaz escuchaba y escuchaba sin oponer resistencia. Ni siquiera arguyó una sola palabra cuando se le habló de la masacre obrera de Río Blanco y de Cananea. Él ya conocía los cargos, por ello resultaba inútil defenderse, cuando se le dijo que manejaba al país como a una ranchería. La verdadera debacle había comenzado cuando se produjo la entrevista Creelman-Díaz. Ahí el tirano se había echado la soga al cuello al declarar al periodista norteamericano «su intención decisiva de retirarse del poder, y predecir a México un porvenir de paz bajo instituciones libres». A continuación agregó: «Es un error suponer que el porvenir de la democracia en México se haya puesto en peligro por la continua y larga permanencia de un presidente en el poder. Por mí, puedo decirlo con toda sinceridad, el ya largo periodo de la presidencia no ha corrompido mis ideales políticos...» «La democracia es el único principio de gobierno, justo y verdadero; aunque en la práctica es sólo posible para pueblos ya desarrollados... Puedo separarme de la presidencia de México sin pesadumbre o arrepentimiento; pero no podré, mientras viva, dejar de servir a este país...» «Es muy natural en los pueblos democráticos, que sus gobernantes se cambien con frecuencia. Estoy perfectamente de acuerdo con ese sentimiento...» «Yo recibí el mando de un ejército victorioso, en época en que el pueblo se hallaba dividido y sin preparación para el ejercicio de los principios de un gobierno democrático. Confiar a las masas toda la responsabilidad del gobierno, hubiera traído consecuencias desastrosas...» «Varias veces he tratado de renunciar a la presidencia, pero se me ha exigido que continúe en el ejercicio del poder...» «He esperado con paciencia que la República de México esté preparada para escoger y cambiar sus gobernantes en cada periodo sin peligro de guerras, ni daño al crédito y progresos nacionales. Creo que ese día ha llegado...» «Es cierto que no hay partidos de oposición, tengo tantos amigos en la República que mis enemigos no se muestran deseosos de identificarse con la minoría...» «Tengo la firme resolución de separarme del poder al expirar mi periodo, cuando cumpla ochenta años de edad, sin tener en cuenta lo que mis amigos y sostenedores opinen, y no volveré a ejercer la presidencia...» «Deseo estar vivo cuando mi sucesor se encargue del gobierno...» «Si en la República llegase a surgir un partido de oposición le miraría yo como una bendición, y no como un mal, y si ese partido desarrollara poder, no para explotar, sino para dirigir, yo le acogería, le apoyaría, le aconsejaría y me consagraría a la inauguración feliz de un gobierno democrático...» «La nación está bien preparada para entrar en la vida libre...» «Me siento satisfecho de gozar a los setenta y siete años de perfecta salud, beneficio que no pueden proporcionar ni las leyes ni el Poder, y el que no cambiaría por todos los millones de vuestro rey del petróleo...» «Cuando por primera vez me posesioné del país, sólo existían dos pequeñas líneas que comunicaban la capital con Veracruz y con Querétaro. Hoy tenemos más de diez y nueve mil millas de vía férrea...»

—La respuesta a la entrevista concedida a Creelman fue la publicación del libro intitulado *La sucesión presidencial*, escrito por Francisco I. Madero, ¿no, Porfirio? La ciudadanía te creyó que ibas a retirarte ¿verdad, Porfirio? Y que a los ochenta años de edad habías decidido no permanecer en la presidencia, sin embargo los volviste a engañar a todos y por eso estalló otra espantosa revolución que finalmente te llevó a escribir tu renuncia y a firmarla con la ayuda de Carmelita porque ni siquiera tenías fuerza para tener la pluma entre los dedos de tu mano, ella te guiaba como una madre comprensiva a escribir el siguiente texto, que te mando con esta última burbuja:

México, mayo 25 de 1911.

Señor:

El Pueblo de México, ese pueblo que tan generosamente me ha colmado de honores, que me proclamó su caudillo durante la guerra internacional, que me secundó patrióticamente en todas las obras emprendidas para robustecer la industria y el comercio de la República, fundar su crédito, rodearle de respeto internacional y darle puesto decoroso ante las naciones amigas; ese pueblo, señores diputados, se ha insurreccionado en bandas milenarias, armadas, manifestando que mi presencia en el Supremo Poder Ejecutivo es la causa de la insurrección... No conozco hecho alguno imputable a mí que motivara ese fenómeno social; pero permitiendo sin conceder que puedo ser culpable inconsciente, esa posibilidad hace de mí la persona menos a propósito para reaccionar y decidir sobre mi propia culpabilidad. En tal concepto, respetando como siempre he respetado la voluntad del pueblo, y de conformidad con el artículo 82 de la Constitución Federal, vengo a la suprema representación de la Nación a dimitir del cargo de Presidente Constitucional con que me honró el voto nacional...

PORFIRIO DÍAZ.[14]

Cuando la voz todopoderosa adquiría nuevos fueros e incansable se encontraba dispuesta a rendir su veredicto para condenar a un acusado tramposo, venal, huidizo, mendaz, cargos por los que, con toda seguridad, pasaría la eternidad en el Infierno, de pronto Porfirio Díaz despertó en la cama. Todo había sido una pesadilla. Alu-

[14] López Portillo, 1921: 481.

cinaba, deliraba el 2 de julio de 1915 en el París de sus sueños. Fue entonces cuando el anciano ex dictador tomó de la mano a Carmelita, quien no se había separado ni un instante de su lecho de muerte ni había dejado de limpiarle las perlas de sudor de su frente, para expresarle estas últimas y sentidas palabras, tal vez las más auténticas que dijera en su larga vida:

—Nicolasa, Nicolasa, por favor dile a Manuela que me perdone...

Dicho lo anterior, su voz se apagó para siempre.

Sus restos se encuentran en el cementerio de Montparnasse, París, de donde se espera que jamás vuelvan a México.

José María Morelos

EL SACERDOTE DE LA LIBERTAD

...hemos sostenido por cinco años nuestra lucha, convenciéndonos prácticamente de que no hay poder capaz de sojuzgar a un pueblo determinado a salvarse de los horrores de la tiranía. Sin armas a los principios, sin disciplina, sin gobierno, peleando con el valor y el entusiasmo, nosotros hemos arrollado ejércitos numerosos, hemos asaltado con asombro plazas fortificadas...

MORELOS A JAMES MADISON,
PRESIDENTE DE ESTADOS UNIDOS.

Supongo que al señor Calleja le habrá venido otra generación de calzones para exterminar esta valiente división, pues la que trae de enaguas no ha podido entrar en este arrabal.

MORELOS A CALLEJA DURANTE
EL SITIO DE CUAUTLA.

*A Leonardo Tenorio, un preclaro investigador de
la historia patria, quien jugó un papel insustituible
en la integración de los presentes* Arrebatos.

Que se sepa, sí, que se sepa, por más que intenté olvidarla, nunca
pude sacudirme su recuerdo ni logré apartarla de mí: viví y morí
perdidamente enamorado de Francisca, de Francisca Ortiz, la mujer
que me arrebató el sueño para siempre y que se apoderó de mi respiración, de mi imaginación y de mi paz hasta obligarme a cambiar
el rumbo de mi vida para dirigirme hacia horizontes que, si bien me
habían llamado la atención, de ninguna manera justificaban mi decisión de dedicar el resto de mis días al Señor y menos, mucho menos, de una manera tan exabrupta y definitiva.

Todo comenzó a los veinticuatro años, cuando yo trabajaba en
la Hacienda de San Rafael Tlahuejo, una finca arrendada por Felipe
Morelos Ortuño, primo hermano de mi padre, en la que yo, además
de llevar la contabilidad de la unidad agrícola puesto que mi madre,
una maestra universal, me había enseñado desde muy temprano a
leer y a escribir y a practicar operaciones matemáticas elementales, también cooperaba como atajador de arrieros, vaquero, mulero
y vendedor de recuas. Era capaz de labrar hasta veintiséis arrobas y
producir dieciséis libras de añil que me reportaban un buen dinero,
tanto, que todavía me alcanzaba para pagar el diezmo a la Santa
Iglesia Catedral de Valladolid.

En uno de mis tantos viajes a Tepecoacuilo, en donde yo descar-
gaba en un tendejón los comistrajos traídos desde Chilpancingo, conocí a María Francisca Ortiz, sobrina de don José Antonio Gómez
Ortiz, el propietario. Yo la aventajaba con cuando menos diez años
de edad. Desde el momento en que la vi por primera vez, no pude
olvidarla, ni siquiera el día en que fui fusilado de rodillas y de espaldas, como se ejecuta a los traidores… ¡Miserables! Ella era delgada y blanca, yo, fornido y de piel morena oscura; ella de grandes

ojos negros y cabellera abundante, color castaño claro; yo de pelo negro corto y ensortijado y labios gruesos. Ambos éramos de cuerpo mediano. Ella parecía una señorita capitalina más que la pariente de un comerciante provinciano, así como a mí me podían haber identificado como un caporal acomodado, en lugar de un modesto arriero. Ella, justo es reconocerlo, apenas se fijaba en mí, era todavía una chiquilla, mientras que yo difícilmente le quitaba la mirada de encima. Nunca había visto a una mujer tan hermosa —de hecho jamás volví a encontrarme con una siquiera medianamente comparable en atributos— que contara con semejantes poderes mágicos y despertara en mí tantos sentimientos y embrujos desconocidos, los necesarios para hacerme volver, una y otra vez, a Tepecoacuilo, a buscarla en el lugar en donde siempre se sentaba en el interior de la pequeña miscelánea o en los alrededores, donde le gustaba perderse de vez en cuando.

En mis años de arriero, recorriendo una y otra vez la ruta de Valladolid a Acapulco, me fui haciendo muy amigo de Matías Carranco, quien trabajaba como dependiente en un comercio de la condesa de Maturana. El tiempo transcurrió en estos menesteres. Yo ya me había hecho de una recua de mulas azulejas y, junto con otros arrieros, transportábamos vino, aceite de olivo y aceitunas de España, fardos y más fardos repletos de especias diferentes, loza, lacas y papel de China, buratos y encajería, sedas en madejas y tejidas, barras de plata y oro, barriles llenos de vino, así como pieles que llevábamos de Huetamo a Valladolid. Disfrutaba enormemente el hospedaje en la posada Vigía de los Caminos, cerca del Cerro del Vigilante, un gracioso hostal lleno de caporales, comerciantes, oficiales de las milicias, empleados de la Corona, sacerdotes y monjas, quienes éramos guiados por las noches a través del estallido de cohetes que al llenar el firmamento de múltiples colores señalaban a los peregrinos la dirección correcta para llegar a su destino. En la entrada, después de caminar por un sendero iluminado por candilejas de barro alimentadas con aceite y fogatas de ocote y de lináloe, nos dirigíamos a un pequeño salón comedor en el que se encontraba una mesa cubierta por un mantel blanco sobre el que descansaban fuentes de lozas de China llenas de buñuelos con miel, además de rosquillas, polvorones, frutas, sin que pudiera faltar la colación. En el centro se distinguían los platones servidos con cochinita pibil, fiambres, moles, el pescado frito de Mezcala, el pozole descabezado, los tamales de diferentes sabores, así como las conservas de ciruela de Tlaxmalac, sin olvidar los postres exquisitos de leche ni los quesos de cincho ni el aceite de oliva.

¡Qué terrible presentimiento experimenté en una ocasión, cuando Matías y yo, ya convertidos en hombres hechos y derechos, hablábamos de amores a lo largo del camino, y él me describió con lujo de detalles a la mujer de su vida, con quien estaba dispuesto a casarse a la menor oportunidad! El perfil de su amada correspondía con el de Francisca, precisamente el de mi querida Francisca...

—¿Te refieres a la sobrina de don Antonio Gómez Ortiz, el dueño del comercio en Tepecoacuilo?

—Sí —repuso desinteresadamente sin imaginar que me estaba encajando en el estómago la hoja afilada de un machete. Por supuesto que Matías no podía imaginar que yo también suspiraba por Panchita, y que no sólo suspiraba, sino que yo también había dispuesto hacerla mi mujer.

—¿Por qué me lo preguntas? ¿Acaso también la conoces? ¿No te parece maravillosa...?

Esquivé entonces, como pude, la respuesta, sin delatar mis sentimientos y sin reflejar la enorme angustia que a partir de ese instante empezó a apoderarse de mí. No era el único que competía por conquistar su amor... ¿Por qué teníamos que enamorarnos los dos de la misma mujer habiendo tantas, tantísimas? Y además, ¿por qué teníamos que ser amigos y recorrer los mismos caminos, visitar las mismas plazas y comprar productos en los mismos comercios? ¿Por qué no otro hombre, por ejemplo de Acapulco o de la capital, se había enamorado de Francisca, sin que yo lo conociera y sin que obviamente tuviera algo que ver con él? ¿Por qué tenía que ser Matías, precisamente Matías Carranco, mi gran amigo? La vida empezaba por someterme a pruebas severas a una edad muy temprana. ¿Qué hacer, batirme en un duelo a machetazos, según se acostumbraba en mi tierra, o simplemente matarlo, o robarme a Francisca cuando ella menos lo sospechara y, tal vez, sin siquiera pedirle permiso? Mejor, mucho mejor no comentar nada por el momento. No me referiría en lo absoluto a la terrible coincidencia, pero, eso sí, me apresuraría a enamorarla, a acercarme lo más rápido posible para apoderarme de su corazón. De lograrlo, Matías quedaría descalificado. Francisca le explicaría su predilección por mí y lo invitaría sensatamente a olvidarse de cualquier relación con ella.

Volví entonces a Tepecoacuilo decidido a apropiarme, sin pérdida de tiempo, del mundo de Francisca, lo quería todo para mí. Mi madre, profesora de primera enseñanza en un lote vecino al río Chiquito, la escuelita del barrio de San Agustín, me había enseñado que cuando una persona está dispuesta a dar todo a cambio de un objetivo, por lo general, el esfuerzo se corona con el éxito. Le empecé a llevar sus flores preferidas, los pensamientos, aun en épocas del año en que éstas difícilmente germinaban. Le componía versos, le hablaba de san Agustín, de santo Tomás, con el propósito de impresionarla con mis conocimientos adquiridos en la biblioteca que mi abuelo materno había logrado integrar a lo largo de su vida. El tiempo escasamente había pasado, en aquel entonces, yo contaba los veinticinco años de edad.

Ni mi aspecto ni mi baja estatura me proporcionaban la seguridad suficiente como para abordarla con alguna destreza y confianza en mí mismo. Tenía que deslumbrarla con actitudes y detalles para hacerla olvidar mi aspecto. Tal vez en mis desplantes, Francisca podría advertir algunos rasgos sobresalientes de mi personalidad que la animaran a acercarse a mí. Algo me indicaba que yo había nacido para cumplir una misión especial ordenada por el Señor, y ese algo, era precisamente lo que yo deseaba exhibir sin saber concretamente de qué se trataba. De lograr que ella advirtiera en mí un porvenir atractivo y gratificante, lo demás caería solo…

En una ocasión, cuando guardaba y amarraba las recuas, como siempre, después de un largo viaje, y me disponía a entrar en el tendejón, don Antonio, el tío, como si hubiera adivinado mis intenciones, se acercó a mí con el rostro descompuesto, la respiración extraviada y la mirada cargada de angustia, para decirme:

—José María, José María, Matías Carranco se ha raptado a mi niña, a mi sobrina Francisca, y nadie sabe dónde están.

Instintivamente me llevé la mano derecha para sujetar firmemente el mango del machete. Me quedé petrificado, anclado en el piso de tierra. Tartamudeando alcancé a decirle al viejo:

—¿Cuándo? ¿Cómo pasó?

—Ayer cuando merendábamos en Ahuacatitlán y celebrábamos a nuestra patrona, con el pretexto de ir a cortar nanches y a bailar, Matías se raptó a Panchita. Al acabar las fiestas ya nadie volvió a verla.

—¿Alguien vio cómo la secuestraban? ¿Por qué tenía que ser Matías?

—Fue con la última persona con quien la vieron. De ahí ya no hemos vuelto a saber nada de ella.

Juro por Dios que todo lo sabe que no podía creer lo que escuchaban mis oídos. Quería gritar y despertar de la pesadilla, pero lamentablemente estaba viviendo una terrible realidad.

—Además —agregó el viejo atando cabos—, de un tiempo para acá, ella ya no dejaba de hablar del tal Matías quien, a propósito, ya no vino por su carga el día de hoy, como acostumbraba cada miércoles desde hace tanto tiempo. Mírala —adujo don Antonio con gravedad externando el terrible disgusto que lo devoraba—, ahí está toda tirada y los animales esperando que vengan por ellos, pero seguro estoy que ya nadie vendrá a recogerlos... Y pensar que mi sueño dorado era llevar a esta chamaca al altar para que se casara como Dios manda —concluyó el viejo sin poder controlar unas lágrimas de pesar o de rabia, que rodaban por sus mejillas.

Yo sabía dónde vivía Matías Carranco, de sobra me lo había contado cuando arreábamos al ganado y teníamos todo el tiempo para platicar de nuestras vidas. Una vez asegurada mi carga, le pedí prestado un caballo a don Antonio y me dirigí al domicilio de Matías, con quien ya no había nada que ocultar. Eso sí: no olvidé el machete que tantas veces me había salvado la vida al defenderme de los animales salvajes en la ruta a Acapulco. Había llegado el momento de volverlo a utilizar pero, esta vez, para matar a una persona, a un antiguo amigo, compañero de interminables caminatas a lo largo de la selva y de los bosques tropicales. Después de un par de horas de cabalgar a pleno galope con la esperanza de que no fuera a reventar el caballo, llegué agotado al lugar en donde encontraría secuestrada a mi amada. No me había equivocado. Al golpear la puerta a puñetazos, de pronto la abrió el propio Matías acompañado de Francisca, quien no exhibía, para mi inaudita sorpresa, la menor señal de angustia ni de preocupación. En ningún momento pidió auxilio ni me extendió desesperada la mano pidiéndome que la rescatara. No, no gritaba ni se arrastraba en el piso suplicando ayuda para escapar de su raptor.

Matías, quien para entonces ya debería de haber sido informado por Francisca de mis intenciones, se ubicó desafiante en el umbral de la puerta poniendo ambas manos en jarras para impedirme el paso:

—¿Qué quieres? —tronó en un plan de abierta provocación.

—Vengo por Francisca, no tienes ningún derecho a tenerla secuestrada.

—¿Quién te dijo que la tengo secuestrada? Yo la invité a vivir conmigo, no me la traje a jalones ni amarrada. Vivimos juntos de mutuo acuerdo.

—Eso es falso, nadie te lo va a creer; Francisca es mía y ella lo sabe. Está aquí contra su voluntad, de otra manera se hubiera quedado con su tío.

Antes de que Matías pudiera contestar, Francisca, a espaldas de él y a modo de una respuesta muda pero elocuente, entrelazó los dedos de sus manos con los de él, al tiempo que me disparaba en pleno rostro y sin la menor piedad:

—Ya soy una mujer, José María, y puedo tomar mis propias decisiones. Mi edad no cuenta… Me quedaré a vivir aquí con Matías gústele a quien le guste y desagrádele a quien le desagrade.

Me quedé absolutamente perplejo. Yo iba dispuesto a batirme en un duelo por mi amada, a quien por timidez escasamente le había declarado mi amor; sin embargo, ¿qué hacer si ella, con su simple voz, me hacía más daño que mil navajas juntas? Sentí que hacía un espantoso ridículo. Nada había que discutir, nada había que alegar, nada tenía que hacer yo ahí, salvo dar la vuelta, montar mi caballo y regresar por donde había llegado. ¿Cómo era posible que la vida pudiera dar un vuelco tan vertiginoso y violento en tan sólo un santiamén? Apenas un par de horas antes pensaba en cómo invertir los ahorros obtenidos de mis negocios en la Hacienda de Tlahuejo, en unas tierras donde crecería ganado y cosecharía maíz y forrajes para tener, el día de mañana, una hacienda donde viviría con Francisca y con los hijos que Dios, nuestro Señor, nos mandara. Ahora todo se derrumbaba y entraba en un túnel oscuro sin antorchas y con destino desconocido. Me perdía, me extraviaba, ya nada me interesaba, ni recuas, ni hacienda, ni hijos, ni futuro… nada. ¿Qué sentido tenía la vida sin Francisca? Ninguno.

Fue entonces cuando a los dichos veinticinco años, en 1790 para ser preciso, decidí dedicarme a estudiar para ingresar posteriormente en un seminario con la idea de ejercer el sacerdocio y obsequiar toda mi vida a Dios, olvidándome de las mujeres, de la existencia mundana y del dinero. Consagraría hasta el último de mis días a cultivar mi espíritu. Ayudaría a terceros a encontrar un camino que yo había perdido para siempre.

Precisamente en aquel año trágico y de gran luto amoroso en mi vida, abandoné la Hacienda de Tlahuejo y regresé a Valladolid para ingresar al Colegio de San Nicolás Obispo, decidido a iniciar mis estudios superiores hasta terminarlos en el Seminario Tridentino de la misma ciudad. Vestiría túnica y manto de paño azul para el diario, y de terciopelo del mismo color para las grandes ocasiones, además de beca y bonete. Para salir del colegio a la calle se requería el permiso del rector, nada menos que el cura Miguel Hidalgo y Costilla, además debíamos llevar el traje propio del plantel y regresar a horas convenientes, pues ningún colegial podía pernoctar fuera del recinto. En lugar de disfrutar mis ahorros con Francisca, los destinaría al pago de los trescientos pesos anuales, el gigantesco importe de la colegiatura, una fortuna si no se perdía de vista que un labrador de Apatzingán, por ejemplo, ganaba unos ciento cincuenta pesos al año. ¡Cómo me impactó la sabiduría y la cultura del padre Hidalgo quien, además, tenía el don de lenguas! Aparte del latín y el castellano, ¡leía y entendía, hablaba y escribía, traducía e interpretaba griego, hebreo, francés, italiano y portugués, purépecha, otomí y náhuatl!

Todos comíamos y dormíamos en el colegio. En el comedor se reunían los colegiales de todos los grados, los profesores y el rector, cada uno en su lugar. El desayuno se servía a las ocho de la mañana, el almuerzo, la principal comida del día, a las doce, después de lo cual se disfrutaba de una hora de descanso y conversación honesta y, a veces, había espacio para una pequeña siesta. En la tarde, hacia las cuatro, se comía un bocadillo y se concedía media hora de entretenimiento. Después de rezar en la capilla a las siete, nos obsequiaban con una cena ligera, durante la cual se narraban historias y se abría un momento para discusiones, con derecho a preguntas y respuestas. A las nueve de la noche, profesores y estudiantes nos recluíamos en nuestras respectivas celdas. Al día siguiente, a las cinco de la mañana, en la capilla se ofrecía la misa, tras la cual se reiniciaban las clases a las seis. Lo que fuera con tal de olvidar a Francisca. Con el tiempo adoraría mi vocación sacerdotal.

Mi madre, Juana María, quien en sus años jóvenes había servido como maestra en la escuela de mi abuelo y más tarde como profesora particular para ganarse la vida en nuestra propia casa, invariablemente insistió en la importancia de asistir al Colegio de San Nicolás. Su felicidad era inocultable. Ella y sólo ella sabía que sepultado en la ignorancia jamás podría construir un futuro. El mismo lema me lo repetía insistentemente mi abuelo, de ahí que ella exigiera una y otra vez el otorgamiento de una beca para garantizar mi porvenir.

Mi padre, especialmente hábil para engendrar hijos —llegó a procrear ocho— no demostraba las mismas capacidades a la hora de sostener económicamente a su familia. Cuando yo tenía diez años de edad, él, José Manuel Morelos, desapareció de nuestro hogar dejándonos en total abandono e indefensión económica. Su afición por el licor, por las mujeres y por el juego lo extravió para siempre. Sus escasos haberes los perdió en las barajas o con prostitutas, con las que logró finalmente deshacerse de todo su patrimonio. La vergüenza, el deshonor y la impotencia para hacer frente a sus obligaciones familiares, lo orillaron a tomar el camino más fácil: un día desapareció para volver ocho años más tarde a pedirle perdón a mi madre. Inexplicablemente, ella lo aceptó de nuevo en la casa, sólo para engendrar tres hijos más y precipitarnos en una pobreza todavía peor. Mi abuelo pudo sostenernos algún tiempo más con los escasos ingresos derivados de la escuela hasta que la carga lo aplastó y le estalló el corazón. Nos quedamos totalmente desamparados. Yo solo tuve que aprender a estudiar y a leer todos los libros que caían en mis manos. Me convertí en un autodidacto, mientras mi madre y yo intentábamos recuperar una capellanía fundada por mi bisabuelo, Pedro Pérez Pavón, para la celebración anual de misas orientadas a garantizar el eterno descanso de su alma.

El 4 de octubre de 1765, en la ciudad de Valladolid, me habían bautizado con el nombre de José María Teclo Morelos y Pavón. Mis padres habían nacido en la Nueva España y en ningún caso en Europa, a diferencia de como lo hicieron constar los integrantes del Santo Oficio, para que, en mi carácter de hijo de españoles, pudiera ser juzgado y ejecutado. A los mestizos y aborígenes no se nos podía privar de la vida, de ahí que insistieran en buscarme una identidad de la cual yo carecía.

Disfruté mucho mis años de estudio en el viejo colegio nicolaíta, sin imaginar que mi presencia en dicho plantel cambiaría radicalmente mi vida gracias a los consejos y a los conocimientos de Miguel Hidalgo y Costilla. De sus manos iluminadas y generosas recibí varios premios, en particular uno por mi habilidad en la lengua latina. El propio cura Hidalgo me promovió al cargo de decurión, al colocarme al mando de diez hombres para instruirlos. Ahora mi ilusión consistía en convertirme en centurión y dirigir académicamente a cien alumnos, objetivo que empecé a lograr al elevarme al grado de ayudante de profesor de diferentes disciplinas. Tenía las facultades para calificar la conducta y el aprovechamiento de mis semejantes, así como para recomendar su aprobación, suspensión o castigo en relación con las faltas cometidas. Había adquirido el rango de autoridad. Nunca olvidaré el rostro de mi madre cuando, el 24 de agosto de 1791, en presencia de catedráticos y alumnos, así como de familiares, me honraron con la responsabilidad del decurión. Tanto ella como mi hermana Antonia se impresionaron al verme subir al templete vestido con manto y bonete de terciopelo azul y una banda encarnada al pecho con el escudo de san Nicolás, para recibir de manos de don Miguel Hidalgo una distinción que confirmó mis habilidades para el estudio. Cuando el rector me abrazó, me dijo a la cara con gran orgullo y satisfacción que él había ganado el mismo premio en el colegio jesuita de San Francisco Javier muchos años atrás, cuando tan sólo contaba con trece años de edad. Mientras me ajustaba el bonete me hizo un comentario que, con el tiempo, adquiriría un peso muy significativo:

—Joven José María Teclo Morelos y Pavón: usted y yo estamos llamados a ser muchas cosas juntos. Su talento no se puede desperdiciar.

Muy poco pude abrevar de la inmensa sabiduría de este hombre singular, generoso y temperamental porque, en 1792, un año después de mi nombramiento como decurión, el padre Hidalgo fue destituido de su cargo en el Colegio de San Nicolás al haber sido acusado de tener relaciones sexuales con una mujer, por haberse vuelto arrogante y pretencioso y haber ganado demasiados admiradores. Un sacerdote envidioso, investido con la autoridad de un fiscal, denunció las salidas clandestinas del padre Hidalgo, sus huidas nocturnas y sigilosas de los claustros nicolaítas, su deslizarse en la noche por las calles desiertas hasta introducirse en una casa envuelta en las sombras de la noche. Exhibió como pruebas registros de los espías en que hacían constar las horas de entrada y salida, así como el nombre de Manuela Ramos Pichardo, su amante, además de la existencia de dos hijos engendrados con ella, Agustina y Lino Mariano. La mujer deleznable estaba plenamente identificada. Se hizo saber que Hidalgo aprovechaba sus vastos conocimientos para burlarse de los demás y reír a costa de su ignorancia: «ha llegado como Luzbel a tener más ciencia que conciencia». Y, por último, denunció que la influencia espiritual que ejercía en el cuerpo académico, no sólo de San Nicolás sino del seminario, así como entre los miembros del clero y de la sociedad misma, era incompatible con los intereses de la mitra, cuyo pastor era el único que debía ejercer dicha guía espiritual.

En una conversación posterior que sostuvimos, me hizo saber que fray Antonio de San Miguel, el mismo que lo había acusado ante la incapacidad de resistir los ataques de un grupo enemigo, estaba informado de esta situación desde tiempo atrás y sabía de Manuela, de la misma manera en que conocía la existencia de Agustina y de Lino Mariano, por lo que todo había sido parte de una conjura para destituirlo. Él me aseguró que ni el escándalo estallado en Valladolid y en el colegio le harían abandonar sus responsabilidades como jefe de familia, que pagaría una dote gigantesca para ingresar a Manuela en un convento, «todo cuesta, y mucho, en la Iglesia, hijo mío…» Por lo pronto, alojaría a sus hijos con cualquier pariente de su mujer.

—La carne es frágil, José María, y esta Manuela me da mucho más de lo que yo puedo recibir y asimilar. Es como tratar de beber toda el agua que cae de una catarata. ¿Cómo podría renunciar a darle hijos a quien más quiero, si el Señor sentenció para toda la eternidad aquello de «creced y multiplicaos», y yo cumplí con sus sagradas palabras? —Con un rostro circunspecto agregó—: Los hombres en desgracia no atraen multitudes, sino curiosos. Cerca de mí sólo quedan mis verdaderos amigos.

A continuación me obsequió un libro escrito en italiano con el título *Storia Antica del Messico*, de Francisco Javier Clavijero, ese hombre singular a quien ambos esperábamos que, en algún momento, se le hiciera justicia.

A finales de año lo volví a ver en Valladolid sin que siquiera se atreviera a acercarse al colegio. Se le había entregado en propiedad el curato de San Felipe Torres Mochas, sobre la base de que las puertas de la academia permanecerían eternamente cerradas para él. Jamás volvería a ejercer la cátedra por ser nocivo para las futuras generaciones. ¡Cuánto lamenté que el padre Hidalgo no hubiera llegado a ser mi maestro cuando impartía la cátedra de Teología, porque yo apenas concluía a nivel de «medianos y mayores» la cla-

se de Gramática y Retórica! Mi único gran premio consistió en poder asistir a reuniones en su biblioteca, donde impartía la cátedra
extraordinaria, con la que a todos sorprendía por su erudición y
talento. Cuando el padre Hidalgo abandonó el colegio, experimenté un vacío muy desagradable en mi interior, algo así como el sentimiento de luto por la pérdida de un amigo querido. El dolor me
acompañó por mucho tiempo. Sólo el intercambio de correspondencia, para no perder contacto con él, me compensaba su ausencia. A mis veintisiete años y él a los treinta y nueve fuimos capaces
de trabar una amistad que duraría para toda la vida, vida, por cierto, corta, muy corta...

Yo, por mi parte, continué mis trabajos en el Colegio de San Nicolás y después en el Seminario Tridentino, donde concluí mis estudios de filosofía y de moral, los únicos permitidos en las aulas.
Años después me gradué como filósofo y como bachiller en Artes,
hasta que, en 1795, presenté mi solicitud a las Sagradas Órdenes,
ante la urgencia de tener un cargo remunerado. Únicamente pedí
ser admitido a la primera tonsura clerical y al subdiaconado con facultades de administración de los santos sacramentos. Obtuve tres
privilegios inherentes a mi cargo: el de canon, el de fuero y el de la
inmunidad personal. Sólo podría ser legalmente citado por un juez
eclesiástico, con lo cual escapaba yo a toda jurisdicción civil. Con
el tiempo, mi implacable perseguidor, el futuro virrey Calleja, tendría que promover, sin ningún esfuerzo, mi degradación sacerdotal, privarme de mis títulos clericales para poderme fusilar como a
un civil cualquiera... No tardaría en obtener una licencia especial
para celebrar misa, confesar y predicar. Me convertiría en diácono,
es decir, en el siervo de Dios, y me dedicaría a servir a los pobres,
impartir los santos sacramentos y administrar los bienes de la comunidad, guardaría el celibato y leería el breviario. Durante la ceremonia de ordenación, me postré con el rostro contra el suelo y los
brazos en forma de cruz y recité las letanías de los santos, toqué el
cáliz que contenía el vino y el plato de la hostia, así como el Libro
de los Apóstoles. Fui cubierto con los ropajes tradicionales, el manto, la túnica blanca, el cordón y el manípulo, vestiduras que encierran siglos de historia. Recibí el alba, esa larga túnica blanca de tela
muy ligera, el cordón para retenerla, signo de la castidad, así como
el manípulo para secarme el sudor del rostro o de las manos, símbolo de los esfuerzos y las lágrimas de la vida evangélica. Cuando

resonaban los cantos del *Veni Creator*, fray Antonio de San Miguel posó sus manos sobre mi cabeza de presbítero, me cruzó la estola sobre el pecho y me puso la casulla, formó una cruz en mis palmas con el aceite de los catecúmenos, me transmitió el poder de consagrar, de absolver los pecados, de ofrecer y administrar el cuerpo y la sangre de Cristo a los vivos y a los muertos. Veía materializados mis deseos. Ya sólo me faltaba ganar el concurso de oposición para obtener un curato.

Al final de mi gestión como cura interino de Churumuco, falleció mi madre en Pátzcuaro, víctima de unos calores inclementes, sin que yo hubiera podido darle la extremaunción ni acompañar sus despojos a la tumba. Nunca logré agradecerle en forma suficiente y bastante su esfuerzo para convertirme en un hombre de bien, culto y educado que pudiera hacer mucho por la causa de Dios y la de mi país. Ella y mi abuelo fueron los verdaderos forjadores de mi temperamento. Gracias a ellos, y al padre Hidalgo, pude tener las perspectivas de mi vida en el futuro, una visión que me permitiría abrazar las más grandes causas de la nación. Luego vinieron los curatos de Urecho, el de Carácuaro y Nocupétaro hasta llegar al nuevo siglo, el siglo XIX, que prometía enormes cambios para México y para mí...

¿Por qué para mí? Porque conocí a Brígida, Brígida Almonte, a mis treinta y cinco años de edad cuando ella tan sólo sumaba dieciséis. Hasta ese momento me había resultado imposible olvidar a Francisca. Tal parecía que su figura se había convertido en una sombra que me perseguía para todos lados sin poder desprenderme de ella en ningún momento. Sólo la presencia de Brígida me ayudó a olvidar a Francisca, a pesar de que ya habían transcurrido diez años de que ella había huido con Matías Carranco, el peor enemigo de mi vida y a quien yo no tardaría en degollar a machetazos cuando la oportunidad se presentara. Brígida, a pesar de su juventud, había explotado como las flores del trópico, crecidas dentro de una atmósfera de calor y vapores perfumados, como los que se perciben cuando las interminables cataratas de lluvia terminan por refrescar los horizontes llenándonos de nuevas esperanzas. Brígida era la hija de un hacendado de la región. Al encontrarnos entendí que se abría ante mí un nuevo mundo a su lado. «La Tierra Caliente se convertía en carne, luz, gloria, sensualidad y belleza.» Por supuesto que abandoné las epístolas y la lectura del Evangelio para refugiarme en el Cantar de los Cantares, el más hermoso poema de Salomón. Embriagado de amor le escribía a Brígida: «Quita tus ojos de mí, porque me hechizan. Eres la única, eres perfecta. ¿Quién es la que calla como la aurora, hermosa como la luna, brillante como el sol, terrible como las cosas insignes?» Ella era una flor del trópico, gente que vive, alienta y palpita en Brígida. ¡Qué dulce su nombre! ¡Qué tersa su piel! ¡Qué tiernos sus labios! Me fascina la mujer, me encanta su físico, me deslumbra su andar, su vestir, su hablar, su reír, su tocar, su ser, su imaginar, su soñar, su amar. Me hechiza, me conmueve, me inspira y me motiva. Brígida no es estirada ni solemne, sus ojos son grandes, su mirada profunda, su boca sensual, su pelo negro y quebrado, tipo acriollado con un toque indígena que le imprime originalidad, expresión de agudeza animada con una leve sonrisa. ¿Cómo descubrí a Brígida Almonte? Me la encontré como ama de llaves al llegar a ser cura de Carácuaro.

Yo no podía correr la misma suerte del padre Hidalgo, por lo que mi calidad de sacerdote me obligaba a guardar una escrupulosa discreción. ¿Cómo verla sin que el pequeño pueblo, gran infierno, no supiera tan pronto yo acariciara su rostro? Me resultaba imprescindible confesarle mi amor para poder iniciar una relación secreta. ¿Cómo hacerlo cuando sus miradas ya delataban una atracción hacia mí? Recurrir al confesionario me parecía una indignidad. Abordarla en la sacristía, en la misma casa de Dios, constituía un desacato, una falta de respeto al Señor. Se lo dije en una ocasión, a finales de 1801, después de cerrar el curato e invitarla al anochecer a comer un elote hervido con limón en la plaza pública. Cuando esa chiquilla precoz me veía con admiración, siendo que yo aborrecía mi físico por ser tan bajo de estatura y de alguna manera robusto en carnes, le expliqué la imposibilidad de externarle mis sentimientos en el interior de la iglesia y mucho menos arrodillada en el confesionario. Que nuestro amor era prohibido, pero que Dios que todo lo sabía, lo perdonaría de la misma manera que lo haría con el propio Miguel Hidalgo, era toda una realidad. Imposible seguir viviendo sin amarla y sin confesarle mis sentimientos.

—Padre, yo también lo quiero a usted pero mucho temo la ira de Dios —respondió ella cuando encajaba una pequeña banderilla de madera a lo largo del elote. El vendedor roció los granos de maíz con una buena cantidad de limón espolvoreándole la sal para darle más sabor.

En aquel momento, una vez expuestos nuestros sentimientos, yo deseaba coronarlos con un abrazo, un arrumaco y hasta un beso. Deliraba por morder sus labios, mas no podía hacerlo y mucho menos en esa coyuntura, en la cual yo tenía que comportarme con el respeto que merece un cura de pueblo.

—No te preocupes, Brígida, si nuestro amor es puro, Dios sabrá bendecirlo y aprobarlo el día del Juicio Final.

—¿Y entonces dónde nos veremos, padre? ¿Cómo le haremos para estar juntos sin que nos espíen ni nos sigan?

—Vayamos al río cada quien por su lado siguiendo caminos distintos, volteando la cabeza en la medida de lo posible para verificar que nadie siga nuestros pasos —aduje respondiendo a las preguntas que yo ya me imaginaba que me haría desde el momento mismo en que decidí hacerle saber la pasión que me despertaba—. También podríamos ir disfrazados a los pueblos cercanos para perdernos en tabernas desconocidas.

Ella me miraba con ojos de azoro. Yo aprovechaba para morder mi elote sin delatar la confusión e incomodidad que me provocaba esa conversación. Un sentimiento de culpa me devoraba por dentro: ¿qué le confesaría a mi confesor? No tendría otro remedio que mentirle; de lo contrario, cuando él se confesara, haría saber el secreto a terceros que tarde o temprano acabarían conmigo, como lo hicieron con el propio cura Hidalgo. De modo que a callar.

Una mañana decidimos encontrarnos en un ojo de agua ubicado en las afueras de Valladolid. Cada quien tendría que inventar sus pretextos para salir. Yo necesitaba estar a solas conmigo... Los besos y los abrazos no se hicieron esperar. En realidad, nuestra imaginación había trabajado a lo largo del tiempo para poder disfrutar al máximo dichas escenas cuando al fin se hicieron realidad. Nadie nos veía, nadie nos había seguido: estábamos solos, dando rienda suelta a nuestros apetitos. Yo era el primer hombre en la vida de Brígida. Lo descubrí desde el primer instante. Nos desvestimos invadidos por una justificada timidez, nos vimos, nos palpamos abrazados con los ojos cerrados, nos dirigimos tomados de la mano hacia el estanque, nos refrescamos desnudos, nos acariciamos, sonreímos, reímos echándonos agua, nos hundimos, nos estrechamos, nos secamos el rostro, nos arreglamos el cabello sólo para volvernos a zambullir, hasta que, tirados sobre la maleza, nos amamos en el preciso momento del cenit. ¡Cuántos sueños se disfrutan en la juventud que nunca llegan a materializarse...! Cuando besaba a Brígida, no podía sacar de mi mente la idea de poder estar haciéndolo con Francisca, Francisca, Francisca...!

A Brígida, aunque no lo confesara, le llamaba la atención lo prohibido, en nuestro caso, relacionarse amorosamente con un sacerdote, cuya profesión lo excluía, en principio, de cualquier trato íntimo con mujeres. Que ella supiera y confirmara que la atracción por sus carnes era tan poderosa para hacerme renunciar a mis votos de castidad, resultaba, por lo visto, una aventura peligrosa y audaz, por la que bien valía la pena apostar. Y apostó. Yo me rendía ante una mujer hermosa, pero mucho más ante ella, no sólo por su doncellez sino por su tímida docilidad que despertaba al monstruo que habitaba en mi interior. Ella no sabía nada, sin embargo deseaba aprender. Yo era el maestro, ella, la alumna. Yo ordenaba, ella obedecía. Desde el primer momento entendió que en el amor no existen los territorios inexpugnables, vedados. Una vez tirados encima de la hierba, cubiertos por la vegetación, lejos de las miradas escrutadoras de los curiosos, ella aceptó cumplir todas las *instrucciones* que yo le daba para alcanzar el máximo placer.

—¿Te gustan las emociones fuertes, Brígida, mi amor?

—Estar aquí, con usted padre, desnudos, a la luz del sol, es ya una emoción muy fuerte, ¿no...? Jamás había conocido a un hombre...

—¿Y qué te parece?

—Me ruboriza, padre...

—Cuando te educaron como niña, ¿qué parte te prohibieron tocar de los hombres?

Brígida enrojeció. Su aturdimiento me fascinó, me excitó, al extremo de que mi cuerpo empezó a reaccionar junto con su respuesta, sin importar que ésta fuera un entendible silencio, al fin y al cabo se trataba de un mensaje que yo descifraba con toda su claridad y extensión. Cuando se sonrojó y se abochornó, me inundó con la energía de un fauno. Una prostituta ni se emociona ni se altera ni se asombra, por ello es que la virginidad de Brígida, no sólo la física sino la moral, me provocaba hasta llegar a arrebatos desconocidos.

—¿Qué parte te pidieron no tocar, ni siquiera ver? —agregué envuelto en una lujuria que me devoraba, mientras que mis tamaños de hombre se multiplicaban.

Me contestó con una mirada esquiva, poseída por la vergüenza propia de una adolescente.

Cuando me acerqué y me acosté a su lado, la invité a que recorriera mi cuerpo, a que se hiciera mujer, a que me descubriera porque estábamos llamados a vivir juntos por toda la eternidad.

—Prueba, inténtalo, las caricias audaces nos acercarán como pareja. Entre nosotros no debe haber vergüenza.

Mientras Brígida cumplía puntualmente con mis órdenes, sus manos ignorantes, tímidas y torpes me perdieron. Le pedí que repitiera una y otra vez, el mismo movimiento:

—No te canses, reina, no te canses, insiste, mi amor, ahora lo haremos juntos, yo voy primero, por lo pronto no me sueltes, no, por favor aprieta, sube, baja, ven, concéntrate, inspírate, afloja, ahora con las dos manos, no pierdas el ritmo, más, más, ven, ven... —fue lo último que pude ordenar antes de que el cielo se abriera, de par en par, y después de unas gotas que hacían las veces de heraldo de un nuevo diluvio, una generosa lluvia tropical volvió a fertilizar al mundo, como desde aquellas lejanas centurias desde que el hombre era hombre y la tierra, tierra... Caí rendido como un semidiós después de cumplir con mi tarea...

En una carta le hice saber al cura Hidalgo cómo construía pequeñas casas para darlas en arrendamiento. Exhibía mis cualidades comerciales. Disfrutaba especialmente el desarrollo de una facilidad como era el ejercicio de ciertos conceptos de ingeniería. Tenía varias recuas que iban de Tierra Caliente a Valladolid y viceversa, transportando mercancías. Invertía gran cantidad de tiempo en la tarea de hacerme de amigos, muchos de los cuales se sumarían con el debido coraje a defender la causa de la independencia. Contaba con socios compadres, bebía cantidades moderadas de mezcal, fumaba cigarrillos de los llamados *puros*, organizaba equipos de arrieros, con los cuales mandaba granos, aguardiente y ganado además de telas y herrajes, porque en Valladolid había un gran mercado para estos productos. Con el dinero, le expliqué al padre Hidalgo, pude reconstruir la iglesia de Nocupétaro y sus anexos, la casa cural, la casa del campanero, la del sepulturero y la del sacristán. Le conté que me había dado el lujo de levantar las bardas para poder contar hasta con un pequeño cementerio aprovechando la bondadosa mano de obra de los feligreses.

El mes de mayo de 1803 me sorprendió con una estremecedora

noticia, de ésas que de golpe le dan sentido a la existencia. Tras dos años de noviazgo, Brígida, mi mujer, dio a luz a un niño, precisamente el día de san Juan Nepomuceno. Cuando fui a bendecirlos, y una vez que las matronas y enfermeras habían abandonado la pequeña habitación en donde había nacido mi hijo, mi primer hijo, los dos llegamos a un feliz acuerdo, previo intercambio de besos y derramamiento de lágrimas: la criatura se llamaría Juan Nepomuceno Almonte, claro que sería imposible registrarlo ni bautizarlo con el nombre de Morelos porque el escarnio, la envidia y la maldad de mis semejantes podría arruinar el proceso de construcción de una felicidad llamada a durarnos muchos años. ¡Cuánto placer experimenté al tener a mi crío en mis brazos! ¿Por qué los sacerdotes no podíamos casarnos ni mucho menos tener familia? Jesús nunca había condenado el matrimonio de sacerdotes, ¿por qué entonces los hombres se atrevían a enmendar las leyes divinas?

A partir de ese momento contaba con más motivos para vivir, más razones para adorar a Brígida y respetarla por sobre todas las cosas. Ella tranquilizaba mis ansias de hombre, satisfacía mis deseos y me llenaba de paz y, además, ahora de una felicidad indescriptible que, para mi mala fortuna, tendría que ocultar para siempre. ¿Cómo gritar en plena plaza pública de Nocupétaro que el cura José María Morelos y Pavón era el padre de un hermosísimo chamaco que sería conocido como Juan Nepomuceno Almonte? Brígida no sólo se vería obligada a ocultar nuestra relación, sino la identidad del feliz padre de su hijo. Una aberración y, tal vez, hasta una canallada. ¿Por qué ocultar mi paternidad y esconder aviesamente el nacimiento de mi hijo, en lugar de invitar a todo el pueblo a brindar conmigo con mezcal y a tronar muchos cohetes, como los aventábamos el día de la virgen de los Remedios o el de la virgen de Guadalupe? A callar entonces, a negar mi felicidad y a disfrutarla únicamente en mi intimidad con mi Brígida, sí, con mi Brígida. Pero debo ser sincero, ¿el nacimiento de Juan Nepomuceno me hizo olvidar a Francisca? ¡No!, por supuesto que no, a esa mujer la tenía yo como un clavo remachado en el centro de la frente y, por lo visto, sólo me lo podría arrancar entregando a cambio mi vida.

¿Juan Nepomuceno sería cura, oficial del ejército, filósofo, hacendado, diplomático o líder político? A saber: yo, por lo pronto, deseaba que fuera un hombre bueno, sano, feliz y que dedicara su vida entera a propiciar el bien común.

Si el nacimiento de mi hijo cambió mi vida y despertó sentimientos desconocidos en mí, pues más, muchas más experiencias descubrí sin poder predecir hasta dónde alterarían mi existencia, sobre todo cuando, a principios de 1808, las tropas napoleónicas invadieron España de acuerdo con Godoy, el ministro universal, *el Príncipe de la Paz*, el dueño de la voluntad del rey Carlos IV y, por si fuera poco, también dueño de su mujer, la reina María Luisa, a pesar de sus muy cuestionables y discutibles encantos femeninos. «Carlos IV tuvo que abdicar a favor de su presunto hijo Fernando VII, mejor conocido como *el Narizotas*, otro retrasado mental como su probable padre. Los levantamientos populares obligaron a Napoleón a arrestar a toda la familia real española para trasladarla a Bayona, imponiendo a Murat y encargándolo de la administración del imperio español.»

El efecto en la Nueva España, como consecuencia de la deposición de Carlos IV y de Fernando VII, fue catastrófico. ¿Quién deseaba ser gobernado por el emperador de los franceses cuando éramos una colonia española? ¿Quién era Napoleón Bonaparte para convertirse, de repente, en nuestra máxima autoridad política? Las respuestas violentas no se hicieron esperar, comenzando con el derrocamiento del virrey Iturrigaray y la elevación al cargo de Garibay, sustituido provisionalmente por el arzobispo Lizana y Beaumont. Éste le entregaría finalmente el cargo al nuevo virrey, Francisco Xavier Venegas, quien se presentó el 14 de septiembre de 1810 a dirigir la Nueva España, la gran joya de la corona hispana. ¡Claro que Venegas no podía imaginar que el gran maestro de mi vida, el gran cura Miguel Hidalgo y Costilla, la haría estallar por los aires un par de días después, al convocar a las armas al pueblo para acabar con los malos gobiernos, en el nombre, sea dicho, de nuestra santísima madre, la virgen de Guadalupe! ¡Viva Fernando VII!, también gritó mi maestro para mi terrible confusión. Justo es decirlo: el derrocamiento del virrey Iturrigaray despertó mi vocación de insurgente.

Los acontecimientos se atropellaban los unos a los otros. El rechazo creciente hacia Bonaparte o hacia cualquier integrante de la familia napoleónica que intentara gobernar la Nueva España, crecía por instantes. Las cartas cruzadas entre Hidalgo y yo aumentaban en longitud y en profundidad. Ninguno de los dos estaba dispuesto a aceptar un gobierno de franceses y, menos aún, cuando José Bonaparte, un conocido borracho, pretendía dirigir el destino de la Colonia. Mientras Hidalgo pensaba rebelarse en cualquier

momento y me pedía empezar a hacer acopio de armas, de municiones y hasta de hombres comenzando a seleccionar posibles soldados de acción de cara a un conflicto mayor, en tanto todo esto
acontecía en el terreno político y militar, mi vida personal se convertía en polvo, se desintegraba, se destruía por dentro, acabando
con mis más caras esperanzas, pues precisamente cuando Brígida,
mi Brígida, iba a traer al mundo a nuestro segundo hijo, el parto se
complicó hasta producir una catástrofe total e irreparable. Si bien
mi hija Guadalupe —¿acaso podría ponerle otro nombre olvidan-
do a la gran patrona de todos nosotros?— nació sana y resultó ser
una mujer hermosa, inteligente y vital, Brígida, mi compañera, murió durante el parto mientras lanzaba alaridos de horror sin que yo
pudiera consolarla. Se desangró sin que los médicos pudieran hacer
nada para mantenerla con vida. Se fue, se fue para siempre, se me
escapó sin que yo, como padre ni marido, hubiera besado su frente
y llorado en su lecho de muerte debido a la presencia de terceros in-
deseables en esa terrible coyuntura. Mi conducta como sacerdote se
redujo a darle la extremaunción como lo hubiera hecho cualquier
cura pueblerino. La perdí, sí, la perdí, pero me heredó dos hermosos hijos que justificarían mi existencia y a los que tendría que dedicar mis mejores empeños y cariño.

   ¿Cómo tomar la pérdida de Brígida, quien ni siquiera había
cumplido los treinta años de edad? ¿Era un castigo de Dios por haber procreado dos hijos sin habernos casado ante la fe de un príncipe de la Iglesia? ¿El Señor me sancionaba por incumplir con mis
votos de castidad cuando Él nunca los había impuesto? ¿Yo tenía
que entender la muerte de Brígida como una señal divina o simplemente como una manifiesta incapacidad de la ciencia médica para
salvar a la madre de una hemorragia o de una infección incontrolable? Cualquier explicación me resultaba irrelevante ante la inmensa responsabilidad contraída con mi descendencia, sobre la base de
ocultar, en cualquier caso, mi identidad. Sería el padre de las criaturas sin que nadie lo supiera, imaginación nunca faltaría, todo
ello, claro está, en un entorno de efervescencia revolucionaria.

   A un año de la muerte de Brígida, me reuní sigilosamente y con
toda la discreción del caso, con mi querido amigo el cura Hidalgo,
a quien le confesé el número de armas y la cantidad de municiones
que guardaba en la biblioteca del curato. Estaba listo para lo que
pudiera ocurrir. Mi maestro, después de acompañarme en mi luto,

me hizo saber, con lujo de detalle, los planes del pronunciamiento. Él y Allende habían trazado una estrategia puntual para hacer estallar el movimiento de independencia en toda la zona del Bajío. Buscaba hombres confiables, manos que secundaran apasionadamente el levantamiento armado. Por supuesto que había pensado en mí y yo jamás podría defraudarlo. ¿A las armas? ¡A las armas! Era el momento de la libertad, de sacudirnos, por lo pronto, el yugo francés, ya luego veríamos qué hacer con el español. Muy pronto también acabaríamos con este último para ser absolutamente libres e independientes y poder dirigir el gran barco de la nación hacia donde dispusieran las mayorías.

Finalmente, en el mes de octubre de 1810, al concluir la misa en mi curato de Cuarácuaro, se me acercó el dueño de la Hacienda de Guadalupe, don Rafael Guedea, para informarme que en el pueblo de Dolores había estallado la revolución de Independencia acaudillada por el antiguo rector del Colegio de San Nicolás Obispo, de Valladolid, don Miguel Hidalgo. Mi maestro se había levantado en armas en contra de los españoles, ya había tomado Guanajuato y se dirigía con miles de hombres que integraban un ejército improvisado rumbo a Valladolid. El movimiento para lograr la independencia de España era una realidad. ¡Cuán poco se imaginaba mi amigo Guedea el efecto que causarían sus palabras en mis planes y en mi vida! En ese momento ya no me importó mi ejercicio sacerdotal ni creí que mis fieles, mi rebaño sagrado, requirieran más auxilio espiritual... Mi prioridad era otra... Mi mente la ocupó únicamente el propósito de liberar a México de las cadenas que nos unían a España. Ordené entonces a Gregorio Sapién, mi *topil*, que fuera a Janitzio y pidiera prestado medio almud de dinero. A continuación seleccioné a los hombres que podrían acompañarme, en una primera instancia, en lo que sería una fanática, intensa y sangrienta lucha por la libertad. De inmediato se presentaron ante mí.

Sin detenerme a consultar con persona alguna, le solicité al conde de Sierra Gorda que me otorgara una licencia para servir como capellán en el ejército de Hidalgo. Después de digerir la sorpresa, no se negó a concederme la autorización, pero sí intentó disuadirme del peligro de la empresa, de los riesgos que corría, así como de las posibilidades de perder no sólo mi curato sino la vida en una experiencia que parecía tener muy pocas posibilidades de éxito. Por supuesto que lo dejé hablar y expresarse a plenitud, él era acreedor de todo mi respeto, sólo que al concluir insistí en mis objetivos sin dejar la menor duda, a lo que él no tuvo otro remedio que autorizar la gracia solicitada. Resuelto el problema de mi curato, me ocupé de dejar en buenas manos a mis hijos, Nepomuceno y Guadalupe, alegando que eran mis muy queridos sobrinos que requerían protección en lo que pasaban las balas. Ellos eran inocentes y deberían ser cobijados. Dispuesto todo lo anterior, me lancé a caballo, a pleno galope, rumbo a Tacámbaro y Valladolid y llegué a Charo en una sola jornada. Resultaba imprescindible entrevistarme otra vez con el padre Hidalgo, quien me entregó una carta firmada por él mismo, en los siguientes términos:

Octubre 19 de 1810

Por el presente comisiono en toda forma a mi lugarteniente el Br. D. José María Morelos, cura de Carácuaro, para que en la costa del Sur levante tropas, procediendo con arreglo a las instrucciones verbales que le he comunicado.[15]

Cuando me despedía de Hidalgo, antes de besarle la mano, le pregunté la razón por la cual, en su llamado a la independencia el pasado 16 de septiembre, había invocado a Fernando VII. ¿Cómo podríamos hablar de libertad y del rompimiento de las cadenas que nos unían a la metrópoli si comenzábamos por gritar vivas a quien nos tenía sometidos?

—Allende insistió en que el grito de Dolores, el llamado de Dolores, tenía que reunir tres requisitos. El primero pedir un viva a la virgen de Guadalupe, el segundo, otro viva a Fernando VII, un muera a los gachupines y otro muera más a los malos gobiernos.

—Pero padre, ¿por qué un viva a Fernando VII? Le juro que no lo entiendo.

—Es para disimular, hijo mío. Yo mismo no estaba de acuerdo, pero las mayorías, sobre todo Allende, acordaron que lo hiciera así para no despertar suspicacias, de modo que en un principio mostráramos nuestra anuencia hacia Fernando VII, ya que de esta suerte no nos echaríamos encima al ejército ni a la Iglesia, y así y sólo así podríamos avanzar en el movimiento tratando de no provocar a los militares realistas hasta triunfar para entonces podernos quitar las

[15] Zárate, 1976:19

caretas y gritar, ahora sí, ¡viva México!, sin ninguna connotación
de dependencia hacia España y sin permitir la presencia de ninguna
autoridad aristocrática peninsular en el nuevo país.

Le creí a mi mentor, aunque me retiré mascando ciertas dudas,
pero dispuesto a dar mi vida a cambio de la libertad de mi país. No
necesitábamos a España para nada, ni tendríamos por qué soportar
el saqueo indiscriminado de nuestro patrimonio ni la explotación
inhumana y descarada de los nuestros a cambio de aumentar la riqueza de los españoles, que crecía en la misma proporción en que nosotros nos empobrecíamos. Después de trescientos años de Colonia,
teníamos el derecho, mucho más que indiscutible, de independizarnos de la Madre Patria. Ya la habíamos soportado bastante. Habíamos alcanzado la mayoría de edad. Podíamos conducirnos solos en
lo sucesivo sin la ayuda de nadie y promoviendo un bienestar gene-
ralizado para la nación. Incorporaríamos garantías individuales, los
derechos universales del hombre, promulgaríamos una Constitución
acorde con nuestros tiempos, el marco jurídico ideal para forjar
al ciudadano del futuro, mismo que crecería en términos de igualdad con sus semejantes e invariablemente sometido al imperio de la
ley. Nuestros sueños dorados estaban a punto de hacerse realidad.

Como el padre Hidalgo me había encargado la sublevación de
la Costa del Sur, es decir, en el territorio donde yo tenía un nutrido
grupo de amigos arrieros, compañeros de la vida, me dirigí en busca de ellos, en la inteligencia de que me movía un personalísimo interés en llegar a Yestla. ¿Por qué Yestla y no otro lugar de la región?
La respuesta era muy simple: ahí en Yestla vivía, desde hacía más de
veinte años, mi más feroz enemigo, Matías Carranco, el engendro
del demonio que había raptado a Francisca Ortiz. Me convenía no
creer que ella lo había acompañado dócilmente a donde él dispusie-
ra por amor, sólo por amor. Aceptar semejante temeridad implicaba
privarme del placer de la venganza. ¿Cómo responsabilizarlo a él
cuando ella era la única culpable de los hechos? Mejor, mucho mejor, acusar en mi interior a Matías Carranco de mi catástrofe amorosa. Tarde o temprano habría de encontrarme con él para ajustar
cuentas viejas y dolorosas, muy viejas y muy dolorosas…

La campaña militar fue demoledora. Se requerían convicciones firmes y principios muy sólidos para no desfallecer en las batallas. Surgían líderes muy valiosos que después de la contienda
militar no volvían a nuestros improvisados cuarteles. La lucha era

cruenta y patética. Yo enfrentaba un dilema ético: la violación recurrente del mandamiento *no matarás*. Sin embargo, mandaba a matar y ordenaba la ejecución de prisioneros y traidores. Yo mataba. Yo privaba de la vida, sí, pero lo hacía en aras del bien común para salvar a millones de mexicanos de la opresión, de la explotación y de la humillación. La inmensa mayoría de nosotros sobrevivía como animales, mientras que con el producto de nuestro trabajo, los hacendados, los industriales y los mineros españoles consumían vinos, perfumes y lavandas importadas, así como trajes y vestidos de seda y brocados europeos, que disfrutaban en el interior de sus palacios o de sus castillos o de sus haciendas con cientos de esclavos miserables que jamás superarían esa condición. De modo que si se trataba de rescatar a la nación de la ignorancia y de la pobreza y para ello era menester matar, fusilar y ahorcar de cualquier rama que estuviera a nuestro alcance, pues mataríamos, fusilaríamos y ahorcaríamos con la esperanza de que Dios nuestro Señor entendiera nuestros objetivos y nuestras razones y las justificara. Si por liberar a mi país de las impías manos opresoras pasaría yo la eternidad en el infierno, bien valdría la pena pagar ese precio y cualquier otro. El hambre era insoportable.

Así conocí a hombres ilustres como Hermenegildo Galeana en Tecpan, un individuo de los que nacen cada mil años, un adorador de la libertad, de cuna noble y próspera familia que despreció la comodidad, el poder, el dinero, la tranquilidad de una posición social y económica privilegiada, a cambio de inseguridad, incomodidades, peligros e incluso la muerte.

En pleno fragor de la revolución, le escribí una carta a mi compadre, Juan Francisco Díaz de Velasco, en el Rancho de la Concepción, Nocupétaro.

Noviembre 10 de 1810

Mi distinguido compadre: ...Pueblos enteros me siguen a la lucha por la Independencia; pero les impido diciendo que es más poderosa su ayuda labrando la tierra para darnos el pan a los que luchamos y nos hemos lanzado a la guerra. Dios Guarde a su merced muchos años.

JOSÉ MA. MORELOS.[16]

16 Benítez, 1947: 97.

No podíamos detenernos. Tomamos Acapulco y lo perdimos y lo volvimos a tomar, mientras abríamos frentes en diferentes puntos de la región a mi cargo. La falta de pertrechos me obligó a escribirle al padre Hidalgo la siguiente carta:

> Noticio a usted cómo he corrido toda la costa del sur, que son como doscientas leguas, con la mayor felicidad, y no he encontrado en todos los gachupines que he cogido ningunos reales, pues se infiere que éstos los han ocultado con anticipación. En el día tengo solicitado el puerto de Acapulco con ochocientos hombres y me hallo sin pólvora ni balas, por un ataque que hemos tenido, aunque sin ningún mal herido; y de los contrarios un mal herido, pues se conoce que D. Antonio Carreño, que es el gobernador, y los demás europeos, han seducido a estas gentes. Y así, mándeme V. E. cañones y pólvora, que según noticia tengo, toda la artillería del castillo esta apuntada a tierra; y así, espero de V.E. el refuerzo que le pido con la mayor brevedad que se pueda, pues considero que estas tropas están en camino, pues no desisto del cerco hasta nueva orden de S.E. diciéndome el rumbo que debo tomar, si para la Misteca o Chilpancingo, porque desde el día 20 del pasado que tuve el honor de comer con V.E. y nos separamos, no he tenido la menor noticia, por lo que dígame del ejército de México.[17]

¡Cuál no sería mi sorpresa cuando, como consecuencia de la derrota de Miguel Hidalgo en el Puente de Calderón, mi querido maestro tuvo que renunciar en favor de Allende, poniendo en manos de este último la suerte de la guerra de Independencia! Me quedaba sin mi guía y protector. Las razones que adujo Allende para deponer a Hidalgo de tan elevada responsabilidad consistieron, según él, en que mi mentor no controlaba los saqueos, las violaciones ni la destrucción masiva de los territorios conquistados a los realistas, además de haber demostrado escasa pericia militar y de haberse confundido al hacer que se dirigieran a él como Su Alteza Serenísima. Más tarde fui informado de que Allende había intentado envenenar al padre Hidalgo sin mayor éxito en su criminal empresa. A cuatro meses de detonado el movimiento de Independencia, o sea, en enero de 1811, el padre

17 Lemoine, 1965: 161.

Hidalgo dejó de ser, para desgracia de todos nosotros, el líder insustituible del levantamiento armado. ¿Qué pasaría con nosotros sin él?

El tiempo nos apremiaba. El miedo a las traiciones también. Así supimos con el ánimo contrito que Elizondo había traicionado a Hidalgo y Allende hasta ponerlos en manos de las fuerzas realistas, las mismas que fusilaron a este último, junto con Aldama y Jiménez, el 21 de junio de 1811. Abasolo había sido desterrado a España, salvando la vida gracias a las influencias de su mujer. ¿Qué podía esperar mi maestro en semejante coyuntura? No se equivocó. Fue degradado de su calidad de sacerdote, excomulgado, fusilado y decapitado el 31 de julio de ese mismo año.

El dolor fue insoportable. Lloré en la soledad la pérdida del padre Hidalgo, el padre de mi vida. Recordamos el elevadísimo precio a pagar por el hecho de ser un insurgente. La muerte era una jugadora permanente que nos acompañaba con el mismo silencio que produce una sombra al desplazarse junto con nosotros en los campos de batalla, como en las tiendas de campaña o en las fogatas nocturnas, donde nunca faltaron los traidores infiltrados. Un sentimiento de dolorosa orfandad se apoderó de nosotros. Todos éramos Miguel Hidalgo, cualquiera podría llegar a caer en una trampa semejante. Nadie podía ignorar la suerte que le esperaba de llegar a caer prisionero de los militares realistas, peor, mucho peor, si como era mi caso, se trataba de curas rebeldes, de los que nuestra Iglesia se ocuparía no sólo de hacerlos pasar por las armas, sino de someterlos a torturas inenarrables como las que habría vivido el Padre de la Independencia. Ojalá y sólo nos fusilaran... Sólo que nada ni nadie me detendría. Ya lo había dicho muchas veces y lo repetiría otras tantas: ni las torturas ni las ejecuciones ni las traiciones me harían desistir de mis objetivos libertarios. Enjugadas las lágrimas y pasado el duelo, continuamos con la tarea...

Por esa razón convoqué a la tropa entre la que me sorprendió la presencia de Vicente Guerrero, un capitán joven, alto, que por su traje y manera de hablar costeña revelaba su origen indígena o mestizo, lo que se conocía por su nariz aguileña, sus pómulos salientes y sus cabellos lisos, negros y grandes, que formaban un crecido tupé sobre la frente. Si un día volvía a tener un hijo varón, le pondría Vicente... No pude dejar de distinguir a Antonio Gómez Ortiz ni a Juan Álvarez ni, por supuesto, a Hermenegildo Galeana, hombres fuertes y decididos que algún día harían historia:

Ahora, pues, se hace indispensable avanzar hacia el centro y hacerlo pronto, mañana mismo si es posible... Es necesario probar a la Nación que la muerte de un caudillo no acaba con los principios que proclamó ni con el pueblo que los defiende. ¡Es preciso hacerle ver que aunque la estrella de la insurrección palidece en el norte, todavía sigue brillando en el sur![18]

Ignacio López Rayón heredó la dirección del movimiento. Saquearon la casa de mi hermana Antonia en Valladolid. Dios da y quita: surgió la familia Bravo en el horizonte liberal de México, los hermanos Leonardo, Miguel, Víctor y don Máximo, el hijo del primero, un joven prominente que contaba, a la sazón, con diecinueve años de edad y que ligaría el esclarecido nombre de su estirpe a una acción inmortal. Los amantes de la independencia nos uníamos y nos dábamos la mano, como cuando estreché la diestra del cura don Mariano Matamoros quien, por su demostrada lealtad, sus firmes convicciones y su cultura superior, se convertiría en un valioso aliado y en un dirigente natural indispensable. Tomábamos ciudades, nos hacíamos de pueblos y villorrios. La gente nos admiraba y se sumaba a nuestra causa apenas con un traje de manta y unos huaraches llenos de costras de lodo y sin presupuesto para pagar ni un solo cartucho. La mayor parte de la tropa sólo aportaba hambre y desesperación, dos de los ingredientes más importantes para combatir a las fuerzas realistas. Libramos veintiséis batallas de las cuales ganamos veintidós; en las cuatro restantes se llevó a cabo una honrosa retirada.

La verdad de verdades, no podía creer lo que me decían mis ojos cuando finalmente cayó en mis manos el edicto de excomunión en contra del padre Hidalgo, proclamado por el obispo electo de Michoacán, Manuel Abad y Queipo.

¿Cómo pudo recurrir al *Omne Regnum in se divisum desolabitur*, alegando que Miguel Hidalgo había levantado el estandarte de la rebelión, encendido la tea de la discordia y la anarquía y seducido a una porción de labradores inocentes, a los que les hizo tomar las armas?

Es claro que mi amado obispo jamás había pasado hambre en su dorado palacio obispal ni tampoco había padecido los horrores de la esclavitud. Por esa razón, no le duele la pobreza de mis feligreses. Hidalgo jamás propuso la anarquía, sino la destrucción de un

[18] Oropeza, 1969: 22.

régimen opresivo, injusto e inhumano en el que subsistían precisamente dichos labradores inocentes, hartos de vivir en una miseria desconocida para un príncipe de la Iglesia. A lo largo de su carrera clerical, ¿habría sufrido alguna vez las estrecheces económicas de nosotros, los párrocos pueblerinos, de los que ahora, instalado en la gloria, no quiere ni acordarse don Manuel?

Agregó que mi maestro había insultado a la religión y a Fernando VII, pintado en su estandarte la imagen de nuestra augusta patrona, nuestra Señora de Guadalupe, poniéndole la inscripción siguiente: ¡Viva la religión! ¡Viva nuestra Madre Santísima de Guadalupe! ¡Viva Fernando VII! ¡Viva América y muera el mal gobierno! Que al poner la referida inscripción había cometido dos sacrilegios gravísimos: el insulto a la religión, a Nuestra Señora y a nuestro soberano, y el desprecio y ataque al gobierno, oprimiendo a sus vasallos inocentes, perturbando el orden público y violando el juramento de fidelidad al soberano y al gobierno. Por todo ello, al ser perturbador del orden público, seductor del pueblo, sacrílego, perjuro y por haber incurrido en la excomunión mayor del canon, *Siquis suadente diabolo*, lo declaró excomulgado y prohibió que se les proporcionara socorro, auxilio y favor, bajo la pena de excomunión mayor, *Ipso facto incurrenda*, a los contraventores.

Hidalgo jamás ofendió a la religión, todo lo contrario, de la misma manera en que nunca ofendió a Fernando VII. Es suficiente recordar el grito de Dolores y contemplar el estandarte para entender en nombre de quién y por qué se detonó el movimiento de la libertad. ¿Dónde estaba el sacrilegio y el perjurio que justificaron, según Abad y Queipo, un castigo tan severo como la excomunión, así como la pena capital y la decapitación? ¿Qué desearía esconder mi amado obispo que buscaba acusar con argumentos ingrávidos a quien sólo deseaba el bien y la prosperidad del pueblo, objetivos que supuestamente debería perseguir nuestra Santa Madre Iglesia que tiene en el dicho Abad a un pastor, al menos, equivocado?

Hidalgo ya no sólo no existía como líder de la independencia, no, claro que no, había sido torturado, excomulgado y fusilado en atención a las solicitudes vertidas por la alta jerarquía católica. ¿Por qué nuestra Iglesia se oponía con tanta fiereza y crueldad a la independencia de México cuando el futuro, a través de una república democrática, obligatoriamente nos proporcionaría mejores condiciones de vida, además de una marcada superación social a través de la educación? ¿Por qué oponerse al bienestar de las masas? ¿Por qué, por qué, no me cansaré de insistir, por qué fusilar, excomulgar y castigar a quien tan sólo soñaba con la mejoría de la nación? ¿Por qué destruir la simiente que conducía al progreso?

Las batallas por la independencia no podían detenerse. Las hostilidades continuaron en Tecpan, Puebla, Oaxaca, Zitácuaro, Toluca, Cuautla, Taxco, Chilpancingo, Chilapa, así como en diferentes partes de la Colonia, ya muy próxima a convertirse en república. ¡Claro que fusilaba a quienes se atrevían a robarnos los fondos para financiar la insurrección, de la misma manera que pasábamos por las armas a quienes intentaban asesinar a los dirigentes del ejército insurgente y degollábamos a los espías, quienes, por unas monedas, se filtraban para obtener informes militares en nuestros cuarteles! No podíamos consentir ni a los ladrones, ni a los espías, ni a los traidores. En todo caso se necesitaba aplicar medidas ejemplares de modo que, propios y extraños, entendieran que la guerra no era un juego, sino que se debía exponer el valor más preciado de todo ser humano, como lo es sin duda la vida, para alcanzar nuestros objetivos. De ahí que también mostráramos benevolencia e indultáramos a los costeños que hubieran tomado las armas en contra de los insurgentes para ganarnos su gracia y respeto, en la inteligencia de que si bien nos habían atacado, carecían de la información correcta respecto a nuestra identidad y a nuestros propósitos patrióticos. Por supuesto que los perdonamos y por supuesto, también, que se sumaron a la lucha por la libertad.

Con el ánimo de otorgarle una estructura orgánica al movimiento y de comenzar a hacer funcionar otro tipo de instituciones políticas en los territorios bajo nuestro poder, creamos la Junta de Gobierno insurgente encabezada por Ignacio López Rayón, para coronar militarmente el levantamiento con una cabeza visible que representara la autoridad. Expedimos entonces un manifiesto a la nación en que se daba cuenta del establecimiento de dicha junta, declarando que su objetivo era, todavía, mantener la Nueva España fiel a Fernando VII. No tardaríamos en suprimir el odioso nombre del monarca español, respetando la idea original de Allende, para buscar la independencia total y definitiva de la Madre Patria. Mientras tanto tendríamos que administrar eficientemente las rentas públicas, exigiendo cuentas a los encargados. Cancelamos el otorgamiento de grados militares y de empleos que con tanta generosidad habían creado otros jefes insurgentes. Suspendimos el saqueo y los desmanes en las plazas desocupadas para no desprestigiar a nuestro movimiento. Nos organizábamos. No sería fácil acabar con nuestras aspiraciones.

Pasaron veintiún años antes de que la vida me hiciera justicia, antes de que yo pudiera disfrutar cómo el sol brillaba en su máxima expresión. Yo sabía que ese día tendría que llegar, y llegó a finales de ese 1811 aciago para la causa insurgente por el fusilamiento de quien, sin duda, estaba llamado a ser el Padre de la Patria. En diciembre de ese año, al apearme del caballo en el pueblo de Chichihualco, vocablo que deriva del náhuatl, *chichihual*, «pechos» y que se traduce como el «lugar donde se amamantan niños», ahí, precisamente en ese lugar, como si se tratara de una paradójica alusión a los imponentes senos de Francisca, me encontré al salir de una tienda de víveres nada menos que con Matías Carranco. Al verlo se me helaron las manos. Observé sus movimientos con la misma astucia que un tigre observa a su presa, sin que él percibiera mi presencia. Se me secaba la boca. Mi primer impulso consistió en desenvainar mi machete, invariablemente bien afilado, y lanzarme encima de él para destazarlo como a un cerdo en el matadero. Creí que el tiempo había borrado el rencor y el coraje, sin embargo, el hecho de haber dado repentinamente con él despertó en mí una furia incontrolable, la clara respuesta por haber tragado a diario cantidades enormes de veneno que me habían intoxicado el alma. Ni el recuerdo de mi difunta Brígida ni el de mis hijos pudieron impedir lo que a continuación aconteció. Me acerqué lentamente hasta donde se encontraba Matías de espaldas cargando unos sacos de frijol en un carruaje. Obviamente él peleaba del lado de nosotros, los insurgentes, de otra manera no podría haber estado en Chichihualco. Cuando estuve detrás de él, a una distancia en que bien podría haber percibido el calor de mi aliento, le dije al oído:

—Tú y yo ya nos conocíamos, Matías, ¿no es cierto?

Quien me había robado la vida al raptar a Francisca, giró rápidamente para encararme y empujarme. No toleraba mi cercanía, menos aun después de identificarme.

—¿Qué quieres, José María? Por lo visto nunca aprendiste a perder.

—Aquí solamente uno va a perder y ése eres tú, maldito bribón hijo de perra —respondí mientras desenvainaba. Al verlo desarmado le pedí a Nicolás Bravo que le prestara su machete, exigiéndoles a todos, en voz alta, que nadie interviniera, que nadie nos separara porque éste era un pleito añejo, personal, que únicamente podía resolverse al estilo en que los hombres de verdad dirimen sus diferencias.

Nicolás Bravo, sin ocultar un gesto de confusión, entregó mudo y pálido su machete a Matías Carranco, en tanto se improvisaba un círculo integrado por las tropas de insurgentes formadas, en este caso, por curiosos ávidos de ver a su jefe en acción. Tan pronto Matías empuñó su arma, me desprendí del sombrero y lo tiré al piso. Mi cabeza quedaba expuesta y cubierta únicamente por el paliacate que yo utilizaba para sujetar rebanadas de papa colocadas en las sienes, para disminuir las eternas jaquecas que me acosaban día y noche. Matías no era mucho más alto que yo. Éramos, más o menos, de la misma edad, por lo que la lucha sería justa y respetuosa. ¡Qué mal hubiera hecho al matarlo por la espalda, sin concederle la más caballerosa oportunidad de defensa! ¡Cómo me hubiera desprestigiado ante los míos!

—Ven acá, cobarde, miserable, que sólo eres muy macho con las mujeres. Has de probar el filo de mi machete —aduje, en tanto flexionaba las rodillas y levantaba mi brazo armado esperando que él hiciera lo propio.

Matías no me concedió semejante tregua, sino que se abalanzó encima de mí con la fuerza de un toro para sorprenderme hundiéndome la cabeza en el estómago con un golpe demoledor. Ambos caímos al piso y rodamos. Cuando me sobreponía de la embestida, vi caer la hoja de su machete estrellándose contra el piso de polvo de la calle principal del pueblo. Como pude, me incorporé y me dirigí hacia él lanzando machetazos hacia su cabeza, que fueron detenidos, una y otra vez, en tanto se producían chasquidos de horror seguidos por chispas originadas al chocar con tanta violencia las hojas de acero. Traté de rebanarle el estómago, sólo que mi enemigo se echó para atrás, momento que esperé para que se tropezara con unos abrevaderos de agua para los caballos, pero Matías pudo evitar, instintivamente, el obstáculo. Una vez repuesto, me devolvió, uno a uno, los golpes, en la inteligencia de que yo peleaba con una gran ventaja a mi favor que me llenaba de una fuerza y vigor desconocidos en condiciones normales: el coraje por la venganza contenida durante más de veinte años. Mi fuerza y mi capacidad defensiva se multiplicaban por la furia y el rencor.

En uno de sus lances con los que trataba de herirme una pierna, pude asestarle un sonoro golpe con el puño de mi machete en pleno rostro. Los dientes rodaron al piso: era el momento de rematarlo porque escupía sangre a borbotones. Aproveché la ocasión para cortarlo por donde pudiera, deseando que, en su desesperación, tomara la hoja de mi machete con los dedos y se los pudiera rebanar hasta desprendérselos de las manos.

En su defensa me lanzó un machetazo dirigido a la cara que escasamente pude esquivar, devolviéndole el golpe en un brazo que casi logré separarle del cuerpo. El crujido del hueso fue estremecedor. Cayó de bruces sólo para que yo aventara mi machete y me tirara encima de él para estrangularlo, al mismo tiempo que le azotaba la cabeza contra el piso, envuelta en un charco de sangre.

—¡Canalla, canalla, canalla! —gritaba mientras lo azotaba y lo hacía girar para romperle el cuello con mis manos fuertes y encallecidas durante mis años de arriero.

De pronto una voz interior me detuvo. Yo no podía matar de esa manera. Al sentir que ya había saciado la venganza, empecé a recuperar la razón. No tenía mucho tiempo que perder porque Matías se estaba desangrando y requería auxilio médico de inmediato. Lentamente empecé a soltarlo cuando sentí que ya no se defendía. Al ver que todavía me escuchaba, le dije de manera que todos pudieran oírlo:

—Te perdono la vida a cambio de la mujer que me robaste, con la que voy a quedarme yo porque ahora es mía, siempre fue mía. Cuando te repongas, vete, vete muy lejos de las tierras dominadas por la revolución, porque si vuelvo a encontrarte, te mataré.

Cuando Matías Carranco asintió con la cabeza, di por concluido el pleito, mientras veía cómo los médicos insurgentes le cauterizaban las heridas y la hemorragia con una tea. No me separé de Carranco hasta no ver que hubiera salvado la vida y ratificara nuevamente que jamás, nunca jamás, volvería a ver a Francisca. Si era hombre tendría que cumplir con su palabra. Y la cumplió.

Si la vida me había obsequiado la codiciada oportunidad de batirme a duelo a machetazos con el peor enemigo de mi existencia, con mayor razón aun debería premiarme poniendo en mis brazos a Francisca… Al tiempo, todo habría de venir a su debido tiempo…

Por lo pronto me irritaba saber cómo premiaban al cura Francisco Pablo Vázquez Vizcaíno y lo condecoraban con la Gran Cruz de Honor de Isabel la Católica, por haber reunido una cantidad enorme de limosnas que mi Iglesia entregó al gobierno del virrey para ayudar a financiar la guerra en contra de nosotros, quienes luchábamos por la libertad y por la cancelación de la esclavitud, entre otros objetivos no menos importantes. ¿Cómo era posible que mi Iglesia destinara las limosnas pagadas por el pueblo para comprar armas destinadas a aniquilar a quienes luchábamos por el bienestar y por la independencia? Era claro: el alto clero estaba de acuerdo con la esclavitud, con la explotación de la gente, la cual carecía del derecho a pensar, es decir, no se consentía la libertad de conciencia, ni de instrucción, por lo que se mutilaba la posibilidad del crecimiento intelectual. ¿Cómo permitir que continuara la condición humana de nuestros semejantes sepultados en la miseria y en la ignorancia? Ya tendríamos oportunidad de discutir a fondo estas contradicciones inaceptables en una Iglesia que debería buscar invariablemente la superación del hombre.

Calleja nos acosaba. Calleja me buscaba hasta por debajo de las piedras. Calleja sobornaba a nuestra tropa para que me asesinaran. Calleja incendiaba pueblos por donde habíamos pasado los insurgentes. Calleja degollaba a quienes nos habían prestado ayuda. Calleja quemaba las milpas para que la gente no pudiera alimentarnos. Calleja nos perseguía. Calleja tenía que ser destruido porque nos golpeaba donde más dolía y, además, había acabado con la vida de Hidalgo, así como con la de otros bravísimos capitanes insurgentes, en alianza con nuestra misma Iglesia.

Sí, claro, Calleja y Abad y Queipo y López Rayón y los Galeana y los Bravo y la Junta Gubernativa y la guerra y las persecuciones y el abasto de alimentos y de pertrechos de guerra, sí, pero ¿y yo no tendría tiempo para ir por Francisca y llevarla conmigo a donde la violencia nos llevara? Afortunadamente no había tenido hijos con Carranco, mi sistema de espionaje así me lo había informado. De Chichihualco fui por ella a Yestla. Ahí estaba. Mi enemigo ni siquiera le había informado de su derrota. Si bien en un principio Francisca se sorprendió al verme, algo le decía que su vida cambiaría a partir de ese momento. La encontré dócil y receptiva. Todo parecía indicar que no habían transcurrido más de veintiún años desde el rapto... Pocos, muy pocos cambios percibía en su físico y en su personalidad. No se la había pasado mal con Matías, más aún porque era pública y notoria la fortuna de su tío, misma de la que él era beneficiario en la escala que se pudiera. ¿Por esa razón se habría escapado con él, por dinero, cuando yo en aquel entonces no era más que un humilde arriero? Lo importante en ese momento era llevármela para coronar con éxito la gesta libertaria de México. Ni pensar en utilizar la fuerza y obligarla a que me acompañara contra su voluntad. Yo tendría que continuar la campaña militar, por lo que a ella le sobrarían oportunidades para huir. Imposible asignarle un piquete de soldados para retenerla pero, además, ¿por qué iba yo a querer una mujer que permaneciera a mi lado sobre la base de estar amenazada de muerte si intentaba escapar? ¿De eso se trataba el amor? ¡Ni hablar! Una vez entendido que mi objetivo consistía en seducirla y enamorarla con el futuro que yo podría ofrecerle de llegar a independizarnos de España, entré en su casa, que exhibía ciertos lujos inalcanzables para la mayoría de nosotros. Al sentarnos le informé que Matías no volvería, que, como se trataba de un hombre con sentido del honor, nunca volvería con ella ni siquiera para despedirse, según constaba en las costumbres de Tierra Caliente. Ahora yo era su marido por la vía de los hechos y ella debía aceptarlos y seguirme a donde fuera, reconociendo, con esta sumisión, mi evidente superioridad y jerarquía. No podía ignorar que si bien al inicio vendría conmigo acatando un compromiso generacional, un acto de dignidad y respeto a nuestras tradiciones, con el tiempo lograría impresionarla y ganarme su admiración, sobre la que podríamos construir en el futuro una relación hermosa y sólida. ¿A dónde va una pareja que no se admira recíprocamente?

—No sé qué papel me tocará desempeñar en el México independiente ni si llegaré vivo a coronar nuestra obra, pero te ofrezco compartir esta aventura política y dejarnos llevar de la mano a donde nos conduzca el destino, que bien puede ser la gloria o el paredón. Tú dirás...

Francisca me veía en mi mejor momento. Fusilados Hidalgo y Allende, la responsabilidad del conflicto recaería en mi persona, por más que López Rayón fuera el coordinador de nuestras fuerzas armadas y del movimiento en general. Mi futuro era inmejorable, salvo que se interpusieran en él Calleja y Abad y Queipo, quienes me torturarían para arrancarme secretos y hacerme escarmentar para concluir deshonrado, excomulgado, fusilado y decapitado, el resultado evidente de la suma de fuerzas civiles y religiosas; de ahí que yo propusiera, entre otras razones, la sana separación entre Iglesia y Estado.

Francisca me contemplaba imperturbable. ¿Qué pensaría? En ese momento parecía un ídolo de piedra. Vestía unas sandalias café oscuro, de las que eran económicamente inaccesibles a las indígenas de la región, además de una falda amarilla, ocre, de gran vuelo, combinada con una blusa blanca que dejaba al descubierto sus hombros tostados por el sol y permitía admirar el nacimiento de aquellos senos por los que yo había llegado a delirar. Su pelo negro, lacio, y sus ojos del mismo color, su mirada intensa como siempre, me volvieron a atrapar como en los años en que sólo era un chamaco. ¿Me embrujaba? Sí, me embrujaba: olía como siempre, veía como siempre, coqueteaba como siempre, irradiaba belleza como siempre, empezó a reír como siempre, se sentaba como siempre, observaba como siempre... El tiempo no había pasado a pesar de que ella contaba con treinta y cinco años de edad.

Sin mayores trámites, le extendí espontáneamente las manos para animarla a abandonar el hogar en el que había vivido durante tantos años con Matías. Bastaría con que se pusiera de pie para retirarnos. Nada teníamos que hacer en dicho lugar. Tendríamos que fundar nuestro nido, el propio, muy a pesar de la guerra, aun cuando, por el momento, tuviéramos varios domicilios itinerantes. Mi sorpresa fue mayúscula cuando no sólo no despreció mi gesto, sino que me cubrió con sus manos y empezó a acariciar mis dedos en silencio, sin perderlos de vista. ¿Estaría soñando? ¿Recordaría nuestra juventud, el tendejón, la abarrotera de su tío, las recuas...? Ambos permanecíamos sentados en los equipales ubicados en una esquina de la sala. Pude respetar sus reflexiones por tan sólo unos instantes porque a continuación me bajé del sillón y me arrodillé, arrastrándome unos breves pasos para estar lo más cerca posible de ella. ¿José María Teclo Morelos de rodillas? Bien, sí, sólo ante Dios y, por supuesto, ante Francisca, una y mil veces de rodillas ante Francisca, ¡claro que sí! ¿El máximo líder de la Independencia en esa posición ante una mujer? Eso y más, mucho más: me estaba rindiendo ante ella, homenajeándola, distinguiéndola con la humildad de un esclavo. Quien no lo ha hecho ante su pareja ha perdido miserablemente la vida.

Como Francisca había enmudecido en tanto tenía clavada la vista en nuestras manos, me solté suavemente para acariciarle el cabello, la frente, las mejillas, expresiones amorosas que había idealizado toda mi vida. Llevaba más de treinta años conteniendo mis apetitos y deseos. ¡Cuántas veces me descubrí delirando en las noches! En muchas ocasiones la pasión y la impotencia habían estallado en mi interior haciendo de mí un sujeto inentendible. La vida me premiaba al poder expresar, y no sólo expresar, sino materializar mis sentimientos. Dios estaba conmigo, de otra manera jamás lo hubiera permitido. Me autorizaba a tocarla, postrado como me encontraba ante ella. Escrutaba su rostro mientras jugaba con unas enormes arracadas que colgaban musicalmente de sus orejas. Hacía pequeños remolinos con sus cabellos hasta que con mi mano derecha levanté su barbilla para contemplarla. ¡Gracias, Señor, por este momento que le obsequias al más humilde pastor de tu rebaño! Francisca cerró los ojos. Estaba turbada. Decidí aprovechar la coyuntura para besar delicadamente sus labios. ¿Por qué tendrían que haber pasado tantos años? ¡Dios, Dios, Dios…! Ella no opuso la menor resistencia. Sabía que era mía y estaba a mi disposición. Abrió entonces la boca en forma apenas perceptible. Creí perder la razón. Todo Morelos estuvo llamado a entrar de golpe por esa cavidad que conducía al paraíso. Todo en mí crecía junto con mi arrojo, mi temple y mi consagración como hombre, como ser humano. Me había resignado a perder la vida sin descubrir el verdadero amor, una de las razones más claras para explicar nuestra existencia. Al conocer su respuesta tomé su cara como quien levanta un cáliz de oro para ofrecérselo a la divinidad y me dispuse a devorarla en su propia casa, en la de Matías. ¡Qué mejor lugar para confirmar su derrota que acostarme con su mujer, ahora la mía, en su propio hogar!

Al soltar su rostro, sin acabar de embelesarme con él, la tomé por los hombros. Palpaba su piel, la recorría en tanto ella giraba la cabeza con cierta indolencia hacia atrás y adelante. Reaccionaba a mis insinuaciones. Nos abrazamos, nos estrechamos. Yo sentía sus manos en mi espalda y también recorriendo la parte de mi cabellera descubierta por el paliacate. Mientras besaba sus hombros decidí bajar su blusa a lo largo de sus brazos, momento en que me retiré para disfrutar a plenitud ese precioso obsequio a mis sentidos. Sus senos se encontraban plenos, llenos, obsequiosos, como los de una joven nodriza. ¿No habría pasado Matías por aquí? ¿Habría desperdiciado este tesoro de la naturaleza? Arrodillado como estaba, los acaricié una y otra vez. Sus pezones oscuros y su aura ligeramente más clara delataban su doncellez. Los besé, los estreché para materializar el viejo sueño de mi vida. Eran míos, hubiera querido salir a gritar por todo el caserío. Hundí embelesado mi cara entre ellos. Giré la cabeza delicadamente de un lado al otro manteniendo cerrados los ojos.

Su piel me enervaba cuando producía pequeñas perlas de sudor, la justa respuesta a mis anhelos. Nos pusimos de pie para llenarnos el uno con la otra. Ella también sentiría algo, de otra manera resultaba inexplicable su actitud. En la vida se trata de interpretar las respuestas para entender los hechos. Con su proceder, Francisca resolvía mis dudas. ¿Para qué hablar? Nunca olvidaré cuando la tuve completamente desnuda ante mí. Ella no mostraba la menor turbación. Su comportamiento me parecía en ocasiones el de una esclava frente al patrón. No importaba. Por ninguna razón desaprovecharía esta oportunidad. Tal vez, al salir de su casa, recibiría un impacto de bala en el centro de la frente. ¿Qué más daba? ¿No había valido la pena? Me hubiera ido al otro mundo con una sonrisa en el rostro…

Al abrazarla y atraerla sujetándola por las nalgas, creí perderme. ¡Imposible resistir ni un solo instante más! Tuve que soltarla discretamente antes de llegar a caer en un ridículo propio de un adolescente. Imposible mantenerme en dicha posición. Hubiera precipitado los acontecimientos de manera inconveniente y vergonzosa. Sólo que ¿cómo contenerse ante una hembra hecha de maderas preciosas de las selvas tropicales? Ni siquiera el paso del tiempo había causado estragos en aquel cuerpo que millones de años de evolución humana se resumían en aquella mujer, el mejor premio de Dios en mi existencia. ¡Gracias, Señor, por haberla puesto en mi camino! Si no Él, ¿quién…?

Cuando nos desplomamos en la cama y nos abrazamos y nos olimos y nos atrapamos y nos enredamos y nos besamos y nos tocamos y nos hundimos y nos rescatamos y nos enervamos y nos sumergimos y nos sofocamos y nos volvimos a sofocar y nos agitamos, nos confesamos en silencio y nos contestamos con caricias y arrumacos y nos fusionamos y nos retorcimos y suspiramos y le cantamos a la vida con nuestros suspiros y nos entregamos y nos olvidamos y nos recordamos y nos reímos y nos consolamos y nos añoramos y nos penetramos y adentramos en nuestra historia, en nosotros mismos, en nuestro presente y en nuestro futuro, y nos explicamos con las miradas y nos respondimos con los labios y con las yemas de los dedos y nos preguntamos para contestar con apretones, añoranzas y disimulos, entonces caímos en cuenta del inicio de una nueva etapa en nuestras vidas. Yo la iniciaba a mis casi cuarenta y siete años de edad. Nunca era tarde para comenzar. Por lo pronto Francisca ya era mi mujer y me acompañaría, mientras fuera posible, a donde truenan los cañones…

La tropa insurgente empezó a conocer a Francisca como *la Capitana de la Alegría*. Estaba cerca de mí, muy cerca de mí, como de todos, compartiendo decisiones, sensaciones y cuidados: nos presentamos como una pareja alegre, dispuesta y valiente, cuyo objetivo principal era salvar a México. Yo fungía como el jefe, ella, en el interior de mi tienda de mi campaña, hacía las veces de mi asistente. Ella suponía, y con razón, que Matías Carranco ingresaría a las filas realistas. A partir de ese momento ya no sería sólo mi enemigo, sino nuestro enemigo…

Poderosamente fortalecido en mis ánimos, publiqué la siguiente proclama en contra de los aliados naturales de Calleja, el 8 de febrero de 1812:

Amados americanos:

Las repetidas victorias con que el cielo se ha especializado en proteger visiblemente los diversos combates que ha sostenido esta división valiente y aguerrida, que hace temblar al enemigo sólo con el nombre de nuestro general invicto, son un testimonio claro y constante de la justicia de nuestra causa… el dios de los ejércitos, en quien está depositado todo el poder y fuerza de las naciones, disipará como ligera nube la miserable porción de europeos reunidos en nuestro perjuicio, y les dará a conocer que los pueblos esclavizados son libres en el momento mismo en el que quieren serlo… Recordéis por ahora las crecidas cantidades de plata y oro que, desde la conquista de Cortés hasta habrá año y medio se han llevado los gachupines a su reino… y sólo echad una mirada sobre los tributos y pensiones de que estaba cargado cada uno de nosotros respectivamente, sirviéndose aquellos tiranos de vuestro trabajo, de vuestras personas y de vuestras escaseces para aumentar sus caudales con perjuicio vuestro, con desprecio de la humanidad y con total aniquilamiento… Americanos: ya es tiempo de decir la verdad conforme es en sí misma, los gachupines son naturalmente impostores y con sus sofismas se empeñan en alucinaros para que no sigáis este partido… el gobierno de los gachupines es verdad que nos trata de herejes, ladrones y asesinos, libidinosos e impolíticos… ¡Miserables! No se acuerdan que habrá dos años era Bonaparte su ídolo, a quien casi veneraban como el ángel tutelar de la península, cuando les llegó a sus intereses… se convirtieron en sus mayores antipatistas… Los gachupines están poseídos de la oligarquía y del egoísmo, profesan

la mentira y son idólatras de los metales valiosos, preciosísi-
mos... hombres ignorantes y presumidos que jactáis tanto de
religión y cristianismo, ¿por qué mancháis tan sagrados carac-
teres con impiedades, blasfemias y deseos inicuos...? Valgámo-
nos del derecho de guerra para restaurar la libertad política...
Si los gachupines no rinden sus armas ni se sujetan al gobierno de la suprema y soberana junta nacional de esta América,
acabémoslos, destruyámoslos, exterminémoslos, sin envainar
nuestras espadas hasta no vernos libres de sus manos impuras
y sangrientas.[19]

Sólo que los problemas, las asfixias y los descalabros no podían faltar. Se produjo el sitio de Cuautla. Nos cerraron todas las salidas.
Nos condenaban a la sed, al hambre, a la enfermedad y a la muerte,
con muy escasas municiones, para ya ni hablar de los alimentos. La
desesperación cundía entre todos nosotros. Había que disimular los
sentimientos como si el peligro que nos acosaba por los cuatro costados no existiera. Teníamos que infundir paz y esperanza cuando
carecíamos precisamente de ellas. El pánico por la peste era una pesadilla de día y de noche. Las mujeres y los niños organizaron una
defensa histórica. Ellas, distribuidas en tres brigadas, atendían la
alimentación de nosotros, los sitiados, realizando a diario, de manera inexplicable, el milagro de los panes y de las tortillas y los frijoles. Otras se dedicaban a auxiliar a los heridos y el resto ayudaba
a los soldados a cargar sus armas y a cargar los cartuchos, en tanto
yo animaba a la tropa, en particular a nuestra artillería, inventando
burlas, apagando en público y personalmente las espoletas, ejemplo
que seguía la población civil. Galeana me había salvado la vida. *El
Niño Artillero*, Narciso Mendoza, al hacer estallar su cañón como
un repentino relámpago, él sí nos salvó a todos. Nuestra Capitana
de la Alegría estuvo siempre con nosotros, llenándonos de ánimos
y de vigor.

En esa asfixiante coyuntura, el 4 de abril de 1812, le escribí a
Calleja la siguiente carta:

Señor español: el que muere por la verdadera religión y por su
patria, no muere infausta, sino gloriosamente. Usted, que quiere
morir por la de Napoleón, acabará del modo que señala a otros.
Usted no es el que ha de señalar el momento fatal de este ejér-

[19] Instituto José María Luis Mora, 1985: 291-295.

cito, sino Dios quien ha determinado el castigo de los europeos
y que los americanos recobren sus derechos. Yo soy Católico y
por lo mismo le digo a usted que tome camino para su tierra,
pues según las circunstancias de la guerra, perecerá a nuestras
manos el día que Dios decrete ese futuro posible; por lo demás,
no hay que apurarse, pues aunque acabe ese ejército conmigo,
y las demás divisiones que señala, queda aún toda la América
que ha conocido sus derechos, y está resuelta a acabar con los
pocos españoles que han quedado. Usted sin duda está creyendo en la venida del Rey don Sebastián en su caballo blanco y
ayudarle a vencer la guerra; pero los americanos saben lo que
necesitan, y ya no podrán ustedes embobarlos con sus gacetas y
papeles mentirosos. Supongo que al señor Calleja le habrá venido otra generación de calzones para exterminar esta valiente división, pues la que trae de enaguas no ha podido entrar en este
arrabal; y si así fuere, que vengan el día que quiera, y mientras
yo trabajo en las oficinas, haga usted que me tiren unas bombi-
tas, porque estoy triste sin ellas. Es de usted su servidor el fiel
americano.

MORELOS.[20]

Nos quedábamos sin agua sitiados en Cuautla, pero gracias a Galeana recuperamos el manantial. Nos bombardeaban de día y de
noche. El hambre cundía, las enfermedades también. Los heridos
fallecían sin que pudiéramos obtener vendas ni medicamentos ni
conseguir las más elementales condiciones de higiene. Sin embargo, después de setenta y dos días rompimos sigilosamente el cer-
co, perdimos el cañón de Narciso, nuestro adorado niño, así como
la vida de muchos héroes anónimos. Sí, pero lo más grave fue que
aprehendieron al inmortal Leonardo Bravo. Tratamos de canjearlo
por doscientos o trescientos soldados realistas y españoles hechos
prisioneros, pero todo fue inútil: Calleja ordenó su ejecución, misma que lloramos desconsoladamente. Nadie podía ignorar la suerte que corría de llegar a caer en manos de este sanguinario sujeto
llamado Calleja. Muy poca satisfacción me produjo cuando la Suprema Junta Gubernativa me nombró capitán general. ¿Qué hacer
sin don Leonardo Bravo? Sin embargo, su hijo Nicolás, que se negó
a deponer las armas a cambio de la vida de Leonardo, permaneció
con nosotros: era una familia de auténticos patriotas.

[20] Oropeza, 1969: 39-40.

Tomamos Orizaba y Oaxaca a finales de 1813, mientras el virrey Venegas nombraba a Calleja gobernador militar de México con el insultante título de teniente coronel de patriotas.

Por aquel tiempo, en enero de 1813, por primera vez posé para un retrato al óleo ejecutado por Valencia, un indio mixteco, dotado de un talento sobrenatural para las artes. La obra maestra era obsequio de mi querido mariscal, el cura Matamoros. La verdad no me gustó aparecer vestido con un gorro negro ni creí ser tan grueso de cuerpo y cara ni mucho menos tener una barba negra y tan poblada, lo cual acentuó todavía más el color oscuro de mi piel. No creí tener los ojos almendrados ni unas cejas tan negras y abundantes subidas al centro de mi frente como si yo fuera un gachupín vendedor de abarrotes. Sí me gustó el trazo en mi nariz recta y levantada en la punta, aunque un tanto desviada por un golpazo que me di contra la rama de un árbol cuando montaba a galope y caí al piso con la pérdida total de la conciencia. Yo no tengo la boca tan perfecta ni tan cerca de la nariz. Me pintaron como si no tuviera labio superior. El mentón saliente, la barba partida, la frente vertical, según me explicaron, era una señal inequívoca de determinación y confianza en mí mismo, por lo que me sentí muy agradecido con el artista, no así cuando me percaté de que él me percibía con una cara gruesa y oval, atributos que, de ser ciertos, desde luego hubieran justificado la decisión de Francisca, ¡ay mi Francisca!, de abandonarme. No me agradó verme tan chaparro, por más que lo fuera, y hubiera agradecido aparecer sin mi lunar ni mis dos verrugas a un lado de la oreja izquierda. Creo que me hubiera visto mejor sin mi camisa de Bretaña, el chaleco de paño negro, el pantalón de paño azul, las medias de algodón blancas, los zapatos abotinados, la chaqueta de indianilla, el fondo blanco, y sin la odiosa mascada de seda toledana, para ya ni hablar de la motera de seda.

Finalmente, a mediados de 1813 decidimos darle una estructura jurídica a la revuelta, de modo que nacionales y extranjeros conocieran nuestros ideales políticos y nuestros anhelos sociales, indispensables para construir el México del futuro. Yo publicaría en ese mismo año, a modo de conmemoración de las fiestas patrias, lo que entendí que eran los Sentimientos de la Nación. Una vez instalado solemnemente el Congreso Insurgente dedicado a redactar la Constitución que habría de regir el México del futuro, haría saber mi verdadero programa político: propuse la absoluta independencia de la nación; que se declarara la religión católica, apostólica, romana, como única; que se pagaran a sus ministros los diezmos, suprimiéndose las obvenciones parroquiales, mismas que deberían ser gratuitas. Nada de cobrar por los servicios religiosos como si fuéramos comerciantes; que se estableciera la división de poderes entre un legislativo, un ejecutivo y un judicial; que fueran los nacionales los que ocuparan los puestos públicos y que sólo se admitieran extranjeros artesanos que pudieran enseñar nuevos oficios; que se suprimiera por completo la esclavitud y la distinción de castas; que se dictaran leyes que moderaran la opulencia y acabaran con la pobreza; que se declarara inviolable el domicilio; que se suprimiera el tormento, las alcabalas, los estancos y el tributo, no dejando sino un impuesto de un diez por ciento sobre importaciones y que con él y con las confiscaciones de los bienes de los españoles, se cubrieran los gastos de la nación. Yo sólo aspiraba a ser Siervo de la Nación.

Fui nombrado entonces generalísimo de los Ejércitos Insurgentes por abrumadora mayoría en una elección en la que participaron todos los oficiales con grado mínimo de coronel. Ordené que se cantaran misas de gracias en todas las localidades adictas a la insurgencia. Dios estaba con nosotros. Dios tenía que estar con la libertad. Dios tenía que estar con los pobres. Dios tenía que estar con los desamparados. Dios tenía que estar con los esclavos y con las mujeres violadas. Dios tenía que estar con las víctimas de un gobierno autoritario e impune que no conocía otra ley salvo la de los estados de ánimo del virrey en turno. Dios tenía que estar con los ignorantes, con los analfabetos, una de las peores herencias de la Colonia. Dios tenía que estar con quienes solicitaban tortillas para comer, medicinas para sobrevivir y techos para no dormir a la intemperie envueltos en petates. Dios tenía que estar con la República, sí, por supuesto, tenía que estar con la República.

Continuamos los trabajos de un Congreso Constituyente en la ciudad de Chilpancingo. En ese foro insistí en la exclusión definitiva de Fernando VII como nuestro soberano. En la nueva Constitución a promulgarse en octubre de 1814, se adoptarían los principios fundamentales de la nacionalidad mexicana, la independencia absoluta de España, la separación entre Iglesia y Estado, la libertad de comercio sin limitación alguna, el surgimiento de una nueva nación, la soberanía del pueblo, el arribo de la democracia, el nacimiento de un gobierno republicano, la división de poderes y los derechos públicos individuales del ciudadano conocidos como *garantías indivi-duales*. Recogíamos los Derechos Universales del Hombre, algunos principios de la Revolución francesa y de la Independencia de los Estados Unidos. Construíamos un Estado moderno sin necesidad alguna de que nos gobernara un soberano extranjero. Se organizaba un gobierno mexicano dividido en tres poderes. Abríamos el nuevo país al mundo entero. Rusia, Francia y Estados Unidos habían expresado, con la debida discreción, su apoyo a la causa republicana.

La respuesta del gobierno virreinal y de la Iglesia no pudo ser más violenta. A nadie escapaba que nuestras cabezas tenían un precio más alto mientras más nos acercábamos a la libertad.

Francisca, la Capitana de la Alegría, se empezó a mostrar decaída. Ya no tenía la energía de siempre ni motivaba a la tropa ni compartía el escaso rancho con los soldados. La que antes despertaba y estaba de pie al alba, ahora dormía y se fatigaba exhibiendo las huellas del cansancio con unas manchas negras en los párpados. Se desvanecía. Ya no montaba a caballo. Iba en un carruaje tirado por dos mulas. Le resultaba imposible ocultar su agotamiento hasta que conocimos la grata nueva: estaba embarazada. Nuestro hijo nacería en los primeros meses de 1814. Año histórico puesto que también aparecería en el horizonte jurídico y político de México nuestra tan ansiada Constitución, si es que Calleja no daba antes con los integrantes del Congreso y los masacraba a balazos. Mi felicidad por tan fausta nueva me llenó de ímpetus y coraje. Dios nos premiaba con un hijo. No dejaba de pensar en la suerte de Brígida a la hora del alumbramiento. Un miedo extraño se volvió a apoderar de mí. ¿Por qué seres tan mágicos y maravillosos como las mujeres tenían que correr semejantes riesgos? Ya nos veríamos la caras en la próxima primavera.

Calleja ahora ya perseguía por igual a insurgentes que a diputados constituyentes. Se trataba de una guerra sin cuartel para impedir las sesiones y las deliberaciones de nuestro congreso, en tanto que nosotros, al mismo tiempo que veíamos por los legisladores, propagábamos la insurrección en el departamento del norte, en las provincias de Puebla, Veracruz y parte de la de México. Incendiábamos desde Tuxpan hasta Veracruz y desde Orizaba hasta Xalapa, organizando catorce divisiones, todas ellas bien armadas y articuladas para oponer una poderosa resistencia a los españoles. Nos hicimos de Perote, Puebla, Acapulco, salvo el Castillo de San Diego,

Huamantla, Tlaxcala, así como dominamos de Zacatlán a Tulan-
cingo y Pachuca, territorios cubiertos por divisiones y partidas insurgentes, al igual que Guanajuato, Guadalajara y Zacatecas, sin
olvidar nuestra amada Texas, donde la rebelión encabezada por
Bernardo Gutiérrez de Lara se apoderó de la bahía del Espíritu Santo. ¡Cuánta satisfacción nos dio tomar posesión de Oaxaca el 25 de
noviembre de 1813, en donde le supliqué a Francisca, Panchita, que
descansara a salvo hasta que naciera nuestro vástago!

Sin embargo, a pesar de este febril ajetreo, todavía buscaba
tiempo para escribirle a Abad y Queipo, el autor más influyente de
la excomunión del padre Hidalgo, de su tortura, de su fusilamiento
y de su decapitación. ¡Por supuesto que perseguía los mismos objetivos hacia nosotros!:

23 de diciembre de 1813

Entre los grandes corifeos de la tiranía en América, sin duda
ocupa usted un lugar muy distinguido... Usted fue el primero
que con infracción de las reglas prescritas por Jesucristo, fulmi-
nó el terrible rayo de la excomunión contra un pueblo cristiano
y generoso... Usted, con sus persuasiones y escritos, es el que
más ha soplado la hoguera en que se han inmolado tantas víctimas... Usted se halla en el conflicto de dar la última prueba: o
de que es un monstruo entre los tiranos, o de que circula en sus
venas espíritu racional... Anímelo ahora (al pueblo) para su salvación, haciendo que se rinda dentro de tres horas, que por término perentorio he prefinido.[21]

Abad y Queipo alegaba que si no nos destruían en los ocho meses del próximo estío, la insurrección prevalecería necesariamente
y todos los realistas serían víctimas de los insurgentes. Se consu-
miría todo el reino y en menos de diez años no quedaría una cara
blanca en lo que había sido la Nueva España. Todos los extranjeros
serían expulsados o asesinados. Que los indecisos se habían pasado a nuestro bando. Que yo era el alma y el tronco de toda la insurrección y que aunque yo era un idiota, la envidia y la ambición
habían desplegado bastante mis talentos. Que resultaba inaplazable detenerme para que la justicia, su justicia, se ocupara de mí. Ya

[21] Lemoine, 1965: 447.

veríamos lo que acontecería a la inversa, si nuestra causa resultaba triunfadora: por supuesto que yo haría que la justicia insurgente se ocupara discretamente de él, aunque yo velaría porque se le aplicara la ley, nuestra ley, tanto a él como a Calleja.

Varios hechos singulares marcaron aquel difícil año de 1814: la toma de posesión de Félix María Calleja, el maldito militar, cruel y sanguinario realista, nada menos que como virrey de la Nueva España. La aparición de otro sanguinario capitán realista en el escenario de la guerra: Agustín de Iturbide. La noticia de que Matías Carranco prosperaba en las filas virreinales. La promulgación de nuestra Constitución en Apatzingán, muy a pesar de tantos riesgos y sustos. El nacimiento en Oaxaca de mi hijo José Vicente Ortiz, puesto que yo estaba impedido, por mi propia condición de sacerdote, de darle el apellido a mi nuevo vástago. ¡Cuánto hubiera deseado pasar mucho más tiempo al lado de mi hijo, adivinar sus facciones, tenerlo en mis brazos, descubrir su personalidad y semejanzas con Francisca y conmigo! ¿Por qué en lugar de jugarme la vida todos los días, perseguido en forma implacable, escondiéndome en cavernas, grutas y caseríos, durmiendo a la intemperie sin poder descansar, al acecho de cualquier emboscada de los enemigos, por qué en lugar de todo esto no compraba yo una tierrita y me dedicaba a cultivarla junto con Francisca y mis hijos? ¿Qué necesidad tenía de exponerme de esa manera, matando personas, degollándolas y mutilándolas, violando mandamientos así como mi condición de sacerdote y todo ello por la Independencia? ¿Y si fracasaba, y si corría yo la misma suerte de Hidalgo, de Allende, de Jiménez o la de Bravo? Sí, ¿por qué entonces no la granja, tener una granja llena de animales y vivir de ellos? ¿Por qué, por qué, por qué...?

Uno de los ratos más amargos de mi vida fue sin duda en aquel 1814 cuando Matamoros, Galeana, Bravo y Sesma y demás jefes insurgentes se opusieron respetuosamente a mi determinación de hacer frente a los realistas en Puruarán. Sin embargo, es justo reconocerlo porque para mi más absoluta desgracia todos ellos obedecieron: el resultado del combate no pudo ser más trágico y desastroso para la insurgencia: se dispersaron los restos de nuestro ejército; murieron más de seiscientos hombres que luchaban por la causa de la libertad; se perdió gran cantidad de material de guerra y, lo más grave, lo realmente grave, fue que mi amado y respetado cura Mariano Matamoros fue hecho prisionero. Nunca olvidaré el momento en que me informaron que los prisioneros insurgentes fueron fusilados en el mismo campo de batalla, salvando únicamente la vida nuestro querido Matamoros, a quien montaron encima de una mula, encadenado y cubierto por grilletes, para que fuera observado por la gente de Pátzcuaro. Después de recibir todo género de insultos y humillaciones, además de escupitajos y de ser golpeado por propios y extraños, finalmente fue fusilado sin juicio previo, el 3 de febrero de 1814. Calleja se negó a canjearlo por doscientos prisioneros españoles. ¡Claro estaba: su vida valía más que un millón de esos perros peninsulares!

Mi angustia por la debacle se desbordó cuando en Tlacotepec, cerca de Cuernavaca, fui informado de que había sido despojado del poder como resultado de la batalla de Puruarán. Fui removido del cargo de titular del Poder Ejecutivo, el mismo que fue asumido por el Congreso. La decisión era acertada. Yo había sido debidamente advertido de los inconvenientes de hacerle frente a los realistas en tan difíciles coyunturas y, sin embargo, desoí las recomendaciones y sugerencias de todos mis colaboradores. Al convertirme en el dueño de la verdad absoluta la catástrofe militar no se hizo esperar. La sentencia fue justificada por más dolor que me produjera. ¿A dónde van las personas cuando no pueden practicar ni el más elemental ejercicio de autocrítica? Yo me había equivocado y tenía que pagar las consecuencias, pero eso sí, de ninguna manera abandonaría el movimiento. Continuaría en las filas insurgentes como el más humilde de los soldados acatando sin chistar las órdenes de la superioridad. Me dolió en el alma el fusilamiento de Miguel Bravo, así como el asesinato de Galeana, mi querido Hermenegildo, quien fue degollado después de tratar de defender a sus leales soldados. Supe que Joaquín de León le había cortado la cabeza y la había colocado en la punta de su lanza para desfilar airoso al entrar a Coyuca para después tirarla en la misma plaza del pueblo. El propio comandante realista, tocado en su dignidad militar, llamó la atención a De León reprendiéndolo con estas palabras:

—Esta cabeza es la de un hombre valiente. Ve a darle cristiana sepultura en el camposanto.

No me detendría, por nada me detendría. La pérdida de mis amigos y de mis más íntimos colaboradores no me haría vacilar, como tampoco me hizo dudar de mis objetivos la lectura de un edicto firmado por Abad y Queipo por medio del cual quedaba excomulgado de mi Santa Madre Iglesia, junto con otros de mis más dilectos asistentes. Se me acusaba de hereje formal, de ser fautor de herejías, de ser perseguidor y perturbador de la jerarquía eclesiástica, profanador de los santos sacramentos, cismático, lascivo, hipócrita, enemigo irreconciliable del cristianismo, traidor a Dios, al rey, al Papa y a la patria.

¿Yo hereje? ¿Cuándo sostuve dogmas u opiniones contrarias a la ortodoxia de mi santa religión? ¿De cuál herejía fui autor, cuándo y dónde? ¡Patrañas, mentiras y embustes tramados por Abad y Queipo para que la gente ignorante se apartara de mí como si yo encarnara al demonio mismo! ¿Cuándo perturbé a la jerarquía católica si el movimiento está inspirado en nuestra Santa Madre virgen de Guadalupe? Nunca pronuncié un solo discurso contra mi Iglesia, a la que respeté y respeto, con excepción de ciertos príncipes que no han aceptado que el medioevo fue superado hace muchos siglos. ¿Cuándo profané los santos sacramentos? ¿Cuándo profané el bautismo o la confirmación o la sagrada confesión o la comunión o mi orden sacerdotal o la unción de los enfermos o el matrimonio, si nunca me casé ni intenté hacerlo? Es más, renuncié temporalmente a mi calidad de sacerdote para no infligir ninguna disposición que yo hubiera jurado defender. ¡Hasta dónde puede caer un obispo como Abad y Queipo con tal de salvar su patrimonio y sus privilegios políticos! ¡Este pastor perverso y podrido se las habría de ver con el Señor el día del Juicio Final!

La excomunión era un castigo muy severo para mí, sólo que en mi interior le concedía la última palabra al Señor: Él y sólo Él tendría la autoridad suficiente para juzgar mis actos. A Él me atendría y de ninguna manera a la opinión amañada e interesada y políticamente corrupta de un obispo que únicamente buscaba incrementar su patrimonio y sus fueros, con cargo al movimiento insurgente.

Sólo la promulgación de la Constitución de Apatzingán me permitió volver al mando de mis tropas designándome de nueva cuenta miembro del Poder Ejecutivo cuando corrió la noticia, como pólvora, de que Iturbide se acercaba a Apatzingán acompañado de una gran parte de las fuerzas realistas. A estas alturas ya nadie ignoraba la suerte que correría de llegar a caer en las manos sanguinarias de Iturbide, por lo que, Congreso e insurgentes, tuvimos que deshacer los campamentos y desocupar el pueblo a la mayor brevedad, antes de sucumbir a esas tropas sanguinarias.

Había corrido un rumor entre nosotros: el padre de Iturbide

contaba cuando su hijo, siendo niño, les «cortaba los dedos de los pies a las gallinas para tener el bárbaro placer de verlas andar con sólo los troncocitos de las canillas». Ese era nuestro perseguidor. Se le acusaba de haber castigado sin motivo a muchas personas; de tener prisioneras mujeres capturadas en Pénjamo, sin formarles causa; de saquear, de robar a los propios realistas que prestaban sus servicios al virrey; de sanguinario porque ordenaba el fusilamiento de soldados indisciplinados de sus propias tropas; de especular con granos, «comprándolos él mismo por tercera mano para revenderlos por cuadruplicada cantidad»; de fusilar a muchos vecinos de las poblaciones que presentaban alguna resistencia y de vanagloriarse de que en dos meses había aprehendido o pasado por las armas a novecientos insurgentes; de traficar con azúcar, lana, aceite, cigarros y plata; de menospreciar y ultrajar a las corporaciones civiles sólo porque no le ayudaban en sus comercios y porque no eran esclavas de su voluntad; de apropiarse de más de un millón de pesos de las cajas reales de Guanajuato sin detenerse a pensar en la pésima situación de sus tropas… En fin, que se sepa: Iturbide nunca fue un patriota. Si algo lo distinguió fue haber sido particularmente sanguinario, un émulo del virrey Félix María Calleja, cruel, de mano dura y extraordinariamente corrupto.

Tendríamos que imponer la Constitución con la fuerza de las armas para hacerla entrar en vigor en todo el país. De Zumpango pasamos a la Cañada del Zopilote, de ahí al río Mezcala, a Tetela, a Pezoapan, a El Cubo, a la Hacienda del Potrero, en Tlalchapa, y en Cutzamala, a Chumítaro, a Huetamo, de regreso a Nocupétaro, a Carácuaro, a Chupio, a Tacámbaro, a Llano Grande, a Acuitzio, a Tiripitío, a Santiago Undameo y a Lomas de Santa María. Era imposible que dejáramos extinguirse los focos de insurrección.

Mientras el ejército realista seguía nuestros pasos cada vez más de cerca y amenazaba con ponernos contra la pared, el cabildo eclesiástico de México disparaba también sus cañones, pero desde los púlpitos o por medio de manifiestos o declaraciones que se pegaban en la puerta de todas las iglesias del país. En 1815 publicaron un edicto:

…prohibiendo nuestra Constitución y otros papeles publicados en Apatzingán, bajo la pena de excomunión mayor, quedando sujetos a la misma los que no delatasen a los que los tuviesen, por cualquiera racional y fundada sospecha, por ser reos de alta traición y cómplices de la desolación de la Iglesia y de la Patria.

En el mismo edicto:

> ...mandó el cabildo a todos los curas, confesores y predicadores, tanto seculares como regulares, a que combatiesen los principios contenidos en aquellos escritos, amenazando a los eclesiásticos que se condujesen con indiferencia en este punto o que usasen en los actos públicos de otro lenguaje, con la pérdida de los beneficios o destinos que obtuviesen y suspensión del ejercicio de su ministerio, procediéndose a formación de causa contra ellos, como sospechosos no sólo en materia de fidelidad, sino también de creencia...

La Inquisición, por un edicto publicado el 10 de julio de 1815, haciendo menuda relación de cada uno de los papeles objeto de su censura

> ...declaró incursos en excomunión mayor no sólo a todos los que tuviesen tales papeles, sino a los que no denunciasen a quienes los hubiesen leído, y a los que inspirasen o propagasen el espíritu de sedición e independencia y el de inobediencia a las determinaciones de las autoridades legítimas, especialmente a las del Santo Oficio.[22]

Mi Iglesia, ¿dónde estaba mi Iglesia y a quién apoyaba mi Iglesia? Perdónalos también, Dios mío...

Sin embargo, no cejábamos en nuestros esfuerzos. Logramos crear, a través de un decreto, el escudo nacional, en un campo de plata incorporamos a un águila de pie con una serpiente en el pico, descansando sobre un nopal cargado de tunas, cuyo tronco estaba fijado en el centro de una laguna. Avanzábamos, inventábamos símbolos, uníamos a los nuestros a través de una mística y alimentábamos esperanzas de éxito, como cuando le escribí el 4 de julio de 1815 una carta al presidente de los Estados Unidos para felicitarlo por la fiesta de Independencia de su país.

Suscribiendo como presidente del Supremo Gobierno mexicano, exhorté al presidente de los Estados Unidos a reconocer la independencia de México:

[22] Alamán, 1849: 87-88.

Exmo. Sr. Presidente de los Estados Unidos del Norte:

Cansado el pueblo mexicano de sufrir el enorme peso de la do-
minación española y perdida para siempre la esperanza de ser
feliz bajo el gobierno de sus conquistadores, rompió los diques
de su moderación, y arrostrando dificultades y peligros que parecían insuperables a los esfuerzos de una colonia esclavizada,
levantó el grito de su libertad y emprendió valerosamente la
obra de su regeneración.

[...] puntualmente se nos ha presentado la mil veces deseada
oportunidad de procurar nuestras relaciones con el gobierno de
esas venturosas provincias [...] con la satisfacción de que esta
tentativa no correrá la suerte que otras anteriores...

Nos alienta sobremanera para insistir en esta solicitud, la íntima persuasión en que siempre hemos vivido, de que siendo
amigas y aliadas las Américas del Norte y Mexicana, influirán recíprocamente en los asuntos de su propia felicidad y se harán invencibles a las agresiones de la codicia, de la ambición y de la
tiranía.

En consecuencia, este Supremo Gobierno Mexicano, a nombre del mismo Congreso y de la nación que representa, eleva lo
expuesto al superior conocimiento de Vuestra Excelencia, suplicándole que con los seis documentos legales que se acompañan,
se sirva enterar de todo al Congreso General de los Estados Unidos, y en su augusta presencia recomiende nuestras pretensiones, ceñidas a que se reconozca la independencia de la América
Mexicana, se admita al expresado Exmo. Sr. Lic. D. José Manuel de Herrera como Ministro Plenipotenciario de ella, cerca
del gobierno de dichos estados, y en esta virtud se proceda en la
forma conveniente a las negociaciones y tratados que aseguren
la felicidad y la gloria de las dos Américas.

Dios guarde a VE muchos años, Palacio Nacional del Supremo Gobierno Mexicano, en Puruarán.[23]

La persecución realista era implacable. Los insurgentes ya no sólo
teníamos que defender la causa, sino velar por la integridad física
de los representantes del Congreso. Nos trasladábamos de un lugar
a otro. Yo era el primero en levantarme y el último en acostarme,
hasta que, en noviembre de 1815, decidí conceder un descanso a
mi tropa, porque la evidencia de la fatiga no dejaba lugar a la menor duda. De haber tenido que enfrentar al ejército de Calleja en las

[23] Lemoine, 1965: 563-565.

condiciones en las que nos encontrábamos, el desastre no se hubiera hecho esperar. Me volví a equivocar. Jamás tendría que haberme detenido en Texmalaca sabiendo que en cualquier momento, De la Concha y sus secuaces, entre los que se encontraba nada menos que Matías Carranco, podían caer encima de nosotros con tan sólo seguir nuestras huellas.

De la Concha sabía de nuestros pasos y para acortar el camino siguió el rumbo de Malinalco, Tepecoacuilco y Tulimán, donde una partida de caballería de Villasana le comunicó que dos días antes habíamos pasado por Tenango, noticia confirmada por un indígena, que aseguró que nos encontrábamos en Texmalaca. Sin perder un instante, se movilizaron las tropas realistas. Al cruzar el río se les concedió un pequeño descanso para proveerse de agua y en seguida marcharon hacia Texmalaca, donde lograron avistar a nuestra retaguardia. Al darme cuenta de la proximidad del enemigo, di órdenes de que el Congreso se adelantara cuanto pudiera a fin de salvarlo, en tanto que yo formaba tres columnas para defendernos; la de la izquierda a las órdenes de Nicolás Bravo; la de la derecha, a las de Lobato, reservándome la del centro. De la misma manera se distribuyó el ejército realista, iniciándose el combate a las once de la mañana «con un fuego bastante vivo por ambas partes...» Nuestras tropas se dispersaron, fijándose la atención de los realistas en mi captura. La cacería había comenzado. Asesinen al maldito cura que busca la libertad y la independencia de México aunque los propios soldados realistas estuvieran de acuerdo en lograr, precisamente, la libertad y la independencia de México. ¡Ay, la sinrazón de la sinrazón! En medio de aquel desorden me encontré con Bravo, quien me comentó su determinación de seguir combatiendo a mi lado. Yo consideraba la causa perdida. Estábamos cercados. No teníamos escapatoria posible.

—No, vaya usted a escoltar al Congreso —contesté— poco importa que yo perezca.

Mis odios fundados en contra del ejército realista se centraban en cuatro personas: Félix María Calleja, Agustín de Iturbide, Manuel de la Concha y, por supuesto, en mi eterno enemigo Matías Carranco. Con cualquiera de ellos deseaba encontrarme en igualdad de condiciones, sin embargo, cuando entraba a una espesa arboleda acompañado de mis hombres, de pronto, pero tarde, muy tarde, me percaté de que había caído en una emboscada de los realistas. Al girar para todos lados sólo encontré caras desconocidas y cincuenta rifles que me apuntaban al pecho. Estábamos perdidos. Cualquier intento de fuga resultaría imposible. Nos desarmaron uno por uno. ¡Con cuánta angustia y coraje nos vimos obligados a dejar caer al piso nuestros mosquetes, junto con nuestras espadas y lanzas! No tardé en descubrir la identidad del jefe de la patrulla militar que me había atrapado: Matías Carranco. Era él, no cabía la menor duda: se trataba de mi antiguo amigo arriero, quien me había arrebatado a la mujer de mi vida. ¿Cómo confundirlo?

—Tú y yo ya nos conocíamos, Matías, ¿no es cierto? —aduje haciendo gala de una gran sangre fría al recordar las mismas palabras de cuando nos batimos a duelo a machetazos, en Chichihualco, cuatro años antes.

—Es usted mi prisionero —respondió Matías dudando de lo que sus ojos veían. Evitaría, a como diera lugar, que me dispararan. Por supuesto que me quería vivo para cumplir con su parte de la venganza. La vida lo premiaba concediéndole la oportunidad de atraparme. Los designios del Señor eran inescrutables. ¿En qué me había equivocado para hacerme acreedor a semejante castigo?

—Muchas gracias, señor Carranco —agregué entregándole mi reloj, sin saber por qué lo hacía.

Obviamente no opuse resistencia. Sabía a ciencia cierta mi destino. Más tarde Carranco sería elevado al rango de general, además de habérsele concedido el distintivo particular de un escudo que podría ostentar en el brazo izquierdo con las armas reales y el lema: «Señaló su fidelidad y amor al rey el día 5 de noviembre de 1815». El gran traidor a la causa insurgente sería ascendido mientras yo sería fusilado. Era la gran oportunidad de Matías Carranco para arrebatarme, ahora sí para siempre, a mi Francisca, a mi Panchita con todo y mi chamaco...

A los diez días de mi captura, me vi encerrado en los sótanos del Palacio de la Inquisición, atrás de la Catedral Metropolitana en la capital de la Nueva España. La Iglesia, mi querida Iglesia, me torturaría para arrancarme todos mis secretos. Se trataba de hacerme confesar el número e identidad de los principales cabecillas del movimiento de Independencia, así como su ubicación, junto con las cantidades de parque disponible en cada plaza. Guardé silencio hasta que me colgaron de una garrucha anclada en el techo de una habitación sin ventanas, iluminada de día y de noche por candelabros. Los verdugos y los fiscales me cargaron de grillos, me ataron a las gargantas de mis pies cien libras de hierro, me torcieron los brazos atrás de la espalda, asegurándolos con unas sogas para sujetarme las muñecas. A continuación me levantaron unos tres metros del suelo y me dejaron caer de golpe hasta doce veces, sin que yo delatara a ninguno de los míos muy a pesar de que sentía haber perdido mis brazos o, lo menos, los tenía descoyuntados, pues los arrastraba como si careciera de osamenta.

Como me negué a confesar, los inquisidores ejecutaron la tortura del potro, atándome los pies y las manos, en tanto asestaban garrotazos que convertían mi cuerpo en meros pedazos irreconocibles de carne.

Yo me mantenía inconfeso, por lo que me hicieron tragar grandes porciones de agua por medio de un embudo, seguido de golpes en la espalda para asfixiarme piadosamente si no hablaba. ¿Dónde estabas, Dios mío, cuando estos vergonzosos pastores disfrazados de verdugos me torturaban sólo por haber intentado tener un país libre y próspero?

Ni siquiera cuando me quemaron los pies desnudos, untados con grasa y asegurados en un cepo, a fuego lento en un brasero, pronuncié un solo nombre que ellos no conocieran. Entre gritos de horror confesé la ubicación de nuestro parque, la misma que ellos no podían ignorar. No traicioné a nadie, por más que hubiera llegado a estar muy cerca de hacerlo. Me pusieron un sambenito desgastado y ensangrentado que despedía un olor a sudor hediondo que seguramente había sido utilizado por miles de prisioneros en las mismas condiciones en que yo me encontraba. Después fui procesado por otros dos tribunales, además del de la Jurisdicción Unida: el del Santo Oficio y el militar, que sólo deberían conducir, bien lo sabía yo, a mi degradación y muerte… Esperaba la pena capital porque antes de someterme a ningún juicio ya había sido sentenciado. Por todo ello, en la Constitución de Apatzingán había propuesto la cancelación de las torturas y establecido el respeto de las garantías jurídicas y políticas inherentes al ser humano, los derechos universales del hombre que ignoraba mi Iglesia. No tardarían en condenarme como hereje…

A mi hijo José Vicente le dejé esta carta con las hojas sueltas, pequeñas, escondidas, una a una, entre las de mi misal:

Tres funcionarios del Tribunal Eclesiástico me recibieron de espaldas —como se recibe a los traidores, como si yo fuera un traidor—. Sólo dejaban ver sus negras capas pluviales. La sala estaba adornada con retratos al óleo de los inquisidores. Las columnas y ornatos arquitectónicos estaban cubiertos de damasco encantado. En el extremo que daba al sur había un sobrio altar exquisitamente decorado. En su centro estaba colocada una imagen de san Ildefonso. En el lado opuesto, y después de una gradería de una vara de altura, estaba el escritorio de los inquisidores, con tres sillas cubiertas de terciopelo color carmesí, con franjas y vivos de oro. Sobre la mesa había un crucifijo orlado de franjas y borlas del mismo metal precioso. Las armas reales, un paño amarillo con franjas rojas, colores de la bandera española y una inscripción sobre el globo de la Corona que decía: *Exurge, Domine, judica causam tuam*, que en latín significa «Levanta Señor y juzga tu causa».

Había también varios sacerdotes que escondían la cara tras unas capas grises obscuras de corte funerario. Estos invisibles personajes eran, creo yo, los mismos que me vistieron con el alzacuello, la sotana, la estola y la casulla. Parecía como si me fueran a ungir otra vez como clérigo. Luego me ordenaron que tenía que tomar una hostia sin consagrar, verter un poco de vino en el cáliz, beberlo y arrodillarme ante mis jueces. Ya hincado y tras una instrucción dada por un canónigo de más alto rango, tuve que extender y exhibir las palmas de mis manos para raspar la piel con un cuchillo, después de mojármelas con un ácido muy corrosivo. Comenzaron a chorrear hilillos de sangre. El dolor era intolerable, pero si yo deseaba ser héroe de la Independencia debería permanecer estoico.

Aquella sesión plenaria del Tribunal de la Santa Inquisición habría de durar veinticinco horas, en realidad, una simulación para llegar a la degradación y a la pena capital. Antes de iniciar el procedimiento ya estaba demostrado y era del dominio público el delito de alta traición, de la misma manera que al comenzar el juicio ya había sido sentenciado de antemano como hereje y por cometer delitos ideológicos.

La degradación como sacerdote, única ocasión en la que fui exhibido en público, tras los suplicios a que me sometieron en los sótanos inquisitoriales, consistió, hijo mío, en la lectura de la causa. El inquisidor decano hizo que yo abjurase de mis errores e hiciese la protesta de la fe, procediendo a la reconciliación, recibiendo yo de rodillas azotes con varas, que me fueron asestados por los ministros del tribunal durante el rezo del salmo *Miserere*. En seguida continuó la misa rezada en mi pre-

sencia. Acabada ésta enseguida continuó la dicha ceremonia de
degradación... Tuve que atravesar una gran sala con el vestido ridículo que me habían puesto... Yo crucé el recinto con los
ojos bajos, aspecto decoroso y paso mesurado rumbo a un altar,
donde la sentencia fue leída públicamente por un secretario de
la junta conciliar. Me revistieron con los ornamentos sacerdota-
les, y puesto de rodillas, delante del obispo se ejecutó mi degradación por todos los órdenes... Mientras el obispo se deshacía
en un llanto hipócrita y me desprendía de mis hábitos, yo me
mantenía sereno, con una fortaleza inspirada por Dios.

Ya sabía yo que el auditor Bataller había pedido la pena capital y confiscación de mis bienes, desde el veintiocho de noviembre de 1815, debiendo ser fusilado por la espalda como traidor
al rey, amputándoseme la cabeza y mi mano derecha, para que
en una jaula de fierro quedasen expuestas en la plaza de México, y la mano derecha se fijase en la de Oaxaca.[24]

Nunca quise firmar la retractación que una y otra vez fue puesta enfrente de mí, en tanto me presionaban, como si los castigos sufridos
fueran insuficientes, con un cuchillo encajado en la nuca. La rechacé, la escupí, era una calumnia. Si este documento llegara a aparecer en el futuro con mi firma, de suyo deberás saber que mi rúbrica
fue falsificada. Desmiénteme, no lo permitas:

Excelentísimo Señor:

Para descargo de mi conciencia y para reparar en lo poco que
puedo —ojalá pudiera hacerlo en todo— los innumerables, gravísimos daños que he ocasionado al rey, a mi patria y al estado, como también para precaver o desvanecer el escándalo que
pueda haberse tomado de la exterior tranquilidad con que comparecí en el autillo a que me condenó el Santo Tribunal de la Inquisición, y sufrí la terrible pena de degradación practicada en
mi persona, suplico a vuestra excelencia que por medio de papeles públicos se comunique el siguiente sencillo manifiesto.

Sin otro motivo que la autoridad de Hidalgo, de cuyo talento e
instrucción tenía yo hecho un gran concepto, abracé el partido de
la insurrección, insistí después en él y lo promoví con los infelices
progresos que todos saben y que yo quisiera llorar con lágrimas
de sangre, arrastrado de deseo tan excesivo y furioso del bien de
mi patria, que sin detenerme a reflexionar lo tuve por justo...

Pero de algunos meses a esta parte, disgustado por las di-

24 Herrera, 1985: 333-334.

visiones entre mis compañeros o cómplices... viendo que inútilmente se derramaba la sangre y se estaban causando tantos males, pensaba ya abandonarlo y aprovechar la primera ocasión para retirarme a la Nueva Orleans o a los Estados Unidos... algunas veces me ocurrió el pensamiento de ir a España a cerciorarme de la venida del soberano y a implorar el indulto de mis atentados de su real clemencia.

Estas son mis ideas y pensamientos cuando fui preso por las tropas del rey y conducido a esta ciudad, en lo que reconozco un singularísimo beneficio de la infinita misericordia...

Conozco y confieso que por la ignorancia del sagrado Evangelio, culpable ciertamente en un eclesiástico, me he apartado de sus máximas conducentes... Que he dejado de dar al César lo que es del César y a Dios lo que es de Dios... con la seducción y la fuerza de mi ejemplo fui causa de que otros muchos negaran al señor don Fernando VII la obediencia y reconocimiento debidos a un monarca jurado que estaba en quieta y pacífica posesión de gobernar a la América cual legítimo y verdadero soberano; y que para abrazar el partido de la insurrección dejé de dar a Dios lo que debía como eclesiástico, como sacerdote y como cura...

Cuando comparecí al autillo y a la sencilla ceremonia de ser degradado, mi alma estaba inundada de dolor y sentimientos de amargura, cuales no he sentido en toda mi vida, sin dejar por eso de sujetarme con resignación y con humildad a tan justas penas merecidas por mis enormes delitos.

Bien persuadido de ello... pido perdón a Jesucristo mi redentor... Por el detestable abuso que hice del carácter de ministro suyo y del respeto que por esto se me tenía, para desterrar la paz, destruir la caridad y la unión y extender una guerra tan sangrienta, se lo pido a la Iglesia santa de no haber hecho caso de sus leyes y censuras por ignorancia y advertencia culpables, se lo pido al amado monarca Fernando Séptimo por haberme rebelado y sublevado contra él tantos fieles y leales vasallos suyos... Se lo pido a todos los pueblos... Ruego a todos que, satisfechos con la pérdida de mi vida temporal, interpongan los méritos infinitos de Jesucristo y la intercesión poderosa de la virgen y los santos para que, salva mi pobrecita alma, vaya a pedirle a Dios, incesantemente, el remedio de tantos males como he causado... Estos son... mis sentimientos... Suplico a Vuestra Excelencia se sirva mandar a que se divulguen en el modo y tiempo que tuviere por conveniente.

JOSÉ MARÍA MORELOS Y PAVÓN.[25]

[25] Herrera, 1995: 454-457.

En el coche que me transportó de la ciudadela a San Cristóbal Ecatepec, me acompañó el padre Salazar así como un oficial de la división de De la Concha, más una escolta del mismo cuerpo. Ante mi absoluto silencio, el sacerdote se dedicó a rezar el *De Profundis Clamabit* y el *Miserere Mei Domine*. ¿Para qué rezar? ¿Apelar a Dios con oraciones para tratar de convencerlo de la validez de mi conducta en esos momentos de mi vida? Ya nada tenía sentido: todo había sido dicho, nada había que agregar ante su soberana potestad. Él tenía en sus manos todos los elementos para decidir mi destino el día del Juicio Final. De modo que las oraciones resultaban inútiles.

La noche anterior, instalado en una crujía fétida, insalubre y asfixiante, me ofrecieron mis últimos alimentos que devoré con gran apetito, como era mi costumbre. Siempre comí compulsivamente y en esa ocasión tampoco dejaría de hacerlo, lo cual sorprendió a mis carceleros realistas que esperaban ver a un José María Morelos destruido, gimoteando y pidiéndole a Dios de rodillas la cancelación de mi sacrificio. El Señor sabía lo que hacía y yo me sometía a sus elevados designios. Tanto así que les solicité a mis celadores un puro, deseaba fumar un tabaco y expulsar humo, tal y como lo hacía en mis años de cura en Curácuaro y como no dejé de hacerlo a lo largo del movimiento insurgente.

¿Que si delaté los nombres de algunos de mis más cercanos colaboradores, así como revelé la cantidad de parque que tenían en su poder? Sí, fue cierto, sólo que cuando me arrancaron las uñas de las manos y me rompieron a martillazos los dedos de los pies y me colgaron de un par de ganzúas, mientras me golpeaban en los genitales y me cortaban con una navaja la piel de los talones, no pude resistir y tal vez en mi delirio llegué a delatar nombres y ubicaciones que jamás debía haber revelado. Pero, bien visto, jamás confesé la identidad de quienes hicieron aportaciones importantes para la compra de armas, los patronos financieros del movimiento. ¡Claro que Calleja e Iturbide, ese par de salvajes, sabían, sin lugar a dudas, los nombres de los líderes del movimiento insurgente, por lo que no les hice saber ningún dato que no conocieran ya! ¿Quién puede permanecer colgado, suspendido en el vacío con los brazos jalados para atrás sintiendo que, descoyuntan los hombros, mientras los verdugos todavía se cuelgan de los pies para provocar el desgarramiento total? ¿Qué hubiera dicho Jesús al ver cómo los pastores de su sagrado rebaño cometían esas salvajadas? ¿Dios aprobaría las torturas ordenadas por la Iglesia católica? ¿Dónde estaba el Señor, que me sometía a suplicios de esta naturaleza? Claro que cuando el presbítero Salazar me ofreció sus auxilios espirituales, los rechacé con el siguiente argumento:

—Ahórrese el trabajo, padre, yo ya estoy en manos del Creador y sólo Él y la patria podrán juzgarme.

La madrugada del 21 de diciembre, Calleja dictó la sentencia de muerte en mi contra. El coronel De la Concha, otro de mis captores, fue el encargado de visitarme en la prisión para leérmela. Previamente me obligó a arrodillarme. Recordaba que hacía dieciocho años, en esa misma fecha y también de rodillas, había recibido la unción sacerdotal.

La siguiente fue, en resumen, la sentencia dictada por Félix María Calleja, virrey de la Nueva España, por medio de la cual se me condenaba a la pena capital:

De conformidad con el dictamen que precede del señor auditor de guerra, condeno a la pena capital en los términos que expresa al reo Morelos, pero en consideración a cuanto me ha expuesto el venerable clero de esta capital por medio de los Ilustrísimos Señores, Arzobispo electo y asistentes en la representación que antecede, deseando hacer en su honor y obsequio y en prueba de mi deferencia y respeto al carácter sacerdotal cuanto es compatible con la justicia, mando que dicho reo sea ejecutado fuera de garitas en el paraje y hora que señalaré, y que inmediatamente se dé sepultura eclesiástica a su cadáver sin sufrir mutilación alguna en sus miembros, ni ponerlos a la expectación pública...

Y por cuanto de las vagas e indeterminadas ofertas que ha hecho Morelos de escribir en general y en particular a los rebeldes retrayéndoles de su errado sistema, no se infiere otra cosa que el deseo que le anima en estos momentos de libertar de cualquier modo su vida sin ofrecer seguridad alguna de que aquellos se prestan a sus insinuaciones...

En consideración pues a esto y a que en el orden de la justicia sería un escándalo absolverle de la que merece, ni aún diferirla por más tiempo, pues sería un motivo para que los demás reos de su clase menos criminales solicitasen igual gracia, llévese a efecto la indicada sentencia.

Pero para que al propio tiempo que este ejemplar obre sus efectos, adviertan los rebeldes y el mundo todo, que ni las victorias de las armas del rey, ni la justa venganza que exigen las atrocidades cometidas por estos hombres... son capaces de apartar al gobierno de sus sentimientos paternales, y de la eficacia con que ha procurado siempre ahorrar la efusión de sangre por el único medio que corresponde respecto de unos vasallos alzados contra su legítimo soberano... y agregando un ejemplar del mando a este expediente, sáquese testimonio de él y dese cuenta a Su Majestad en el inmediato correo.[26]

En punto de las seis de la mañana vinieron por mí, yo vestía únicamente un sambenito desgastado y decolorado. Me desplazaba lentamente con las manos atadas y arrastrando pesadamente cadenas y grilletes.

Según las instrucciones del virrey Calleja, sería pasado por las armas en San Cristóbal Ecatepec el día 22 de diciembre de 1815 a las seis de la mañana. A pesar de que yo me encontraba en mi celda en la ciudadela, en la ciudad de México, descalzo, y era visible la pérdida de los dedos de mis pies, fui sacado a empujones y a jalones de mi celda sin que mis verdugos se percataran de la ausencia de piel en mis propias plantas. Las huellas de sangre que dejaba marcadas en el piso tampoco los impresionaron, es más, uno de estos pequeños hombres de Dios todavía me tiró violentamente del pelo y en el camino me azotó la cabeza contra un muro. No sabía ni de quién vengarse ni hubiera podido explicar su conducta, menos aún si hubiera entendido las razones por las cuales yo luchaba y los beneficios que le hubiera acarreado en su vida de haber triunfado el movimiento. ¡Perdónalo Señor, no sabe lo que hace!

Por supuesto que el día de la ejecución pude identificar entre el público morboso, que asistía como si se tratara de una fiesta popular, al mismo virrey disfrazado con el uniforme de un teniente realista. Exhibía una sonrisa sarcástica, sólo que en ese momento carecía de tiempo para alimentar rencores. Se carece de cualquier posibilidad de respuesta. Me ordenaron que viera de frente al paredón. Sería ejecutado por la espalda, según lo disponía la sentencia.

Una vez arrodillado me llevé las manos al pecho en busca de un crucifijo que me había regalado mi madre, pero recordé que me lo habían arrancado a la hora de torturarme. A la voz de preparen, apunten, me detuve un momento, unos brevísimos instantes, para llenar mi mente con una idea con la que había decidido irme al otro mundo: Francisca, mi amor, mi ilusión, mi razón de ser. Al recordar su rostro sonriente, grité:

[26] Senado de la República, 1965: 95.

—¡Fuego!

Cuando los cuatro soldados del pelotón hicieron la primera descarga, sentí los impactos de las balas en mi espalda como si se tratara de golpecillos muy calientes, pero intrascendentes. Sólo cuando los proyectiles se alojaron en mi interior experimenté un terrible dolor. La segunda descarga, piadosa por cierto, ya no la escuché, viajaba por una inmensa nube blanca, de donde de pronto salían unas manos cálidas que acariciaban mi rostro, me alisaban el cabello y me reconfortaban. Ya no escuchaba nada, ya no sentía nada, ya no podía hablar, perdía toda conciencia pero tenía la amable sensación de haber vuelto al claustro materno.

Mi último recuerdo antes de expirar consistió en una imagen de Matías Carranco buscando de puerta en puerta a Francisca hasta encontrarla en una casa en Oaxaca, la que habíamos alquilado para vivir, en compañía de mi hijo José Vicente, mientras terminaba la guerra. Vi cómo ambos se iban rumbo a Tepecoacuilco sin que ella protestara, ahí José Vicente volvería a ser bautizado, pero con el apellido Carranco, el mismo que llevaría durante toda su vida.

EPÍLOGO

El supuesto manifiesto de la retractación permaneció inédito quince días. Salió a la luz precisamente cuando Morelos ya había entrado a la oscuridad del sepulcro y no podía desmentirlo... Lucas Alamán, y con él toda la historiografía, negó que la paternidad del manifiesto fuese de Morelos... «No hay apariencia alguna de que fuese suya, pues es enteramente ajena de su estilo.»

Francisca vivió con Matías Carranco hasta que falleció en Tepecoacuilo el 14 de abril de 1819. Sus restos descansan en dicha población en el convento de San Agustín.

Los restos de Morelos

Luego de ser fusilado en San Cristóbal Ecatepec el 22 de diciembre de 1815, el cadáver de José María Teclo Morelos y Pavón fue sepultado en la parroquia de dicho lugar, donde permaneció hasta septiembre de 1823, fecha en que con motivo de la conmemoración de las fiestas de la Independencia, sus restos, junto con los de otros insurgentes, fueron llevados a la Catedral Metropolitana...

Más de cuarenta años después, Juan Nepomuceno Almonte, mariscal en el imperio de Maximiliano, aprovechó la conmemoración de la Independencia en 1865 para sustraerlos a través de una sospechosa maniobra. Jamás se volvió a saber de ellos. Cuando Nepomuceno murió en París cuatro años más tarde, en 1869, se supuso que dicho hijo natural había solicitado ser enterrado en la misma tumba, en el cementerio de Père-Lachaise, junto con los restos de su padre, quien habría fallecido mil veces más al saber que Nepomuceno, su primogénito, había entregado la causa republicana a intereses extranjeros. ¿Cuál independencia? ¿Qué fue de la osamenta de Morelos? ¿Dónde quedaron después de ser sustraídos de la catedral hace siglo y medio? Tal vez Nepomuceno, como «una muestra de amor filial», los tiró por la borda a mitad del Atlántico. Nunca se sabrá...

Juan Nepomuceno Almonte impidió que su padre, el ilustre sacerdote de la libertad y de la Independencia, uno de los grandes fundadores de México, pudiera descansar en paz por toda la eternidad, según lo pudo comprobar personalmente el autor de estos *Arrebatos carnales*...

APÉNDICE

Sentimientos de la Nación

1. Que la América es libre e independiente de España y de toda otra nación, gobierno o monarquía, y que así se sancione dando al mundo las razones.
2. Que la religión católica sea la única sin tolerancia de otra.
3. Que todos sus ministros se sustenten de todos y solos los diezmos y primicias, y el pueblo no tenga que pagar más obvenciones que las de su devoción y ofrenda.
4. Que el dogma sea sostenido por la jerarquía de la Iglesia, que son el papa, los obispos y los curas, porque se debe arrancar toda planta que Dios no plantó: *Omnis plantatio quam non plantavit Pater meus celestis erradicabitur* [Todo lo que Dios no plantó se debe arrancar de raíz]. Mateo, capítulo XV.
5. Que la soberanía dimana inmediatamente del pueblo, el que sólo

quiere depositarla en el Supremo Congreso Nacional Americano, compuesto de representantes de las provincias en igualdad de números.

6. Que los poderes legislativo, ejecutivo y judicial estén divididos en los cuerpos compatibles para ejercerlos.

7. Que funcionarán cuatro años los vocales, turnándose, saliendo los más antiguos para que ocupen el lugar los nuevos electos.

8. La dotación de los vocales será una congrua suficiente y no superflua, y no pasará por ahora de ocho mil pesos.

9. Que los empleos sólo los americanos los obtengan.

10. Que no se admitan extranjeros, si no son artesanos capaces de instruir y libres de toda sospecha.

11. Que los estados mudan costumbres y, por consiguiente, la patria no será del todo libre y nuestra, mientras no se reforme el gobierno, abatiendo el tiránico, sustituyendo el liberal, e igualmente echando fuera de nuestro suelo al enemigo español, que tanto se ha declarado contra nuestra patria.

12. Que como la buena ley es superior a todo hombre, las que dicte nuestro Congreso deben ser tales, que obliguen a constancia y patriotismo, moderen la opulencia y la indigencia, y de tal suerte se aumente el jornal del pobre, que mejore sus costumbres, alejando la ignorancia, la rapiña y el hurto.

13. Que las leyes generales comprendan a todos, sin excepción de cuerpos privilegiados, y que éstos sólo sean en cuanto al uso de su ministerio.

14. Que para dictar una ley se haga junta de sabios en el número posible, para que proceda con más acierto y exonere de algunos cargos que pudieran resultarles.

15. Que la esclavitud se proscriba para siempre y lo mismo la distinción de castas, quedando todos iguales, y sólo distinguirá a un americano de otro el vicio y la virtud.

16. Que nuestros puertos se franqueen a las naciones extranjeras amigas, pero que éstas no se internen al reino por más amigas que sean, y sólo habrá puertos señalados para el efecto, prohibiendo el desembarque en todos los demás, señalando el diez por ciento.

17. Que a cada uno se le guarden las propiedades y respete en su casa como en un asilo sagrado señalando penas a los infractores.

18. Que en la nueva legislación no se admita la tortura.

19. Que en la misma se establezca por ley constitucional la celebración del día 12 de diciembre de todos los pueblos, dedicando a la patrona de nuestra libertad, María santísima de Guadalupe, encargando a todos los pueblos la devoción mensual.

20. Que las tropas extranjeras o de otro reino no pisen nuestro suelo, y si fuere en ayuda, no estarán donde la Suprema Junta.

21. Que no hagan expediciones fuera de los límites del reino, especialmente ultramarinas; pero que no son de esta clase propagar la fe a nuestros hermanos de Tierra-dentro.

22. Que se quite la infinidad de tributos, pechos e imposiciones que nos agobian y se señale a cada individuo un cinco por ciento de semillas y demás efectos u otra carga igual, ligera que no oprima tanto, como la alcabala, el estanco, el tributo y otros; pues con esta ligera contribución y la buena administración de los bienes confiscados al enemigo, podrá llevarse el peso de la guerra y honorarios de empleados.

23. Que igualmente se solemnice el día 16 de septiembre todos los años, como el día aniversario en que se levantó la voz de la Independencia y nuestra santa libertad comenzó, pues en ese día fue en el que se desplegaron los labios de la nación para reclamar sus derechos con espada en mano para ser oída, recordando siempre el mérito del grande héroe, el señor don Miguel Hidalgo y su compañero don Ignacio Allende.

Repuestas en 21 de noviembre de 1813. Y por tanto, quedan abolidas éstas, quedando siempre sujeto al parecer de Su Alteza Serenísima.

Chilpancingo, 14 de septiembre de 1813
JOSÉ MARÍA MORELOS

Francisco Villa

EL BANDOLERO REVOLUCIONARIO

Afirmo mi creencia que es también mi convicción, de que a la mujer de hogar no deben importarle los extravíos amatorios del esposo si en el seno del hogar, si en el santuario de su misma vida, la esposa es querida y respetada.

Luz Corral de Villa

Ya me ven a mí: tengo mi esposa legítima ante el juez del Registro Civil, pero tengo otras, también legítimas ante Dios o, lo que es lo mismo, ante la ley que a ellas más les importa.

La vida es una transacción comercial, que gana el que es más vivo y pierde el que es más tonto.

Francisco Villa

A Ulises Schmill, el maestro por
definición, quien contagia la pasión por el
conocimiento y el amor por las bellas artes.

—¿Y qué esperabas, carajo? ¿Creístes que alguien que había nacido en 1878, jodido de a de veras en la ranchería El Pajarito, a la mitá de la Sierra de Durango, entre alacranes y víboras, en la más espantosa miseria, comiendo lo que pobremente podíamos calentar en un comal colocado sobre cuatro piedras chuecas puestas encima del piso de tierra, crecería feliz y otimista como el hijo de un hacendado que comía leche y huevos y dormía en cama con sábanas sin que le picaran los reptiles, o las ratas le trataran de roer los dedos de los pies? ¿Creístes que no había diferiencia? ¿Eso creístes?

—¿Y tú, pinche Pancho, creíste que porque sufriste mucho de chiquillo eso te daba permiso para robar a tantas personas, para asesinar a tanta gente y para violar a tantas mujeres?

—Mira, yo no sé si mi apá se murió o se fue de la casa para siempre cuando yo tenía seis años, a partir de entonces ya no nos alcanzó ni pa' los chingaos frijoles. Un día desapareció y entons, ahora sí a tragar pura tortilla dura cuando había y a pasártela con un poquito de agua traida del río en cubetas harto pesadas que te doblaban la espalda después de cargarlas unos pasos, y eso cuando había agua y no era época de secas. A pesar de todo —de pronto apareció una luminosa sonrisa en el rostro del *Centauro del Norte*— me encantaba colear a los caballos, echar manganas, amansar yeguas brutas y jugar carreras con mis hermanos, sobre todo con Martina, con la que más me entendía. Yo sabía que había muy poquitas escuelas a las que asistían los niños, pero si de por sí no había nada que echar encima del comal, ¿cómo iba a ajustar pa' los cuadernos? Me di cuenta de que había nacido jodido y me moriría jodido si es que no me rebelaba ante tantísima pobreza.

Silencio.

—A ver, hocicón, ¿tú sabes lo que es la miseria? ¿Has pasado alguna vez hambre, sin encontrar algo pa' echarle al estómago y no sólo por un día, sino por dos o tres o hasta semanas enteras? Al ratitito ya eres capaz de todo, verdá de Dios. A cambio de un taco le metes al que sea una puñalada en el meritito pescuezo y eso sin contar que tu jefa o tus hermanas se te puedan morir descalzas y mal vestidas sobre el petate, a lo mejor de mal del viento o de cualquier enfermedad, porque de por sí estaban muy débiles y, pa' acabarla de joder, no había ni pa' medecinas…

—Por supuesto que sé lo que es la pobreza, pero no me has contestado: ¿Por qué te dedicaste a robar, matar y violar?

—Tú mejor que nadien sabes la respuesta, pero si quieres que te la repita, te la repito…

—La historia me la sé, lo que busco son razones, que me expliques por qué lo hiciste…

—Te jodes, ahora me escuchas —replicó Villa disgustado—. Allá en la hacienda de Gogojito, en 1894, en el municipio de Canatlán, en el estado de Durango, yo era un peoncito del hacendado don Agustín López Negrete y estaba por cumplir diecisiete añitos de edad. Ahí se torció todo, verdá de Dios. Un día quise detener unos bueyes y de repente me quedé atrapado de la mancuerna, arrastrándome los animales por una bajada en la que finalmente pude soltarme, dándome cuenta de que tenía la pata quebrada. El juez que vivía permanentemente en la hacienda, quesque para imponer el orden, entró a nuestro jacal, más oscuro que el hocico de un lobo porque el tizne del fogón con el tiempo había manchado las paredes, y me pidió, además de muy mala manera, que le trajera leña a pesar de ver que no podía ni moverme.

» "¡Tráeme leña, chamaco!"

» Yo le contesté que no podía, que viera nomás cómo tenía la pata y, en lugar de apenarse y mandar por un médico, me dio un par de patadas en la pierna jodida y en la panza. Como yo no cumplía sus órdenes —imposible cumplirlas— todavía el grandísimo cabrón se fue por un látigo con el que ajusticiaba a los peones y empezó a darme con él, hasta que me dejó como el santo Cristo porque la sangre me salía por todos lados. Cuando se cansó y ya se iba, me arrastré como pude, llorando del puritito coraje, hasta donde estaba un cajón de madera con unos fierros, en el que teníamos escondida una pistola que había sido de mi apá. Mientras mi amacita le reclamaba al juez su brutalidad, yo le surrajé tres balazos al maldito tipo ese que no se compadecía de nadien. Con todo y látigo se cayó al piso como si fuera un pinche costal de papas. Mi madre me vio horrorizada y, sabiendo lo que me esperaba, la dejé con el problema del muertito y, con todo y la pata rota, pos me jui pa' la sierra a esconderme. Huí como un animal herido creyendo que había matado al juececito. Ya estaba yo harto de que me trataran como un perro rabioso. Me subí como pude en mi burro *Maximiliano*, que me había regalado el señor Valenzuela, y me jalé pa'l monte.»

—Pues sí que empezaste joven…

—¿Y qué esperabas, que me iba yo a dejar? Imagínate nomás que en una de las escapadas que me daba para juir de la policía y poder visitar de pasada a mi madrecita, ya curado de la pata, me fui encontrando en nuestro humilde jacal nada menos que a don Agustín López Negrete, nuestro amo, el dueño de nuestras vidas y honras de nosotros los pobres, el mero propietario de la hacienda, quien jaloneaba a mi hermana Martina de los brazos de mi madre cuando la chiquilla ni siquiera había cumplido los catorce años de edad. Como era güerilla y de ojo verde, se la quiso raptar el cabrón pa' hacerle de las suyas. Yo sólo escuchaba los gritos de mi madre y de Martina, tiradas en el piso abrazándose y llorando como locas, pidiéndole al patrón que, por piedad, que por lo que más quisiera no se la llevara, que era lo que mi jefecita más quería en su vida, lo que más necesitaba porque sin ella no podía seguir viviendo.

—Entonces ¿qué pasó?

—Pos que se me trepó la sangre a la cabeza y, sin darme cuenta de lo que hacía, saqué de su funda la pistola de mi primo Reynaldo Franco que colgaba de una estaca clavada atrás, en el fondo del jacal, y disparé lleno de furia y de coraje sobre el patrón que se cayó muerto en el piso, con los ojos abiertos como si suplicara algo, mientras vomitaba sangre como cuando se desolla a un marrano. Claro que me pelé por la puerta de atrás cuando los ayudantes de don Agustín entraron, carabina en mano, para matarme a balazos, sólo que ya no me encontraron. Mientras galopaba perdiéndome otra vez en la sierra, oía los gritos de mi madrecita: ¿Qué hiciste, Pancho? ¿Qué hiciste, hijito, qué hiciste, por Dios…?

—Y ya que habías salvado a tu hermana y matado al maldito hacendado, ¿no te sentiste más aliviado y vengado para vivir en paz y tratar de reconstruir tu vida? ¿Creías que la violencia iba a cambiar tu vida y la de los tuyos? —preguntó la conciencia de Pancho Villa en permanente búsqueda de explicaciones. Cumplía con su papel crítico para denunciar las inconsistencias morales y las incongruencias éticas. Trataba de constituirse en un juez implacable.

—A esa edad yo no conducía mi vida, ella, en todo caso, me dirigía a mí. Yo sólo respondía a los contratiempos. Crecí lleno de odios, de rencores, crecí con hambre, me salvé de morir después de sufrir muchas enfermedades, nunca pude ponerme una camisa limpia ni pude ir a la escuela ni pude comer en una mesa ni utilizar platos, tenedor y cuchillo. Bebía en jícaras de barro despostilladas y comía en cuclillas con tortillas dobladas pa' cucharear los frijoles y el caldillo. No fue hasta los veinticinco años de edad cuando aprendí a escribir mi nombre, porque después de asesinar al cabroncete de López Negrete no pude juntarme con nadien que me enseñara aunque fuera el alfabeto. Dime tú si como prófugo, muerto de hambre, vas a poder ir a la escuela o a visitar a la familia. No, no, la mejor alternativa, muy pronto caí en cuenta, fue aprender a arreglar las cosas con las chingadas manos, salir de la injusticia a cabronazo limpio porque me di cuenta de que nunca nadien iba a soltar las cosas con palabras. A los que tienen se las debes arrebatar o no te las dan. Ellos no entienden por las buenas. A los ricos les tienes que abrir el puño a martillazos, aplastándoles los dedos contra sus mesas barnizadas, porque de otra manera no te darán nada. No quieren oír ni comprender nada de nada. Aquí las súplicas sirven para una chingada y lo que tú sientas o digas o pidas como peón, les vale pa' pura madre.

—Pero...

—Espérame, no me interrumpas... Nunca acababas de pagar las deudas de la hacienda porque te pagaban con fichas y las fichas las canjeabas por frijoles o por huevos o por tortillas, el caso es que estabas endeudado de por vida y, lo que era peor, sin posibilidad de salir adelante con trabajo, suplicando, pidiendo, hablando. El patrón nunca estaba, nunca podías hablar con él, nunca te lo encontrabas pa' protestar y cuando te lo encontrabas estaba nada más tratando de llevarse a mi hermanita pa' cogérsela y regresármela embarazada, hecha un mar de lágrimas. ¿Ésa era la justicia de don Porfirio? ¿Tú de veritas creístes que íbamos a poder cambiar algo sentándonos a dialogar con los patrones? ¿Tú crees que esos jijos de la chingada se iban a sentar con puro pinche piojoso en sus mesas de buena madera, con manteles harto bonitos, platos de plata y copas de quién sabe dónde chingaos? No, no te hagas bolas, ellos imponen su ley con la violencia, con sus capataces, con sus látigos, con sus jueces y mandándonos a los curitas para invitarnos a la resinación con tal de que le pidamos a la virgencita de Guadalupe y nada a ellos.

Pancho Villa continuó, ante la falta de respuesta:

—Pídele a la virgen de Guadalupe, ella te lo concederá. A mí ni me pidas préstamos pa' cuando se vaya a aliviar tu señora ni aumento de salario pa' la leche de los chamacos que nunca llegan con la torta bajo el brazo —adujo Villa con un coraje retenido que por lo visto nunca pudo superar.

—La verdad, las perspectivas estaban del carajo.

—¡Claro que del carajo! Mi bisabuelo nació jodido y murió jodido en la misma pinche milpa sin saber leer ni escrebir. Siempre usó los mismos huaraches y la misma camisa de manta como la usó mi abuelo, como la usó mi padre y como la estoy usando yo. Todos jodidos, sin medecinas, con hambre, sin educación, todos sin esperanzas, todo igual, sí, siempre todo igual y nada cambia ni cambiará a menos que entendamos que las palabras no sirven y que si queremos avanzar es como lo han hecho los propios patrones: a puro cabronazo. ¿Ésas eran las reglas?, ¿entendidas?, ¿sí?, pos entons juega el pollo, a ver de qué cuero salen más correas, a ver quién se chinga a quién, porque finalmente de eso se trata la vida, de ver quién se chinga a quién y yo por eso desde muy chamaco entendí que no había más alternativa que la violencia. ¿A las manos? ¡Pues a las manos! En México no hay autoridad, no hay un árbitro que imparta justicia, no hay nadie que nos controle ni que imponga la ley. A la cárcel van los pobres y los pendejos, entonces a resolver nuestros problemas a carajazos y a tratar de ser alguien a carajazos y a prosperar a carajazos... Yo me aprendí desde muy jovencito la dichosa palabrita...

—¿Y no crees que se te pasó la mano?

—¿Y tú ibas a dejar que se llevaran a tu hermana pa' que te la regresaran hecha pedazos? ¿Te ibas a quedar con los brazos cruzados consolando a tu madre mientras el patrón se la llevaba pa' ultrajarla? ¿Qué hubiera sido de mí si no hubiera hecho nada pa' impedir que se la raptaran? Me hubiera sentido el resto de mis días como una caca de burro tirada tras las milpas... Mejor, mucho mejor, partirle todititita su madre. Si yo tenía que escoger entre la culpa por haber matado al jijo de la chingada del patrón o haber abandonado, como un cobarde, a mi hermana Martinita, pos mejor te chingas al patrón y la salvas a ella...

—La verdad creo que yo hubiera hecho lo mismo. Yo también creo que, en mi desesperación, hubiera matado al patrón, pero después me hubiera tranquilizado y hubiera tratado de reconstruir mi vida.

—¿Reconstruir tu vida? Lo que tal vez no sabes o ya se te olvidó es que los aguaciles y los capataces de López Negrete, junto con los malditos *rurales* de Porfirio Díaz y la policía del estado de Durango, empezaron a buscarme en milpas, cuevas, madrigueras y en cuanto hoyo encontraran a media sierra. ¿Quién creístes que me iba a dar empleo en las haciendas? No, no te confundas —adujo Villa escupiendo por un colmillo–: nadie, lo único que me quedó fue empezar a robar, porque ¿cómo chingaos querías que me mantuviera? ¿Cómo reconstruir mi vida, como tú dices?

—Fue entonces cuando, en medio del bosque, te atraparon los federales, te esposaron y te llevaron «por cordillera» a la cárcel, ¿no?

—Sí, así jue... Ahí, en Canatlán, me tuvieron. La vida de encierro era un martirio. La disciplina de la prisión, la incomunicación completa en gran parte del día y de la noche; los pocos ratitos de sol que me permitían tomar y, en fin, todas las rutinas, odio las rutinas, contrarias a mi modo de ser, a una vida errante, a mi naturaleza campesina de constante luchador, amante de la libertad como los gorriones. Después me enviaron a la prisión del estado de Durango, de donde me fugué al primer descuido, pa' encontrarme a los pocos días con la pandilla de Ignacio Parra, un bandolero de verdadera nombradía, porque ya se sabe que la justicia, como muchas mujeres, sólo es para los que pueden comprarla y yo no tenía ni un triste clavo pa' sobornar ni a los alguaciles ni a los jueces.

—¿Qué otra cosa podías hacer, verdad?

—Pos claro, qué otra cosa me quedaba por hacer sino robar y convertirme en un salteador de caminos como Tomás Urbina, Severo Reza, Sabás Vaca, Manuel Vaca Valles y el auténtico Francisco Villa, un bandido ejemplar, lleno de audacia y temple. Cuando los rurales fusilaron a Nacho Parra y a Pancho Villa, yo, Doroteo Arango, decidí tomar el nombre de ese gran maestro que también robaba pa' ayudar a los pobres. De ahí en adelante yo sería el nuevo Pancho Villa, porque él me había enseñao a domar a la más cerril de las potrancas, a curarme con hierbas y distinguir de las que envenenan, a conocer las constelaciones pa' caminar en la noche, a saber cuándo iba a llover y a saber la hora sin necesidad de un reloj, a herrar caballos, a matar jabalíes, a desollar cerdos y a manejar armas de fuego, a ser, en fin, el mejor pistolero de México. Así empecé a robar ganado, a asaltar trenes, haciendas y diligencias que de vez en cuando nos encontrábamos en despoblado. Robar es divertido, ¿sabes? Cada vez que le quitas a los ricos un reloj de ferrocarrilero de puritito oro, arrancándoselo del chaleco o cuando le quitas a una vieja perjumada, pintada como payaso, el collar de perlas o los aretes llenos de joyas, haciéndolas gritar como marranos en el matadero con tan sólo tocarles el gañote con el cuchillo, o cuando te clavas una buena recua de bueyes de sus establos y tal vez algún buen caballo escondido en los corrales, sientes que le estás haciendo justicia a la vida. Haz de cuenta que estás vengando a tu bisabuelo, a tu abuelo, y a tu padre mismo. Estás vengando a todos nosotros los jodidos que no podemos ir a estudiar a Europa, ni siquiera a una humilde escuela rural; estás vengando a todas las mujeres, chamaquitas que se iban a casar y que el patrón abusaba de ellas ejerciendo el maldito derecho de pernada.

Villa se regocijaba al recordar esos momentos de su vida. El placer proyectado por su mirada era inconfundible.

—Te vengas de todo, te vengas del pasado, te vengas del presente y cobras por adelantado el futuro. Cabrones, si no es así ¿cómo? Robar, además, es una emoción maravillosa porque sabes que cualquier alguacil te puede sorprender con un balazo, si es que no te pescan los rurales y te jusilan o te cuelgan los federales de un triste palo en cualquier cárcel del norte, sin juicio y sin avisar a naiden: simplemente desapareces, te llevó la chingada, hermanito, te llevó la chingada.

—¿Y no hubiera sido mejor matar a Porfirio Díaz, el causante de aquellos males? Él debe responder por las haciendas y los abusos de toda naturaleza que se cometían sin respeto a la más elemental dignidad humana. Díaz es el que tiene que responder por haber creado tanta miseria en el campo, tanta desigualdad, de donde se origina tanto rencor. En él y sobre él tenías que haber aplicado tu justicia hasta saciarte... ¿Por qué no te las arreglaste para meterle un balazo entre las dos cejas, tú que eres tan buen tirador? Él es el gran culpable por haber engañado y estafado al pueblo al aliarse y proteger a los explotadores. ¿No tuviste los pantalones, verdad, Panchito? Muy bravo, muy bravucón, pero a la hora de los guamazos, nada —alegó la voz interior sin conceder tregua alguna.

—¡Claro que eso hubiera sido una gran solución! Sólo que el cabrón del dictador bien sabía lo que le esperaba y bien sabía también las que debía, por eso siempre iba muy bien protegido y resultaba muy difícil poder darle una llegadita.

—Y claro, la llegadita también te la podían haber dado a ti, si es que alguien se anticipaba a tus planes y en pleno atentado te volaban la tapa de los sesos.

—Sí, sí, pero además yo era muy joven y si algo me preocupaba era comer lo que pudiera cruzando de la Sierra de la Silla a la de Gamón. Andaba a salto de mata, sin un instante de reposo y sin zapatos. Por lo pronto se trataba de salvar mi vida y mi libertad, propósito que no logré porque Octaviano Meraz, jefe de La Acordada, me echó el guante encima para volver a meterme en el cochinero de la cárcel de Durango, de donde volví a escaparme cayendo sobre el centinela y huyendo hacia el Cerro de los Remedios. Seguí corriendo hasta el río, donde me encontré un potro bronco al que sujeté por las orejas como pude, según me enseñó mi maestro Pancho Villa y, «sin más brida ni montura brinqué sobre él y emprendimos una enloquecedora carrera bajo la presión de mis rodillas y el acicate de mis talones».

—Siempre te escapabas. ¿No te hubiera convenido más, insisto, que te aprehendieran, que te juzgaran, que cumplieras una condena y volvieras a tu vida limpio, sin deberle nada a nadie? Purgada la pena ya nadie podría acusarte de nada y podrías trabajar en paz.

—Al que entra en la prisión de Durango acusao de asesinato, lo cuelgan, lo fusilan o amanece muerto por lo que quieras y mandes. Por eso me espanté tanto cuando me quedé dormido una noche en la hacienda de la Soledad y al despertar ya tenía yo siete carabinas abocadas hacia mi pecho y mi cabeza, en tanto una voz altanera me ordenaba rendirme.

—Sí, sí, me acuerdo que esa vez también te fugaste cuando les alegaste a tus alguaciles que estabas desarmado y que finalmente todos eran tus hermanos de raza. Siempre tuviste buena labia, Pancho. Con el pretexto de que antes asaran unos elotes para almorzar y ya luego te llevaran arrestado a donde fuera, porque tú eras muy sumiso, a la primera que pudiste te montaste en tú caballo y te pelaste al monte entre una gran balacera y muchísimas mentadas de madre. ¿Te acuerdas? —parecía que la propia conciencia del Centauro celebraba sus ocurrencias.

Villa no pudo controlar las carcajadas sobre todo cuando recordaba que haber sido un gran actor le había salvado la vida en varias ocasiones. Su nombre, con el tiempo, empezó adquirir notabilidad en Canatlán, en la Sierra de Gamón, en una quebrada conocida como el Camión del Infierno, en otro lugar que respondía al nombre de Pánuco de Avino, hasta llegar a la hacienda de Santa Isabel de los Berros, en donde aprovechó sus conocimientos para *arrear a la mulada*, controlar el ganado y evitar que se lo robaran otras pandillas. El apellido Villa empezó a cobrar más relieve por su audacia, determinación y sangre fría, cualidades que le reportaron importantes dividendos a la hora de repartir los botines. Su madre recibía cada vez mayores cantidades de dinero sin dejar de tener dudas sobre su origen deshonesto.

«Hijito de mi vida, ¿de dónde sacaste este dinero? —reventó en una ocasión—. Estos hombres que andan contigo te van a llevar a la perdición, ustedes andan robando y esto es un crimen que yo cargaré en mi conciencia si no te lo hago entender así», cuestionó María Micaela Arámbula, la autora de los días de Doroteo Arango.

—Sentí que mi voluntad flaqueaba. Me sentí avergonzao ante mi jefecita del alma, por lo que apenas pude contestarle con estas palabras: «Yo nací pa' sufrir, éste el único destino que se me ofrece. Mis enemigos me persiguen, y asté sabe de dónde arrancan mis sufrimientos… Prefiero ser el primer bandido del mundo antes que dejarme ultrajar. Écheme su bendición y encomiéndeme a Dios», le pedí a mi madre, siempre devota y dolorosa.

—¿A poco creíste que una bendición de doña María Micaela para robar a placer te iba a funcionar? Eres un gran cínico, Pancho. ¿De verdad crees que Dios protege a los bandidos? Ahora sí que se cambiaron los papeles.

—¿Por qué, tú?

—Imagínate el problemón en el que metes a Dios si tus perseguidores le piden que los ayude a atraparte y, por otro lado, tú también te persignas y lo invocas para que no te arresten ni te hieran ni te maten y se logre un robo blanco sin derramamiento de sangre. Sí que eres un caradura. Espero que estés de acuerdo conmigo en que Dios siempre estará del lado de la policía y jamás del de los asaltantes.

—Pues déjame decirte que Dios me trae de la mano y me ayuda y me protege y me ilumina y me cuida y me quiere, porque sabe que mi vida es el resultao de puras injusticias y mal haría en estar con la policía, que es el brazo armao de los hacendados y de los que nos explotan y nos ultrajan. Esos son bandidos mucho piores que yo y Dios no puede estar con ellos. Él es justo de principio a fin... De modo que una bendición no le cae mal a naiden sobre todo si viene de la jefecita y más aún si yo robo pa' ayudar a los pobres y repartirles parte de las ganancias que se iban a quedar los hacendados. Dios debe de andar encantao con que les quitemos a quienes tanto nos quitan, sólo que, verdá de Dios, ya pronto llegará el día en que no sólo les quitemos de poquito en poquito, sino que les quitemos todo de una chingada vez. ¿La tierra es nuestra?, pos que nos la regresen. Ya verás la cara que van a poner estos cabrones cuando yo me coja, una por una, a las hijas de estos malditos hacendados, a los que te juro que me va a faltar mecate pa' colgarlos de cuanto palo me encuentre en mi camino. Sobran árboles en Durango y en Chihuahua pa' ahorcar a estos miserables que les importa madre nuestra hambre, las enfermedades de nuestros hijos, nuestra muerte y la miseria en que vivimos. Entra a las cuadras en las que viven los caballos de estos jijos de la chingada y compáralas con nuestros jacales, más chicos que una pobre sepultura en el pantión civil.

—¿Tú crees que eso te daba licencia para cortarles las plantas de los pies a los ricos que no te entregaban la lana?

—Eso no es nada, querida conciencia, como tú no conoces el dolor físico ni el moral, para ti es muy fácil hablar y criticar todo lo que hago. Es más, ni cuerpo tienes, pero lengua pa' joder, ésa sí que te sobra. A ti nunca te dolieron los latigazos ni los encarcelamientos en pocilgas asquerosas. Criticar es fácil, conciencita: yo critico, tú criticas, él critica, al fin y al cabo, ¿a ti qué...? Tú eres el juez que juzga y sentencia pero sin saber por las que pasa uno como persona ni de lo que se trata por el solo hecho de tener un cuerpo que puede ser torturao, además del espíritu que puede doler, verdá de Dios, como el mismísimo carajo.

—No te escabullas ni me vengas con tus mañas, Panchito, tú y yo nos conocemos desde hace mucho tiempo y a mí no me vas a marear con tus cuentos. De sobra sé lo que duelen las pérdidas.

—Entons has de saber lo que sentí cuando Ignacio Parra, el mismo que me enseñó a leer y a escribir en las noches de merienda al lado de las fogatas, fue descubierto haciendo sus necesidades en un lugar conocido como Los Magueyes, en donde fue acribillao a balazos como si hubiera sido un perro sarnoso. No te imaginas lo que sentí cuando mataron a uno de mis maistros y guía espiritual.

—Me lo imagino.

—Ni te lo puedes imaginar ni sabes de lo que estás hablando. A ver, a ver, ¿tú finalmente qué sabes de sentimientos? ¿O acaso sabes lo que sentí cuando me enamoré de María Inés Parra en 1899 y tuvimos una hija, Reynalda, mi querida Reynalda, que se quedó huérfana de madre porque mi María Inés se cayó del caballo al poco tiempo de que naciera mi chamaca? Tuve que mandarles dinero a los padres de María para que mantuvieran a mi pequeña.

—Eso te pasa por andar de caliente con tantas mujeres. El castigo te lo mandó Dios.

—¡Ay, mira, mira, no me vengas ahora con que eres curita de la parroquia del Carmen y que Dios me va a castigar pa' toda la vida por haber tenido una mujer y una hija!

—No soy curita ni pretendo parecerlo, pero de ahí a que al año siguiente del nacimiento de Reynalda te entrepiernaras con Martina Torres y naciera Juanito, ya me pareció que no sabías ni de quién vengarte.

—A Martina me la quitó Dios cuando, además de m'ijo, me iba a regalar una hija en 1906 y ambas murieron el día del parto. Yo las quería y las cuidaba y no jugaba con ellas. Como ves mi relación duró harto tiempo con ella, hasta que el Señor se la llevó y me dejó otra vez viudo.

—¿Y cómo no te iba a dejar viudo si con dos mujeres tuviste dos hijos, casi en el mismo año, cuando ni siquiera habías cumplido los veintidós años de edad? ¿No ves el castigo divino? ¿Ibas a regar vástagos por todo el país?

—Yo estaba solo y tenía que arrejuntarme y amar a alguien porque en cualquier momento podían matarme. El amor era una manera de morirme con una sonrisa en la cara, por eso me robé a Petra Monarrez después de estarla cortejando pacientemente en el zaguán hasta que le puse casa en la quinta calle en el sector oriente del Campo Santo de la Regla. Si las viejas se negaban o los padres me rechazaban, pos ¿qué querías que hiciera sino robármelas? Esta Petrita era muy guapa, no conocía la timidez y tenía un cuerpo tentador, pero tentador de a de veritas, un cuero, todo un cuero.

—Estabas tan enamorado y tan encantado con Petrita que por eso te la raptaste y todo para que un año después te casaras, en Durango, con Dolores Delgado y de inmediato le hicieras también una niña, tu hija Felícitas. Raros amores los tuyos, ¿no?

—Pos así fue, carajo.

—¿Cómo creerte si en un par de años ya llevabas a María Isabel Campa, a Martina Torres, a Petrita y a Dolores Delgado y a todas les hacías chamacos? Ya, ya Pancho, acepta que dejaste a muchas mujeres lastimadas. Nunca fuiste serio con ellas.

—Bueno, pues yo, en su momento, créeme que las adoraba a todas y estaba dispuesto a dar lo que juera por ellas, pero ¿qué haces si cada día te encuentras a una más hermosa que la de ayer? Por otro lado, no daba con la hembra de mis sueños hasta que me topé con la mera mera: alta, altota, güera, güerota, simpaticota, tocaba la guitarra, de ojo verde rasgao, piel blanca, y entrona y graciosa como ninguna otra.

—La pura verdad —adujo la conciencia— Luz no era una belleza normal, se trataba de una mujer fuera de serie.

—Me impresionó tanto que tuve que acercarme a ella a través de su madre pa' confesarle mi amor. Yo solito no me atrevía ni a hablarle. ¿Te acuerdas de la cara de susto con la que se me acercó la primera vez?

—¡Claro!, si hasta le dijiste, me acuerdo muy bien: «mire muchachita, no me tenga miedo».

—Así jue, la escuincla me caló como ninguna otra, sólo que por aquel año de 1910 ya andaba pero bien juerte el movimiento revolucionario pa' derrocar a Porfirio Díaz, ya era hora, carajo, y por eso no me pude quedar con ella mucho tiempo ni mucho menos casarme en ese instante, como eran mis deseos. La Revolución era la Revolución.

—¿Y cómo no te iba a tener miedo la santa mujer si ya para entonces eras famoso por tus crímenes y tus asesinatos? ¿O crees que ella no había oído, como lo supo todo Durango y Chihuahua, cómo baleaste al juez que te pegó con el látigo, o del niño al que le rompiste la cabeza con una pala, o cómo mandaste pa'l otro mundo a Roque Castellanos, el novio de tu hermana? Todo se llega a saber como se supo cuando mataste al jefe de la escolta de los rurales, al igual que, a los diecisiete años, te echaste a tu amigo Francisco Benítez, a quien apuñalaste «después de jugar naipes bajo un árbol», o a Claro Reza, tu amigo, al que acribillaste «en la calle principal de Chihuahua en 1910». Piensa por favorcito en Rafael Reyes, un comprador de ganado al que remataste a balazos en 1902 al cruzar el río de Parral, por el barrio de las Tenerías. Te hiciste famoso por tus crímenes como el de El Corral Falso, cuando en 1896 mataste tres rurales que te perseguían, y más popular te hiciste todavía al acabar con la vida de un estadounidense, de su esposa y de la criada en los momentos en que estaban cenando en el comedor de la Hacienda la Estanzuela, sin olvidar cuando degollaste a unos vaqueros y mataste a otros dejándolos amarrados pa' que se murieran de frío, de hambre o de sed o pa' que se los comieran los lobos a medianoche. Acuérdate cuando en 1907 mataste a tu compadre, a tu propio compadre Juan, al que le vaciaste toda la pistola porque, según tú, había ido a denunciarte.

La conciencia recordaba los cargos, uno a uno, sin reparar en el número de acusaciones.

—Me los sé todos —dijo la voz sin compadecerse ante un Villa mudo e impávido—. Haz memoria de cuando baleaste a Aurelio del Valle, el hacendado de Guadalupe de Rueda y a su amigo José Martínez, al igual que cuando asesinaste, después de torturar, a Alejandro Muñoz o cuando atacaste con tu banda el Rancho San Isidro en el distrito de Hidalgo, acabando con la vida de su dueño y de su hijo, al que además le robaste mil pesos. ¿Qué tal cuando mataste a Domínguez, el capataz de la hacienda de Chavarría o cuando ordenaste fusilar, cerca de Casas Grandes, a muchos prisioneros *colorados,* a los que mandaste formar de tres en fondo para que con una bala cayeran tres? Había que cuidar el parque, ¿no?

Villa se sacudía el polvo, golpeando el sombrero contra su rodilla.

—¿Cómo no iba a estar aterrorizada la pobre chiquilla si se sabía que enterrabas viva a la gente? —continuó hablando la voz, en términos imperativos—. ¿No te parece que está justificado el miedo que te tiene la gente si tú mismo, con tu cuchillo, degüellas vaqueros o los entierras vivos o los mandas fusilar por un *quítame estas pajas,* sin olvidar a la gente que ahorcaste luego de torturarla? Rápido te convertiste en un bandolero muy reconocido, tan reconocido como temido, miedo al que no podía escapar tu gran Luz, tu Lucecita.

—Todos los que me chingué se la ganaron a pulso.

—Bueno, bueno, ahora explícale a Luz que eres una Carmelita Descalza, el juez supremo que se dedica a impartir justicia en el mundo cuando se sabe que eres un asesino, un ladrón, un roba vacas y un mujeriego empedernido que no dejaba títere con cabeza.

—Yo mato a la gente que estorba el bienestar de mi raza, el bienestar de mi pueblo, a los que estorban los mato, no los asesino, los mato para que sobreviva la gente que realmente tiene derecho a gozar del bienestar social —alegó convencido de la pertinencia de sus argumentos—, y, además, tú dirás lo que quieras, pinche vocecita insoportable, pero Luz, esa gallinita, vino a caer directamente en mi cazuela en 1911. Reconozco que las viejas se me dan.

—De eso yo soy testigo, demonios, ya volveremos a ellas, pero dime, ahora que hablamos de Revolución, el movimiento armado te tuvo que caer del cielo, ¿no? Imagínate nada más, un país de por sí sin ley y sin autoridad y de pilón metido en una guerra civil, en el que podías hacer todo lo que se te diera la gana, desde matar hacendados y violar a sus hijas hasta asaltar diligencias, trenes, pueblos y ciudades, asesinando a toda persona que simplemente te cayera mal o que se negara a entregarte sus bienes, porque, ¿quién se iba a atrever a pedirte cuentas? Claro que te encantó encontrarte con Francisco I. Madero a finales de 1909 para pedirle perdón por todas las tropelías que habías cometido. Era tu momento de reconciliación, porque si lograba derrocar a Porfirio Díaz ya no tendría ningún sentido tu carrera como bandido, además de que podrías ingresar al ejército mexicano y gozar de los privilegios de los grados militares después de haber matado a muchos *rotitos,* a muchos *perfumados* y, sobre todo, a muchísimos *pelones,* ¿no?

—¡Claro, clarísimo! La Revolución se hizo pa' hacer justicia e imponer el orden. Era el mejor momento para que nuestra raza, una raza de hermanos, construyera el país que todos créibamos merecernos. ¿A robar? ¡A robar! ¿A conseguir mecate para colgar a los hacendados? ¡A colgar hacendados!, y que el pueblo recuperara todo lo que nos habían quitao durante siglos. Teníamos que educarnos, teníamos que poder leer libros como los ricos, comer como ellos, tener buenos médicos como ellos, tierra, ropa, agua caliente, techo, cucharas y tenedores, sillas como ellos para no comer en el piso. En fin, podríamos ir al teatro y a la ópera, ¿por qué sólo ellos? A nosotros nos tocaba comer caliente, era la hora. Si algo provocó la revolución fue facilitar el camino a la venganza, porque sólo la venganza podría devolvernos la paz con la que podremos vivir ya sin rencores. Mientras más perjumaditos matemos, más paz...

—Ahora resulta que quienes te llaman bandido están en un error porque los verdaderos ladrones son los gobernantes del estado de Chihuahua o los de Durango y los hacendados; ellos se escudan en la ley para robar o explotar. ¿Tú, a su lado, eres un caballero?

—¡Por supuesto que yo al lado de esos señores soy un caballero! Yo robo pa' repartir y ellos roban pa' enriquecerse.

—¿Por eso, por justiciero, te perdonó Pancho Madero cuando te vio llorar en 1911? Se conmovió el futuro presidente con tus lágrimas, ¿cierto? Porque de que eras chillón, eras chillón...

—A veces me emocionaba demasiao.

—¿A veces? Acuérdate cuando murió tu madre y llorabas como un menor de edad de la misma manera en que lo hiciste cuando fallecieron algunos de tus hijos y tu hermano, Antonio, o cuando le contaste tu vida al presidente Madero pa' que después te indultara, parecías plañidera, o cuando te arrepentiste, tiempo después, de haber intentado matar al propio Madero y ya te iban a fusilar... ¿Ya ni te acuerdas cómo palideciste y pedías perdón, según te colocaban a espaldas del paredón? Cuando te perdonaron, te apuesto que tenías los pantalones empapados.

—Exageras...

—No, no exagero, ¿o exagero si te recuerdo cuando Victoriano Huerta te condujo, escoltado y a empujones, al patíbulo, y a gritos le pediste clemencia? Le suplicaste de rodillas en presencia de tus propias tropas que no se te arrancara la existencia, ¡carajo...! ¿Qué era eso...? ¡Qué vergüenza me diste ese día! Imagínate lo que quedó de tu prestigio ante tu gente. Lloraste durante la Convención de Aguascalientes al leer tu discurso, que quién sabe quién te redactó: «Ustedes van a oír de un hombre enteramente inculto las palabras sinceras que le dicta el corazón... Francisco Villa no será la vergüenza de los hombres conscientes porque será el primero en no pedir nada para él» y seguiste llorando mientras jurabas al oído de Obregón aquello de «la historia sabrá decir cuáles son sus verdaderos hijos». Es claro que te gustaba gimotear. Volviste a hacerlo cuando mandaste fusilar a toda la familia Herrera en un panteón. Había que llorar un rato antes de asesinarlos, ¿no? Lloraste hasta perder la voz cuando le perdonaste la vida a Obregón en tu casa y todavía lo invitaste a tu mesa a la voz de «vente a cenar compañerito, que ya todo pasó». Llorabas y volviste a llorar como cuando le contaste tu vida a Luz, al igual que cuando la visitaste en su casa y descubriste que no la habían secuestrado ni menos ultrajado, como te habían dicho. ¿Ya se te olvidaron los berridos de chivo a medio morir que diste cuando ayudaste a bajar los restos de Abraham González, después de haber dejado sobre su tumba una corona de flores frescas o los que soltaste al saber que mi general Felipe Ángeles había sido traicionado y fusilado por órdenes del *Barbas de Chivo*? ¿Qué me dices del llanto derramado cuando se ahogó Rodolfo Fierro, ese otro criminal de tus preferencias, al tratar de cruzar un río con las alforjas y los bolsillos llenos de monedas de oro que lo hundieron hasta el fondo a pesar de los manotazos desesperados que daba a diestra y siniestra? Entonces, ¿llorabas o no llorabas?

Sin contestar la pregunta y dispuesto a cambiar el tema, Villa explicó que don Pancho Madero era todo un caballero, un iluso al que en muchas ocasiones le había faltado visión y pantalones para poder sacar adelante el país que había heredado. Sus dudas, su fragilidad y su buena fe le habían costado la vida. Nunca aprendió a descifrar las verdaderas intenciones de quienes lo rodeaban. No conocía a sus semejantes. Nunca debió haber creído en Francisco León de la Barra, un porfirista camuflado, ni mucho menos acceder a prestarle la presidencia en lo que él tomaba posesión. ¡Imagínate nada más! Ni tenía que haber confiado en Victoriano Huerta, sobre todo cuando Gustavo Madero ya había descubierto la traición. Gustavo lo sabía todo, tanto que llevó al *Chacal*, preso y desarmado, a Palacio Nacional y se lo entregó a su hermano, sólo para que Francisco le dijera aquello de: «tiene usted veinticuatro horas para demostrar su lealtad a la República». ¿Resultado? Al otro día mató a Gustavo y encarceló al propio presidente para, después, mandarlo asesinar. ‿

—Iluso o no iluso te perdonó y hasta se atrevió a hacerlo por escrito. A ti, por lo visto, también te creyó. Lo convenciste con tus lágrimas. Imagínate si sería candoroso, que te regaló este texto para la historia:

Al distinguido señor coronel Francisco Villa equivocadamente se le atribuye haber sido un bandido en los tiempos pasados, lo que pasó es que, uno de los hombres ricos de esta región, quien por consiguiente era uno de los hombres favoritos de estas tierras, intentó la violación de una de las hermanas de Villa, éste la defendió hiriendo a este individuo en la pierna. Como en México no existe la justicia para los pobres, aunque en cualquier otro país del mundo las autoridades no hubieran hecho nada contra Pancho Villa, en nuestro país éste fue perseguido por ellas y tuvo que huir en muchas ocasiones y tuvo que defenderse de los rurales que lo atacaron, y fue en defensa de sí mismo como él mató a algunos de ellos. Pero toda la población de Chihuahua sabe que nunca robó ni mató a ninguna persona, sino cuando tuvo que acudir a la legítima defensa.

FRANCISCO I. MADERO [27]

—Madero decía que la prueba de que habías sido un hombre estimado en Chihuahua, estaba en que habías logrado organizar a cerca de quinientos hombres disciplinados que te respetaban. Y que si se te había dado el grado de coronel, no es porque se tenga necesidad de sus servicios, sino porque ha sido considerado digno de ese título. ¿Te imaginas? O don Pancho te quiso mucho para nombrarte coronel o supiste engatusar a quien después sería el presidente de la República. ¿Quién no lo engatusaba, no...?

—Sí, la verdad hicimos muy buenas migas hasta que me di cuenta de que andaba flaqueando cuando Orozco y yo estábamos tomando Ciudad Juárez. Nosotros seguimos los combates a pesar de que él ordenó la suspensión de los ataques. Lo ignoramos. Yo percibía su miedo. Continuamos aventando balazos y bombas hasta tomar la plaza y convencer a Porfirio Díaz, con la derrota, de que estaba perdido, tan perdido que al poco tiempo renunció a la presidencia de la República. Si nosotros hubiéramos obedecido las instrucciones de Madero, jamás hubiéramos tomado Ciudad Juárez ni hubiéramos acabado con el tirano después de más de treinta años de dictadura. La plaza cayó a pesar de Madero, un hombre que quería cocinar unos huevos rancheros siempre y cuando no se rompiera el cascarón: «Si quiere mantenerse en el poder, señor presidente, tendrá que colgar a todos los políticos del régimen porfirista, porque si no ellos nos van a cortar el pescuezo», le advertí. Y a él se lo cortaron antes que a nadie por crédulo...

Tan pronto renunció Porfirio Díaz a la presidencia de la República y concluyó la oprobiosa dictadura de más de tres décadas, y mientras el tirano se dirigía a Veracruz para abordar el *Ipiranga*, Pancho Villa se dispuso a cumplir su compromiso con Luz Corral. Deseaba contraer nupcias con ella a la brevedad. En cuanto llegó a

---

[27] Carta datada el 24 de abril de 1911, en el campo de operaciones al oeste de Ciudad Juárez y publicada al día siguiente en *El Paso Morning Times*. Aguilar, 1978: 33.

San Andrés, se dirigió a la casa de la familia Corral para externarle sus respetos antes que a su propia novia. Intentaba conducirse con absoluta transparencia para demostrarle a su futura suegra la pureza de sus intenciones. Presumió su nombramiento como coronel del ejército mexicano suscrito por el propio Madero. Traía consigo su hoja de servicios, así como su baja, pues estaba cansado de la vida errante y soñaba con formar un hogar y dedicarse a las rudas tareas del campo. Madero lo había premiado con diez mil pesos para iniciar su nueva vida al lado de Luz, que si bien, como él decía, «no tendría riquezas, pero la *Güera* tampoco pasaría penurias a mi lado».

Decidido a no perder ni un minuto más, Villa dispuso lo necesario para que el enlace civil se llevara a cabo el 29 de mayo de 1911. Su sorpresa fue mayúscula cuando Luz, Lucita, Lucecita, le hizo saber su deseo de entrevistarse con el cura Muñoz, el sacerdote más popular del pueblo, para celebrar la ceremonia religiosa. Una vez sentado en la sacristía, el Centauro se dirigió al cura: «Mire, para confesarme necesita usted por lo menos ocho días y como usted ve, está todo arreglado para que la boda sea mañana. Además necesitaría tener un corazón más grande que el mío para decirle todo lo que el Señor me ha dado licencia de hacer; pero si gusta póngale a montón que iguale, absuélvame y arreglados...».

Las palabras de Pancho —aducía Luz de alguna manera sorprendida— me parecieron heréticas en esos momentos. El buen cura se alejó sin querer oír más. A la mañana siguiente, a las once, nos casamos. Apenas habían transcurrido tres días de la renuncia de Porfirio Díaz. Pancho, mi Pancho estaba más dichoso que nunca. Pocas veces lo volví a ver tan feliz. Él, un pobre peón, roba vacas, se sentía parte de la historia y sin duda lo era. Había ayudado a cambiar el destino trágico de la patria.

Organizamos entonces en la casa un breve convivio reservado para la estricta familia y los más cercanos colaboradores de Pancho. Mi mamá preparó un buen mole de olla servido con frijoles y tortillas hechas en casa, además de tiras de carne asada, acompañadas de guacamole, totopos y una enchiladas rellenas de pollo cubiertas con salsa verde bien picante, como le gustaban a mi ya, en aquel entonces, marido. Pancho, como siempre, se abstuvo de beber alcohol, si bien brindaba con agua de limón o de chía. Estaba rebosante. Siempre que yo buscaba su mirada me encontraba con la suya: él se había adelantado. Invariablemente me enviaba un guiño o un beso. No dejaba de mirarme. Cuando se acercaba me tiraba discretamente de la falda diciéndome al oído:

—Ya te quiero quitar todos estos trapos, güerita, ya me anda... ¿Cómo ves si damos por terminada la fiesta y nos encerramos tres días, reinita?

—No seas hijo de la chingada, Pancho, los invitados merecen respeto, además todos son de los nuestros.

Mi marido disfrutaba mucho las malas palabras cuando yo las pronunciaba. El primero que se escandalizaba y reventaba en carcajadas al oírme hablar era, sin duda, Rodolfo Fierro, a quien conocí más tarde sólo para descubrir la crueldad de que era capaz.

—¿Cómo es posible que una chamaquita tan chiquita, con ojos azules tan bonitos, pelo trigueño, una mujercita de su casa, hable como verdulera? —me preguntaba Pancho al principio de nuestra relación.

Yo lo hacía para ganarme su respeto y simpatía, de modo que no me viera como a una pueblerina tímida, ignorante y sumisa, sino en todo caso una hembra brava que no se iba a dejar dominar. Tal vez a Pancho le llamaba la atención que yo no fuera una mujer morena, de ojos negros, con su par de trenzas peinadas con listones de colores, descalza, con sus enaguas largas y chillantes, su indispensable rebozo negro, sus enormes arracadas y con collares de pedrería.

Cada rato llegaba Pancho sonriente diciéndome en voz baja:

—Ya, nena, ya, ¿qué hago conmigo?

—Te chingas, Francisquito, hasta que no salga por su propia voluntad el último invitado por la puerta, no tendrás a tu güerita. Haz coco, cabrón, imagínatelo...

—No me vayas a salir, además, con que todavía lavarás los trastos porque pa' que no te molestes los rompo todos ahoritita mismo...

El pobre daba vueltas y más vueltas como perro de carnicería esperando su recompensa, sin embargo yo no cedía y me hacía la loca bromeando con todos y atendiéndolos como se merecían.

De pronto, y sin previo aviso, Pancho dijo en voz alta:

—Queridos amigos, la novia está cansada, ha sido un día harto largo y es la hora en que se merece la paz...

Yo me quedé sorprendida cuando escuché cómo dejaban de tocar los músicos ante una simple señal de mi marido; a continuación,

232

FRANCISCO MARTÍN MORENO

los invitados tomaron sus sombreros, se ajustaron las pistolas al cinto en tanto las mujeres recogían sus rebozos y disciplinadamente se dirigían a la puerta después de abrazarnos y desearnos eterna suerte en nuestro matrimonio. En un instante se quedó vacío el patio. Únicamente quedábamos mi mamá, Pancho y yo, momento que aprovechó mi esposo para chiflarle al *Chicote*, uno de sus ayudantes, para que llevara a mi madre a su casa en su propia diligencia. Gentilmente la acompañó hacia la puerta tomándola del brazo y repitiéndole palabras amables, hasta que se deshizo de ella, porque eso fue lo que en realidad sucedió. Yo tenía dieciocho años y él treinta y tres. Ya solos, repentinamente me tomó por los hombros con su brazo izquierdo, mientras me levantaba en vilo con el derecho recogiéndome por las piernas. Me colgué de su cuello sin atreverme a pronunciar una sola queja. Era su momento. Se lo había ganado. Yo sonreía y gozaba su musculatura. Su espalda parecía de piedra, el resultado de haber pasado la mayor parte de su vida montado a caballo. Su mirada despedía una picardía muy provocadora. Era la de un niño travieso. Pancho era de estatura media, casi diríase alto, fornido, de cuerpo grueso, piel blanca, tostada por el sol, ojos verdes, bigote muy poblado, cabellera oscura con tintes rojizos, por lo que difícilmente nos parecíamos a nuestros indígenas.

Una patada del macho sirvió para abrir la puerta de entrada a la casa, mientras yo seguía suspendida en vilo, colgada de aquel cuello de acero. Al cruzar por la sala aventé su sombrero a donde fuera a caer. ¿Qué me importaba? ¿Qué me importaba más que mi marido, un hombrote, fuerte, determinado, decidido y audaz que me protegería toda la vida? Siempre había soñado con encontrarme con un macho como él, alguien completamente distinto a mí, con esas manazas, esa suave brusquedad que tanto me gustaba. Sabía tratar a las mujeres, conducirnos y seducirnos. A Pancho le gustaba bañarse y estar limpio, si acaso alguna vez se ponía algunos toques de lavanda y era cuidadoso y atento, pero no como esa tarde que, en lugar de depositarme dulce y delicadamente sobre la cama, me arrojó como un bulto en tanto, con su rostro curioso, esperaba mi respuesta. Yo me concreté a sonreír festejando la broma. Sin quitarme la mirada de encima, como si estudiara mi reacción para que yo no huyera o tal vez para medir mi sorpresa, se desanudó el paliacate rojo que traía en el cuello. Lo arrojó al piso. Tenía los ojos vidriosos. Acto seguido, empezó a desabotonarse el saco blanco de su traje de charro.

Corrió la misma suerte que el paliacate, de igual manera se desprendió del chaleco decorado con botonadura dorada. Con la rapidez de quien se quita la camisa como si alguien le hubiera prendido fuego, ahí apareció mi marido con el pecho lampiño pero poderoso, el vientre plano, propio de los jinetes. Su mirada despedía una fiebre lujuriosa. ¿Cuánto tiempo habría esperado este feliz encuentro desde los días previos y posteriores a la Revolución, durante los cuales ni siquiera habíamos tenido la oportunidad de tomarnos de la mano? Yo también, lo confieso, lo había deseado ansiosamente.

De pronto se detuvo. Me contempló por unos instantes. Yo permanecía inmóvil. Nos mirábamos. Esperaba que él se acostara a mi lado, me besara, me tomara en sus brazos, me acariciara y me hiciera más fácil el tránsito hacia un amor que yo jamás había conocido. ¡Por supuesto que era virgen! Mientras se quitaba las botas me repitió todo lo que le gustaban mis ojos verdes, mi piel blanca, mi estatura, mis manos, mi cabello como rayos del sol, mis labios que devoraría a besos. Yo no sabía lo que me esperaba cuando él se sentó en la cama, dándome la espalda para zafarse las espuelas de gala y las botas. Cuando se desprendió de ellas, se quitó bruscamente los pantalones con todo y calzones, los aventó igualmente a donde fueran a caer, ¿qué más daba? Se puso de pie y giró sobre sus talones cuando ya caía la tarde y el día empezaba a languidecer. Yo nunca había visto a un hombre desnudo. Me resultó imposible seguir viéndolo a la cara. Clavé la mirada contra toda mi voluntad en su miembro de tamaño descomunal. ¿Por eso enloquecía a las mujeres? Sí que era un superdotado. ¡De ahí nutría él toda la energía que tenía para quemar con las viejas! Instintivamente cerré las piernas. Una sensación de miedo placentero se apoderó de mí. Pancho permanecía ahí, de pie, endiosado, presumiendo sus dones. Me los mostraba exhibiéndolos como si se tratara de un arma de fuego, el orgullo de un cazador. Ninguno de los dos hablaba. Yo menos, apenas respiraba. Sentía la boca seca y las manos heladas. Arrodillado sobre la cama me pidió que girara para desabotonarme el vestido. Lo único que pude ver antes de darle la espalda fue el crecimiento espantoso de aquello que yo nunca entendí cómo podría alojarlo en mi interior.

Pancho me hablaba con palabras dulces y tiernas para tranquilizarme. Sí que lo necesitaba.

—Te cuidaré, güerita, no te preocupes —adujo mientras me quitaba el vestido, el corsé, el sostén y toda la ropa interior hasta quedar expuesta como siempre me deseó. ¡Cuánto disfruté el apetito feroz que mi marido sentía por mí! Mientras tuviéramos ese brutal deseo, habría amor para siempre. Me besó, me besó toda, me tocó sin lastimarme, me exprimió, me pidió que le diera la lengua, que cerrara los ojos mientras él recorría con las yemas de los dedos mis senos, la entrepierna, los muslos, la espalda y el cuello. Me hacía estremecer cuando su aliento de fiera salvaje se introducía en mis oídos llenos de palabras prohibidas que él pronunciaba para soltarme, animarme y hacer que me entregara sin pudor alguno.

Cuando el macho se montó encima de mí, le mordí el cuello, le arañé la espalda, le encajé las uñas, empecé a gemir, luego a gritar de dolor, le exigí paciencia, tiempo, amor, cariño, traté de detenerlo, de contenerlo, de hacerlo esperar cuando me di cuenta de que éramos uno, que lo peor había pasado y que el Centauro del Norte ya cabalgaba por los cielos, montado en una potranca joven con la que recorrería los espacios abiertos hasta llegar al final del universo por toda la eternidad. Jamás volvería a tener otro hombre como él. En ese momento juré guardarle lealtad para siempre, hiciera lo que hiciera Pancho, mi Pancho, ¡ay!, mi Pancho… ¡No hay Pancho malo!

Según contaba Luz Corral, una vez casados no transcurrían quince días sin que en la casa recibieran cartas de diferentes mujeres que le exigían a Villa el cumplimiento de sus promesas de matrimonio. Varias de ellas se decían embarazadas y demandaban su derecho a convertirse en sus legítimas esposas. Luz conocía de sobra la debilidad de su esposo por el sexo opuesto. Se había percatado cómo contemplaba a las de su género, cómo se sentía atraído por ellas, cómo le llamaban la atención faldas, blusas, peinetas, anillos, collares, maquillajes, uñas pintadas, piel bien cuidada, perfumes, rebozos, peinados, aretes, en especial las arracadas, y, en general, todas aquellas prendas femeninas, que él por razones obvias jamás podría utilizar. Nunca dejó de sorprenderle el uso del femenino al hablar como cuando se decía estoy cansada o fatigada o somnolienta o soy rica, simpática y dicharachera. El uso del femenino invariablemente provocaba en él respuestas y estímulos que disparaban su imaginación. Todo el mundo relativo al sexo opuesto llamaba poderosamente su atención.

—¿Cómo está la güera?

—La güera está encantada de que su macho haya llegado a casa.

—¿Cómo está la güera?

—La güera está encantada, encantada, encantaaadaaa...

Afortunadamente había llegado la paz. Pancho instaló varios expendios de carne para ganarnos la vida. Por supuesto que montó su gallera en la que se encontraban animales de verdadera estima por su costo y su gallardía. Había uno llamado *el Cubano Hermoso,* el cual me había procurado muy buenos centavitos, puesto que el dinero ganado en las peleas del palenque venía a aumentar mis ahorros.

Una vez de regreso en Chihuahua, dedicado a una vida sencilla, metódica y ordenada, se levantaba a las cuatro de la mañana para ir a escoger el ganado que se sacrificaría y se vendería en nuestras propias carnicerías. Amaba la ganadería y disfrutaba como pocos el aire fresco y tonificante del campo. Al primer canto del gallo ya estaba de pie, listo para una nueva jornada de trabajo, y cuando los grillos empezaban a sisear, mi marido regresaba a la casa al mismo tiempo que se ponía el sol. Pancho comía invariablemente en casa acompañado, por lo general, de algunos amigos o familiares. Si un tema evitaba de manera recurrente, era la política, de la cual evidentemente no quería acordarse pues se encontraba convencido de que su vida de bandido y después de revolucionario ya formaba parte de su pasado. Nuestra casa, la Quinta Luz, en Chihuahua, era una hermosa propiedad con numerosas habitaciones y anexos para vivienda de la escolta de sus famosos Dorados, sin duda uno de los grandes orgullos de Pancho. «La Quinta Luz era hogar y residencia oficial del general; también era hogar de parientes, amistades y niños recogidos que mi marido admitía y yo me encargaba de criar y educar, porque él se enternecía con la caricia de un niño. Nunca puse reparos a cuanto muchacho invadía nuestra casa con cualquier pretexto.»

Mi marido siempre me distinguió con obsequios y atenciones propias de un hombre enamorado. Hasta llegué a pensar que yo era todo para él, eso sí, con sus debidas reservas. Nunca olvidaré cuando me regaló una máquina de coser y a la semana siguiente se presentó con una enorme caja, el estuche de una guitarra, porque sabía mi afición por la música y las canciones mexicanas, en especial las rancheras. Me cansé de cantarle.

Bajo las sombras de las palmeras
Que el agua alegre mueve al pasar,
A donde llegan las plañideras
Notas rugientes del fiero mar.
Bajo esas olas que el mar provoca,
Sin más testigos que el mar y Dios,
Mil besos traigo para tu boca
Y mil plegarias para tu amor.[28]

A mediados de julio de 1911, Pancho y yo salimos en ferrocarril a la ciudad de México. Finalmente podíamos disfrutar un breve viaje de bodas, una vez que dejamos instalados los expendios de carne que pusimos en manos de Manuel Atocha, encomendando la contabilidad de las empresas a Tomás Leyva. Habiéndonos hospedado en el Hotel Iturbide, nos dedicamos a visitar el Bosque de Chapultepec, el Lago de Xochimilco, la Villa de Guadalupe, además de que por primera vez pude asistir a una representación de teatro y entrar a un museo. ¡Una maravilla! Después nos dirigimos a Tehuacán y más tarde a Puebla, en donde nos encontramos nada menos que con Madero, quien nos invitó a pasar unos días con él y su familia.

Yo ignoraba que mientras nosotros nos encontrábamos en la ciudad de México y festejábamos ruidosamente mi embarazo, en septiembre de 1911 nacía Micaela, hija de Petra Espinoza, la famosa *mujer de Parral*. Por supuesto que Pancho se cuidó de contarme la existencia de esta relación, así como el nacimiento de otra de sus hijas, una de las tantas que muy pronto empezaría a desperdigar por todo el país. Sin perder de vista la fragilidad amorosa de mi marido, le pedí que nos casáramos también por el civil en nuestra casa de San Andrés, ceremonia que no habíamos podido realizar anteriormente por falta de autoridades en aquel municipio. Esta vez no habría ningún margen de error. La presencia de varias esposas tarde o temprano me provocaría la pérdida de mi patrimonio, el que yo necesitaba para mantener a mis hijos. La vida se encargaría de darme la razón. La ceremonia matrimonial se llevó a cabo el 24 de octubre del propio 1911. La convivencia en el rancho resultaba inmejorable, más aún cuando yo veía a Pancho contento, después de una vida de fatigas y zozobras, orgulloso de montar a *Garañón*, un fino caballo re-

[28] Mejía, 1990: 39.

galo de Madero, de inteligencia notable, al grado de que cuando el caballerango olvidaba darle de comer a sus horas, el animal se acercaba a la puerta del pasillo que comunicaba con la caballeriza y, dando tres patadas, solicitaba su pastura. Sus caballos, su ganado, sus expendios de carne, su rancho, su cielo azul, su viento, sus milpas, su alfalfa, sus largas comidas con la familia y sus amigos hacían de Pancho un hombre encantador y seductor. El campo y yo sacábamos, sin duda alguna, lo mejor de él. Jamás exhibió vergüenza al tomar sus clases de dictado y lectura, animado por un firme deseo de ser cada vez una mejor persona. Vistos a la distancia, sus crímenes se desvanecían en el pasado, así como la tentación de buscar más mujeres.

Para Pancho resultaba imposible apartarse de la política. Contemplaba rabioso cómo el estado de cosas permanecía exactamente igual o en algunos rubros peor, mucho peor. De ahí que en 1912 decidiera mandarle al presidente Madero la siguiente carta, que muchos le ayudamos a redactar:

> Hace tiempo que he querido hablar, pero hablar con entereza y con justicia… Quise constituirme de revolucionario a ciudadano, pero parece que su política y su gobierno no ofrecen garantías a los hombres independientes… Es una vergüenza… que el caciquismo sigue imperando (y) los gobernantes, desde el más alto hasta el más bajo continúen el sistema regresivo del antiguo régimen… Ésta será la última vez que yo me queje ante las autoridades.[29]

Nuestra vida apacible y tranquila terminó con el levantamiento armado de Pascual Orozco el 2 de febrero de 1912. Pancho se puso a las órdenes de don Abraham González, gobernador del estado. Las instrucciones del centro no tardaron en llegar, así que mi marido fue puesto a disposición de Victoriano Huerta, grave error, porque de esta suerte los jefes maderistas, leales a la causa, tuvieron que someterse por primera vez a un militar de extracción porfirista. Previendo el malestar que esto producía en mi marido, el presidente Madero lo nombró general brigadier a pesar, muy a pesar, de la oposición que ostentó el Chacal de manera encubierta. Pancho honró su nuevo cargo cuando en Conejos obtuvieron una importante victoria, así como con los combates de Rellano que obligaron

---

[29] Taibo II, 2006: 126.

a Huerta a otorgarle un reconocimiento especial por sus méritos en campaña. Sin embargo, las relaciones entre Victoriano y mi marido, todos lo sabíamos, estaban tocadas de muerte.

Entre batalla y batalla, combate y combate, escaramuza y escaramuza, en Parral mi esposo encontró a Piedad Nevarez, hija de un próspero ganadero de Delicias, una mujer hermosa e inteligente, dedicada, entre otras actividades, a la interpretación de obras clásicas de piano. El amor resultó tan intenso que, según supe más tarde, al siguiente día de conocerse un cura los casó a la una y media de la madrugada, con lo que la bella Piedad se convirtió en otra de las esposas de mi amado Centauro. Las diarias serenatas cantadas al pie de la ventana fueron tan sonoras que llegaron a arrancarme de mis sueños, que pronto se convirtieron en realidad, puesto que finalmente nació nuestra hija, hecha carne del milagro de nuestro amor, cuando precisamente su padre se encontraba en Parral contrayendo nupcias a mis espaldas. Los enemigos de mi marido publicaron de inmediato anuncios en los periódicos que hacían saber mi muerte durante el alumbramiento, para provocar el regreso inmediato de Pancho de su nuevo nido de amor. En realidad se trataba de una celada para masacrarlo a balazos tan pronto apareciera en la Quinta Luz, sólo que los lecheros, carboneros y leñeros que llegaban a mi casa, fanáticos villistas, defensores de ese hombre gigantesco dedicado a repartir la riqueza de los ricos entre los pobres, le hicieron saber a Pancho la realidad: la niña, Luz Elena, nuestra querida hija recién nacida, y yo, nos encontrábamos perfectamente bien y no era necesaria su presencia porque lo matarían a la primera oportunidad. Para Villa el comunicado resultó una perfecta invitación a continuar con el romance…

Como mi marido no estaba dispuesto a seguir bajo el mando de Huerta, le hizo llegar un telegrama en el que le comentaba su decisión de abandonar la División del Norte. Huerta ordenó el fusilamiento inmediato de Villa y sus hombres, acusados de insubordinación. En realidad su único objetivo consistía en acabar a como diera lugar con otro maderista y facilitar así su acceso al Castillo de Chapultepec. Entre menos maderistas más posibilidades tendría de alcanzar el éxito al derrocar al primer presidente demócrata del siglo xx. Al ser aprehendido y colocado de espaldas al paredón, Villa nunca reconoció que hubiera llorado y mucho menos que se hubiera arrodillado ante el Chacal. Puras mentiras, según dijo el Centauro del Norte, en las que sólo él y su conciencia tendrían alguna injerencia. El propio

Henry Lane Wilson, embajador de los Estados Unidos, le exigió a Madero el inmediato fusilamiento de Villa. Que lo arrestara, que lo sometiera a un consejo de guerra y lo pasara por las armas, so pena de provocar otra intervención militar norteamericana en México si Villa no era sacrificado de inmediato. La sentencia que ordenaba su ejecución fue conmutada por una de prisión en la penitenciaría militar de la ciudad de México. Mi marido permaneció seis meses en la cárcel sin recibir la ayuda de Madero, hasta que el presidente facilitó su fuga el 26 de diciembre de 1912.

Qué lejos estábamos de imaginar que cuando estábamos reiniciando nuestra vida matrimonial y empezábamos a colocar piedra sobre piedra para construir nuestro futuro, éste se nubló violentamente por el asesinato del presidente Madero y del vicepresidente Pino Suárez, magnicidio que haría estallar a todo México por los aires como si se tratara de un polvorín. Todo se convertiría en astillas.

Nuestro idilio se canceló drásticamente con el estallido de la Revolución. La vida de todos los mexicanos se hizo polvo. La destrucción fue masiva, terrible, intensa, dolorosa. Se enlutaron millones de hogares en los que aparecían crespones negros, además de las familias ensangrentadas que contemplaron con horror el regreso de sus padres, hijos y hermanos mutilados. Todo se destruyó junto con nuestra esperanza de tener un México mejor cuando desapareciera Porfirio Díaz y esta esperanza se asfixiaba en la sangre de todos nosotros. Desde luego, Pancho se sumó a las tropas carrancistas creadas para aplastar al Chacal y expulsarlo del país por la misma ruta de su colega, el anterior tirano. Volvería a intervenir exitosamente en el diseño del México del futuro.

En pleno movimiento armado, al llegar al pueblo de Satevo, a mi esposo le informaron de la existencia de Aurelia Montes, con quien supuestamente había tenido otro hijo. Por supuesto que él la había conocido cuando todavía se presentaba como Doroteo Arango. La había acechado en la sierra, la había espiado en los bajaderos del río, muchas veces la había ayudado a cargar el cántaro lleno de agua, mientras no dejaba de lanzarle piropos e insinuaciones para hacerla suya. Las persecuciones de que fue objeto le impidieron relacionarse o tal vez hasta casarse con Aurelia, pues tuvo que huir, acostumbrado como estaba a hacerlo, para volvérsela a encontrar ya como madre de un hijo que el pueblo entero se lo adjudicaba a él. ¡Una calumnia!

—No es mío —le dijo el Centauro a la bella doncella después de algunos años—, tú y yo nunca tuvimos nada que ver, salvo unas ganas inmensas de darnos de besos hasta desmayarnos, pero ni a eso llegamos, no tuvimos tiempo. Entonces, ¿de quién es el malvao chamaco?

—No quiero que hagas nada, Pancho, pero es del cura del pueblo. Te lo prometo, tú eres completamente inocente.

—¿Del cura del pueblo? ¡Ah, cabrón!

—Sí, Pancho, sólo que él siempre se ha negado a reconocerlo porque sabe lo que le pasaría si el pueblo llegara a saber de la violación de su voto de castidad.

—¿Cuál voto de castidad? A los curas les vale madres el voto de castidad y el de pobreza. ¿Y cómo te convenció?

—Por bruta.

—Eso ya lo sé. Ahora dime, ¿cómo te convenció?

—Pues yo tenía a mi novio, Federico, el panadero, con quien tú sabes que hacíamos lo que todas las parejas hacen. Nos besábamos y nos acariciábamos tan pronto la oportunidad lo permitía.

—¿Y entons?

—Pues un día en la confesión le dije al cura que mi novio y yo nos habíamos propasado y él dijo que para purificarme tendría que desnudarme para que me tocara con la santa cruz todas aquellas partes de mi cuerpo que había acariciado mi novio.

—¿Y tú te dejaste?

—Pues sí.

—Pues sí que eres bruta, rebruta. ¿Y qué pasó?

—Pues que entre purificada y purificada, haciendo buches con agua bendita y tirándomela por todo el cuerpo, de repente se montó sobre mí y el resto ya te lo puedes imaginar, pues me embarazó.

—¿Y el cura sigue aquí, en el pueblo?

—Por supuesto, se la pasa quitado de la pena haciéndole a otras muchachas lo mismo que a mí, después de amenazarlas con mandarlas al infierno si alguna de ellas llega a denunciarlo. Vivimos en el pánico.

Al día siguiente, el día de la verbena de la virgen de los Remedios, cuando todo el pueblo festejaba en el atrio de la parroquia y el cura ya soñaba con el momento de contar el dinero depositado en las urnas como agradecimiento a la santa patrona, se acercó el general Francisco Villa, montando a caballo, hasta dar con la figura del joven sacerdote, que de entrada lo recibió con una bendición.

—Vete con tu bendición a la chingada, maldito degenerao. Tú eres el único padre del hijo de Aurelia y en ningún caso lo soy yo, porque siempre he tenido el valor civil de reconocer mis responsabilidades.

La muchedumbre, curiosa y morbosa, rodeó de inmediato al jinete y comprobó cómo el cura palidecía y temblaba por instantes. Las comadres murmuraban tapándose los labios con los rebozos en tanto decían que el niño era el mismísimo retrato del Anticristo, las mismas facciones de Doroteo Arango, criminal de criminales, ladrón de ladrones y violador de violadores. Ahí mismo supo Villa que el niño de Aurelia había muerto antes de cumplir el año, pero dicha razón de ninguna manera liberaba de responsabilidad al representante de Dios, quien, con independencia del Juicio Final, tendría que hacer frente a sus culpas aquí en la Tierra, antes de emprender el viaje sin retorno.

—Le juro, mi general, que yo no fui, nunca fui el padre de la criatura.

—Entonces estás jurando en falso en el nombre de Dios y sólo por esa razón te voy a mandar a su lado en este chingao momento —agregó mientras desenfundaba la pistola, un revólver americano Smith & Wesson, para luego apuntarla a la cabeza del sacerdote, quien cayó de rodillas envuelto en lágrimas—. A mí no me impresiona que te pongas a llorar como una nena: tienes dos minutos de vida antes de que te vuele la cabeza a balazos. ¿Juiste o no el padre del niño? —preguntó jalando el percutor de la pistola.

Las mujeres se arrodillaron implorando. Los hombres tenían los ojos húmedos.

—Di ante tu gente y jura ante Cristo la verdad. Salva la honra de esta mujer. Por última vez: ¿quién jue el padre del hijo de Aurelia Montes?

Las voces eran inconfundibles. Las mochas decían y repetían: «que lo maten, señor cura, que lo maten, al fin y al cabo Dios todo lo sabe y lo perdona. En un momento más estará usted a su lado y ahí se quedará por toda la eternidad. Usted es inocente y el Señor no lo ignora».

—¿Entons? A la una, a las dos y a las...

—Sí, mi general, yo soy el único culpable, yo soy el padre de la criatura. Perdóneme, perdónenme, perdóname Señor —reventó el cura cayendo de hinojos. Suplicaba y se persignaba insistentemente de rodillas mientras besaba la cruz pectoral que había utilizado en tantas tropelías.

—No, cabroncete, no es así de fácil, tienes que casarte ahorita con la chamaca.

—Pero si soy sacerdote, imposible casarme.

—Eso lo hubieras pensado antes, chulito. Quiero que venga ahorita mismo otro curita para que los case y le devolvamos su honor a Aurelita. Si no estás de acuerdo, con un simple jalón de mi gatillo te vas pa'l otro lado y no precisamente a Estados Unidos. Entons, ¿te casas o qué? No veo por qué te dan tanto miedo las balas, si como dicen estas mochas, te vas a ir al cielo y ahí vas a estar mucho mejor que aquí. ¿Por qué le sacas tanto...?

—Me caso, mi general, claro que me caso, prefiero muchas veces estar todavía aquí en la vida que en la eternidad.

El pueblo murmuraba y blasfemaba. Unos pensaron en quemarlo en leña verde, sin embargo, como siempre, no ocurrió nada. El malestar se acabó después de un par de comentarios sopeados con conchas de vainilla remojadas en chocolate caliente. Al final de la ceremonia religiosa, Villa se acercó al sacerdote recién convertido en marido para decirle al oído:

—¿Si tú jueras Dios adónde mandabas al cura de Satevo, al paraíso o al infierno? ¿O crees que porque te casaste con Aurelita ya estás libre de toda culpa? Yo tengo el presentimiento de que te vas a pasar una larga temporada con Lucifer porque te aprovechastes de tu autoridá espiritual pa' tirarte a la chamaca. El castigo va a ser canijo, te lo aseguro, pequeño diablito. La próxima que hagas de las tuyas, en lugar de que oigas mi voz, escucharás la de mi pistola, jijo de tu pelona. Mañana tempranito te casarás por el civil: yo traigo al juez pa' que no me hagas una fregadera... Si no te maté en esta ocasión es porque no quería dejar viuda a Aurelita.

Pero había más, muchas más anécdotas para reflejar la personalidad de mi querido Centauro del Norte:

En una ocasión, durante los combates contra los orozquistas, tomaron un reducido grupo de prisioneros que fueron conducidos ante la presencia de mi marido. Entre ellos destacaba alguno que había sido su amigo y que nos había acompañado muchas veces a la mesa en nuestra casa. Al reconocerlo, esposado como se encontraba, Pancho, sorprendido, le reclamó su deslealtad, a lo que el otro repuso:

—«Ya sé que me va a mandar fusilar, pero sí le digo, que si cien vidas tuviera, las mismas emplearía en pelear contra usted...»

Villa se quedó petrificado. Jamás se imaginó semejante respuesta. Después de retirarle la mirada, se dirigió a uno de sus soldados para ordenar a voz en cuello:

—«Lleve a este señor con el jefe de armas y dígale que le entregue las armas que le fueron recogidas al hacerlo prisionero...»

Girando en dirección del cautivo le disparó en pleno rostro las siguientes palabras:

—«Usted puede irse al campo enemigo para que siga peleando en contra mía. Así me gustan los hombres.»

A continuación le extendió la mano, señalándole la salida que el ex prisionero, agradecido, tomó sin voltear siquiera para atrás.

En otra ocasión arrestaron a un músico confundido que caminaba a la deriva. Cuando Villa se dio cuenta de que el hombre pertenecía al enemigo, ordenó que lo colgaran sin más por espía. Al tratar de ejecutar la sentencia, una vez firmemente sujeto el dogal alrededor del cuello, le asestaron un sonoro fuetazo al caballo sobre el que el prisionero estaba parado; para sorpresa de todos, se reventó la reata, por lo que el músico cayó al piso lastimándose un tobillo. Buscaron un mecate más resistente para repetir la ejecución. Esta vez se rompió la rama del árbol y el triste preso se fracturó una rodilla. En el tercer intento resistieron tanto la rama como la soga. Cuando transcurrido cierto tiempo lo descolgaron, la pobre víctima empezó a mover los labios y el cuello en tanto giraba lentamente la cabeza de un lado al otro. Respiraba. Fierro pidió instrucciones para rematarlo. Villa lo impidió. «Quien por tres veces se salva, tiene derecho a la vida.»

Y finalmente, en otra coyuntura de la historia, Villa fue informado de la aprehensión de un huertista que intentaba espiar en su cuartel general. El fusilamiento era inminente. De pronto pasó el escuadrón flanqueando al reo rumbo al paredón. Cuál no sería la sorpresa de Villa cuando de repente se desprendió del reducido grupo de verdugos un niño de cinco o seis años de edad, para darle un puntapié con todas sus fuerzas precisamente en la pierna que tenía herida...

—¿Quién es este chingao chamaco? —gritó sujetando a la fierecilla del pelo y brincando sobre una pierna.

—Es hijo del señor que acaba usted de mandar fusilar —contestó uno.

Rápidamente dio orden de que suspendieran aquella ejecución y trajeran al reo a su presencia... Entonces, dirigiéndose al niño, le dijo:

—«Toma, chamaco, aquí está tu padre, yo te lo entrego; llévatelo a tu casa, pero pronto, antes de que se me pase el dolor de tu patada.»

La Revolución incendiaba todo el país. México volvía a desangrarse en un nuevo conflicto armado. Apenas habían transcurrido cincuenta y tres años del fin de la guerra de Reforma financiada por el clero católico, reacio a perder, como siempre, sus intereses económicos y privilegios políticos, cuando la nación aparecía de nueva cuenta envuelta en llamas. Los mexicanos volvíamos a matarnos entre nosotros mismos en una lucha, en apariencia sin final, por el acaparamiento del poder. Un millón de mexicanos perderían la vida con tal de no permitir, a ningún precio, la llegada de una nueva dictadura como la porfirista o de alguna otra corriente, ya fuera de izquierda o derecha. Soñábamos con la democracia, el espléndido invernadero en donde germina lo mejor del género humano. Entre todos, libremente, podríamos construir el México del futuro, el que idealizábamos, al que aspirábamos. En lo sucesivo, nadie podría imponer su autoridad de un manotazo. Se acabó aquello de ¡a callar, aquí sólo mando yo!

Ya no se cometerían más crímenes en nombre de la libertad. Ya no se escucharía el eco siniestro de las recurrentes descargas ejecutadas de espaldas al paredón que resonaban en la inmensidad del Bajío como un eco macabro. Se impondría finalmente la ley, el Estado de derecho. Ya no se permitiría la existencia de caudillos que asesinaran, persiguieran, desaparecieran opositores y críticos, mutilaran, torturaran, espiaran y fusilaran, después de juicios sumarísimos sin posibilidades de defensa, a quien se negara a aceptar la adopción de una nueva tiranía. Era el México de todos en donde todos opinaríamos y nos someteríamos incondicionalmente a lo dispuesto por la Constitución de la República.

¡Adiós a las policías secretas dedicadas a purgar a la nación de agentes nocivos! ¡Adiós a las instituciones siniestras especializadas en la desaparición de personas que *pensaran peligroso*! ¡Adiós a los sujetos que no respetaran los más elementales derechos del hombre! ¡Adiós a quien pretendiera gobernar de acuerdo con sus estados de ánimo! ¡Adiós a los cientos de cárceles clandestinas! ¡Adiós a la censura periodística y a quien intentara cancelar la libertad de expresión, la de pensamiento o la de cátedra! ¡Adiós a los espías delatores de la existencia de críticos opuestos al sistema! ¡Adiós a las tiendas de raya, a los derechos de pernada, a la esclavitud, disimulada o no! ¡Adiós a quien se atreviera a negar la validez de las garantías individuales y continuara con las privaciones ilegales de la libertad y de bienes sin mediar mandamientos escritos de autoridad competente! ¡Adiós, adiós, adiós...!

Villa había padecido, en carne viva y expuesta, el horror de la dictadura porfirista que había comenzado dos años antes del nacimiento del famoso Centauro, en 1878. ¡Claro que había sido un factor determinante en el derrocamiento de Porfirio Díaz en 1911 a partir de la caída de Ciudad Juárez y claro, también otra vez claro, que jugaría un papel preponderante en el derrocamiento de Victoriano Huerta, el Chacal, una criatura del Señor, medio hombre y medio bestia! Estas dos efemérides militares, por sí solas, independientemente analizadas, le garantizarían a Villa un justificado lugar en la historia política de México. Si no se pierde de vista su extracción social, el hecho de haber participado con tanta eficiencia en la destitución y expatriación de dos oprobiosos tiranos del máximo poder mexicano justificaría su ascenso a la categoría de héroe de la nación.

Pero la vida no sólo se trataba de reconocimientos populares, ovaciones y medallas al mérito militar. He aquí otro ángulo doloroso de la historia: «Sí, fue cierto –declaró Luz Corral–, mientras Pancho se encontraba en Namiquipa inmerso a la mitad de la Revolución, le hice llegar el más doloroso mensaje que escribí en toda mi existencia. Difícilmente pude sostener la pluma entre mis dedos. Las lágrimas con las que empapaba el triste papel me impedían ver con claridad las letras. El breve texto resultó casi ilegible a pesar de todos los intentos que hice para redactarlo. La tinta humedecida manchaba el contenido que más o menos decía lo siguiente:

> Pancho, querido marido mío: Nuestra hija, Luz Elena, la dueña de tus ojos, ha sido «la víctima inocente de los odios que contaminan las conciencias... Ella cayó bajo la hoz de la muerte empuñada por malvada mano de mujer, al infiltrar el veneno en la debilidad de su ser... ¿Quién fue? Sabiéndolo, lo callo».[30]

La esposa despedazada al haber perdido a su única hija que ni siquiera había cumplido los dos años de edad, no imaginó el rugido de león herido, lastimado en lo más profundo de su ser, que el Centauro del Norte profirió al terminar de leer la nota redactada con un

---

[30] Corral, 1977: 50-51.

sentido poético, una de las fibras innegables de la madre. Pancho Villa, puesto súbitamente de pie, lanzó un terrible alarido al tiempo que de un puñetazo destruía la endeble cubierta de la mesa de madera ubicada en el centro de su tienda de campaña. Mientras se enjugaba las lágrimas y arrugaba la hoja de papel humedecida por el sudor, con la boca pastosa juraba venganza a gritos enloquecedores.

—¿Envenenar a una niñita? ¡Cabrones! ¿Y esa niñita tenía que ser mi hija? ¡Ay!, Dios, ¿quién te entiende, carajo! Muérete junto con estos miserables de San Andrés que probarán mis balas, mis sogas y mis manos. Les sacaré las tripas y los ojos con mis dedos. ¡Dios! ¡Dios! ¡Dios...! Nadien será sometido a juicio. Juro por el diablo que no quedará un solo federal en ese pueblo. ¡Ensillen mi caballo! ¡Levanten el campo, pero ya! No hay tiempo que perder —demandaba furioso con el rostro congestionado, el bigote lleno de mocos, sin dejar de escupir a un lado u otro—. No quiero sobrevivientes, no, no quiero ni uno solo. Aquí no hay inocentes, todos son culpables de haber asesinao a mi pequeña y matado las ilusiones de mi Luz, Luz, Lucecita, no sufras... Ya voy, ya voy amor, ya voy a tu lado...

—Pero mi general, si al enemigo lo tenemos a tiro de pichón, ahí se ve la humareda de sus fogatas...

—No es éste el enemigo con el que quiero batirme el día de hoy: guarden las cosas. Prepárensen, nos vamos. La marcha será cabrona. No descansaremos, se muera quien se muera en el camino.

Nadie se atrevía a contradecir las órdenes de Villa, menos, mucho menos, si su determinación se palpaba, como en aquella ocasión, al escuchar el timbre severo de su voz.

Muy pocos conocían las veredas, los atajos y los vericuetos de la sierra como Pancho Villa. Él encabezaba, a veces a galope a veces al trote y otras tantas al paso, la marcha en dirección a San Andrés, Chihuahua. No abrió la boca en todo el trayecto ni volvió a amenazar ni dio explicaciones; sólo hicieron un par de pausas para comer, hasta llegar a su destino. Al rodear el pueblo con sus cañones y ubicar a la caballería, decidió la mejor estrategia para que entrara la infantería a bayoneta calada. Imposible bombardear el pueblo hasta que no quedara una piedra encima de la otra porque ahí se encontraba Luz. No correría ese riesgo a ningún precio. Huerta sabía que en San Andrés vivía la familia Villa y de ahí que la hubiera reforzado militarmente. ¿Cómo dudar que atrás del asesinato de la pequeña Luz Elena estaba la mano perversa del Chacal? Ya se verían las caras...

Las fuerzas del Centauro arrollaron materialmente a las federales. Sin embargo, desde el fuerte de la guarnición, las ametralladoras, las bombas y la artillería gruesa causaban numerosas bajas entre los villistas. En aquella ocasión muy pocos llegaron a saber que no defendían la causa de la democracia. A la voz del general Villa de que hace más quien quiere que quien puede, después de una aguerrida batalla ciertamente encarnizada, cayeron los enemigos, los huertistas que habían tomado San Andrés y se entregaron agitando una bandera blanca a las tropas villistas, esperando, claro está, un trato civilizado como correspondía a unos prisioneros de guerra. Otros, más escépticos, principalmente los jefes y altos oficiales, dudando del respeto obligado que se le debía conceder a los vencidos, decidieron huir y esconderse en casas amigas, en el entendido de que el pueblo estaba cercado y resultaba imposible internarse en el bosque para tratar de ponerse a salvo.

Al apearse, Villa ordenó que metieran a los cuatrocientos prisioneros en un corral improvisado, bien vigilado para que no escapara ninguno. Uno a uno, los vio a la cara como si buscara alguna mirada que delatara la complicidad en el envenenamiento de Luz Elena. Ninguno exhibía más allá de un justificado pánico al prever la suerte que le esperaba. Fracaso: todos tenían rostro de criminales. Ante la imposibilidad de identificar al culpable, ordenó que fueran sacados en grupos de seis para fusilarlos de inmediato, colocándolos de espaldas a unos enormes sacos de maíz y pasturas. Después de dispararles el tiro de gracia, los cadáveres se acumulaban en pequeños montículos, en tanto se escuchaban los gritos y los ruegos del resto de los federales que suplicaban piedad. De vez en cuando se oían tiros aislados de algún audaz que intentaba fugarse y escapar de una muerte irremediable.

—Mi general Villa —gritó de repente el famoso Chicote—, es una chinga estar haciendo agujeros pa' enterrar tanto pinche pelón, ¿por qué mejor no rociamos los cuerpos con harta gasolina y los quemamos? Estos cabrones no se merecen ni una gota de nuestro sudor. Además al ratito van a apestar —adujo de modo que lo escucharan el resto de los federales apresados.

—A mí lo que me importa es que los mates, luego hazle como quieras, Chicotito.

Las descargas retumbaban, una a una, en el infinito, estremeciendo los hogares del pueblo, en tanto continuaban las humaredas negras con olor a carne asada que recorrían San Andrés. Las pilas de cuerpos fueron creciendo, según se acumulaban más cadáveres de modo que se hicieran piras más grandes con la idea de ahorrar combustible.

Sin embargo, Villa no satisfacía sus apetitos de venganza. Entre la tropa no distinguía la presencia de los altos mandos ni de los oficiales encargados de la guarnición. Cualquiera de ellos podía haber recibido la orden de Huerta para matar a la pequeña Luz Elena. Fue entonces cuando ordenó, golpeándose rabiosamente con el fuete en las botas, que los enemigos fueran buscados casa por casa, granero por granero, sótano tras sótano, azotea tras azotea, pozo tras pozo...

No pasó mucho tiempo antes de que apareciera una línea de uniformados que fueron conducidos al panteón para ser pasados por las armas, baleados de dos en dos o de tres en tres para ahorrar parque y no desperdiciarlo con esos cochinos cobardes, asesinos de una menor. Villa en persona remató con tiros en la cabeza a muchos de ellos hasta que una hinchazón del dedo índice le impidió seguir apretando el gatillo.

Después de la masacre besó a Luz Corral, lloró, imploró venganza envuelto en lágrimas hasta caer de rodillas abrazado a las faldas de su esposa. El dolor era profundo, irreparable e inevitable. La pérdida de sus hijos de otros matrimonios o de otras relaciones nunca le había significado tanta pena. Luz Corral gemía desconsolada mientras acariciaba la cabeza del Centauro, apretándola contra sus piernas. Jamás podría volver a llenar ese vacío. Algo se lo decía. La vida no la premiaría con otro retoño, con otro fruto del amor entre ella y Pancho. Lloraba por la pequeña Luz Elena, por esa pérdida tan dolorosa, y también lo hacía por su marido, por ella, por ambos. No podía imaginarse siquiera su destino si Victoriano Huerta llegaba a ganar el movimiento armado. Tendrían que huir como un par de muertos de hambre a Estados Unidos a ganarse la vida como peones. En aquel país nunca dejarían de ser unos desconocidos. Tampoco podía olvidar el alcance del brazo armado del Chacal quien, una vez erigido como vencedor, sin duda mandaría matar tanto a Carranza y Obregón como a Villa. Motivos para llorar los tenía todos, más aún si no perdía de vista las recurrentes infidelidades de su marido, quien materialmente se derrumbaba ante la presencia de cualquier mujer hermosa.

Villa abandonó San Andrés unos días después. La revolución continuaba, imposible detenerla. La batalla de Torreón implicaría un parteaguas militar en el desarrollo del movimiento armado. Resultaba imperativo erigirse como triunfador en el campo del honor.

—¿No te pareció una villanía, una verdadera villanía, que a tan sólo un mes de muerta tu pequeña hija Luz Elena ya te anduvieras enredando con Juanita Torres, en Torreón? Sí, sí, la muchacha regordeta de bella mirada y facciones graciosas, la vestida de blanco como todas las mujeres que te gustan y que conociste en el Casino de la Laguna…

—No, no era una villanía, de ninguna manera. Los hombres tenemos nuestras necesidades y más hambre de mujer que las mujeres de hombres. Haz de cuenta que ellas hubieran nacido sólo pa' traer chamacos al mundo. No les interesa andar pa'rriba y pa'bajo buscando machos, de la misma manera que yo sí ando pa'rriba y pa'bajo buscando hembras, y esta Juanita Torres, la empleadita de la Torreón Clothing Company, era un manjar.

—¿Pero y tu hija muerta? ¿Acaso has escuchado alguna vez en tu existencia la palabra luto? ¿No se merecía ella que guardaras luto en su memoria?

—Ya nadie me va a devolver a mi hija. La perdí para siempre. Si el luto me la fuera a devolver, te juro que me vestía de negro hasta el último día de mi vida, pero como por ahí andaba Juanita, nimoó que no la atacara yo.

—Pero si era la novia de un oficial del ejército y se negaba a acostarse contigo.

—En el ejército hay jerarquías y el oficialito ese estaba obligao a respetar las instrucciones de su general, de modo que fui por ella. Fui por ella porque era parte de mi botín de guerra y porque quienes nos jugamos la vida todos los días, nos merecemos alguna recompensa.

—¿Aun en contra de la voluntad de la muchacha?

—¿Cuál en contra de su voluntad? Al final todas quedan encantadas y agradecidas. Algo aprenderían de las encerronas de dos o tres días conmigo, te lo aseguro. Deberían considerarse privilegiadas.

—Pues a mí me parece una gran cobardía que, a pesar de que ella rehusaba tu ofrecimiento de pasar la noche contigo, te hubieras atrevido a mandar un destacamento de soldados para que la sacara por la fuerza de su casa y te la entregaran en tu cuartel, sin que escucharas ni sus lamentos ni sus súplicas. La violaste sin tentarte el corazón.

—Perdóname pero yo le pedí su santa mano a su familia.

—Y la familia te dijo que no…

—Así jue, pero yo ya había cumplido con el procedimiento. Jui civilizado y la pedí. Cuando me la negaron con un no porque no, entonces sólo me quedaba casarme con ella, hacerla mi esposa conforme a la ley de Dios y de los hombres. A un no porque no, se opone un sí porque sí…

—Cuál ley, si la pobre escuincla nunca supo que quien fungió como oficial del registro civil fue Jonás Sánchez, uno de tus más queridos dorados que, claro, se había disfrazado de representante de la autoridad… Cuál casada conforme a la Iglesia, si quien hizo las veces de párroco era otro de tus matacuaces. Esa mujer fue engañada. La arrebataste de su familia y de su novio y te la llevaste a la cama para saciarte como un animal cuando estabas obligado a respetar la memoria de tu hija y el dolor de Luz.

—¿Por qué has de meter tu cochino hocico en todo, chingao? ¿No tienes nada mejor que hacer?

—Me meto en todo porque quiero tratar de convencerte de que ya no sigas cometiendo tantos atropellos en contra de personas inocentes, salvo que te parezca poca cosa que le hayas puesto tantos pretextos a Luz para que se abstuviera de viajar a Chihuahua, la capital, con el pretexto de que la Quinta Luz todavía no estaba terminada. ¿No te parece un gran cinismo, más aún si no perdemos de vista que Luz te cayó de repente para descubrir todas tus mentiras y se dio cuenta de que ya cohabitabas con Juanita?

—Pos que vivan juntas con todo y chamacos. Yo me encargo de poner la lana pa' los frijoles. Las dos bien podían dedicarse a dejar harto limpio mi *cuarto de los héroes*. Que ordenen mis ídolos aztecas, que le saquen brillo a mi Estatua de la Libertad, que le pasen el trapo a mis retratos de don Miguel Hidalgo y Costilla, de Morelos, de don Vicente Guerrero, de don Francisco I. Madero, de los Niños Héroes, de don Nicolás Bravo, al Castillo de Chapultepec. ¡Ah!, y los de mis consentidos: don Aquiles Serdán, don Abraham González y de los generales Trinidad Rodríguez y Toribio Ortega.

—Pero si no sólo se trataba de ellas dos, ¡caray! Seis meses después tienes el caso de Guadalupe Coss, de Ciudad Guerrero, una mujer católica cuyo padre se negó a entregártela y tú lograste hacerte de ella cuando se la ganaste al viejo en los naipes y ya no tuvo más remedio que cedértela o, claro, bien podría imaginarse su suerte si no cumplía su palabra.

—Claro, pero el propio obispo de Chihuahua nos casó a bordo de mi tren pa' cumplir con todas las formalidades. A ese hijo de su pelona le llené las urnas con hartas limosnas y nos casó sin mediar ningún trámite.

—Espérame, espérame, ¿y María Dominga de Ramos Barraza, la durangueña aquella que exactamente en la misma fecha su tía la llevó desde Jiménez para que la desposaras? ¿Recuerdas que esa vez sentiste que tu situación matrimonial era ya muy complicada y decidiste no casarte con ella? Espero que no se te olvide que tuviste con ella un hijo al que le pusiste Miguel, en enero de 1915... Entonces sí que no cumpliste con las formalidades de las que hablas...

—¿Y qué querías que hiciera si la propia tía me arrimaba a la sobrina pa' que yo le diera una llegadita? ¿A quién le ofrecen pan que llore?, y éste era un gran bizcocho, todo un bizcochazo.

—Ese mismo pan te lo comiste con Librada Peña a mediados de 1915, ¿no? Tan bueno estaba el panecito que te casaste con ella en Santa Bárbara, sólo que como era mormona, su Iglesia le prohibió la relación contigo y de milagro no llegaron a tener un hijo.

Cuando Villa intentaba defenderse, fue interrumpido porque la voz no estaba dispuesta a callar:

—Pero hay más Pancho, en otro de los casos que me indignan recordemos a la joven francesa, la cajera del Hotel Palacio, la esposa del propietario del lugar, a la que llamaste a tu mesa y ella respondió encerrándose en sus habitaciones, de donde tú la fuiste a sacar, pistola en mano, llevándotela en tu coche hasta donde estaba estacionado tu tren en Tacuba. Todo mundo puede imaginar la suerte de aquella infeliz mujer...

—A Pancho Villa nadien le dice que no...

—Pues María Conesa sí se te escapó. Tan pronto supo la famosa actriz que andabas tras sus huesos, *la Gatita Blanca* se te hizo ojo de hormiga sin que la pudieras volver a localizar.

—Pues si se me escapa alguna, como María Conesa, eso mismo me autoriza a echarme otras dos o tres como recompensa por el desprecio.

—Es claro que no tienes remedio, Pancho, como tampoco lo tienes al no haber podido ponerle freno a Rodolfo Fierro cuando asesinó, en un corral, a ciento sesenta soldados federales.

—Así es la vida, carajo, la guerra no es juego de niños y era muy importante que mis enemigos conocieran cuál sería su destino en caso de que cayeran en mis manos. En realidad todo lo que yo deseaba era meterles un pinche susto en el cuerpo, y Fierro era especialista en eso.

—Y la misma estrategia de infundir miedo la adoptaste al expropiarle a los Terrazas y a los Creel algo así como siete millones de hectáreas que nunca repartiste, ¿no?

—Si la Revolución iba a servir para algo, ese algo se llamaba *reparto de tierras* a los jodidos, y cuando los hacendados sabían cómo íbamos conquistando más territorios, al abrir la puerta de sus oficinas con una patada ya me los encontraba yo mansitos, mansitos, como humildes perros milperos. En nada se parecían a los López Negrete que querían llevarse por las malas a mi hermana Martina hasta que se les apareció Satanás disfrazado de Pancho Villa, bola de cabrones. Eso sí, los tiempos ya no me dejaron repartir toda esa tierra, ni hablar.

—¿Y nunca tuviste miedo de que te pudieran envenenar o matar de alguna manera?

—Pa' qué decirte mentiras si siempre pensé que me podían mandar pa'l otro mundo al tomarme un caldito de jaiba hecho con cinco venenos con los que se podría haber matado a un elefante, por eso obligaba a mis vecinos de mesa a intercambiar platos para asegurarme de que el mío no tuviera una ponzoña mortal. Pobre de aquel que se negara a comerse lo que estuviera servido en mi plato. O se moría al tragársela mientras yo le apuntaba con mi pistola en la cabeza o lo mandaba fusilar de inmediato. El que rechazaba mi comida ya sabía que cuando mucho le quedaban cinco minutos de vida. Por supuesto muchos se cuidaban de sentarse conmigo y por eso yo los escogía.

—¿Y si te mataban a balazos?

—Acuérdate que me pasa lo mismo que con las mujeres: gato prieto que se me atraviesa, lo machuco, y el que se me ponga enfrente, me lo quiebro. Te juro que yo no me voy solito.

—¿Y así querías ser presidente de la República?

—Yo no estaba hecho pa' presidente. Recuerda mis declaraciones en El Paso, Texas, antes de la caída de Huerta. Soy muy ignorante, ni siquiera jui a la escuela, ya ni digas a la universidad. Al poder debe llegar alguien que ilumine y descubra caminos y no un analfabeto como yo, por eso declaré lo siguiente el 29 de enero de 1914, ante la prensa de El Paso:

No tengo ninguna ambición de ser presidente de la República, si triunfa nuestra causa que defendemos. Dicen que las victorias de Chihuahua y Ojinaga han atraído la atención sobre mí; no deseo en lo más mínimo tomar el papel del señor general Carranza; a quien reconozco como Jefe Supremo de la causa que defendemos. En caso de que el general Carranza llegue a ser presidente continuaré dándole mi apoyo y obedeciendo sus órdenes. Como prueba de mi adhesión, declaro estar listo para dejar el país si así me lo ordenara él. Siempre he estado en perfecta conformidad con el general Carranza y nunca he tenido ambiciones personales y he peleado como buen ciudadano por la libertad de mi país y no para mejorar mi situación; soy, pues, un soldado bajo las órdenes de mi jefe, deseo que todas las naciones del mundo sepan que yo no pretendo ser presidente. En nuestro partido no peleamos en favor de personalidades, sino para libertar al país de las garras de los tiranos, de los ambiciosos y de los usurpadores.[31]

—Pero sí que creabas problemas internacionales, Pancho. ¿Cómo fuiste a matar a balazos a William A. Benton, un hombre inocente que se ganaba la vida decentemente? El escándalo fue mayúsculo. Se reunieron tres mil personas para protestar por el asesinato y Estados Unidos estuvo a punto de volver a desembarcar en Veracruz con mil doscientos marines, ¿te parece poco? Carranza pudo odiarte porque en lugar de arreglar las tensas relaciones con los gringos, todavía viniste a complicarlas.

—No era pa' tanto la muerte del güerito, aunque tal vez se me pasó la mano. Fierro jue el que le dio un tiro en la nuca, yo nunca disparé.

—No, claro, no disparaste, pero qué tal ordenaste que el cuerpo fuera desenterrado para fusilarlo como Dios manda y luego lo volviste echar al hoyo bocabajo.

—Bueno, a veces a la tropa tienes que darle cierta diversión. La pura verdá es que ya Carranza me había llamao la atención por mis declaraciones en Ciudad Juárez, pero esta vez se pasó, sí que se pasó, porque a mí nadien me llama al orden, carajo, y ese pinche viejo barbas de chivo se puede ir mucho a la chingada.

Villa y su conciencia, por lo visto, sostenían discusiones interminables. Ésta acosaba al Centauro sin concederle tregua alguna, sin

---

[31] Aguilar, 1978: 136.

embargo, era evidente que entre mayor era su insistencia, más rechazo provocaba en él. El intercambio de acusaciones, así como la estructuración improvisada de estrategias defensivas a modo de respuesta, parecían no tener final.

Tan pronto callaban los cañones y las ametralladoras eran silenciadas a la hora de la puesta del sol, momentos después de la merienda sentados alrededor de la fogata y una vez consumidas importantes raciones de ponche, cuando éstas se encontraban a la mano, ya en el momento postrero, antes de retirarse a descansar en el interior de su tienda de campaña, en el momento mismo en que se escuchaba a la distancia el sonido de una armónica lejana o de una guitarra nostálgica, Villa sentía la presencia de unas manos alrededor de su cuello que lo atenazaban sin poderse desprender de ellas. La misma voz de siempre le impedía en ocasiones respirar y dormir, comer en paz o reír, soñar o imaginar la suerte de México cuando finalmente el Ejército Constitucionalista, y en particular, la División del Norte, pudieran sacar al Chacal a balazos, largándolo de nueva cuenta en el *Ipiranga* o en cualquier otro barco que zarpara rumbo a Europa llevando a bordo carne agusanada, podrida: la de los hombres que habían tratado de someter a México por la fuerza de las armas.

La Revolución continuaba y la destrucción se expandía por el territorio nacional. La muerte seguía enlutando hogares mientras que Victoriano Huerta se negaba a soltar el poder que consideraba suyo, al extremo de mandar asesinar al presidente de la República con tal de hacerse, a cualquier precio, de la titularidad del Poder Ejecutivo Federal. El conflicto armado muy pronto rebasó nuestras fronteras. El gobierno del presidente Woodrow Wilson, justificadamente temeroso de que el emperador alemán pudiera aprovechar el levantamiento armado mexicano en contra de Estados Unidos, vigilaba, a través de los sistemas de inteligencia norteamericanos, la probable llegada de barcos mercantes con banderas de diferentes países, que pudieran desembarcar armas, así como diferentes pertrechos de guerra en distintos puertos, principalmente del Golfo de México. Wilson apoyaba el derrocamiento de Victoriano Huerta porque había soñado promover la democracia maderista en el Cono Sur, pero con el asesinato del presidente mártir sus planes se habían derrumbado como un castillo de naipes y a partir de ese momento el Chacal se había convertido en un enemigo a vencer. Por ésa, entre otras razones, había mandado toda una flota de marinos norteamericanos para que bloquearan los puertos de Tampico y Veracruz, recurriendo a todo género de pretextos, en algunos casos hasta infantiles, con tal de precipitar la caída del nuevo tirano mexicano y evitar que el armamento también pudiera ser utilizado para atacar a su propio país.

En abril de 1914, los marines norteamericanos bloquearon de nueva cuenta Veracruz y se apoderaron del puerto, entre otros objetivos, para evitar la descarga de miles de rifles y cartuchos alojados en las bodegas del Ipiranga, curiosamente el mismo barco alemán en que había zarpado Díaz un par de años atrás rumbo a la Francia de sus sueños. ¡Por supuesto que el capitán del barco alemán ordenó un violento golpe de timón para salir a la brevedad posible del Golfo de México! Siendo un barco mercante, jamás se iba a enfrentar a media marina de los Estados Unidos. Villa no protestaría ante la nueva intervención armada norteamericana en territorio mexicano, a la voz vergonzosa de que «el bombardeo y desembarco son conflictos entre Wilson y Huerta». «La División del Norte sofocará alzamientos antiestadounidenses...» ¡Qué barbaridad! Ningún acto de Huerta cambiará mi amistad hacia los Estados Unidos. «México tiene bastantes perturbaciones para ir a buscar la guerra con un país extranjero. No queremos ni andamos buscando guerra y solamente deseamos las relaciones más estrechas con nuestros vecinos del norte. El pueblo mexicano no tiene al borrachín Huerta como su representante.»

El levantamiento del embargo de armas ordenado por Wilson, las ayudas financieras de la Casa Blanca y el exitoso papel militar desempeñado por Obregón y Villa, apoyados por una alianza nacional en contra de una nueva dictadura, precipitaron el desplome de Victoriano Huerta. Éste se vio obligado a renunciar el 15 de julio de 1914, tres años después de la dimisión de Porfirio Díaz y a diecisiete meses del asesinato de Francisco I. Madero. Mientras Victoriano Huerta navegaba junto con Aureliano Blanquet, y entre ambos contaban el dinero robado de las arcas federales para gastarlo a placer en la ciudad de Barcelona, en México empezaba una temeraria discusión que se convertiría, en el corto plazo, en la detonación de la segunda parte del movimiento armado. Entre los constitucionalistas, fundamentalmente entre Villa y Carranza, surgían ahora las divisiones para aceptar los términos y condiciones del futuro ejercicio del poder. La guerra civil amenazaba con continuar si entre la fracción triunfadora no se llegaba a un feliz acuerdo. ¿Opciones? Se resolvió convocar a una convención en Aguascalientes para tratar de conciliar los intereses políticos entre los grupos contendientes. ¿Resultado? Continuó la Revolución con más fiereza, ya no para derrocar a Victoriano Huerta, sino para establecer los términos en que se ejercería el poder en el futuro de México. Estos términos se volverían a escribir con sangre. Carranza no aceptaría la jurisdicción de la convención que le impedía convertirse en el primer presidente mexicano después de la Revolución. Si quería lograrlo sería otra vez mediante la fuerza. Por supuesto que Carranza no estuvo de acuerdo con la petición de Pancho Villa de que ambos fueran pasados por las armas para dirimir de una buena vez y para siempre las diferencias políticas y acabar, asimismo, con las ambiciones desmedidas.

—¡Que nos ajusilen a los dos, ¿no don Venustiano?

Estallaba entonces la segunda parte del movimiento armado. Zapata se entrevistaría con Villa en el pueblo de Xochimilco. Intentarían repartirse las responsabilidades militares con un ejército de sesenta mil hombres: Villa se encargaría del norte y Zapata del sur, y en Veracruz harían una campaña conjunta contra Carranza. «Arrojemos al mar al maldito Barbas de Chivo.»

¿Cuál sería el papel del presidente Woodrow Wilson? ¿Se inclinaría por Villa, el Centauro sería su candidato para recuperar la presidencia de la República y con él podría consolidar el proyecto democrático que había soñado ejecutar con Pancho Madero? ¿Ése era el jefe de Estado que deseaba tener para desarrollar una política conjunta, más aún cuando los tambores de la guerra sonaban estruendosamente desde Europa y México podría llegar a jugar un papel predominante dada su vecindad con Estados Unidos? ¿Podría sostener relaciones cordiales e inteligentes con un sujeto que, según los informes de Carothers, su agente especial, escasamente sabía leer y escribir, además de tener fama de roba vacas, ladrón y asesino, según lo había demostrado en el caso de William A. Benton, por más que Villa se hubiera negado a expropiar bienes propiedad de norteamericanos? La otra alternativa del jefe de la Casa Blanca consistía en reconocer diplomáticamente al gobierno de facto de Carranza, apoyándolo militar y financieramente en forma encubierta en una primera instancia. Sólo que Carranza, a sus ojos, se presentaba como un hombre incomprensible, un ser pintoresco, inabordable, complejo y retorcido, que nunca había entendido la ayuda supuestamente desinteresada con la que había participado veladamente en el derrocamiento de Huerta. ¿De modo que con quién se entendería? Los mexicanos eran impredecibles.

Wilson tomó, entonces, la decisión de apoyar a Carranza, muy a pesar de sus intenciones a veces abiertas, a veces encubiertas, de establecer regulaciones inconvenientes de cara a la inversión norteamericana en México. Prefirió, fue claro, tratar con un Carranza más vertebrado política y culturalmente, que con un bandido sin estructura intelectual alguna.

La habilidad militar de Obregón se impuso en Celaya, en León, en Aguascalientes hasta provocar una desbandada de villistas en el norte del país. La puntilla la recibió Villa en la batalla de Agua Prieta cuando esperaba a Obregón por el frente y éste lo atacó por la espalda en la inteligencia de que el presidente Wilson le había permitido pasar por el estado de Arizona para aplastar materialmente al Centauro, convirtiendo a su otrora ejército integrado por casi setenta mil dorados en un grupo de guerrilleros resentidos incapaces de enfrentarse, y mucho menos de vencer, al ejército de Álvaro Obregón, ya conocido como *el Manco de Celaya*. Un dato muy importante no lo fue a descubrir Villa hasta Agua Prieta, Sonora: las municiones que había comprado en Estados Unidos estaban cebadas, es decir, detonaban como cualquier proyectil normal, pero en realidad se trataba de armamento inocuo con el que difícilmente se podría dañar a una persona más allá de un metro. Wilson lo había engañado. Si había perdido Celaya, si había perdido la Revolución, sólo existía un responsable: ¡Wilson! Era claro. El presidente de los Estados Unidos no sólo se había colocado discretamente de lado de Carranza, sino que seis meses después de su escandalosa derrota en Celaya, Wilson reconocería diplomáticamente al peor enemigo político y militar de Villa. Su rencor estallaría con más poder que cualquier bomba expansiva. Su enemigo ya no sólo sería el maldito Barbas de Chivo, sino ahora también el mismísimo jefe de la Casa Blanca.

A partir de mediados de 1915 Villa aparecía en diferentes pueblos y haciendas para imponer los *impuestos de guerra*. Bastaba pasar por las armas a su primera víctima, ya fuera industrial, agricultor o ganadero, para que sus demás colegas accedieran de inmediato a sus solicitudes. Las tropas obregonistas perseguían de manera implacable a los guerrilleros villistas con el objetivo de pacificar al país y volver a imponer el orden.

En aquellos momentos, Villa desconocía que el káiser alemán, Guillermo II, había entrado en tratos con Victoriano Huerta, en Barcelona, para provocar un conflicto armado entre México y Estados Unidos. Europa era un polvorín. Inglaterra, Francia y Rusia le habían declarado la guerra a Alemania y al Imperio austrohúngaro. El emperador teutón sabía, no podía ignorarlo, que Washington, tarde o temprano, tomaría las armas para apoyar fundamentalmente al Reino Unido, su histórico aliado. Guillermo II trataría de sabotear esta posibilidad creando una conflagración militar entre Estados Unidos y México. De esta suerte, Wilson se vería impedido de mandar refuerzos al Viejo Continente porque habría tenido que enviar a México cuando menos quinientos mil hombres para someter a sus belicosos vecinos del sur.

Victoriano Huerta se entrevista entonces con Franz von Rintelen en Barcelona. El Chacal recibe un millón de marcos en oro. Acuerdan que regresará a México a finales de 1915 para derrocar a Venustiano Carranza con las armas que se introducirán al país a través de la frontera norte, contando además con los abundantes recursos alemanes. Una vez recuperada la presidencia de la República, Huerta, previo acuerdo con el alto mando alemán, decidirá el mejor momento para hacer estallar un nuevo conflicto armado entre ambos países. Sin embargo, Victoriano Huerta desconoce que es espiado día y noche por la inteligencia inglesa, la norteamericana y la carrancista, que lo sigue con lupa por el puerto español para detectar cada uno de sus movimientos. Al viajar en tren de Nueva York rumbo a Texas para encontrarse con Pascual Orozco, el Chacal es detenido y encarcelado. Su salud empieza a deteriorarse agresivamente, tanto que fallece en Fort Bliss, Texas, en enero de 1916, víctima de una avanzada cirrosis. El káiser desespera. Se ha quedado sin su hombre en México. Resulta inaplazable dar con un sustituto que cumpla con las tareas encargadas a Huerta. Surge entonces el nombre de Villa, Francisco Villa: él vive devorado por el resentimiento en contra de Estados Unidos. El emperador de Alemania también sabe que Wilson le había vendido armas y cartuchos defectuosos, le había permitido a Obregón pasar por Arizona para atacarlo por la espalda, había ordenado el embargo de armas a todos aquellos grupos que no se sometieran al carrancismo y, por si todo lo anterior fuera insuficiente, todavía se había atrevido a reconocer diplomáticamente al gobierno *de facto* de Carranza. Todo un ardid en su contra. Hay que explotar el rencor y el coraje...

Franz von Rintelen y Félix Sommerfeld trabajan intensamente con Villa. Van de provocación en provocación. El 10 de enero, tropas villistas detienen un tren cerca de Santa Isabel, Chihuahua, y fusilan a diecisiete ingenieros americanos que viajan a bordo. Un crimen cobarde y deleznable. El káiser lo aplaude. Wilson enfurece. Carranza pierde la compostura: obviamente no desea tener diferencia alguna durante su gobierno, ciertamente frágil, con Estados Unidos. Sin embargo, el jefe de la Casa Blanca conoce al pie de la letra las intenciones de Guillermo II. No cae en la trampa. «Es un asunto que compete a los tribunales mexicanos.» Confía en que se imponga la justicia. Guillermo II levanta la ceja y se retuerce el bigote. ¿No es suficiente? ¿No? Entonces que Villa se interne en Estados Unidos y asesine a todos los yanquis que pueda, de esa manera Wilson no podrá alegar lo mismo en torno a la jurisdicción de la justicia mexicana. El atentado se cometerá en territorio norteamericano el 9 de marzo de 1916. Villa recibe medio millón de marcos en oro. Se escoge el lugar: Columbus, Nuevo México. Quinientos o seiscientos dorados entrarán a Estados Unidos, invadirán Estados Unidos para matar, robar, incendiar y destruir lo que encuentren a su paso. El plan opera de acuerdo con lo esperado. Ya listos para el ataque, Pancho Villa, con cuarenta de los suyos, se queda en los aledaños de Columbus en espera de informes. Se niega a invadir territorio norteamericano. Pero a las cuatro y veinte minutos de la madrugada del 9 de marzo, Villa da la orden de ataque. Los villistas irrumpen en las calles de la población gritando: «¡Viva Villa! ¡Viva México!» Asaltan e incendian el Hotel Comercial, el edificio de Correos, dos manzanas, en total, «prendieron fuego a los más importantes edificios del barrio comercial, matando a todos los americanos de ambos sexos, tanto soldados como civiles que se ponían a tiro de sus rifles a la voz de ¡mueran los gringos!» Las tropas villistas secuestran a tanta mujer joven como encuentran a su paso, se apoderan de gran cantidad de armas, municiones, ametralladoras, caballos y hasta tiendas de campaña. Después de saquear los principales edificios y de disparar enloquecidos al aire hasta agotar el parque, se retiran a las siete de la mañana, dejando, naturalmente, varios muertos, porque los militares yanquis pudieron devolver, de alguna manera, el fuego.

La prensa y la sociedad norteamericanas exigen un castigo. Se escuchan otra vez los tambores de la guerra entre ambas naciones.

Apenas dos años atrás, la marina estadounidense había bombardeado Veracruz. El embajador norteamericano en Berlín escribe en su reporte mensual del 20 de marzo de 1916: «Estoy convencido que los ataques de Villa son preparados por Alemania».

Wilson se enfrenta a sus conciudadanos. Washington protesta enérgicamente ante el gobierno de Carranza, pero se abstiene de enviar sus flotas al Océano Pacífico mexicano y al Golfo de México y de concentrar tropas en la frontera. Es llamado cobarde por los suyos, indigno de conducir a su país. Un país de guerreros no puede consentir semejante ultraje ni la violación de su soberanía. Toma las medidas pertinentes. En lugar de mandar al ejército norteamericano y declarar la guerra, simplemente organiza una expedición punitiva encabezada por John J. Pershing, para dar con Villa y castigarlo, fusilarlo donde sea que se encuentre, sin formación de causa. A eso se reducirá su respuesta, además de ofrecer una jugosa recompensa por su cabeza. Jamás mandará quinientos mil hombres a México. Podría necesitarlos en Europa si Inglaterra llega a darse por vencida...

Carranza enfurece por este nuevo conflicto con Wilson. Villa no es el gobierno mexicano. Villa no es beligerante. Villa es un asesino. Villa es un irresponsable iletrado. Sin embargo, en medio de la cólera alcanza a percibir la gran oportunidad de acabar con el peor de sus enemigos, una vez desterrado Victoriano Huerta. Se frota las manos después de firmar un decreto histórico que autoriza a cualquier persona a privar de la vida al Centauro, asesino y violador:

> Artículo Primero.- Queda fuera de la ley el cabecilla reaccionario, ex general Francisco Villa.

> Artículo Segundo.- Quedan fuera de la ley los cabecillas reaccionarios ex general Rafael Castro y ex coronel Pablo López.

> Artículo Tercero.- Cualquier ciudadano de la República puede aprehender a los cabecillas Francisco Villa, Rafael Castro y Pablo López, y ejecutarlos sin formación de causa, levantando un acta en que haga constar su identificación y su fusilamiento.

> Dado en la ciudad de Querétaro a los catorce días del mes de enero de 1916.- V- CARRANZA.[32]

[32] Almada, 1964: 301.

Carranza no olvida el decreto emitido, en su momento, en contra de Iturbide, el ex emperador:

> Se declara traidor a D. Agustín de Iturbide, siempre que se presente bajo cualquier título en alguna parte del territorio mexicano. En este caso, queda declarado por el mismo hecho, enemigo del Estado y cualquiera puede darle muerte.[33]

Se trata de decretos expedidos a la mexicana, muy a la mexicana... Villa se esconde en graneros, en marraneras, en cuevas y jacales; el pueblo, su pueblo, los de su raza, lo disfrazan de caporal, de vagabundo, de monja, de prostituta, de curita parroquial o de amable profesor municipal después de rasurarle los bigotes; lo sacan sobre los lomos de una mula haciéndose el perdido de borracho, cuando los gringos casi lo atrapan al llegar a un pueblo. Nadie piensa siquiera en la posibilidad de cobrar la recompensa ofrecida por el presidente yanqui. «Mi general Villa es de los nuestros. Si creían que con dinero lo entregaríamos porque somos de naturaleza corrupta, se equivocaron. Villa es la patria, es México y jamás cederemos. Regresen por donde vinieron. ¡Adió...!, ¿no saben con quién tratan los pinches carapálidas?»

En una ocasión, al ir a visitar a un compadre, se encontró con que éste había fallecido la noche anterior. Estaba ya amortajado y colocado en el cajón, listo para el entierro. Al poco salió la viuda llorando y tras abrazar a su compadre le refirió, entre sollozos, la enfermedad y muerte de su esposo. De pronto, en medio del doloroso duelo, irrumpió en la habitación uno de los acompañantes del famoso revolucionario con la terrible noticia de que tropas carrancistas estaban entrando al poblado en su busca: la población estaba prácticamente cercada por fuerzas enemigas.

Ni tardo ni perezoso, angustiado por el «ahí vienen ya, mi general, ¿qué hacemos?», Villa sugirió un remedio:

—Comadrita, usté me va a dispensar; pero vamos a guardar a mi compadre en otro lugar, sólo por un ratito... necesito el cajón que ocupa...

De inmediato sacaron el cadáver y lo colocaron bajo un tejado que servía de pajar cubriéndolo con rastrojo. Sin más, se metió en el cajón, como si fuera el muerto y, ordenando lo que deberían ha-

[33] Del Arenal, 2002: 234.

cer, clavaron la tapa y cargaron con él cuatro de los dolientes, entre los que previamente escogió a las dos mujeres que más lloraban, parecían magdalenas.

A la salida de la casa se agregaron otros conocidos del difunto que engrosaron el cortejo y empezó el desfile en dirección al panteón, que estaba fuera del poblado, a unos tres kilómetros de distancia, en una depresión del terreno llena de árboles. Al concluir el disperso caserío les marcaron el alto una veintena de soldados carrancistas que vigilaban la salida y habían montado una ametralladora sobre una pequeña loma.

—¿A dónde van ustedes? —preguntó el capitán que mandaba a los soldados.

—Al pantión, siñor —dijo la comadre llorando más que nunca—, mi esposo que Dios perdone, murió ayer y lo vamos a enterrar. —Como si el dolor se le desbordara lanzó agudos sollozos, mitad gritos, mitad llanto, limpiándose las lágrimas, la nariz y la boca con el rebozo todo raído. Las magdalenas cumplían con su papel a la perfección. El resto del cortejo guardaba respetuoso silencio.

El capitán recorrió uno a uno a todos los hombres como buscando a Villa:

—¿Todos ustedes son vecinos de aquí? —preguntó sepultado en dudas.

—Sí, siñor…

—¿No han visto al bandolero de Villa, que dicen que anda por aquí?

—No, siñor, hace mucho que no viene…

—¡Ustedes qué saben…! ¡Imbéciles!… nunca dicen nada… a ver… bajen a su muertito… Vamos a verle la cara… ¿De qué se murió…?

Y cuando lo iban a bajar, uno de los villistas contestó:

—De tifo, señor capitán, un tifo terrible, mi pobre hermanito no duró más de siete días, estaba pinto todito, ora verá usté su cadáver…

—¿De tifo? —preguntó aterrorizado el capitán sólo para agregar—: llévense, llévense a su muerto, que ya apesta el condenado, pónganle varias capas de tierra…[34]

Por supuesto que ni carrancistas ni mucho menos los norteamericanos darían jamás con mi general Villa. Nunca lo encontrarían.

---

[34] Torres, 1938: 38.

¿Cómo traicionar a uno de los nuestros? No importaba que Villa hubiera resultado herido en la pierna derecha, debajo de la rodilla. La bala le había quedado incrustada en el hueso. Un curandero yaqui le había chupado la sangre para, decía, sacarle la ponzoña. Lo cuidarían entre todos y verían la manera de proporcionarle un servicio médico con algún doctor de confianza. En esa coyuntura se encontraba Pancho Villa, cuando su gente logró interceptar un mensaje enviado por Carranza:

«Precise usted en dónde está Francisco Villa.»

Presa de dolores insoportables, Francisco Villa redactó la respuesta a Carranza:

«Señor, tengo el honor de comunicarle que Francisco Villa está en todas partes y en ninguna.»

Las carcajadas no se hicieron esperar.

En junio de 1916, el presidente Wilson manifestó a su secretario Tumulty: «Algún día el pueblo de América sabrá por qué he vacilado en intervenir en México. No lo puedo decir ahora porque estamos en paz con la gran potencia, cuya venenosa propaganda es, al presente, responsable de la tremenda situación de los sucesos en México».

La expedición Pershing abandonó México el 6 de febrero de 1917, un día después de la promulgación de la Constitución, a casi un año de haber iniciado la nueva intervención armada yanqui en territorio nacional. Para la sorpresa de propios y extraños, los norteamericanos pusieron como condición previa para el retiro de sus tropas que se les extendiera una garantía en el sentido de que sus propiedades, fundamentalmente las petroleras, no serían objeto de posibles «medidas confiscatorias». ¿Y Villa? ¿No habían organizado la expedición punitiva para atrapar y fusilar a mi general? ¿Qué tenía que ver el petróleo y sus inversiones en México con la desocupación? Sin embargo, tuvieron que retirarse por donde vinieron y con las manos vacías, porque Inglaterra y Francia estaban a punto de sucumbir ante la ferocidad de los ataques alemanes y Pershing, llegado el caso, sería un militar de alto rango imprescindible en el evento, cada vez más cercano, de que Estados Unidos se involucrara en el conflicto europeo, convirtiéndolo en una conflagración mundial.

Sólo que el káiser no cedía. Había fracasado con Huerta y con Villa en su intento de provocar un enfrentamiento militar entre México y Estados Unidos. «Tengo que distraer a las fuerzas del Tío

Sam ocupándolas en matar indios mexicanos, èn lo que acabo con Inglaterra y Francia para que, acto seguido, ya dueño de Europa pueda entenderme con los ejércitos yanquis, los que una vez vencidos por la armada alemana, me harán el amo del mundo.» Esta vez no fallaría. Se dirigiría directamente a Carranza. Lo invitaría por medio de un telegrama, el Telegrama Zimmermann, a suscribir un pacto entre Alemania, Japón y México, para declararle la guerra a Estados Unidos. Como sin duda este último país sería derrotado, el Imperio del Sol Naciente se quedaría con el estado de California y el Canal de Panamá, mientras que México recuperaría Tejas, con jota, y Nuevo México y Arizona, los territorios que le habían sido arrebatados por los norteamericanos en el siglo pasado. ¿Resultado? El telegrama fue interceptado por los ingleses, quienes le enviaron el texto, desencriptado y descifrado, al propio presidente de los Estados Unidos. Wilson, después de asestar un golpe en la mesa de su escritorio del salón oval, ordenó su inmediata publicación en todos los diarios de la Unión. Estados Unidos entró en la guerra europea en abril de 1917 en contra de todos los deseos de Alemania. México se había convertido en el detonador de la Primera Guerra Mundial...

—¿Y entonces huiste y te escondiste desde marzo de 1916, después de Columbus, hasta que el presidente Adolfo de la Huerta te regaló El Canutillo a finales de 1920?

—Bueno, no me escondí, sino que seguí distribuyendo riqueza entre los pobres en el norte del país.

—Por distribución de riqueza debemos de entender que seguiste robando y asaltando a quien se atravesara en tu camino, ¿no...?

—No seas tan severa, ¿qué iba yo a hacer sin ejército, sin mis dorados, sin nada de lana y, además, perseguido, con una recompensa por mi cabeza y con la posibilidá de que cualquier matón me atrapara y jusilara cumpliendo el decretito de Carranza?

—¿Robar y matar? Acuérdate cuando fusilaste a casi ochenta carrancistas que estaban en la Hacienda de Santa Ana, propiedad de William Randolph Hearst, el periodista americano. Y por supuesto no olvides el asesinato del dueño de la hacienda de Cieneguita ni el de Agustín Ruiz en el pueblo de Satevó, ni cuando le prendiste fuego a la abuela de tu víctima, con los que consolidaste «la leyenda negra del villismo». Ahí está también el exterminio a balazos de las soldaderas de Camargo, el asesinato de Tomás Ornelas, a quien mataste de dos tiros, y el de toda la familia Herrera en

un panteón, sin olvidar el de don Fiacro C. Celis, el de don Catari-
no Smith y el don Prisciliano Sauceda.

Villa sonreía en silencio.

—Ríe, ríe, sinvergüenza, la historia te hará justicia, salvo que
pienses que el asesinato de la familia González no tiene la menor
trascendencia. Mataste y violaste a cuatro mujeres indefensas.

—Yo ayudaba con dinero a la señora González y ella estaba con
los carrancistas. ¿Qué esperaba?

—Que no violaras a sus hijas y mucho menos que las mataras,
tal vez bastaba con una reprimenda y un par de mentadas de madre, pero no matarlas; además, eran mujeres, no seas cobarde.

—Estaban abusando de mí, al igual que el general Delgado,
quien trataba de huir a los Estados Unidos con un saco de dinero
mío en su coche.

—¿Y lo mataste?

—¿Y qué otra cosa se merecía un bandido así?

—¿Te imaginas que un escritor de novelas históricas un día sa-
que a la luz la serie de asesinatos públicos y secretos que cometiste?

—Si llegara yo a estar vivo, ¡te juro que me lo quebro!

—Sí, sí, tú a todos te quiebras, ¿pero por qué mejor no te acuerdas cómo te quebraste tú mismo con el famoso muchachito Galván? Ése sí que fue un merecido castigo que te impuso la vida.

Villa contrajo el rostro como nunca. El golpe de la conciencia
había sido certero. ¡Cuánto dolor agónico había padecido en aquella ocasión!

El Centauro recordó cómo un joven llamado Francisco Galván
había resultado mortalmente herido durante el asalto a Columbus.
Su rostro amarillento y demacrado anunciaba un desenlace fatal por
la enorme pérdida de sangre. Villa ordenó que lo atendieran lo mejor
posible, junto con otros dorados lastimados a raíz del ataque. «Le la-
varon la herida en el agua del río, le taponaron la entrada y la salida
de la bala con gasa empapada en yodo, que lo hizo estremecerse con
la terrible quemadura del metaloide, le vendaron la herida y le dieron a beber un poco de vinagre y algo de alcohol, para reanimarlo.»

—Baje un momento, mi jefe... Ya me quebraron para siempre, y
quiero darle una cosa que me dio mi madre —suplicó el herido de
muerte.

Villa se bajó del caballo, se acercó al herido, lo levantó de la cabeza con el brazo izquierdo y le dijo:

—No te acobardes, hombre, eres todavía muy muchacho para que te mueras.

—No, mi jefe, esto se va acabar; pero mire, mi general, sáqueme de debajo de la camisa un papel que me dio mi madre, cuando le llevé la *alazana* que usted me dio para ella.

Villa le buscó debajo de la camisa y sacó un pedazo de periódico mojado en parte, por la sangre, en donde estaba retratado Villa, en sus días de gloria cuando era jefe de la División del Norte. Arriba del retrato decía, escrito con tinta un tanto cuanto borrosa y con letra de garabato, que descifraron los que en torno de Villa se habían bajado también del caballo, lo siguiente:

—Hijo mío, conserva este retrato, es el de tu padre...

—¿Quién es, quién es tu madre, Francisco?

—Dolores Galván, de Satevó... mi general.

Fue lo último que dijo: «dobló la cabeza sobre el pecho, cerrando para siempre los ojos. Villa, que aún lo sostenía con el brazo izquierdo, se inclinó hasta besarle la frente y unas cuantas lágrimas cayeron sobre el rostro del muerto; el guerrillero lloraba...»

El llanto desapareció de su rostro cuando le recordé la matanza de chinos que él mismo había ejecutado en Parral, en 1916.

—Mejor, en lugar de recordar a los miserables chinos, hablemos de Austreberta, una gallinita de tan sólo dieciséis años, a quien conocí a finales de este espantoso 1916. La vida continuaba...

Sin esperar respuesta alguna, contó cómo la había escondido en Parral para gozarla hasta el delirio, pero había tenido que abandonarla porque el general Murguía seguía sus pasos de cerca y lo podían *venadear* en cualquier momento.

—¿Y Soledad Seáñez?

—¡Ah!, a ella la conocí en 1917, en Villa Matamoros, Chihuahua, cuando estaba herido de la pierna. Mira —repuso el Centauro, animado repentinamente—: Hay viejas que sacan lo mejor de ti y otras, lo peor, Chole era siempre de las primeras. Siempre tenía en la boca la palabra que yo necesitaba. Era alegre, dicharachera, simpática, de 23 años, maestra de escuela y costurera en la fábrica de Talamantes. La ceremonia religiosa se realizó el 17 de abril de 1919 ante un cura que decía que no podía poner velaciones porque era Semana Santa. Yo lo obligué a que pusiera aunque fuera una velita, con el perdón del Señor... La luna de miel la pasamos en Parral y, ¡claro que nos casamos también por el civil, no faltaba más...!

Nunca olvidaré cómo tenía que disfrazarme de vendedor de aguas frescas pa' que no echaran el guante los carrancistas. Me conseguían poemas pa' llevárselos a la chamaca. Nuestro hijo Toño nació en El Paso, Texas, en abril de 1920. Otro chamaco, ¿qué tal?

—¿Te divertías, verdad?

—Claro, imagínate cuando una mujer caminaba por una plaza de Chihuahua y me maldecía porque su esposo, el coronel Martínez, había sido asesinado. Al traérmela uno de mis ayudantes, no tuvo otra cosa que decirme que yo no era un revolucionario, sino un matón.

»Me quedé asombrado hasta que el general Fierro me dijo que el marido de esa señora no había sido fusilado, sino que se encontraba preso en un cuartel.

»Francamente encabronado, le ordené a Fierro que pa' que esos lamentos y llantos no jueran inútiles, jusilara al interfecto. Entonces sí la futura viuda tendría razones de sobra pa' llorar... Y así se hizo. El tal coronel nunca supo ni por qué había perdido...»

—Y como ésa tendrás varias, ¿no, Pancho...?

—Por supuesto, échate ésta: un día, al tomar un pueblo, nos encontramos a un curita cuando ya toda la gente se había ido. Le pedí que nos diera una misa, y a las primeras de cambio me di cuenta de que ese señor tenía de sacerdote lo que yo de indio Jerónimo, por lo que pedí que lo jusilaran de inmediato por farsante.

»El tal sujeto me dijo la verdá cuando ya se lo llevaban a una trastienda pa' partirle toda su madre.

»—Mi general —me dijo aterrorizado—, yo no soy cura, es verdad... Lo confieso.

»—Entons, ¿qué carajos eres?

»—Soy pianista.

»—¿Pianista? Mírame bien, cabroncete, si resulta que me tomas el pelo otra vez, aquí mismo te meto un par de balazos.

»—Se lo juro.

»Al ratito ya me traían el piano de una hacienda cercana, mientras que yo le ordenaba que me tocara *Las tres pelonas,* de un autor alemán o algo por el estilo. Era la única pieza que me sabía o que se me ocurrió.

»—Si no te la sabes, te mueres, aunque te sepas otras. Órale, musiquito —le dije, llevándome la mano derecha a la funda de mi pistola.»

—¿Y se la sabía?

—Que si se la sabía… Tan se la sabía que la tocó durante toda la comida y la tarde. Yo le pedí a mi general Fierro que se pusiera a su lado apuntándole con una pistola y que cuando acabara de tocar, lo matara.

—¿Y lo mataron?

—No, porque se meó de miedo el pobre diablo y a mi general Fierro le ganó la risa y ya lo perdonamos…

—Total que la diversión no faltaba.

—La máxima fiesta la organizamos cuando supimos que habían asesinado a Carranza, el asesino de Zapata, en Veracruz. Ésa sí que fue una buena noticia y yo, que no bebo porque soy abstemio, me eché unos buenos tragos de tequila que me quemaron todo el gañote… Él creyó que con su decretito ese pa' que me mataran donde me encontraran, acabaría conmigo, y mira nada más quién se peló primero.

—Bueno, bien, pero ya sin el Barbas de Chivo, como tú le decías, ya no tenías enemigos enfrente y ahora sí que podrías dedicarte en paz a lo que te gustaba. Porque antes te perseguían los hacendados o los rurales de Díaz o la policía o los huertistas o los carrancistas o los gringos con su tal Pershing o los deudos de algunas de tus víctimas o alguna mujer resentida; la verdad es que desde niño viviste perseguido.

—Esa jue la verdá hasta que me encontré con Fito de la Huerta, el presidente De la Huerta, el mismo que concluyó el gobierno de Carranza. Pos ese señor fue el que tranquilizó al país. Él y no otro nos hubiera convenido como presidente por muchos años, un hombre con quien se podía hablar y sólo deseaba el bien de la patria.

—Él te dio El Canutillo para que te dedicaras a la labranza y te salieras de guerrillero y matón, ¿verdad?

—Me devolvió El Canutillo, no me lo dio, ya era mío.

—Ya era tuyo porque se lo habías robado al antiguo dueño, a quien también asesinaste con un tiro en la cabeza porque se negó a vendértelo.

—¿Por qué la conciencia ha de saberlo todo? ¡Carajo!

—Para que te conduzcas por el terreno de la ética, de la ley y de la moral. Si no existiera un juez de tus actos, el mundo sería mucho peor.

—El caso es que regresé a El Canutillo sin ganas de volver a hablar de política ni oír de ella. Luz salió de San Antonio en septiembre de 1920 con destino a mi nueva hacienda, ahora sí, legalita, ya mía, sin imaginar lo que se encontraría…

—¿Y qué se encontró la pobre mujer, la que verdaderamente te quiso y te aguantó de todas, todas?

Sin responder, Villa aclaró que El Canutillo estaba completamente en ruinas, pero que la primera habitación que había arreglado era la de Soledad Seáñez, para que la usara junto con su hijo. No había más que el puro templo con techo, lo demás eran tapias y destechado. El lugar estaba repleto de víboras.

—¿Y Luz?, ¿dónde se quedaría Luz, tu primera y única esposa de cara a la ley?

—Ahorita te cuento, porque no sólo jue Luz, mi Lucecita, mi güera de oro… En El Canutillo cabía todo tipo de gente que me había sido fiel, ahí tendrían comodidades que de otra manera difícilmente hubieran obtenido. Nos convertimos en un pequeño pueblo, con su propia forma de gobierno y de organización. Teníamos electricidad, correo, telégrafo, médico, escuela, carpintería, talabartería, zapatería, sastrería, molino, tienda, comida, tortillas, frijoles, carne, agua y techo pa' todos, una maravilla de organización en la que nadie ganaba ni un peso a costa de los demás. No existía el lucro, se intentaba alcanzar el bienestar de todos. Llegamos a vivir ahí trescientas personas que producíamos trigo, frijol y maíz pa' nosotros mismos y pa' venderlo sin que nadie se aprovechara de nadien. De pronto ya era yo agricultor, ganadero, ingeniero, mecánico, carpintero, herrero, y hasta albañil y electricista. Con decirte que hasta llegamos a tener biblioteca con libros de aventuras de Salgari, diccionarios y obras diversas.

—¿Ahora sí le encontrabas sentido a la vida?

—Mira, lo mejor de la hacienda jue la fundación de la escuelita Felipe Ángeles, en su honor porque nunca olvidaré cuando Carranza lo mandó jusilar. Teníamos un salón de actos, patio central, buenas aulas y mejores maestros, los «misioneros culturales», que Fito de la Huerta me envió en los inicios de la época vasconcelista. El día de la inauguración les dije a los alumnos: vamos a abrir la escuela. Hay doscientos cincuenta niños y van a venir de Torreón de Cañas, Torreoncillo, la hacienda Carreteña, las Nieves… mujeres a hacerle la comida a los niños. Todos tendrán derecho a comida, vestido, calzado, nadie pasará hambres ni fríos ni será tan ignorante y burro como yo. Con una buena escuela cambiaremos la cara de México. El día que un maestro mexicano gane más que un general tendremos otro país, un país mucho mejor —agregó el Centauro con un dejo de tristeza.

—¿Por qué pones cara de agobio?

—Porque en El Canutillo sólo estaban Celia, Juana María, Micaela, Agustín, Octavio y Samuelito, seis de mis hijos, y me hubiera gustado tenerlos a todos conmigo, de ser posible a sus madres también.

—A ver, a ver, si estoy entendiendo bien, según me acuerdo, entre las mujeres que tuviste con o sin su voluntad, están María Isabel Campa; Dolores Delgado, con la que te casaste en Lerdo, Durango, el 17 de agosto de 1909; Petra Espinosa, raptada y casada en Parral antes de la Revolución; Asunción Villaescusa, tu mujer como quiera que sea, alrededor de 1910; Luz Corral, de San Andrés, casada por la Iglesia el 20 de mayo de 1911 y recasado con ella en Chihuahua el 16 de octubre de 1915, el día de la boda civil; Esther Cardona Canales, de Chihuahua; Piedad Nevares, de Ciudad Jiménez, en 1912; Juana Torres, de Torreón, Coahuila, casada civil y religiosamente el 7 de octubre de 1913; Paula Alamillo, de Torreón, en 1913; Guadalupe Coss, de Ciudad Guerrero, casada por la Iglesia el 16 de mayo de 1914; Macedonia Ramírez, Durango, en 1914; Librada Peña, de Valle de Allende, casada en Santa Bárbara, Chihuahua, en 1914; María Domingo, de Guadalupe, Zacatecas, en enero de 1915; Margarita Sandoval Núñez, de La Barca, Jalisco, en 1915; Francisca Carrillo, de Matamoros, Coahuila, en 1916; María Hernández; María Isaac Reyes, casada por la Iglesia en 1919; María Arreola Hernández; Cristina Vázquez, casada en Santa Bárbara; Guadalupe Perales, de Rancho Arroyo de Santiago, hacia 1915; María Leocadia; Guadalupe Valderrama, de Santa Isabel; Aurelia Severiana Quezada, apodada *la Charra*, en 1916; Soledad Seáñez, del distrito Valle de Allende, Chihuahua, casada por la Iglesia el primero de mayo de 1919; Austreberta Rentería, de Parral, Chihuahua, casada por el civil el 22 de junio de 1921; Manuela Casas, de Santa Rosalía, casada por la Iglesia en 1922; Gabriela Villescas; María Amalia Baca y Paz Villaseñor.

—Qué bruto, te sabes todos los nombres, cuando hay algunos que ya ni recuerdo, verdá de Dios.

La voz imperturbable continuó:

—Hablemos ahora de tus hijos.

Villa ni siquiera intentó interrumpir.

—Ahí tienes a Reynalda Villacampa, 1898; Felícitas Villa Delgado, 1910; Micaela Villa Espinosa, septiembre de 1911; Luz Elena

Villa Corral, 25 de febrero de 1912; Esther y Francisco Villa Cardona, 1912, gemelos; Agustín Villa Villaescusa, 1913; Agüedo Villa Nevares, 1913; Juana María Villa Torres, 1914; Evangelina Alamillo, 1914; Octavio Villa Coss, 13 de octubre de 1914; Ernesto Villa Ramírez, 1916; Miguel Villa Seáñez, 1916; Celia Villa Peña; 28 de enero 1915; Alicia Sandoval Núñez, 1916; Francisco Carrasco, 1917; Heleno Villalba Reyes; 12 de julio de 1920; Antonio Villa Seáñez, 1920; Miguelito Villa Arreola, mayo de 1920; Martín Vázquez, 1921; Francisco Villa Rentería, 1922; Trinidad Casas, 1922; Hipólito Villa Rentería; Guadalupe Villa Quezada; Luis Villa Quezada; Ernesto Nava; es decir, veintinueve mujeres y veinticinco hijos, ¿te imaginas que todos los mexicanos hubiéramos seguido tu ejemplo?

—Bueno, en realidad no puedo desconocerlo, siempre me gustaron las viejas y harto los chamacos, lo que me dolió, como te decía, es no habérmelos podido traer a vivir conmigo a El Canutillo.

—Sólo que hubieras sido un jeque árabe o un sultán o algo parecido. Un hombre como tú bien hubiera podido desquiciar a un país.

—Pues no lo creas, después de organizar la hacienda, de sembrar pasturas y forrajes, además de maíz y trigo para las tortillas y el pan, hacerme de buenas vacas para tener una buena producción de leche además de ganado pa' vender harta carne, es decir, cuando ya éramos autosuficientes y yo empezaba a hacerme de hartos centavos, invité a varias de mis mujeres para que vinieran todas juntas a vivir a El Canutillo.

—Sí, me acuerdo, fue un episodio inolvidable de tu vida.

—Tan inolvidable que Guadalupe Coss se vino a vivir conmigo junto con mi hijo Pancho. Después llegó Leonor Z. de Torres, con mi hijo Hilario, y más tarde convencí también a Celia para que se viniera con su tía, pues había perdido a su madre. ¡Claro que ya vivían conmigo Agustín, Micaela, Juana María y Octavio! No tardó en incorporarse Soledad Seáñez, con mi otro hijo Pancho. Martinita, mi querida hermana, se encargó de recoger en Parral a María Hernández, para que también se viniera a vivir con nosotros y trajera a mi hijo de tres meses al que tendríamos que registrar en la hacienda.

—¿Y no se te resistió ninguna?

—Sí, se me resistió Francisca Carrillo, que se fue a vivir a El Paso con todo y mi hijo con tal de escapar a mi control.

—Pero ¿cómo le hiciste para que las demás se fueran a vivir contigo?

—Pos mira, había pasado casi un año de mi estancia en El Canutillo y mi vida sólo me reportaba malestar y vacío, por eso también le supliqué a Austreberta que se uniera a nosotros.

—¿Y Luz, Lucecita, ya estaba en El Canutillo?

—Por supuesto; ella era la primera en querer a todos mis hijos y amarlos como si fueran suyos. Los problemas se presentaron precisamente cuando llegó Austreberta, con quien Luz de plano ya no pudo. No sé por qué en este caso particular Luz no pudo soportar que también me hubiera casado con Austreberta acusándome de bigamia, cuando yo en realidad vivía en la poligamia, palabreja que después me explicó un abogado.

—¿Por qué comenzaron los problemas?

—Pos porque me empezaron a decir que Luz y mi hermano se entendían en la cama, lo cual era una completa mentira que hizo correr Esther Cardona, con quien yo también tenía dos hijos. Entendí que tarde o temprano perdería a Luz.

—¿Y no te avergonzaba estar casado por la ley al mismo tiempo con tantas mujeres?

—Por supuesto que no, yo era un hombre sumamente respetuoso de la ley en lo que se refiere al matrimonio. ¿Cómo crees que yo me iba a atrever a tener una amante? Eso sería una inmoralidad. Jamás me hubiera perdonado yo una falta de respeto hacia ellas y a mí. De relaciones ilegales ni hablemos. Si alguna mujer me gustaba simplemente me casaba con ella en las oficinas más próximas del registro civil, con o sin su voluntá, eso sí, de la misma manera que siempre me las agenciaba para conseguir un sacerdote, aunque para ello tuviera que disfrazar a alguno de mis dorados. Una vez casados, entonces sí que nos íbamos de luna de miel para gozar a la mujer hasta donde se me acabara la imaginación.

—¿Y te resultaba todo muy sencillo, no?

—No, eso sí que no, me chocaba que el cura me aventara muchos latines, porque a eso sí nunca le inteligí.

—¿Y cuando se te resistían?

—Pues llegado el caso, como en Jiménez, si los familiares se me ponían muy giritos, pos no tenía otro remedio que matarlos a todos a balazos enfrente mismo de mi prometida.

—¿Y nunca te quedó ningún cargo de culpa?

—Pos fíjate que sí. Una tarde le pedí a mi coronel Martín López que enganchara un carro a una locomotora y se fuera a Jiménez pa' traerme a como diera lugar a Conchita del Hierro, una joven de unos veinte años de edad, señorita muy honorable de aquella ciudad. Cuando la encueré rasgándole el vestido y toda la ropa, Conchita empezó a llorar enloquecida por el espanto, lloró durante toda la noche, pedía a gritos que la auxiliaran, imploraba clemencia mientras yo la penetraba en tanto que ella rogaba que mejor le descargara toda la pistola en la cabeza. Conchita del Hierro se vistió de negro hasta el último de sus días. Se apartó de la sociedad y de sus familiares y sólo salía de su domicilio para asistir a la iglesia. Eso sí que me dolió porque nunca le conocí novio alguno, pero adió yo no creo que haya sido pa' tanto. La verdad es que un acostón no es para que te arruine la vida, ¿no? Y menos pa' que te la pases vestida de luto. Ya, ya escandalito no es para tanto.

—Pero además eras un gran cínico.

—¿Por qué?

—Porque a todos tus subordinados les pedías que no hicieran violencia con las mujeres, que se las llevaran siempre al altar, porque al fin y al cabo los matrimonios por la Iglesia no obligaban a nadie, y de esta manera ustedes siempre se darían gusto sin desgraciarlas a ellas. Todavía te escuché muchas veces decir: tengo a mi esposa legítima ante el juez del registro civil, pero tengo otras, también legítimas ante Dios o, lo que es lo mismo, ante la ley, que a ellas es lo que más les importa. Nunca pude creer que les dijeras que así nunca tendrían que esconderse ni avergonzarse porque de haber faltas o pecados, éstos siempre serían de ustedes. Eso sí, si el juez o cura se negaban, era obligatorio echar mano de la bala pa' que todo mundo se pusiera de acuerdo. ¡Qué bonito! El que tiene la pistola manda, ¿verdad?

—A veces así es, pero no siempre. Ahí tienes el caso de Luz, quien vino de La Habana para estar conmigo y, sin embargo, ni con pistolas, ni cañones, ni granadas pudimos controlar nuestra situación. Con Austreberta Rentería de plano perdí toda la maceta. No podía estar sin tocarla, sin olerla, sin inhalarla, sin besarla y sin imaginarla a cada momento del día. Donde me la encontraba tenía que abrazarla y darle de plano un machucón. Pobrecita de ella porque la acosaba yo todo el santo día. Su piel se me había convertido en un vicio, contemplar su mirada constituía toda una necesidad. Le caía encima cuando menos se lo imaginaba para triturarla o engullírmela.

—Sí, sí, claro me acuerdo cuando le escribiste aquellas cartas modositas, dulces, humildísimas y empalagosas. Me imagino que te estarías relamiendo los bigotes y frotándote las manos cada vez que le arrancabas el sarape y le levantabas las faldas. Ella era distinta y por eso tuviste que sacarla de El Canutillo para llevártela a Parral. ¿Te acuerdas de esta carta de amor, que me imagino que te sabes de memoria?

> Betita a Cuanta pena se pasa para hablar con Ud Estube dos días en busba de Ud En esta y me boy por que no es bueno ser tan impretinenti sea por Dios al examinar que Ud no estaba en casa no podia mober fueras pues no fuera que mela escondieran que desgracia la mia berdad Betita contesteme al canutillo y ponga al sobre particular y digame que agó y si lla nó me quiere bida mia digamelo tambien á Dios mi bida
>
> FRANCISCO VILLA[35]

—¿Y qué tal esta otra?

> Betita aqui me tiene en este pueblo y no se como ablar con tigo prenda querida solo tu me puedes aser andar paraca pide permizo para benir con esta señorita para arreglar todos nuestros asuntos ben bida mia.
>
> FRANCISCO VILLA

> Que no sepa su familia que bienes a ablar con migó.
>
> F V[36]

—Claro, pero recuerda que también en Parral tenías a tu famosa Adelita, a la que una vez te atreviste a besar en presencia del *Güero* Portillo, uno de tus generales más fieles, que te llevaba una información. Nunca olvidaré cómo aquella chamaca cantaba mi corrido favorito.

> Yo soy rielera, tengo mi Juan,
> él es mi encanto, yo soy su querer,
> cuando me dice que ya se va el tren,
> adiós mi rielera, ya se va tu Juan.

—De que cantaba, cantaba retebién, pero ése pa' que veas fue otro terrible disgusto porque cuando yo besaba a la muchacha de repente escuché un balazo y es que el Güero, mi Güero Portillo, se había

[35] Cortés, 1972: 219.
[36] Cortés, 1972: 220.

pegado un tiro en la cabeza porque sin que yo lo supiera, él era el mismísimo novio de la Adelita, y como no podía matarme por haberme metido con ella, prefirió quitarse la vida antes que atacarme o lastimarme, como lo hubiera hecho con cualquier otro que se hubiera atrevido a meterse con su mujer.

—Qué espantoso dolor, ¿no, Pancho?

—Sí, tienes toda la razón, la muerte del Güero Portillo me dolió en el alma porque era de mis hombres más leales, con quien yo contaba sin reparo alguno. Siempre me impresionó que él se quitara la vida por mi culpa.

—¿Y Luz?

—Luz se fue al año de que entramos a El Canutillo. Como te dije, nunca pudo aceptar a Austreberta, si bien logró aclimatarse con mis otras mujeres y adorar a todos mis hijos. Jamás volví a verla.

»Yo hubiera podido darles de comer a todos ellos, pero algunas de sus madres, lo acepto, se negaron a venir a vivir a El Canutillo. Allá ellas... Los "misioneros" que podían enseñar a niños y adultos, de alguna manera, se desperdiciaron. Hicimos todo un ensayo de lo que podría haber llegado a ser México después de la Revolución. Fue un laboratorio maravilloso. La educación era mágica, verdá de Dios...»

—¿Tu escuela en la hacienda era laica o les dabas clases de religión a los niños?

—Mi escuela siempre será laica. Desprecio a los curas. Ellos pueden «enseñar las doctrinas de Cristo, pero eso no significa que porque enseñan qué es el bien se les permita quebrantar casi todos los mandamientos, como en mi experiencia hacen siempre. Los curas, tal como yo los he conocido en los pueblos chicos e incluso en las ciudades de las montañas de Chihuahua, son miserables pordioseros de mente y cuerpo. Son demasiado débiles para ganarse la vida... Viven como los piojos: a costa de otros... En primer lugar, hay demasiados. Tomemos por ejemplo la ciudad de Parral. Hay catorce iglesias y sabe Dios cuántos curas. Y todos viven de la gente pobre... ¿Que no los conozco? ¿No he visto un cura que no mueve un dedo a menos que no vaya a conseguir dinero?» —A continuación agregó—: «Entra en cualquiera de nuestras iglesias de México y encontrará cajas para limosnas en cada puerta y en cada pared, a veces hasta veinte en una iglesia. Tienen rótulos que dicen PARA LA CARIDAD, PARA SAN PEDRO, PARA LAS ALMAS QUE SUFREN EN EL PURGATORIO... San Pedro no necesita las pobres monedas de cobre

que deposita el pueblo hambriento en la caja que lleva su nombre...
¡Ah los curas! Pronto les va a llegar la hora... Un montón de curas
mantenidos por los pobres no hace más religioso a México.»

»La iglesia de El Canutillo no la he tocado, pero tampoco la he
destruido. Está como me la entregaron. Yo no soy católico, ni protestante, ni ateo... Yo soy librepensador. Yo sólo creo en un poder
sobrehumano pero me gusta respetar todas las creencias. Lo mismo respeto al que es católico, como al que es protestante, como al
que no tiene ninguna religión. Yo nunca, desde chico, fui a confesarme con un cura, porque sé que es un hombre de negocios como
cualquier otro, como lo puede ser un abogado, un ingeniero, o un
comerciante... Un hombre como yo, a quien no le interesan mis intimidades... ¡Yo sería fiel a aquella religión que no me hiciera tonto! Una de las más grandes calamidades de mi raza es el clero; pero
hay que respetar todas las creencias.»

Era claro que el tema le agobiaba, por ello continuó:

—«Yo no niego la creencia de Dios: la declaro y certifico pero
considero que no es sagrado todo lo que se cobija debajo del nombre de la religión porque los más de los llamados hombres religiosos
usan de la religión en beneficio de sus intereses... Los malos sacerdotes, señor, como los jesuitas, son los peores hombres del mundo...
Estimo, pues, que merecen mayor castigo que los peores bandidos
del mundo, porque los bandidos no engañan con los actos de conducta ni fingen lo que no son, mientras que los jesuitas sí...»

—¿Y nunca te da la tentación de estar a solas con Dios?

—Me gusta estar a solas conmigo pa' reencontrarme. A estas
alturas de mi vida me gusta analizar el pretérito sin que nadie me
acompañe. Al buscar la paz y la tranquilidad pienso en ese Dios
interior que todos llevamos adentro y créeme que lo encuentro al
leer la vida de Napoleón o de Alejandro Magno y compararme con
ellos. En la batallas de Celaya yo llegué a tener más de cincuenta
mil hombres bajo mis órdenes. Lo mejor que pude hacer es creer en
mí antes que en Dios.

—¡Ay, ay, ay, Panchito, ahora sí que exageraste! ¿Leíste la vida
de Napoleón y la de Alejandro? Bájale, bájale, chulo...

—Bueno, en realidá, les di sólo una repasadita...

—Ésa sí te la creo, pero a ver, dime, en estos últimos tiempos,
¿nunca has tenido miedo a ser asesinado?

—Sí, la verdad he tenido visiones terribles en el último año.

Sueño con un jorobado montado a caballo que me persigue día y noche. Me estoy haciendo viejo ya en este 1923. Pronto cumpliré cuarenta y ocho años de una vida angustiada e intensa como el carajo, ya me toca descansar un ratito, verdá de Dios...

—Debes muchas, Pancho, muchas, en diferentes sectores y con diversas personas. Acuérdate de que fuiste víctima de frecuentes tentativas de asesinato en Hidalgo del Parral; en tu casa de la calle de Zaragoza, que fue tiroteada por un grupo de individuos, a los que nadie pudo identificar, además de la plaza de gallos, cuando estuviste a punto de morir al verte rodeado de enemigos, tantos que llamaste al coronel J. Félix Lara, jefe de la guarnición, para que permaneciera a tu lado mientras terminaba la función.

—Es cierto, ahí le andan tentando el agua a los camotes al igual que Jesús Herrera Cano, jefe de la Oficina del Timbre de Torreón, quien ha tratado de asesinarme un par de veces sólo porque yo maté a toda su familia en un panteón. Es un vengativo y por eso le daré su merecido. Pa' uno que madruga, uno que no se acuesta...

—¿Y no crees que de la entrevista que le concediste a Hernández Llergo se desprendan consecuencias que puedan costarte la vida?

—No es para tanto...

—¿No es para tanto atravesarte en medio de los planes políticos de Obregón y de Calles? Acuérdate de la cantidad de gente que mataron para llegar al poder y a la que han matado para mantenerse en él. Obregón y Calles son asesinos iguales, o tal vez hasta peores que tú.

—Sí, pero saben que aquí en el rancho soy inofensivo. Ni siquiera quise ser gobernador de Durango, acuérdate tú de las ametralladoras que Álvaro Obregón me regaló al inicio de abril, dos Thompson de mano, de cargador redondo... ¿Tú crees que me iba a regalar esas armas si me considerara peligroso?

—Sí, pero haberle dicho a Hernández Llergo para que lo publicara nada menos que en *El Universal,* aquello de que «Yo tengo mucho pueblo, por eso me temen...» «Fito es muy buen hombre, y si tiene defectos, señor, son debido a su mucha bondad... Fito es un político que le gusta conciliar intereses de todos, señor; y el que logra esto hace un gran bien a la patria... Fito es buena persona, muy inteligente, muy patriota y no se verá mal en la presidencia de la República.» ¿No te parece una imprudencia aprobar la figura de De la Huerta y descalificar a Calles, el hermano político de Obregón?

—Yo me descalifiqué como candidato presidencial por inculto.

—Ése no es el problema, además, ¿quién te lo iba a creer? En primer lugar la auscultación que hizo el periódico, arrojó que Carlos B. Zetina tenía 142,872 votos, De la Huerta 139,965, Calles 84,129 y Villa 77, 854. Entre De la Huerta y tú eran invencibles. ¿No te parecía esa realidad electoral una amenaza enorme en contra de los intereses políticos de Calles? Dejaste en evidencia que la gente no lo quería y no sólo eso, sino que tu promesa de no participar en política sólo se refería al gobierno de Obregón, que terminaría en 1924, y a partir de esa fecha podrías ser candidato a gobernador de Durango. Y lo peor, pero lo peor de todo, fue cuando hiciste referencia a los cuarenta mil hombres que podías movilizar en cuarenta minutos, una advertencia para que el gobierno no permitiera una elección fraudulenta y respetara la victoria electoral de De la Huerta. Tu confesión de que no descartabas la posibilidad «de ser candidato a gobernador por Durango bien pudo interpretarse como el precio que le pedirías a De la Huerta a cambio de tu ayuda». ¿No lo entiendes, Pancho?

—No pasará nada, te lo aseguro...

EPÍLOGO

Plutarco Elías Calles decidió, junto con el general Amaro, extinguir cualquier posibilidad de que Francisco Villa pudiera organizar un movimiento armado en su contra. No sólo podía competir electoralmente con él, sino que también podría hacerlo en el terreno militar. De ahí que se pusiera de acuerdo con Félix Lara, el comandante de la guarnición de Parral, un amigo cercano de Calles, observador cercano de cada uno de los pasos del Centauro, para que lo eliminara a la brevedad, pues éste era un «peligro para todo el país», máxime cuando se sabía que era poseedor de una gran cantidad de armas y de hombres con los que podía darle un susto al gobierno federal. Salas Barraza fue el encargado de la ejecución material del crimen, en todo caso su única obligación consistiría en rematar a balazos el cuerpo del general Francisco Villa, para lo cual tendría que disparar su pistola a mansalva para asestarle varios tiros de gracia en la cabeza.

El día del crimen, Luz Corral ya se encontraba en Chihuahua. El día anterior, en El Canutillo, Villa se despidió de Austreberta, a quien besó en el vientre porque estaba esperando un hijo de ambos. La última noche de su vida la pasó en Parral, con Manuela Casas, una mujer tan singularmente hermosa que Villa no solamente se hubiera casado con ella, sino que hubiera dado la vida misma sólo para poder inhalar su aliento, que según él, estaba perfumado. El día 20 de julio, al llegar a una plaza, uno de los asesinos se quitó el sombrero, la señal esperada por los sicarios que confirmaba la presencia de Francisco Villa a bordo del automóvil que él mismo conducía. Villa alcanzó a disparar un par de balazos antes de morir sentado en el asiento sin poderse defender. Todavía pudo decir, «por favor, que esto no se acabe así, digan que dije algo muy inteligente antes de morir». El coronel Trillo que viajaba a su derecha logró levantarse sólo para caer muerto colgado de la portezuela derecha del vehículo. El acribillamiento fue de tal manera voluminoso que acabó instantáneamente con la vida de Rosalío Rosales, asistente del Centauro, y con la del chofer. Claro Hurtado, el asistente de Trillo, logró llegar gravemente herido al puente de Guanajuato, donde murió desangrado. Cinco personas morirían en el ataque. Sólo se salvarían Ramón Contreras y Rafael Medrano, heridos en el brazo y en una pierna respectivamente.

Jesús Salas Barraza disparó los consabidos tiros de remate en la cabeza del Centauro y acto seguido telegrafió al general Castro, a Durango, para informarle que el general Villa estaba absolutamente muerto y que su cadáver ostentaba los ojos abiertos como los de un buey. No tuvo el menor empacho en confesar su responsabilidad en el asesinato. Fue juzgado y encontrado culpable, pena corporal que jamás cumplió porque fue indultado a principios de 1924. La Suprema Corte de Justicia lo absolvió considerando su acto «como un servicio al bien de la Nación».

Los culpables del asesinato de Villa, según Luz Corral: los generales Plutarco Elías Calles, J. Agustín Castro, Francisco R. Durazo y los señores Jesús Herrera y Gabriel Chávez; fueron los directores intelectuales del asesinato de mi marido… Jesús Salas Barraza (valido del fuero que gozaba como diputado), Melitón Lozoya, Juan López, José Sáenz Pardo, Ruperto Vara, Simón Martínez (éste mató también a Toño Villa), Ramón Guerra (que murió en el asalto), José Guerra y Librado Martínez y otros cuyos nombres son recuerdo, fueron los autores materiales de los asesinatos de Pancho Villa, Miguel Trillo, Daniel Tamayo (asistente del primero), Burciaga el chofer... y de las heridas de Ramón Contreras, que aún vive, habiendo perdido únicamente un brazo en la refriega.

La propia Luz Corral aclara: «Después de la muerte de Obregón... varias veces me reuní con el señor De la Huerta en México... y don Adolfo me preguntó si quería yo saber lo que había pasado. «Sí —le contesté—, quiero saber quién mandó matar al general Villa...» Me contó que Jesús Herrera y Gabriel Chávez habían ido a México a ofrecerse a matar al general Villa, siempre y cuando se les dieran garantías. Que entonces Calles y Amaro, esgrimiendo razones políticas, presionaron mucho a Obregón, quien no quería acceder... Hasta que lo convencieron. Entonces Obregón accedió a que lo mataran, pero les advirtió que si lo iban a hacer, que lo hicieran bien... y sin inmiscuir para nada su gobierno.»

Después de interminables pleitos legales, Luz Corral pudo demostrar el hecho de haber sido la primera esposa ante la ley, por lo que heredó todos los bienes del Centauro. Y no sólo eso, enamorada aún después de la muerte, Luz, Lucecita, todavía convirtió su casa en un museo dedicado a honrar la vida de su marido.

«Una tragedia que se inició con la presencia obsesiva de los cuervos, concluyó al descubrirse la tumba (de Francisco Villa) abierta y el cadáver decapitado. En la sepultura apareció un papel donde se asentaba que la cabeza había sido cortada por cinco mil dólares y enviada como trofeo a Columbus.»

Por lo que respecta a la decapitación... Yo me dediqué a hacer investigaciones con relación a este asunto... Averigüé que un grupo de americanos le habían hecho un ofrecimiento al general Arnulfo R. Gómez, que estaba de jefe de las operaciones en Tampico, de cincuenta mil dólares por la cabeza, y que éste aceptó la tentadora oferta. Le ordenó al general Durazo, jefe de la guarnición de Parral, que decapitara el cadáver y enviara la cabeza a la estación del ferrocarril de Jiménez en una caja de madera. Pero al llegar a la estación, los interesados, asustados por el ruido que había hecho la decapitación, ofrecieron sólo veinticinco mil pesos mexicanos. El chofer habló por teléfono con Durazo, le informó lo que pasaba... Durazo le dio la orden de que no la entregara y que la enterrara donde le diera la gana.

—¿Qué hizo el chofer?

—Se regresó a Parral y enterró la cabeza en el camino, cerca de Parral, y todos ellos, los involucrados, olvidaron el asunto.

—¿Cómo sabe usted todo esto?

—Weisel, el chofer de Durazo, se lo confió a un amigo suyo que tenía una peluquería… Allí está. Fue enterrada en una caja que tenía bisagras y cerradura… La cabeza del general Villa está en Chihuahua.

José Vasconcelos

EL VASCONCELOS QUE SIEMPRE OCULTÉ

En México no hay literatura porque casi nunca se dice la verdad... La literatura debe ser fundamentalmente protesta. Su raíz es la libertad, la auténtica, no la que, como en nuestro caso, está oculta en los códigos. Aunque sea en el orden moral debe triunfar el bien para que haya una verdadera expresión literaria, si no, ésta se convierte en prostituta que acata o disimula.

Este pueblo mexicano —respondió el caudillo cultural— no merece que yo sacrifique una sola hora de mi sueño. ¡Es un pueblo de traidores y de cobardes que no me merece! Demasiado he hecho por redimirlo. No volveré a ocuparme de él.

La vida es un líquido viscoso, granulado, asqueante, que crece indefinidamente por segmentación del núcleo de las células que lo componen... Por todos sus poros y orificios la vida huele mal... Y eso es la muerte: el acto final de desprecio con que el alma abandona un instrumento inútil... Quizás ya lo único que merece el planeta es arder. Quizás no hay otro escape hacia la salud... Como no creen en el alma, les asusta que termine la vida.

JOSÉ VASCONCELOS

¿Cuándo podremos publicar sin angustia, libres de cualquier resentido burócrata metido a dictador de la cultura, supremo dispensador de los premios a la virtud perrunoliteraria?

OCTAVIO PAZ

A Jesús Silva Herzog, el férreo defensor
de los intereses de México en los
foros nacionales y extranjeros.

Sí, debo confesarlo: efectivamente fui agente secreto al servicio de la Alemania nazi. Asimismo debo reconocer que, de haber ganado Alemania la Segunda Guerra Mundial, yo hubiera sido el candidato idóneo de Hitler para ejercer el cargo de presidente de la República en lugar de Miguel Alemán, sin duda alguna el peor bandido de todos los *cachorros* de la Revolución. Sólo que los Aliados aplastaron a las potencias del Eje y con ello volvieron, una vez más, a destruir mis esperanzas de ocupar la primera magistratura de la nación. ¡Cuánto hubiera ganado México si me hubieran permitido a mí, al Maestro de la Juventud, dirigir, mejor dicho, comandar el destino de la nación con el rigor y la disciplina de los teutones! ¡Cuánta falta le hace a México la disciplina y el rigor científico alemán! La única salida para México es militarizar la educación de modo que los maestros incumplidos o incapacitados puedan ser castigados indefinidamente en calabozos castrenses. ¿A dónde va una sociedad sin orden y sin respeto? Árbol que nace desviado jamás enderezará el tronco...

Hoy, en el otoño de mi vida, sostengo que «todos los pueblos deberían agradecer a Mussolini y a Hitler el haber cambiado la faz de la historia, el haber intentado liberarnos de toda esa conspiración tenebrosa que a partir de la Revolución francesa fue otorgando el dominio del mundo a los imperios que adoptaron la Reforma en religión y la engañifa del liberalismo en política... En la nueva situación el poder cristiano, el poder católico, saldrá ganando... En el desfile de banderas, que en el tablado pasean muchas bonitas, es la bandera alemana la que se lleva las ovaciones». Otro sí digo: «en países incapacitados para la democracia es saludable que una mano fuerte defienda la raza, las costumbres, la personalidad y la sobe-

ranía nacionales, así como las fuerzas latinoamericanas del hispanismo y la religión católica». ¿Qué podemos esperar del futuro sin
un gobierno teocrático militar, rígido, ordenado y severo, como el
encabezado por los aztecas, o sin un Estado confesional y, asimismo militar, como el dirigido, con tan buena fortuna, por el general
Francisco Franco, caudillo de España por la Gracia de Dios? Por
esa razón acepté la invitación del gobierno del dictador para visitar España, así como las preseas nobiliarias que me obsequiaron,
porque creo en él, de la misma manera en que la prensa de Madrid
cree en mí, «desde el momento en que publicó en primera plana mi
retrato concediéndome, sin vacilar, el mariscalato entre los pensadores del continente hispanoamericano». ¿No fue una gran distinción? Es obvio que soy el gran mariscal entre los pensadores latinos.
Mi obra educativa constituye una prueba irrefutable, de la misma
manera que mis libros justifican sobradamente el exclusivo lugar en
el universo intelectual que el mundo de las letras me ha otorgado.
¿No eduqué a millones de mexicanos rescatándolos de las tinieblas
de la ignorancia? ¿No los convertí en seres humanos? ¿No His-
panoamérica toda me alabó por ello y me proclamó su Maestro?
¿Cómo negar la evidencia? Y si eché mano de cualquier herramienta con tal de elevar a mis semejantes a la altura mínima exigida por
la más elemental dignidad humana, fue porque no podía consentir
el hecho de abandonar en una gigantesca fosa común a lo mejor del
pueblo de México. ¿Que trabé alianzas inconfesables? Sí, sí, las trabé precisamente para lograr la superación de todos nosotros. ¡Claro
que fundé la revista *Timón* con dinero proporcionado por la embajada alemana en México! ¿Dinero del Führer? ¡Por supuesto que dinero del Führer!: «el mandatario alemán es el hombre más grande
que han producido los siglos... la verdadera grandeza está en los
directores de hombres, y Hitler es el más grande de todos ellos...»
¿Por qué entonces negar su patrocinio?

El bombardeo aéreo a Polonia, a Inglaterra, a la Unión de Repúblicas Socialistas Soviéticas, la toma violenta, en general de casi
toda Europa, además de la persecución de judíos, sucesos todos que
difundí, justifiqué y aplaudí en mi revista *Timón*, son los costos
que se deben pagar por la superación de la sociedad. Gratis no hay
nada. El progreso es caro.

Espero que estas páginas garrapateadas, mi pliego de mortaja,
escritas a mano, algún día sean encontradas entre las hojas de esta

antiquísima edición de la *Apología de Sócrates*, redactada con el genio indiscutible de Platón. Las escondí ahí para que el tiempo, y sólo el tiempo, la casualidad y la suerte, tengan la última palabra y decidan el momento adecuado de su hallazgo y su divulgación ante la opinión pública. En realidad sigo el principio del náufrago que arroja una botella con un mensaje al mar sin saber en qué manos va a caer o si se romperá contra las rocas de cualquier litoral... No viviré para saberlo...

Respecto de Antonieta Rivas Mercado debo decir que la quise, la amé, la respeté y, lo concedo, viví eternamente agradecido por haber invertido cuantiosos recursos heredados de su padre en mi campaña presidencial de 1929. No, de ninguna manera fue mi responsabilidad que haya agotado y comprometido su enorme fortuna en mi causa política ni mucho menos lo es el hecho de que se haya quitado la vida en la catedral de Notre Dame, en París, en 1931, cuando faltaban tan sólo dos meses para que cumpliera treinta y un años de edad. ¿Que nuestro amor empezó a parpadear como una vela una vez agotado el pabilo? ¿Que la pasión se erosionó junto con la escasez de sus ahorros? En efecto, fueron coincidencias de la existencia. Culparme de su muerte es una canallada. No se me agotó el amor cuando escasearon sus aportaciones a mi causa. ¡Falso! Lamenté que se hubiera quitado la vida dándose un balazo en el pecho con mi propia pistola en la más sagrada de las casas de Dios de toda Francia. Aquí estoy todavía para tratar de esclarecer mis andanzas de tal manera que los biógrafos no tergiversen la realidad. No puedo ignorar que mi figura histórica será controvertida y, por ello, dejo este testimonio oculto que espero vaya a caer al escritorio de algún investigador medianamente serio y objetivo que sepa plantear, con equilibrio y la debida serenidad, la verdad de lo acontecido. Nada me atormentaría más que descubrir en el más allá que mis cuartillas se encuentran sepultadas en la gaveta de cualquier burócrata o, algo mucho peor, que fueron a dar a los archivos de esos novelistas supuestamente defensores del laicismo, verdugos anticlericales, que buscan mediante una imaginación enfermiza su concepción de la realidad histórica. Comenzaré entonces por el principio, aun cuando parezca una redundancia, sin que la urgencia por relatar mi punto de vista atropelle el orden que debe prevalecer en una narración cronológica.

A los seis años, después de haber nacido en Oaxaca en 1882, por razones del trabajo de mi padre, mis hermanos y yo fuimos a

radicar a Piedras Negras, Coahuila, ciudad fronteriza con Eagle
Pass, cuya creciente prosperidad me despertó una justificada in-
quietud para tratar de entender los orígenes del atraso mexicano.
¿Cómo era posible que con tan sólo cruzar la línea divisoria entre
ambos países se revelara ante nuestros ojos una prosperidad insultante, mientras que en nuestro lado se subsistía penosamente en
condiciones miserables? ¿Cuáles eran las explicaciones? ¿Por qué
las abismales diferencias? Algún día yo recuperaría Tejas, nuestra
Tejas, con jota, y vengaría la ignominiosa derrota de 1847, por supuesto que sí, porque desde entonces ya advertía en mi interior el
fluir de las ideas, el nacimiento del coraje, el despertar de las pasiones, la fuerza de mi intelecto y el poder de ciertas convicciones que
con el tiempo se irían asentando y fortaleciendo en la medida en
que fuera haciéndome de más información. La lectura era el camino
hacia el entendimiento. Los libros me dirigían hacia la luz. Yo la seguiría con el rostro iluminado hasta el último de mis días.

Ningún vehículo mejor para alcanzar mis propósitos que estudiar la carrera de Derecho inmerso en el mundo de las humanida-
des, más concretamente en el de la práctica y teoría de la justicia.
Ingresaría por la puerta grande al reino de las ideas, al de la filosofía, en donde me encontraría con los pensadores universales de
todos los tiempos, para contagiarme con sus preocupaciones, im-
pregnarme de sus angustias, sorprenderme ante sus conclusiones,
aprender de sus planteamientos y sus deslumbrantes soluciones. Mi
destino estaba claro: no se encontraba en la milicia ni en los negocios ni en la vida religiosa, tal cual lo habían seguido dos de mis
nueve hermanos, Concha y Carmen, quienes ingresaron a un convento, a diferencia de Dolores que conoció la dicha y los sinsabores
del matrimonio. Soledad siempre permaneció soltera. José, Carlos
e Ignacio perdieron la vida por diferentes razones, siendo muy jóvenes. Samuel, el benjamín de la familia, se convirtió en comunis-
ta como una señal de protesta en contra del catolicismo de José, el
mayor de todos. Por mi parte, nunca podré agradecer a mi madre el
hecho de habernos educado en el seno de un catolicismo acendra-
do. He aquí mis recuerdos de ella: «…Yo viví para dos; para los dos
que ya éramos: ella y yo; ese "ella y yo" que jamás vuelve a encontrarse en la vida. En cierta manera yo sentía que ella seguía viviendo
y reencarnaba en mí: yo era como su propia conciencia trasladada a
un cuerpo nuevo. Lo que ella había pensado yo lo volvía a pensar y

nuestros sentimientos se repetían en mi corazón a tal punto que no sólo vivía yo para ella, sino que me sentía tan anegado de su presencia que sus simpatías, sus parentescos y preferencias eran también la ley misma de mi corazón. A tal punto éramos idénticos la muerta y yo, que en sus más hondos resentimientos yo la heredaba por entero. Ni un solo resquicio de mi corazón dejó de sentirse anegado de su alma».

Una vez concluidos mis estudios en la Escuela de Jurisprudencia, habiendo aprendido a aplacar las primeras perturbaciones eróticas rindiéndome al amor callejero hasta el límite de mis recursos monetarios, trabajé como amanuense en una notaría, más tarde en un juzgado civil y posteriormente en un bufete de abogados, hasta convertirme, al poco tiempo y por un breve lapso, en fiscal general del estado de Durango.

En 1906, cuando faltaban cinco años para la conclusión de la tiranía porfirista y me reunía periódicamente con Alfonso Reyes, Antonio Caso y Pedro Henríquez Ureña para leer a los clásicos, contraje nupcias con Serafina Miranda. Cedí a las presiones de mi futuro cuñado y, sepultado en un universo de dudas, contraje nupcias con su hermana. Gravísimo error. «Muy cara se suele pagar esa hipocresía masculina que gusta del relajamiento y luego ambiciona el refugio de la exclusividad para conquistar el aburrimiento, cuando no la perpetua discordia... Quizá era toda mi vocación la que traicionaba contrayendo compromisos incompatibles con mi verdadera naturaleza de eremita y combatiente. Sin duda, de aquella contradicción deriva la mitad del fracaso de toda mi carrera posterior...» No podría describir la pena aguda, la sensación del fracaso, el remordimiento de responsabilidad, la repugnancia física que me produjo la noticia del nacimiento de un hijo mío. ¡Claro que bendije una y mil veces a la prostituta que da placer y no anda cargando a nadie con hijos! Serafina Miranda y yo procreamos a José y María del Carmen Vasconcelos. Debo aceptarlo en la estricta intimidad de estas líneas: nunca fui feliz con ella. Era un matrimonio arruinado desde el principio. Es cierto, nunca me ocupé de desmentirlo, sin embargo, tampoco me atreví a romper mi enlace, porque lo que Dios une sólo Él lo puede desunir. Preferí llevar una doble o triple vida antes de violar mi palabra empeñada ante el Señor frente al altar.

Al principio las carnes de Serafina me atraían, consolaban y aplacaban mis intensas tentaciones de varón. Entendí que la debilidad tendría que ser considerada como pecado mortal. Jamás debí haber sucumbido ante aquellos brazos que muy pronto sólo me transmitirían una terrible desazón, un vacío que yo traté inútilmente de evitar y del que empecé a huir a la primera oportunidad. ¡Cuánto puede agredir un beso o una caricia no deseada! ¡Qué inmenso dolor causamos a quienes nos aman y nosotros despreciamos sin poderlo remediar! Con qué devoción elevé mis plegarias más sentidas para lograr una erección sin conseguirla a pesar de las caricias más atrevidas y de las posiciones más insospechadas. ¿Resultado? Nada: la muerte en vida. El fracaso total. Mi cuerpo utilizaba un lenguaje que yo no podía controlar. ¿Verdad que los sentimientos nunca podrán ser gobernados por la razón? Yo sabía que mi lugar estaba al lado de Serafina. La moral, mi juramento ante Dios nuestro Señor, el compromiso legal, la unión ante la sociedad y mis convicciones así me lo indicaban, pero no podía cumplir con tantas responsabilidades. ¡Imposible! Mi interlocución con ella desapareció en un muy breve lapso. Nuestros intereses también se apartaron. La comunicación se degradó. Los apetitos sexuales se dispersaron. Nuestra intimidad se volvió insoportable. Falso que los hijos unan: o estrechan más la relación de quienes ya se aman con fascinación o separan irreparablemente a quienes se encaminan al divorcio.

Empezaron a desfilar ante mí diversas figuras femeninas con las que yo siempre soñé, una pléyade de mujeres de diferentes nacionalidades, clases sociales, fáciles, difíciles, nobles, ricas y pobres. Adriana me proporcionó el goce estético, Charito, el material, y Valeria, el intelectual. Cada una me enriqueció de una u otra manera.

Adriana, «una Venus elástica, de tipo criollo, provocativa, de risa voluptuosa», me permitió recoger «el botín más grande de la Revolución Mexicana: la mujer más hermosa de México.» Sus senos despertaban al solo contacto de mi vista. Bastaba desprenderle la blusa y mirarla para constatar aquel auténtico milagro de la naturaleza. Ella provocó en mí una pasión amorosa tan intensa que me obnubiló al extremo de no poder armar una sola oración disponiendo correctamente sujeto, verbo y complemento. En *La tormenta* dejo constancia de estos sentimientos inolvidables. Todo lo que no me decía la pobre Serafina, Adriana me lo gritaba sin pudor ni control alguno. Me llegaba al alma. Me hechizaba, según dejé constancia en mi *Ulises criollo*, cuando señalé: «Era una de las raras mujeres que no desilusionan en la prueba, sino que avivan el deseo, acrecientan la complacencia más allá de lo que promete la coquetería y lo exige la ambición». Rematando: «Si los hijos míos hubiesen sido de ella, entonces habría conocido el paraíso de la Tierra». Aceptémoslo: me perdí, me alejé de mi esposa y de mis hijos y me olvidé de mis obligaciones de padre de familia, pero no me divorcié de Serafina. No podía controlar mis ímpetus de tocar a Adriana, palparle las manos, el pelo, acariciarle el rostro, enervarme con su perfume, envolverme en su cabellera, abrazarla, exprimirla, devorarla, disfrutar sus sudores, perderme en sus humedades, extasiarme con su saliva, una de las grandes esencias del ser amado. Imposible no escuchar su voz todos los días a cualquier hora de la jornada para conocer el mínimo detalle de su existencia a lo largo del último minuto. Quien no ha padecido la sed agónica de tocar, de mirar, de imaginar, de palpar a la amante, la necesidad apremiante de la presencia, ha pasado la vida en blanco. La fuerza huracanada de nuestra relación me condujo bien pronto a esconderme con ella en una pequeña vivienda en la colonia Mixcoac, de la capital mexicana, hasta que los celos me devoraron por dentro, las riñas destruyeron nuestro nido como un furioso vendaval que arrasa todo a su paso. Me engañaba, me engañaba con otro o con otros. No podía soportarlo ni resistirlo. El peso me aplastaba. Fumé opio. ¿Cómo evitarlo? Me hundía. Nuestra relación terminó cuando un día recibí una carta que «decía en clara letra impresa: Fulano de Tal, un nombre yanqui y Adriana X: Participan a usted su enlace efectuado tal y cual día en Brooklyn, de Nueva York...»

Después de desplomarme al piso con el texto entre los dedos de mi mano, fui presa de un ataque de furia durante el cual mandé cartas insultantes, terribles, unas injurias irrepetibles, de tal manera agresivas que facilitaron la expedición de una orden de arresto solicitada por el marido de Adriana. Al lograr recuperar mi libertad por medio de una fianza, busqué consuelo y lo encontré en Sol, la bella Sol, una fascinante bailarina española que me impidió volver a padecer recuerdos lúgubres. Un clavo no saca a otro clavo, de acuerdo, pero al menos lo afloja... Cuando, tiempo después, volví a encontrarme con Adriana en Nueva York, separada temporalmente del marido, logramos llegar a una reconciliación-liquidación: «igual que el fuego de esas brasas que han estado bajo ceniza y se avivan un instante bajo el soplador, para luego consumirse y extinguirse, en definitiva». Fue la mujer que más quise en mi vida. Me dejó tocado para siempre. Nunca pude olvidarla. Hoy todavía su recuerdo me agobia. Ni siquiera he podido leer la correspondencia que cruzábamos en nuestra juventud. Vendrían otras, muchas otras, en efecto, las mujeres son mi debilidad, pero jamás podría olvidar a Adriana.

¿Charito? Charito era de ojos negros, vivos y grandes, pelo negro y un poco crespo, pálidas mejillas, labios delgados, nariz nerviosa, cuello fino y cuerpo torneado, movible y tormentoso. Mi única preocupación eran sus pantorrillas demasiado delgadas. Veinte años más joven que yo, disfrutábamos una relación puramente sexual. Charito era poco complicada y sin problemas de índole intelectual. Tal y como lo narro en *El desastre*, ella siempre me decía: «No me exijas mucho, no me pidas más de lo que puedo dar, en el fondo no soy más que una pendeja, pero tuya...»

La vida seguía su marcha y su rumbo indescifrable. Yo me negaba a ser la hoja de un árbol sujeta a los caprichos del viento. Porfirio Díaz, el tirano, renunció en 1911 al cargo de presidente de la República al que accedió en 1876, como un golpista, después de derrocar al gobierno de Sebastián Lerdo de Tejada enarbolando la bandera de la no reelección. Por supuesto que se reeligió cínicamente hasta que en 1911 el estallido de la Revolución lo obligó a dejar el cargo. Trabajé intensamente con Gustavo Madero en Washington para proveer de recursos al movimiento armado. Rockefeller nos ofreció quinientos mil dólares en oro a cambio de terrenos y concesiones petroleras, mismos que ya no llegamos a necesitar gracias a la temprana abdicación del dictador. Incumplir con un préstamo otorgado por el rey del oro negro hubiera propiciado la llegada de miles de marines en Veracruz o en Tampico. Las fuerzas armadas yanquis siempre estuvieron al servicio de los poderosos empresarios consentidos de Wall Street. Bastaba una llamada de los centros neurálgicos financieros de Nueva York para que se produjera una catastrófica intervención militar en cualquier parte del mundo, en particular en América Latina, atenazada por tiranos a su servicio. ¡Cuidado entonces con Rockefeller y sus secuaces! Gustavo era un avispado político, intrépido y agudo. ¡Qué diferencia con su hermano Pancho! Gustavo tenía que haber sido el presidente sin duda alguna...

Durante el gobierno de Madero inicié mi carrera como Maestro de la Juventud al ser nombrado director de la Escuela Nacional Preparatoria, en lugar de aceptar otros cargos más elevados que no quise ocupar por diferentes razones. Mi camino, por lo pronto, consistía en educar. Díaz había abandonado el poder heredándonos un ochenta y cinco por ciento de analfabetos, o sea, ganado, reses y vacas, a las que se podía conducir con emociones, chiflidos y arengas sentimentales, jamás con argumentos. ¡Libros, gritaba yo en mi desesperación, en lugar de discursos populacheros! ¡Aulas, profesores, explicaciones, razones y educación en general! Impuse mi ley, bueno, traté de imponer mi ley. Intenté disciplinar al alumnado con autoritarismo, la única voz que entienden los mexicanos después de casi tres siglos de padecerlo. No podemos desconocer nuestros antecedentes ni nuestra historia ni menos nuestra idiosincrasia. Tuve que renunciar. Los estudiantes no aceptaron el rigor indispensable para alcanzar un nivel de enseñanza eficiente, competitivo y productivo. El paternalismo se impuso y con él se enraizó aún más la indolencia, la resignación, el fatalismo, la ignorancia y la apatía. ¿Cómo rescatar a unos jóvenes que no desean ser rescatados? ¿Cómo? ¿Cómo ayudar cuando no se aquilata la función del maestro ni se le acredita ni se le respeta como el líder a quien se debe seguir ciegamente sin discutir sus directrices ni cuestionar su sabiduría? Me aparté del gobierno maderista. Cancelé, por lo pronto, en espera de mejores tiempos, cualquier esfuerzo en materia de educación pública. Volví al ejercicio profesional. Aprovecharía mis relaciones internacionales para desempeñarme como abogado. Ésa era mi carrera. Resultaba imperativo formar un patrimonio. El apoyo económico, algo me lo decía a mis treinta años de edad, constituía un objetivo fundamental. ¿A hacer dinero?, sí, a hacerlo y con clientes norteamericanos.

Era obvio que el derrocamiento de Madero se produciría de una u otra forma. No desmanteló, de acuerdo con la más elemental lógica, el viejo aparato porfirista, en particular al ejército. Las fuerzas armadas leales al tirano acabarían tarde o temprano con su gobierno y tal vez hasta con su vida. Y así se dieron los hechos: Madero fue depuesto y asesinado y con ello fue segada la gran esperanza democrática después de más de treinta años de dictadura. La Revolución estalló sólo para centralizar más el poder. Los mexicanos nos volvimos a ver inmersos en un nuevo baño de sangre similar al de la guerra de Reforma estallada en 1858, apenas cincuenta y cinco años atrás. ¿Saldo del movimiento armado de 1913? Un millón de muertos, más el desastre social, económico y político que nos obligó a dar marcha atrás por los menos medio siglo a las manecillas del reloj de la historia. Escapé con vida de las manos sanguinarias de Huerta, quien me había ofrecido todo género de seguridades para que permaneciera pacíficamente en el país. El chacal, justo es decirlo y reconocerlo, integró un gabinete de hombres notables, de acuerdo, pero yo no podía trabajar en una administración capitaneada por un asesino. Viajé a Estados Unidos. Ahí me refugiaría en lo que concluía el movimiento armado. Si nunca me entendí con Huerta, menos pude hacerlo con Carranza. Además de que era un falso civilista, jamás me perdonó haber dicho: «¡Ahora sí, ya le nació hombre a la Revolución!», en obvia referencia a Pancho Villa, *el Centauro del Norte*. Su séquito me vomitaba. Tanto me identifiqué con Villa que, a mi regreso, me salvó de perecer fusilado a manos del *Atila del Sur*, Emiliano Zapata.

Es cierto que durante el gobierno de la Convención, encabezado por Eulalio Gutiérrez, fui secretario de Educación, pero lo que sí es falso es que el dinero que le solicité al presidente Gutiérrez para obtener el reconocimiento diplomático de la Casa Blanca, una buena cantidad de oro, cuyo monto no recuerdo, me lo hubiera gastado en Europa con mujeres, vistiéndolas en las boutiques más caras de la Faubourg Saint-Honoré, comiendo caviar y bebiendo champán. Es verdad que me dieron el dinero, mucho dinero. Es verdad que tenía intenciones de trabajar como cabildero en Washington. Es verdad que me escoltaron hasta el Río Bravo para poder cumplir a salvo con mi encargo político. También es verdad que, por razones ajenas a mi elevado encargo oficial, tuve que dirigirme de pronto a Europa y que ya estando allá, en el París de mis sueños, dejó de existir el tal gobierno convencionista, por lo cual me quedé descolgado sin misión qué ejecutar. ¿Qué hacer sino vivir...? Pues a vivir... Fue entonces cuando se me agotaron los recursos porque es menester subrayar que pasarla bien en el Viejo Continente exige, de verdad, la tenencia de cuantiosos fondos... Si originalmente no fui a Washington ni cumplí con mis elevados compromisos no fue en razón de mi debilidad por el *foie gras* acompañado de un vino dulce Sauterne, sino meramente por cuestiones personales que no caben en el contexto de este breve relato.

Reconciliado con Carranza, recibí la inmensa satisfacción de ser nombrado su representante ante Inglaterra para sabotear el otorgamiento de préstamos a Villa, sí, en efecto, el mismo que me había salvado la vida para no perecer a manos del Atila del Sur. Se trataba de estrangularlo financieramente. Huerta seguía conspirando desde el destierro. Volví al Viejo Continente con dinero público para pagar mi estancia y mis negociaciones secretas. Lo que sí fue todo un acierto fue el haber podido disfrutar, de nueva cuenta, la dorada oportunidad de cruzar el Atlántico a bordo de un buque a todo lujo y visitar no sólo el Reino Unido, sino Francia, otra vez Francia, y España. Acepto que soy trotamundos. ¡Lástima que esta nueva aventura tampoco fue coronada con un sonoro triunfo diplomático: los ingleses vomitaban a Carranza! ¿Qué hacer? Una vez más sin fondos, mi pareja y yo tuvimos que regresar a la patria a dar las debidas explicaciones y a buscar empleo en el gobierno del *Barbas de Chivo*. Lo logré. Fui nombrado otra vez director de la Escuela Nacional Preparatoria, puesto de gran distinción del cual volví a separarme en el corto plazo, en razón de mis críticas al propio régimen carrancista. ¿Una deslealtad? ¡Qué va! La libertad implica el derecho a expresar mis opiniones sin sufrir represalias de ninguna naturaleza. Sin embargo, no sólo fui depuesto del cargo, sino arrestado. Una vez absuelto regresé a Estados Unidos, tierra de promisión. Por supuesto que no volvería a la vida pública mexicana sino hasta después del asesinato de Carranza, en 1920. Madero había caído también baleado en 1913. Dos presidentes acribillados en tan sólo siete años... ¿Cómo acabar con el caos? ¿Por qué los mexicanos teníamos que dirimir nuestras diferencias a balazos? ¿Por qué provocar permanentemente al México bronco? ¿Por qué nuestra indisposición al diálogo? ¿Por qué nuestra incapacidad para parlamentar...?

Mientras me encontraba viviendo tranquila y modestamente, disfrutando las playas californianas, y festejaba con fruición el asesinato de Carranza afirmando que ahora sí todos los mexicanos seríamos libres, llegó un correo enviado por Antonio I. Villareal, por medio del cual me invitaba a regresar a México para ocupar el cargo de jefe del Departamento Universitario y de Bellas Artes, en realidad rector de la Universidad en el gobierno provisional de Adolfo de la Huerta, el verdadero político llamado a consolidar el gran proyecto nacional derivado de la Revolución. Obviamente no dejó de enviarme sobrados fondos para regresar tan pronto mi agenda me lo permitiera. El dinero siempre fue un problema en mi vida. Igual que lo obtenía, lo gastaba. Disfrutaba por igual su tenencia que su dilapidación imprudente e incontenible para volver a vivir la misma muerte, una agonía financiera que sería interminable hasta el último de mis días.

¡Cuánta alegría! ¡Cuántas posibilidades para materializar mi sueño dorado!: ¡educar! Había nacido para educar y ahora podría hacerlo con una de las herramientas más eficientes a mi alcance: una universidad a nivel nacional. ¡Qué manera de justificar mi existencia! La Revolución no había sido un movimiento inútil. Concebí entonces el lema que resumiría la enseñanza universitaria: «Por mi raza hablará el espíritu». Con educación podríamos construir el México que todos creíamos merecernos. Aunque siendo consecuente con el objetivo de estas confesiones, debo señalar que «lo que en realidad quise decir fue que Por mi raza hablará el Espíritu... Santo». ¿Cuál sería mi suerte a la conclusión del gobierno de Fito de la Huerta, el gran conciliador y auténtico constructor de las mejores causas de México? Obregón llegaría a la presidencia. Nadie con más merecimientos que él para dirigir los destinos del país. ¿Quién podía enfrentársele? ¿Cómo olvidar ni por un instante la suerte de Carranza?

Álvaro Obregón me llamó a su gabinete. Desde un principio creí en el sonorense. No recordaba haberme encontrado en mi vida con un hombre más creativo, más rápido de mente, más simpático, más ágil en sus respuestas, más ejecutivo en sus decisiones, más dispuesto a cambiar el rumbo de la patria. Aceptó desde nuestras primeras conversaciones mi proyecto educativo. En 1921, gracias a mis gestiones y cabildeos en los congresos locales, nació legalmente la Secretaría de Educación Pública con un presupuesto jamás visto. Juntos instrumentaríamos la auténtica revolución educativa. Capacitaríamos a los maestros para enseñarlos a enseñar. A los estudiantes les enseñaríamos a estudiar. A ningún alumno se le había enseñado jamás a aprender. Alimentaríamos debidamente a los chiquillos para que no se durmieran encima de los pupitres, víctimas de la desnutrición y del hambre. Instituiríamos los desayunos escolares. Advendría el progreso cultural, la evolución material. Asistiríamos a una nueva eclosión de la más pura mexicanidad, construiríamos la civilización del futuro, sentaríamos los cimientos de una prosperidad nunca siquiera soñada. Nos convertiríamos de la noche a la mañana en la capital de la ciencia, el centro mundial de las artes. Crearíamos numerosas bibliotecas populares y le daríamos vida a los departamentos de Bellas Artes, Escolar y de Bibliotecas y Archivos; reorganizaríamos la Biblioteca Nacional, dirigiríamos un programa de publicación masiva de autores clásicos, fundaríamos la revista *El Maestro*, promoveríamos la escuela y las misiones rurales y propiciaríamos la celebración de la primera Exposición del Libro. Cada muro de la nación sería un cuadro, por más que Orozco hacía caricaturas horribles; en cada jardín habría una escultura, en cada parque se leerían poemas; en cada aula se forjaría a los mexicanos del porvenir con arreglo a lecturas de los grandes literatos; en cada hogar habría una pequeña biblioteca que alojaría a los filósofos incunables de todos los tiempos. Aprenderíamos a pensar, nos sacudiríamos con conocimientos los traumatismos de nuestra historia, nos desprenderíamos los complejos de inferioridad, razonaríamos con talento e imaginación tal y como era usual en las grandes potencias, constituiríamos una referencia obligada, nos consultarían para entender el milagro mexicano. Nos curaríamos de cualquier mal.

En resumen, impartiría una educación con maestros especialmente capacitados; construiría mil escuelas al año en las ciudades y en el campo; instrumentaría campañas contra el analfabetismo, lo erradicaría como a una hierba maldita; instalaría bibliotecas, difundiría y promovería las artes, publicaría millones de libros, pintaría murales en edificios públicos encargándoles los trabajos a José Clemente Orozco, Diego Rivera, David Alfaro Siqueiros, Ramón Alva de la Canal, Fermín Revueltas, Fernando Leal y Jean Charlot; emprendería un esfuerzo en materia de comunicación con el resto de la cultura latinoamericana; invitaría a escritores y educadores extranjeros a fin de que impartieran cursos y conferencias; vendría la gran Gabriela Mistral; incorporaría a la minoría indígena a un sistema escolar nacional; la enseñanza del castellano sería obligatoria; promovería las artesanías populares con el apoyo incondicional del presidente Obregón. Él me daría los fondos requeridos. La educación sería el primer objetivo de su administración. ¿Mil escuelas al año constituían un objetivo insignificante? ¿Qué había hecho el tirano de Díaz durante su interminable dictadura de treinta y cuatro años? ¿Por qué no construyó treinta y cuatro mil escuelas? ¡Qué país nos hubiera heredado! Simplemente no habría estallado la Revolución ni veríamos burros en las calles de la ciudad de México en lugar de los Cadillac que circulan por las ciudades norteamericanas. Los campos serían vergeles y no eriales. Los campesinos ilustrados utilizarían zapatos en lugar de huaraches llenos de costras de lodo. Se bebería whisky y no pulque; comeríamos sentados con tenedor, cuchara y plato y no en cuclillas y con las manos; disfrutaríamos el aroma de los perfumes y no los hedores propios del sudor a rancio de siglos; recurriríamos al médico graduado y no al brujo que trata de curar con bailes rituales; utilizaríamos baño en lugar de letrina. Las escuelas son la gran panacea. ¡Cuánto tiempo desperdiciado durante la tiranía porfirista! ¡Cuánto daño nos había hecho el caos padecido a lo largo del siglo XIX! ¡Qué privilegio me concedía la vida al permitirme ser el constructor del México moderno con el que había soñado desde mi remota estancia en Piedras Negras!

Las envidias no se hicieron esperar. Alfonso Reyes se atrevió a escribirme, desde Madrid, una carta fraternal y sincera que jamás pasé por alto. Me sugirió ser más claro en la definición de mis ideas filosóficas porque a veces sólo hablaba a medias. Que me pusiera por encima de mí mismo y que leyera mis textos objetivamente «sin dejarme arrastrar ni envolver por el curso de mis pensamientos». Que para escribir «tenía que pensar con las manos y no sólo con la cabeza y el corazón». Que pusiera en orden sucesivo mis ideas y «no las incrustara la una en la otra». Que mis párrafos eran confusos «a fuerza de tratar de cosas totalmente distintas, y que ni siquiera parecen en serio». ¿Reyes? ¿Quién se creería Reyes para dirigirse a mí en dichos términos? Nunca le perdoné semejante arrebato, por demás impertinente, a través del cual mostraba la envidia que lo corroía. Desde luego que él, en su fuero interno, deseaba ser el secretario de Educación, ni más ni menos... La propia Gabriela Mistral, quien adquirió notoriedad continental gracias a mí, no tardaría en decepcionarme. Otra malagradecida; todos son, en el fondo, unos malagradecidos.

Si festejé el asesinato de Venustiano Carranza, no es menos cierto que levanté la ceja al conocer la identidad del autor intelectual de semejante homicidio: ¡Álvaro Obregón, en aquel entonces, mi futuro jefe! Cuando en 1923 la prensa informó del crimen perpetrado en contra de Pancho Villa, de inmediato supe que tanto Obregón como Calles, el precandidato a la presidencia, estaban detrás del espantoso atentado. Mi paciencia se derramó cuando conocí la forma en que el ínclito senador de la República, Francisco Field Jurado, había sido brutalmente acribillado a balazos en enero de 1924, en las calles de la ciudad de México, a manos de esbirros, auténticos sicarios al servicio de Plutarco Elías Calles, todo lo anterior con la complacencia y bajo la dirección y supervisión, claro está, de Obregón. No pude más. ¿Cómo trabajar a las órdenes de un criminal como *el Manco* o formar parte de una pandilla de bandoleros como la capitaneada por Calles? ¡No! Mi dimisión era obligatoria. No se me podía identificar con una gavilla de rufianes. Field Jurado cayó masacrado precisamente por defender los más caros intereses de la patria. Su único objetivo consistía en hacer valer la Constitución por la que había muerto un millón de mexicanos durante el conflicto armado. Pagó muy caro su patriotismo.

Si ya había sido acusado de cobarde por no haberme levantado en armas al lado de Fito de la Huerta a finales de 1923, y de pusilánime, entre otros calificativos, por haber permanecido en el gabinete a pesar de la imposición de Calles a la presidencia, cuando asesinaron a Field Jurado por haber manipulado al senado para impedir la ratificación de los Tratados de Bucareli —otra de las graves felonías cometidas por Obregón, mediante los cuales se entregaba el petróleo a los norteamericanos dejando sin efecto la Constitución de 1917— de inmediato presenté por telegrama mi renuncia al cargo de secretario de Educación. Era claro que mi posición exhibía a Obregón como la cabeza de un gobierno de asesinos. Resultaba imposible seguir prestando mis servicios a una cáfila de criminales encabezados por el Manco y su secuaz, Plutarco Elías Calles. En aquellos años me había propuesto ser el próximo gobernador de Oaxaca, mi tierra natal, y de hecho me había apartado un tiempo del puesto oficial para iniciar mi campaña electoral. Fue entonces cuando caí víctima de una trampa por parte del general Obregón. Él me llamó al Castillo de Chapultepec. Ahí sostuvimos una larga conversación durante la cual me sugirió la conveniencia de declarar apócrifo el telegrama de mi dimisión, continuar amistosamente un tiempo más como secretario, a cambio de lo cual me garantizaba el acceso directo al palacio de gobierno de Oaxaca.

—Tú declara que el telegrama es falso, querido Pepe, de esta manera me cuidarás las espaldas y yo cuidaré las tuyas al colocarte como jefe del Ejecutivo de tu estado natal. Entiendo tus deseos de convertirte en gobernador de Oaxaca. Yo te ayudaré. Confía en mí... Además Pepe, ya sabes que gato prieto que se me mete entre las llantas del coche, lo machuco...

Cumplí al pie de la letra con mi palabra, interpretando perfectamente bien el significado de las entrelíneas en relación con el gato prieto... ¿Cómo no conocer a esas alturas de mi vida los alcances del Manco...? Por supuesto que me machucaría y también por supuesto que volvería a ignorar sus promesas y compromisos. ¿Quién se atrevía a pedirle cuentas o explicaciones? Por mi parte envié una circular a la prensa, de acuerdo con la solicitud del presidente Obregón, y regresé a Oaxaca, sólo para comprobar más tarde que mi contrincante, el general Onofre Jiménez, había sido impuesto para cumplir una venganza en mi contra. Por supuesto que perdí en las elecciones. Fui engañado. Reclamar resultaba un ejercicio inútil. Mis argumentos sólo hubieran provocado una escandalosa hilaridad entre Calles y Obregón, quienes con sonoras carcajadas se hubieran burlado de mí hasta llegar a las lágrimas, como seguramente lo hicieron esos despreciables traidores a las causas sagradas de la Revolución. Opté entonces nuevamente por el destierro. Esta patria ingrata no me merecía. En París y en Madrid publicaría la primera época de la revista *Antorcha* y continuaría redactando mis trabajos filosóficos como el *Pitágoras* y *El monismo estético*. A partir de esa coyuntura incursionaría en *La Raza Cósmica*, la misión de la raza iberoamericana. Escribiría, escribiría, escribiría en el extranjero, donde me sentía más comprendido...

Al llegar a Estados Unidos, todavía a bordo del barco, un reportero de la Prensa Asociada me preguntó:

—¿Qué opina usted de la reelección de Obregón?

La respuesta fue tajante:

—Sobre eso no se opina, sobre eso se escupe.

¡Claro que Obregón cayó asesinado en julio de 1928! Cuando en Estados Unidos me interrogaron respecto a la muerte de Obregón, declaré: «Cayó un tirano, pero, por desgracia, sigue en pie otro que será más funesto ahora que queda libre y se ha deshecho de su jefe; la muerte de Obregón ya estaba prevista».

Ésa es la suerte de los tiranos. ¿Podría ser otra? Si predije el crimen de Madero y celebré el de Carranza, más disfruté el del Manco, un forajido disfrazado de revolucionario que violó el principal postulado de la Revolución, el «Sufragio Efectivo, no Reelección», traicionó la Constitución que él mismo ayudó a redactar, además de haber masacrado a miles de sus compañeros de armas, liquidado a balazos a militares encumbrados y a líderes de la oposición como Francisco Serrano y Arnulfo Gómez, con tal de imponer a su paisano en la presidencia de la República, en forma similar a la adoptada por Porfirio Díaz y el Manco González, su compadre... Se trataba de prestarle a Calles la banda presidencial por tan sólo cuatro años, de la misma manera en que Carranza había intentado una jugarreta parecida con Ignacio Bonillas, sólo que las balas lo detuvieron en

Tlaxcalantongo de la misma forma en que los proyectiles mortales acabaron con las ambiciones de Obregón en el restaurante La Bombilla. Cualquiera podía entender el lenguaje de las balas.

Después de cuatro años de exilio voluntario, a finales de 1928 llegó hasta Estados Unidos, donde radicaba, la noticia de que yo había sido nominado como precandidato a la presidencia por el Partido Nacional Antirreeleccionista. Enarbolaría la bandera del maderismo, la misma con la que habíamos derrocado a Porfirio Díaz. Esta vez yo la utilizaría en contra de Calles y de Portes Gil, su pelele, a través del cual ejercía el poder absoluto.

Al volver a poner los pies en territorio nacional, declaré:

> Vuelvo a la patria después de uno de esos lapsos de dolorosa ausencia y me sorprende la fortuna al llegar... para revelarme la fuerza que late en el pueblo... Acudo al llamado y no me importa el carácter en que haya de figurar en definitiva entre vosotros... forzosamente he de hablar como precandidato presidencial, pero si más tarde llego al puesto más alto de la Administración, lo mismo que si ocupo el más bajo o ninguno, ciudadano siempre, hombre libre, gustoso cederé las responsabilidades a quien logre juntar en el puño mayor número de voluntades ciudadanas, pero en cambio no acataré el resultado ni de la intriga, ni de la imposición, ni de la fuerza... Los fariseos de la Revolución, en todo el mundo, se distinguen por la complacencia y el aplauso que otorgan a las dictaduras con el pretexto de que mediante ellas se pueden implantar tales o cuales reformas, pero la práctica enseña que la dictadura corrompe aun a los mejores... y se vuelve el predominio de una facción lo que debió ser victoria de todo un pueblo... El principio glorioso de la «No Reelección», consagrado con la sangre de tantos mártires, debe ser inscrito de nuevo en nuestra Carta Fundamental... un plazo irrevocablemente limitado para el mando vuelve cauto al poderoso y torna humano al gobernante... Lo primero que urge cambiar es nuestra disposición hacia la vida...[37]

Ya en México continué entrevistándome con grupos de cristeros, de la misma manera en que lo había venido haciendo en Estados Unidos con altos jerarcas de la Iglesia católica, que apoyaban mi candidatura con cuantos medios tuvieran a su alcance con tal de que yo derrotara a Pascual Ortiz Rubio, el extraviado embajador ca-

---

[37] Cárdenas, 1995: 99-103.

llista en Brasil, un despistado, cobarde y maleable al servicio de lo que con el tiempo sería conocido como el Maximato, un gobierno incondicional de peleles sometidos a la voluntad del Jefe Máximo para aplastar cualquier posibilidad de esperanza democrática, una canallada, sobre todo después de haber vivido la pavorosa Revolución tan sólo una docena de años atrás.

Organizar un movimiento armado antes de las elecciones me hubiera convertido en un Serrano o en un Arnulfo Gómez, supuestos golpistas que perecieron aplastados con toda la fuerza y la eficacia del ejército al haber atentado en contra de los poderes constituidos. En el ambiente político se hablaba con insistencia de violencia, de levantamientos armados, de cuartelazos organizados por diferentes facciones militares. Así, en marzo de 1929 estalló la rebelión escobarista, sólo que, como les dije a mis adictos, «ésa no era la buena», porque se trataba de una disputa de militares callistas contra militares obregonistas. «Revolución es la que el pueblo tendrá que hacer después de las elecciones, si no se respeta el voto.» Yo iría por todas con tal de defender mi triunfo en las urnas. ¿Quién podría derrotar limpia y democráticamente al Maestro de la Juventud, a un hombre amado por el pueblo, al que había instruido mejorándole sensiblemente sus condiciones de vida y le había obsequiado, además, esperanza y seguridad en su existencia? ¿Un generalote? ¡Vamos hombre! ¿Un embajador extraído del paleolítico totalmente desvinculado de la realidad política del país? La mayoría de los mexicanos conocían mi nombre y mi trabajo. Todos tenían algo qué agradecerme. Confiaban en mí. Yo no los traicionaría porque, además, lucharía al lado de los cristeros defendiendo nuestra sacratísima religión católica. Ya era hora de mostrarme como yo era en realidad y eso agradaría a los mexicanos amantes de la virgen de Guadalupe, cuyos elevados designios era conveniente defender con el poder de las armas. No me importaba, al revés, me fascinaba la idea de ser un presidente cristero. Me gustaba imaginar que mi pluma, «defensora del regicidio, guió también la pistola de Toral». Ahora bien, si no reconocían mi triunfo en las urnas lo haría valer por la fuerza de las armas. La rebelión escobarista sería un juego de niños frente a la que yo organizaría una vez concluido el recuento de los votos.

¿Recursos económicos de donde vinieran con tal de ganar las elecciones a pesar del gigantesco fraude electoral que ya se organizaba desde el Castillo de Chapultepec? Los fondos, con independencia de su origen, serían bienvenidos para defender nuestra causa, mi causa, la causa de México. ¿Dinero proveniente de las urnas de las iglesias católicas? ¿Qué más daba? No podía esperar ayuda financiera del gobierno de Calles. Ni soñarla, como tampoco podría aspirar a hacerme de una buena cantidad de dólares provenientes de la Casa Blanca. ¿Me tendría que resignar a protestar, como lo hizo en su momento Alfredo Robles Domínguez, candidato de la oposición por el Partido Nacional Republicano, formado por algunos de los integrantes del Partido Católico Nacional, el PCN, en el sentido de exhibir el fraude electoral perpetrado a favor de Obregón en 1920? ¿Y Ángel Flores, el candidato opositor de Calles en 1924, el de los católicos, por supuesto el de los católicos, no había corrido aún peor suerte, porque no sólo se practicó un recuento delictivo de los sufragios, obviamente en su contra, sino que el propio Calles lo mandó envenenar cuando, tiempo después, empezó a hacer declaraciones públicas evidenciando las irregularidades cometidas en perjuicio del pueblo de México? ¿Cuál sufragio efectivo? ¿Cuál...? ¿Cuáles garantías individuales consignadas en la Carta Magna? ¿Cuál respeto a la legalidad para dejar de vivir en un país de salvajes? ¿Cuál Estado de derecho prometido a raíz de la Revolución que enlutó, marcó, mutiló a toda una generación de heroicos mexicanos? Yo iniciaría un movimiento armado si se volvía a cometer un nuevo fraude electoral. Entonces sí, a las armas...

Durante mi campaña, a principios de marzo de 1929, precisamente el mismo 10 de marzo, cuando más recursos necesitaba, Andrés Henestrosa, Andresito, el joven poeta, mi paisano oaxaqueño, me presentó en Toluca a Antonieta Rivas Mercado, la rica heredera del arquitecto Antonio Rivas Mercado, el autor de la Columna de la Independencia ubicada en el Paseo de la Reforma, el decorador del Salón de Embajadores de Palacio Nacional, el famoso constructor del Teatro Juárez en Guanajuato y director de la Academia de San Carlos, un reconocido y próspero profesional porfirista. Antonieta, justo es reconocerlo, me cayó del cielo. No era un mujer hermosa como Adriana, ni tenía el magnetismo de Charito. No era una fruta jugosa del trópico, abundante en carnes, piel curtida por el sol, cabellera larga como la de una potranca salvaje que se doma en la cama. Tenía, eso sí, una sensualidad exquisita. Labios finos, ojos cafés profundos, intensos, piel blanca, muy blanca, estatura media, delgada, cabello corto, castaño oscuro, nariz griega, alargada como su rostro, en realidad una copia de una esfinge de la Hélade, manos de pianista, dedos ensortijados, candorosos, sueltos, laxos, uñas impecables, ropa de la última moda, importada, de quien ha pasado largas temporadas en Europa y sabe vestir con elegancia. Trato dulce y generoso, sin pretensiones ni arrogancia, hablar reposado, en ocasiones escasamente audible, de sonrisa pronta, talentosa, ágil en sus respuestas, penetrante, eternamente curiosa, culta, gran lectora, amante de las bellas artes. En dicha ocasión conocí una buena parte de su vida. Me cautivó. Sin duda se trataba de una mujer valiosa. Había promovido la construcción del Teatro Ulises, impreso un buen número de libros de autores contemporáneos, traducido obras teatrales e incluso había desempeñado papeles estelares gracias a su habilidad histriónica y a su espléndida voz, financiado la Orquesta Sinfónica de Carlos Chávez y ayudado a diversos pintores como correspondía a una adoradora de las artes plásticas, una mecenas generosa, ayudadora y desinteresada. No tardé en percatarme de que la seducían los reflectores y los escenarios. Su inclinación hacia la notoriedad también me resultó evidente.

De inmediato invité a comer a María Antonieta a la fonda más cercana que encontramos en Toluca, donde devoramos unos tacos con gusanos de maguey acompañados con guacamole y salsa picante verde hecha en el molcajete con cebolla, cilantro y tomates, sin faltar como aperitivo una serie de chatos bien servidos con tequila reposado. A continuación pedimos un par de tazones con caldo tlalpeño y como plato fuerte una buenas rebanadas de carne asada a la tampiqueña, acompañada de frijoles de la olla, arroz rojo y un par de enchiladas, una roja y la otra verde, copeteadas con crema agria y queso rallado de Chihuahua. De postre pedimos unos cascos de guayaba servidos con duraznos en almíbar sin hueso, sin que pudiera faltar el café de la olla, negro y abundante, con el que nos prepararíamos para una conversación que cambiaría nuestras vidas.

Fue entonces cuando ella me confesó tener tan sólo veintinueve años de edad: había nacido exactamente en el cambio de siglo. Yo era dieciocho años mayor. Después de mi separación de Serafina, el divorcio no estaba en mi proyecto de vida, siempre deseé tener a una mujer joven, el máximo tesoro de la creación, una fuente de energía inagotable a mi lado, para que me transfundiera ánimo, vigor, juventud, vida, interés, optimismo, de tal manera que nunca se agotara mi curiosidad por todo aquello que me rodeaba excluyendo mi obra filosófica, la cual contaba con móviles propios e íntimos. Aun cuando María Antonieta no era de una gran belleza, sí me producía un delicado sentimiento de ternura que despertaba al hombre protector que vivía en mi interior. Su candor, su sensualidad, su inocencia, su mirada encantada muy pronto se fueron apoderando de mí. Ya antes de los duraznos en almíbar, deseaba instintivamente tomarle la mano y besársela. ¿La tendría perfumada? Nunca olvidaré la delicadeza con la que se desprendió de sus guantes color beige. De inmediato me llamó la atención la textura de su piel. Y además de todo y por si fuera poco, rica, muy rica, adinerada, muy adinerada...

María Antonieta me describió a su padre como una figura determinante en su existencia, no sólo por su exitosa imagen profesional, sino por el inmenso amor con el que siempre la distinguió. Su madre, una mujer muy guapa «de porte distinguido... al que concurrían su sangre zapoteca, criolla y alemana... pues era criolla por la rama paterna y, por la materna, los Haaf, descendiente de un alemán dueño de tierras cafetaleras en el istmo de Tehuantepec. Matilde, era, además, una mujer con educación, elocuente en francés e inglés. Se jactaba de haber sido la primera mujer blanca en haber escalado el Popocatépetl a la edad de diez años. Matilde Castellanos era un modelo de elegancia. La mayor parte de sus vestidos procedía de Europa, a donde encargaba asimismo la ropa de las niñas y el menaje de la casa, vajillas de Sévres y de Limoges, cristalería de Bohemia, manteles y sábanas de Holanda. Las niñas siempre debían ir de blanco, impecables, aunque esto significara cambiarlas varias veces al día, y con el pelo bien ceñido por un moño». Matilde había abandonado el hogar familiar huyendo, en 1913, con otro hombre a Europa, en donde creyó encontrar la felicidad, sólo para vivir una espantosa decepción que la hizo volver a México en busca de protección, consuelo y perdón, objetivo que no pudo cumplir porque don Antonio, su marido, el arquitecto, se negó siquiera a recibirla cuando tocó de regreso la puerta de su fastuosa residencia. La misma María Antonieta le impidió el paso después de un intercambio de reproches que culminaron con un sonoro portazo. Alicia, su hermana, decidió seguir la suerte de su madre y acompañarla a donde fuera, por lo que Antonieta había tenido que asumir responsabilidades hogareñas a muy temprana edad.

María Antonieta había estudiado en París las técnicas de la danza, una de las siete artes. Ella hubiera querido continuar con esa carrera quedándose a vivir en Europa, pero su padre se negó debido a su corta edad. Supe asimismo, por boca de ella, que su hermana Alicia había posado para que su rostro apareciera en el Ángel de la Independencia. ¡Cuál no sería su desagradable sorpresa cuando de regreso de Francia encontró que en México no había un solo profesor de ballet clásico! A cambio, una institutriz les había enseñado, tanto a ella como a sus hermanas, algo de literatura inglesa, argumentos de óperas alemanas y francesas y vidas de poetas y escritores de todos los tiempos, además de clases de inglés, francés y piano. Las niñas Rivas Mercado fueron preparadas para vivir la existencia en grande. Invariablemente estuvieron rodeadas de intelectuales, artistas de diversos géneros, hombres de negocios y políticos de renombre. ¡Claro que se casarían con hombres de gran alcurnia, dueños de apellidos de renombrada prosapia, individuos acaudalados y poderosos en el orden político o en el orden económico o en ambos: su padre don Antonio tenía la mira muy alta! Fue en 1912, una vez derrocado Porfirio Díaz y habiendo subido a la presidencia Francisco I. Madero, cuando María Antonieta sufrió un accidente mayor al ejercitarse en las barras paralelas en el pequeño gimnasio de su residencia. Se había golpeado en la sien perdiendo el conocimiento durante unos minutos. Su hermano Mario siempre alegaría que los trastornos nerviosos que vivió en el futuro, se debieron a ese golpe tan tremendo, afirmación de la que yo siempre dudé porque nunca percibí desequilibrios en su conducta ni siquiera cuando decidió suicidarse a los treinta y un años en el interior de la catedral de Notre Dame.

En tanto ella resumía su vida a grandes zancadas, me obsequiaba con su actitud una repentina muestra de la confianza, yo revisaba inquieto los botones de su blusa para dar con alguno abierto que me permitiera descubrir el volumen de sus senos. Todos se encontraban cerrados como si se tratara de una indumentaria monacal. Necesitaba ver, investigar, dejar vivir mis fantasías, una abertura, algo… La delicadeza con la que movía sus manos, frágiles y pequeñas, me despertaba un exquisito morbo con tan sólo suponer cómo me acariciaría cuando yo las condujera suavemente hacia mi cuerpo, de modo que al tacto pudiera comprobar las reacciones que produciría en mi anatomía. Su falda larga me impedía observar sus piernas aun cuando las suponía de escasa consistencia musculosa. Más bien las imaginaba enjutas, delgadas, magras, en lugar de gruesas, voluminosas y rollizas como me fascinaban. Las mujeres debían ser abundantes en carnes, de caballera larga como las crines de las potrancas salvajes, labios gruesos, húmedos, mirada traviesa y sumisa, aire candoroso, estatura media, señaladamente inexpertas, vivaces, fáciles de sorprender, de risa pronta, precavidas pero dispuestas a conocer y dóciles en el lecho.

María Antonieta había contraído nupcias con Albert Blair en 1918. Su marido, nacido en Inglaterra y educado en Estados Unidos, un ingeniero protegido por la familia Madero, cuyos bienes y tierras él había administrado en la región lagunera, no había sido el hombre con el que ella había soñado, si bien su físico la impresionó desde el primer instante. Un año después, Antonieta decidió separarse de Blair diciéndole: «Ya no te quiero, quiero que nos separemos. Si te duele, perdóname, pero no soy feliz contigo». El inglesito por toda respuesta se había puesto de pie y, amenazándola, le gritó a la cara: «Tú ya tienes un amante». La noche del 15 de noviembre había sido trasladada al hospital, víctima de una crisis nerviosa... Con tal de no volver a verlo más se había dejado llevar al hospital. No sabía que en el nosocomio su única visita sería la de él. ¡Maldición!

Siempre sostuve que la debilidad debía ser un pecado mortal y María Antonieta lo cometió una y otra vez desde el momento en que autorizó a Blair no sólo volver a la casa sino el acceso a su cama, de donde ella resultó embarazada cuando precisamente su matrimonio hacía agua por proa, popa, estribor y babor. Es decir, se hundía y, sin embargo, resultó embarazada. De la unión entre Albert Blair y Antonieta Rivas Mercado nació, el 9 de septiembre de 1919, un hijo al que le habían puesto de nombre Donald Antonio. Nació en el Hospital Americano de la ciudad de México «después de un parto tan largo y difícil que el doctor Monday le recomendó a Antonieta que no tuviera más hijos. Esta advertencia le ofreció a ella buenos pretextos para rechazar, hasta donde le fue posible, la relación íntima con Alberto. A pesar de todo, tuvo más adelante otro embarazo que se saldó con un aborto».

Yo la observaba durante la comida y durante los postres. No le retiraba la vista ni cuando bebía pequeños chupitos de mi preferida cerveza regiomontana. En el fondo ella tenía necesidad de hablar, de expresarse, de desahogarse. Me percaté, según avanzaba la conversación, de que teniendo tanto a su favor, como el talento, los conocimientos filosóficos, la sensibilidad artística, la habilidad para la danza y la narrativa, su vocación indiscutible como mecenas, su inclinación por todo aquello relativo a la creatividad, además de su gran capacidad para dar amor con las manos llenas, ciertamente no tenía nada. Su vida había sido una eterna búsqueda y un permanente desencuentro. Desde muy pequeña no había podido llegar a ser bailarina ni una gran pianista ni escultora ni pintora ni escritora. Nada. No había alcanzado nada a pesar de sentir que podía conquistar cualquier meta porque contaba, sin duda alguna, con todo para lograrlo. Un dejo de tristeza y de frustración apareció en su rostro. En el amor, por si fuera poco, tampoco había resultado afortunada, y como madre, de la misma manera que me sucedía con mis hijos, para ella el pequeño Donald Antonio no pasaba de ser una carga insoportable, un terrible peso, plomo en las alas que le impedía volar a cualquiera de los confines de la Tierra.

En aquella ocasión, cuando comía los cascos de guayaba, me pregunté si tendría deseos de besar sus labios y mordérselos como la fruta carnosa que ella misma estaba devorando. No lo sabía. María Antonieta hablaba y hablaba sin que invirtiéramos parte de nuestro tiempo en analizar las posibilidades de mi campaña para convertirme en el presidente de la República, en lugar de Pascual Ortiz Rubio. Desde luego que estaba encantado escuchando la narración de su vida. Entendía su necesidad de contármela pero, si bien es cierto que me deleitaba y disfrutaba la contemplación de esta singular mujer que resultaba mucho más hermosa si no se perdía de vista su colosal fortuna, también lo era que el financiamiento de mi proyecto político resultaba un tema fundamental, dado que Ortiz Rubio, *el Nopalito*, por baboso, según lo había apodado humorísticamente el pueblo de México, gozaba de una inmensa ventaja en contra mía: él se apoyaba en el tesoro público, un recurso prohibido, para vencerme en cuanto territorio político me presentara. ¿Cómo perder de vista que Calles disponía a su antojo de las arcas nacionales? En cualquier momento tendría que interrumpir discretamente la narración para abordar el tema del dinero, con toda la delicadeza posible. Me bastaba el Cadillac negro, un automóvil ciertamente ostentoso guiado por un chofer uniformado en el que nos trasladamos a la fonda, para comprobar la magnitud de la capacidad económica de María Antonieta Rivas Mercado.

En el año de 1921, Albert Blair la había convencido de ir a pasar una temporada en el rancho de la familia Madero en San Pedro de las Colonias. Además de desahogarse montando a caballo

llevando de las bridas a la bestia hacia terrenos complicados o im-
pulsándola a saltar arriba de vallas muy elevadas, María Antonieta
leía apasionadamente a autores como France, Remy de Gourmont,
Baudelaire, a su Verlaine, apartándose de este mundo llevada por
las reflexiones, las fantasías y las convicciones de estos encumbrados pensadores. Blair no pudo aceptar el abandono al que lo some-
tían las interminables lecturas de su mujer ni mucho menos pudo
permitir las ausencias de María Antonieta a pesar de que ella estaba presente, sentada a la mesa a la hora de los alimentos o cuando
encendían la chimenea al anochecer. Ella vivía en otro mundo ana-
lizando conclusiones filosóficas, disfrutando la obra poética de diversos escritores europeos o perdida en la narración de sus literatos
preferidos. Se encontraba, en efecto, al lado de Albert, pero se au-
sentaba en silencio por otras galaxias que nada tenían que ver con
él ni con su hijo. Llegó un momento en que su marido no pudo más
y decidió quemar, después de un arrebato de violencia «los libros
en un auto de fe que conjurara las malas influencias». Blair había
amontonado los libros en el jardín, «mis libros, míos, para prender-
les fuego. El papel cerrado no ardía, entonces los deshojó, los des-
pedazó uno por uno con una furia inaudita mientras emitía sonidos
guturales ininteligibles. Yo me quise ir, a lo que él repuso: "Quédate, anda quédate, me decía, míralos arder, qué bonito, qué bonito
infierno..." y me quedé haciéndome chiquita paralizada por aquel
auto de fe con mis libros, con mis pobrecitos libros...»
   Para los amantes de la literatura, la poesía, la historia y la filosofía resultaba un privilegio y una gigantesca satisfacción poder
contar y admirar los libros colocados ordenadamente en las gavetas
de su biblioteca. ¡Cuánto placer se desprendía de la sola contemplación de los lomos! ¡Cuánto agradecimiento se experimentaba al
recordar cada página o párrafo redactado por autores a quienes les
concedía un talento superior! ¡Cuánto amor se podía llegar a sentir
por un texto con el suficiente poder de convencimiento para hacer
cambiar la trayectoria de la vida, y ahora resultaba que un cobarde papanatas, un ignorante acaparador de billetes, un traga níque-
les, había llegado para construir una gran pira con todos aquellos
libros que, el sólo hecho de coleccionarlos, justificaría, en sí mismo, toda una existencia! Es el caso del sepulturero que entierra un
muerto sin escuchar ni prestar atención al llanto y al dolor de los
deudos. Le resultaba inimaginable que alguien se hubiera atrevido

a incinerar sus libros, sus textos incunables, y en su presencia. Lo hubiera golpeado hasta perder la fuerza de sus brazos, después lo hubiera pateado y, acto seguido, lo hubiera escupido hasta no dejar ni una gota de saliva en su boca.

La gota que derramó «la copa de la amargura fue una intoxicación de Donald Antonio, *Chacho*», el apodo de cariño con el que se dirigían a su primogénito. La fiebre consumía al pequeño con una sorprendente rapidez. Se iba. Se tiraba de los cabellos al comprobar cómo lo perdía por instantes. La muerte se lo arrebataba de sus brazos. No podía consentirlo. La culpa acabaría por destrozarla. Su marido intentaba bajarle la temperatura con paños de agua helada sin que se observara la menor mejoría. Albert se negaba a darle medicamentos, por lo que en la noche, cuando él ya se había dormido, envolvió al niño con una vieja frazada y en medio de ladridos de perros se las arregló, con todo y nanas, para tomar una carretera que le permitiera llegar hasta la casa de su padre. Bastaba imaginar la cara de Blair al constatar al otro día que su esposa y su hijo habían desaparecido del rancho. Albert pertenecía a la religión Christian Science que despreciaba cualquier tipo de medicina alópata. De nada le había servido a su marido discutir con su padre la posibilidad de sacar al niño de su casa en la ciudad de México, en donde afortunadamente recuperó la salud siguiendo las indicaciones de los médicos. Después de esta agónica experiencia, María Antonieta decidió ausentarse durante casi tres años viviendo en Europa junto con su hijo, asistida y protegida por su padre, que disfrutaba de su última estancia en el Viejo Continente. Blair se negó sistemáticamente a concederle el divorcio. Ni siquiera cuando Antonieta regresó, en 1926, aceptó su invitación de vivir juntos otra vez en una nueva casa construida en Tlalpan, al sur de la ciudad de México; en cambio, había contratado a un par de distinguidos abogados para que se ocuparan de legalizar su separación. El amor se había extinguido hacía mucho tiempo, casi al año de haberse casado. De la relación matrimonial sólo quedaba el acta en la que constaba su compromiso ante el oficial del registro civil. Nada, absolutamente nada.

Ignoraba hasta qué punto me provocaban sus labios para mordérselos. Escasamente carnosos y pequeños, si bien me atraían, no despertaban a la fiera que habitaba en mí, ni siquiera la incitaban. Sí se me antojaba recorrerlos tangencialmente con mi dedo índice para después introducirlo en su boca y humedecerlo con su lengua inmóvil. Sentía que podía enloquecerla al tocar sus mejillas, ligeramente maquilladas, con mis yemas haciendo un contacto apenas perceptible. ¿Cómo respondería si le exhalaba mi aliento tibio en sus oídos? ¿Se retorcería? ¿Sería sensible a mis iniciativas? Una estrategia nunca me había fallado: besar los párpados cerrados de las doncellas. ¿Cerraría los puños? ¿Se humedecería? Sí, sí, lo que fuera, pero mis fantasías no eran naturales, de alguna manera me parecían obligadas. El tiempo pronunciaría, con la debida sonoridad, y en el momento preciso, la última palabra que yo acataría como un soldado disciplinado para hundirme en sus carnes. Ni antes ni después: por lo pronto dejaría el resto a mi imaginación.

Su padre, muerto en enero de 1927, a los setenta y tres años de edad, la había nombrado heredera universal de todos sus bienes. Ni siquiera arqueé la ceja al hacerme de esa información privilegiada. Dejé pasar el tema como si me fuera absolutamente irrelevante. Ella continuó la narración sin imaginar el impacto que me habían producido sus palabras. Antonieta ni siquiera le había permitido a su madre despedirse de su marido cuando éste ya agonizaba en su lecho de muerte: «Tú no lo necesitaste a él para hacer tu vida, él no te necesita a ti para morir». Obviamente, Matilde tampoco se presentó al entierro.

Comenzó entonces su relación con el pintor Manuel Rodríguez Lozano. María Antonieta creyó revivir debido a esta nueva relación, ciertamente muy promisoria, hasta que descubrió que el famoso artista no ocultaba su debilidad por los hombres; era, como bien pronto se supo, un consumado homosexual. Nuevamente María Antonieta no lograba nada, no alcanzaba nada, no consolidaba nada en ninguno de los órdenes de su vida. Su existencia era una búsqueda intensa en la que sólo encontraba vacío, decepción y frustración. Claro que disfrutaba las reuniones con Xavier Villaurrutia y Salvador Novo y estuvo encantada de colaborar con la revista *Ulises*, sí, pero nuevamente aquel homosexual no tenía la capacidad para llenar sus días a plenitud, como tampoco lo fue el hecho de donar cantidades importantes de dinero para el teatro Ulises, rodeada del grupo de escritores conocido como Los Contemporáneos, entre los que se encontraban Bernardo Ortiz de Montellano, Jorge Cuesta, Gilberto Owen, Carlos Pellicer, Salvador Novo, Xavier Villaurrutia, Jaime Torres Bodet y José Gorostiza, entre otros tantos más. Si bien Antonieta integró un patronato para financiar la creación de la Orquesta Sinfónica Nacional bajo la dirección de Carlos Chávez, también es cierto que ni con este colosal esfuerzo económico logró experimentar la sensación de que el recurso del mecenazgo le permitiría morir en paz. No, no encontraba el verdadero sentido de la vida, ni siquiera en los salones literarios que ella organizaba, mientras que para mí la narrativa, la filosofía y la política y el amor esquivo, sin compromiso, me hacían abrevar hasta la última gota del elixir que Dios había confeccionado para mí.

Por ejemplo, ¿cómo no agradecerle a Andrés Henestrosa el hecho de que me hubiera presentado con Antonieta Rivas Mercado? Ella sin duda me ayudaría a financiar mi campaña, a derrotar a Ortiz Rubio a aplastar a Calles, a demostrarle que era un bribón, un roba-urnas, un salteador de caminos, además de despiadado asesino y tirano incapaz de abrir la mano para soltar el poder. Yo se la abriría con el dinero de María Antonieta.

A ella la seducían mis conceptos políticos y filosóficos, mientras que a mí me fascinó regresar en su Cadillac desde la ciudad de Toluca a la ciudad de México, sentado en la parte de atrás como corresponde a todo un señor. A bordo de su automóvil tocamos de nueva cuenta el tema relativo a mi proyecto político. La convencí. Si antes de conocerme ya estaba enamorada de mi causa, después de nuestra histórica comida estuvo dispuesta a apoyarme en dicho apostolado. Sabía de los riesgos, no ignoraba que en cualquier momento podían asesinarme como lo habían hecho con Francisco Serrano, Arnulfo Gómez y otros tantos inconformes con la diarquía Obregón-Calles. De inmediato aceptó convertir su casa en un comité político, prometió organizar mítines, costear gastos de viaje de muchos de los acompañantes durante las giras por el interior de la República, imprimir volantes, pagar inserciones en ciertos periódicos, rentar salones y equipos de sonido. Ella misma participaría en Saltillo, en Monterrey, en la Huasteca veracruzana, en Tampico, llevaría un registro de los principales actos y coleccionaría discursos… y aunque pareciera increíble, parapetados en su apellido, esconderíamos a militantes perseguidos, acusados de vasconcelistas, en casas propiedad de María Antonieta.

La campaña no se podía detener. El levantamiento armado de Escobar se extinguió en muy corto plazo. La pólvora se había mojado en buena parte gracias al pánico que los militares tenían respecto de las decisiones tan feroces como inapelables de Calles, el general Calles, un despiadado criminal que se había cansado de dar muestras de su sanguinario salvajismo a propios y extraños. Con *el Turco* nadie jugaba. Todos nos lo habíamos aprendido de memoria. Caer en sus manos implicaba la pérdida de cualquier posibilidad de vivir si se trataba de un enemigo declarado. Yo mismo temía encontrarme en plena carretera con un camión sin frenos o con una bala perdida, o verme involucrado en un pleito callejero para terminar con un tiro en el centro de la frente o envenenado por un marido celoso en busca de venganza. No podía olvidar cómo Calles había mandado acribillar a Villa, envenenar a Benjamín Hill, ministro de Guerra con Obregón, y a Ángel Flores, su opositor en la candidatura por la presidencia en 1924, entre otros más que no viene al caso contar. Yo iba por todas y estaba dispuesto a llegar a los extremos siempre y cuando mi vida no estuviera en juego... No podía ignorar, ¿o sí...?, que competir con Ortiz Rubio era tanto como hacerlo en contra del propio Calles...

Antonieta empezó a compilar algunos párrafos que habían merecido nutridos aplausos durante mi campaña: «Pueblo inteligente —dije a mi llegada a la ciudad de México— constituido con los más vigorosos elementos de todo el país que hacia acá concurren para integrar el cerebro de la patria, no podía dejar de estar, nunca ha dejado de estar a la cabeza de los grandes movimientos nacionales [...] Por eso mientras otros apoyan sus candidaturas en alianzas oscuras y cobardes con el capital norteamericano, nosotros lo apoyamos en el pueblo humilde; lo apoyamos en el verdadero pueblo, desdeñando a Mr. Morrow, ese embajador de los Estados Unidos que tiene sus antecedentes y su antecesor en Poinsett... y sólo le doy veinticuatro horas para que haga sus maletas después de que el pueblo mexicano haya triunfado». No me importaba que mis adversarios adujeran que mi campaña era vaga, esquiva e indefinida. Lo importante era conectar con las masas. Sólo esperaba que nunca se descubrieran mis relaciones secretas con los cristeros para cuidar mi imagen pública, el principal activo de cada político. Ellos ya me habían ofrecido el apoyo militar y el respaldo financiero, obviamente a través de la Iglesia católica, para convertirme en el nuevo presidente de la República: «Respeto efectivo a la vida humana. Respeto a las libertades públicas. Agrarismo radical pero constructivo. Fomento de la pequeña propiedad. Desamortización de los bienes de los líderes enriquecidos durante la Revolución. Educación de las

masas conforme a los métodos mexicanos. Trabajo obligatorio para
salvar al país de la miseria en que lo ha puesto el abuso de la política y la ignorancia en los procedimientos de la Reforma. Defensa
y desenvolvimiento de los recursos nacionales. Libertad religiosa».
Tal era mi programa.

He aquí una nota publicada por Antonieta en relación con mi
campaña:

> Mal orador nato, ha logrado a fuerza de una clara dicción que
> transcribe el perfil agudo del pensamiento directo, dominar
> multitudes que absortas escucharán su mensaje... su tema per-
> sistente fue la necesidad de clavar en la conciencia la norma
> ineludible de una acción determinante: la defensa del voto...
> Había menester de ese amo: el dinero. Repitió el milagro de los
> panes en forma tal que, por sorprender a la incredulidad, pare-
> cía nueva; anunció que daría conferencias pagadas para hacerse
> de elementos y la gente llenó los teatros. Iba solo, pero en cada
> lugar, por humilde o soberbio, halló un núcleo dispuesto a tra-
> bajar por él.
>
> La noche que entró a Hermosillo, a las dos de la mañana,
> una compacta multitud estuvo en vela aguardando la llegada
> del tren con tal de poder escoltar al candidato a pie desde la
> estación hasta el hotel. En el largo recorrido los vivas eran a
> menudo ahogados por mueras a Obregón y a Calles, los dos so-
> norenses más detestados por el pueblo libre de Sonora... Desde
> su entrada a Hermosillo, el pueblo lo aclamaba como a un nue-
> vo Madero: para todos era el presidente próximo... La noche de
> la llegada de Vasconcelos a Ciudad Obregón, los gritos de Viva
> Toral, el matador de Obregón, ensordecieron a los vecinos has-
> ta hora avanzada... El argumento máximo de los discursos vas-
> concelistas en esta zona fue señalar el hecho de que Obregón y
> sus herederos pagaban salarios menores que sus vecinos en los
> trabajos del campo... Por el estado de Sinaloa la gira con éxito
> más rotundo aún, se dio el caso en el pueblo de San Ignacio, en
> donde el diputado local telegrafió a las autoridades pidiéndoles
> que hostilizaran a Vasconcelos, y éstas respondieron ofreciendo
> un baile de honor, en los salones del Palacio Municipal.[38]

En Nogales, en el primer acto de campaña, decidí empezar a abrir
mis barajas de modo que se conociera cada vez más el juego de cara
a mi posición en torno al conflicto cristero provocado por Calles

---

[38] Rivas Mercado, 1981: 43-46.

para distraer a la opinión pública de otros objetivos más importantes que el astuto diseño de un pleito militar con la Iglesia. ¿Cuál era la intención oculta? Provocar un incendio religioso para que un feligrés lastimado en sus creencias asesinara a Obregón a fin de ganarse un lugar en el cielo, cuando Calles orquestaba el crimen tras bambalinas aprovechando la revuelta que él impulsó con fines inconfesables. «Los católicos son nuestros hermanos y es traición a la patria seguirlos exterminando... Proclamemos que el fanatismo se combate con libros, no con ametralladoras... ¡México! ¡Levántate!» Días antes ya había arremetido contra las Leyes de Reforma, contra Juárez y sus seguidores. Denunciaba que no se tuviera el valor necesario para exhibir «ese disparate magno» de las Leyes de Reforma.

Durante la campaña, y cuando las circunstancias me lo permitían, invitaba a un par de prostitutas a mi habitación para que me bañaran, me enjabonaran, me masajearan como si fueran mis esclavas. ¡Cuántas veces las adiestré para que entendieran el significado de un chasquido de dedos y se dirigieran a la parte de mi anatomía que yo señalara! ¿No era una maravilla extraviarme entre tantas manos aceitadas o jabonosas antes de complacerlas y complacerme hasta volcar en cualquiera de ellas las semillas de los pueblos? Nada mejor que el amanecer rodeado por dos chiquillas que no opondrían la menor resistencia ante mis caprichos e instrucciones por más audaces y sorprendentes que éstas fueran. La esclavitud tenía sus ventajas, de la misma manera en que el derecho de pernada, lamentablemente en extinción, tenía sus indudables encantos. El patrón soy yo. El amo soy yo. Hoy no usaré el látigo si sabes morderme sin encajar los dientes y aprendes a juguetear con la lengua como te he enseñado. ¿Mujeres? Me sobraban. O las compraba o las seducía con mi verbo encendido, deslumbrándolas con mis conocimientos que les transmitía de acuerdo con sus capacidades, mientras me escuchaban como si estuvieran sepultadas en el fondo de un pozo. No me costaba trabajo engañarlas. Al erigirme como maestro podía manipular su admiración por mí hasta conducirlas dócilmente a la cama en busca de nuevas experiencias. Así conocí mexicanas que, al ceder a mis pretensiones, alegaban por la virgen de Guadalupe que era la primera vez que se prestaban a semejantes caricias; viví con francesas, inglesas, gringas que después de abandonar el lecho ni siquiera conocían mi nombre, rusas y españolas, furiosas y ardientes, indomables y feroces como el sol de la Costa

Brava. Por mis manos pasaron y pasarán hembras pobres y ricas, inteligentes y tontas, serias y alegres, graciosas y herméticas; altas y bajas, rubias y morenas (las negras siempre me provocaron cierta repulsión y no por racista, lo juro), además de flacas y gordas, cultas o ignorantes, de rebozo o de chal, de zapatos suizos o huaraches oaxaqueños, de bolsa o de morral: casi nunca tuve carta aborrecida, y eso sí, todas se despedían encantadas en el andén del tren, en la estación del camión o cuando el chofer les cerraba la portezuela del automóvil para conducirlas a sus residencias... Pepe, Pepe, Pepe, mi Pepe...

En Mazatlán condené a todos aquellos que habían seguido al tal Benemérito de las Américas y que continuaban apoyando la aprobación incondicional de esos ordenamientos. ¡Claro que censuré a don Benito y más duramente a sus sucesores por haber prohibido que los bienes raíces estuvieran en manos de personas morales! ¡Claro que propuse la modificación del artículo 3º constitucional sobre la base de que «en México no habrá un verdadero sistema de enseñanza, mientras no se reforme el artículo relativo». ¿Marcha atrás? ¡No, apertura! ¿Por qué no abrirle espacio a la reacción, hermosa reacción, tal y como lo dijo nuestro inolvidable Miguel Miramón antes de haber sido pasado por las armas en el Cerro de las Campanas, una muestra adicional del salvajismo liberal?

Continué dando discursos en casi todo el país.

¡Falso que se cometieran asesinatos en nombre de Cristo; falso que funcionaran sociedades religiosas secretas; falso que los curas sean al mismo tiempo generales; falso que las beatas sean espías, que los católicos fanáticos fueran criminales, que los púlpitos se utilizaran como trincheras y que los confesionarios fueran centros de propaganda política! ¡Claro que estaba del lado de los cristeros, del lado del sinarquismo en ciernes, del lado de Nuestra Santa Madre Iglesia Católica, Apostólica y Romana, del lado del fascismo de Mussolini y del despotismo religioso ilustrado, aun cuando no podía manifestarlo porque formaba parte del gobierno obregonista, por su rancio e injustificado anticlericalismo! ¡Cuánto maldije en un silencio críptico a Obregón por haber ordenado la expulsión de varios nuncios, representantes del Santo Padre, el Papa, heredero de la silla de San Pedro!

¿El amor entre María Antonieta y yo? Es hora de contar cómo se dio. Una noche de septiembre, en Linares, Nuevo León, a dos meses de las elecciones, cuando nos disponíamos a dormir en una humilde casa de huéspedes, lo mejor que ofrecía semejante localidad, le llevé a su habitación un profundo discurso que pretendía leer al día siguiente. Se había desvestido y llevaba puesta solamente la ropa de noche, la cual cubrió precipitadamente con una bata de seda color rosa decorada a base de bordados blancos en las solapas. Mientras explicaba los párrafos a fin de obtener su opinión, para mí, sea dicha la verdad, ciertamente valiosa al extremo de que me costaba trabajo prescindir de ella, Antonieta no seguía los razonamientos, sino que tenía la mirada clavada en mi rostro como si lo estuviera escrutando. No me ponía atención. Cuando retiré la vista del texto y quise consultar las razones de su distracción, me bastó verla a la cara para dejar mis hojas garrapateadas a toda prisa sobre la cama, tomarla de los hombros y acercarme lentamente a besarla. La coyuntura finalmente se dio. Cuando alguien jalonea una fruta colgada todavía de la rama de un árbol para comerla antes de tiempo, por lo general, la encontrará dura y hasta amarga y seca. Por ello es conveniente que, una vez alcanzado el punto exacto de maduración, caiga al suelo, la señal enviada por la naturaleza para proceder a devorarla en toda su excelencia. Así ocurrió con María Antonieta. Recuerdo cuando mis manos cubrieron sus mejillas como quien hace con ellas un cuenco para beber el líquido sagrado. Mis labios hicieron un suave contacto con los suyos escasamente carnosos y todavía inexpertos, a pesar de haber estado casada y ser madre de un hijo. Con mi lengua se los humedecí en tanto ella encogía los hombros y crispaba los ojos dejándose hacer. Su inexperiencia me fascinaba, me estimulaba, me sorprendía y finalmente me enervaba. ¡Qué deleite! ¡Gracias Señor por este nuevo banquete con el que premias algo bueno que habré hecho!

Giré entonces para apagar una pequeña lámpara de buró y hundirnos en la oscura intimidad que facilitaría el intercambio de caricias. Por toda respuesta volví a sujetarla del rostro, llenándola de besos pendientes, atrasados, todos los que había deseado darle desde el inicio de la campaña. Besé su frente, sus párpados, nariz y mejillas para volver otra vez a sus labios. Presioné el mentón con delicadeza para que abriera escasamente la boca por donde soñé entrar con todo mi cuerpo. ¡Qué bien olía toda ella! ¡Cuántos cuidados y atenciones dedicaba a su persona para que su aspecto y lozanía fueran impecables! De mucho había servido la instrucción

europea. Parecía que llevaba noche tras noche esperándome. Así
encontré huellas de perfume atrás de sus orejas, en el cuello y en el
nacimiento de sus senos. No era una mujer de fuego pero se retorcía
graciosamente cuando retiré muy despacio su bata de sus hombros
hasta que se precipitó al piso. El pijama de algodón no era el de una
devoradora de hombres, ¡qué va!, más bien parecía el de una escolar, el de una simple chiquilla de familia, cuya personalidad e inocencia descubría a cada paso con auténtica fascinación, no en balde
era dieciocho años mayor que ella. Al desabotonar su blusa, percibí
cómo cerraba los ojos en tanto sus brazos caían desmayados a los
lados. No oponía la menor resistencia. Sería mía, sólo mía. Antes
de despojarla de la prenda, la atraje hacia mí en un abrazo arrebatado para después recorrer con las yemas de mis dedos su espalda
de arriba abajo. La tocaba fugazmente a fin de descubrir cómo su
piel se poblaba de pequeñas perlas de sudor, un obsequio, un reconocimiento a mi experiencia. ¿Precipitaciones? Ninguna: la buena
comida, lo aprendí en Francia, se cocina a fuego lento.

Sus senos escasos, así los imaginé siempre, eran los capullos de
una colegiala. Antonieta había tenido la virtud de saber detener las
manecillas de su cuerpo. ¡Cuánta juventud encerraba a aquella mujer! ¡Cuánto amor retenido era capaz de dar a manos llenas antes
de que se convirtiera en veneno! ¡Cuánta necesidad tenía de hacerlo, de entregarlo en toda su abundancia y generosidad! Había recibido cantidades inmensas de afecto desde su más remota infancia y
estaba dispuesta a devolverlo con creces. Alcanzar, deseaba alcanzar, dar, quería realizar, materializar. Tenía tanto qué compartir y,
sin embargo, la vida la había obligado a retenerlo, a guardarlo, tal
vez en espera del hombre que supiera aquilatarlo, y ese hombre, supuestamente era yo. Ese riquísimo tesoro preservado a lo largo de
los años estaba reservado para mi propia explotación y deleite. ¿No
me convertía por ese solo hecho otra vez en un privilegiado? ¿Toda
esa riqueza, en la más amplia extensión de la palabra, era mía? ¿Mi
solo encuentro con ella no demostraba la existencia de Dios? ¿El
Señor no había puesto a mi disposición los enormes caudales de
Antonieta para financiar mi campaña política, y además, por si fuera poco, todavía me había distinguido al premiarme con el cuerpo
casi virgen de una doncella intocada? ¿No era cierto que Jesús me
tenía presente permanentemente en sus oraciones? ¿Por qué en esa
coyuntura crítica en mi vida política mi Dios todopoderoso me ob-

sequiaba cantidades incalculables de dinero acompañado de una mujer de una dulzura pocas veces vista? ¡Claro que resultaba imposible entender los sagrados designios de Cristo, mi Cristo Rey…!

La blusa del pijama cayó al piso. Ése y no otro era su destino. Iba yo deshojando la margarita sin destruir el pistilo que la naturaleza había germinado y hecho crecer para entregármela. Toqué sus senos como quien sostiene un gorrión en sus manos. Recorrí con el bigote sus pezones para despertarlos de un largo sueño. Los besé, suspiré frente a ellos con mi aliento cálido para resucitarlos. No tenía duda de que todavía eran rosados, tiernos, así como olvidados y desperdiciados. Recorrí con el dedo índice sus aureolas. Me identificaron al primer contacto. Reaccionaron de inmediato ante quien sabe las claves de seguridad y domina las técnicas de apertura. Mientras acariciaba su talle, puse una rodilla en tierra a la usanza de los caballeros medievales para dejar al descubierto el último reducto que preservaba su intimidad. Hundí mi cara en su pubis en tanto ella me apretaba la cabeza contra la entrepierna como la madre que consuela al hijo pródigo y desea reconfortarlo ante la presencia de cualquier mal presente o futuro. Me extravié en sus esencias sin que ella me hubiera retirado siquiera el saco. Después de atraparla ferozmente por las nalgas, permaneciendo arrodillado ante su majestad, sentí cómo ella se inclinaba a tomarme de los codos y me ayudaba a ponerme en pie para devolverme la dignidad. A partir de ese momento ya me podía declarar ungido como su amante. Sin embargo, su timidez le impidió desvestirme, a lo que yo procedí con evidente fruición y la rapidez de quien debe desprenderse a toda velocidad del saco ante la inminente agresión a golpes de un salvaje. Muy pronto mi ropa quedó tirada en el piso, al lado de la de ella, como si hubiéramos improvisado un pequeño monumento al amor.

Nos abrazamos, ya desnudos, nos trenzamos, nos apretamos, gemimos, suspiramos, suplicamos. Únicamente se escuchaba la fricción de nuestras pieles, y la respiración por instantes desacompasada, el sonido de nuestros labios absorbiéndonos, comiéndonos, mordiéndonos, nunca una sola voz con algún significado racional. Cuando nuestras piernas no resistieron más, nos desplomamos sobre el lecho. En un principio caí encima de ella, hasta que Antonieta me disputó la posición sentándose encima de mi pecho e inmovilizando mis brazos abiertos con los suyos. Jugaba al amor como una chiquilla candorosa hasta que el hombre se impuso con el debido vigor, acabando con cualquier resto de candorosa inocencia. Me hundí en ella mientras sentía el filo de sus uñas en mi espalda. Jadeaba, se retorcía. Me enorgullecía el papel de macho, el mágico poder de mi virilidad que podía conmover a una mujer hasta hacerla delirar. Arremetí una y otra vez como si deseara partirla en dos. Mientras más se apretaba contra mí implorando piedad, menos estaba yo dispuesto a concedérsela. Una, dos, tres, veinte veces. ¡Ya!, ya, por lo que más quieras... No, no, por lo que más quieras resiste... Ten, ten, ten... Más, más, más... ¿Pepe, Pepe, qué es esto?, mi vida, mi amor, mi razón de ser... De pronto nos vimos navegando firmemente asidos por el mar sin límites del firmamento...

A mi paso por Jalisco recibí la visita de quien más deseaba. El diálogo estuvo protagonizado por un par de muchachos altos, fuertes, buenos mozos, de apariencia francamente militar, aunque vestidos de paisanos, que me abordaron en el corredor del hotel. Así que una vez cumplido el trámite de las identificaciones de rigor me encerré con ellos. Del cinto de víbora sacaron un papel de seda, bien escrito a máquina, que los acreditaba como representantes del general Gorostieta, jefe de los cristeros de Jalisco y alzado en armas, por Los Altos; en realidad una figura militar dependiente fundamentalmente del arzobispo de Guadalajara, monseñor Francisco Orozco y Jiménez, un emboscado buscado por el ejército callista. Me traían un saludo y el recado de que «si llegaba a verme comprometido, me fuese con ellos y me tendrían a salvo en las montañas. Les dije que después de las elecciones, si éstas resultaban fraudulentas, escaparía rumbo a su campamento». Se me hizo saber que la Liga Nacional Defensora de la Libertad Religiosa haría trabajos bajo cuerda para inducir a los católicos a que votaran por mí y que las masas cristeras estaban conmigo, además de muchos católicos hartos de ver pisoteada su religión.

Les agradecí su ayuda pero expresé mis recelos en torno a la posibilidad de que el gobierno de Portes Gil pudiera suscribir un tratado de paz con la Iglesia, tratado que por supuesto me afectaría pues de llegar a ejecutarse un gigantesco fraude electoral en mi contra —como el que sin duda era de preverse dada la textura moral de Plutarco Elías Calles—, ya nadie desearía sublevarse, en cuyo caso el levantamiento armado estaría condenado al fracaso. De modo que la paz entre cristeros y gobierno no me convenía. La violencia tendría que extenderse hasta después de las elecciones para que yo pudiera capitalizarla a favor de mis intereses políticos y defenderme del despojo del que seguramente sería víctima en las urnas.

Sin embargo, la campaña tenía que continuar, y continuó con respaldos internacionales como el que disfruté hasta las lágrimas cuando *L'Osservatore Romano*, el órgano informativo del Vaticano, hizo constar en sus páginas «que José Vasconcelos era el candidato que podían apoyar los católicos con cierta esperanza de ser tratados favorablemente». ¿Respuesta? Fui tildado de inmediato de reaccionario, a lo que no tuve más remedio que responder con justificada furia: «Me llaman reaccionario aquellos mismos que de la Revolución han sacado los latifundios y los palacios. Me llaman clerical porque no exigía yo en la Secretaría de Educación que los maestros practicaran el protestantismo...» Llegó un momento en que, «a raíz de mis discursos pronunciados en Guanajuato, Jalisco y Michoacán, se me consideró un candidato cristero como lo llegaron a registrar varios de mis más cercanos colaboradores que no entendían el contenido secreto de mis ponencias». ¿Candidato cristero? ¡Qué más daba! En mi fuero interno era un motivo de orgullo, por ello estuve de acuerdo, sin manifestarlo, cuando el arzobispo de Huejutla, Manríquez y Zárate, declaró abiertamente:

> Todos los cristianos somos soldados, y debemos luchar contra nuestros enemigos, que lo son principalmente el demonio y nuestra propia carne, pero con frecuencia lo es también el mundo y todos aquellos que debieran conducirnos a la felicidad. Si estos tales —aunque sean nuestros mismos gobernantes— lejos de encauzarnos por la senda del bien, nos arrastran al camino de la iniquidad, estamos obligados a oponerles resistencia, en cuyo sentido deben explicarse aquellas palabras de Jesucristo: «No he venido a traer la paz, sino la guerra».[39]

Hubo varias ocasiones en que la presión de la campaña me sepultó en una terrible confusión. Pensé en Jesús cuando estaba crucificado y vio venir a un centurión romano con una lanza para encarnársela en un costado. «¿Qué hago aquí, colgado de esta cruz, con manos y pies perforados por el acero y en mi cabeza colocada una corona

---

[39] Blanco, 1947: 98-99.

de espinas, en lugar de haber huido con María Magdalena, rumbo a cualquier paraje lejano en el que bien podría haber engendrado varios hijos con ella, además de disfrutar la vida pacífica en una granja dedicado a la meditación?» Yo también, y con el debido respeto, hacía mis propios cuestionamientos al desconcertarme y no entender mi papel como apóstol de la democracia mexicana en lugar de leer y escribir, reflexionar y dictar cátedras de Filosofía en cualquier universidad del mundo civilizado. ¿Qué hacía yo en un país en donde nadie me comprendía? Por todo ello, desamparado y harto, grité aquella vez en Irapuato, Guanajuato: «Yo no sé qué ando haciendo aquí. ¡Mi reino no es de este mundo!» Sólo los eternos mal pensados pudieron mal interpretar mis palabras…

A partir de mediados de 1929, los acontecimientos se sucedieron precipitadamente como si hubieran sido disparados por una ametralladora: los actos de represión no tardaron en presentarse durante la campaña en Guadalajara, en Pachuca, en Torreón, en Tampico, en la ciudad de México, además de otros encuentros sangrientos en Mérida, Veracruz y León. Era obvio que Calles no iba a soltar el poder por más que lo ejerciera disimuladamente a través de sus títeres, como sin duda lo habían sido el propio Portes Gil y ahora su nuevo candidato de pacotilla el tal Ortiz Rubio, el famoso Nopalito, por lo baboso e imbécil. ¡Claro que me atacaron alegando que me comportaba como un provocador irresponsable y como un predicador impertinente! Veía venir el fraude electoral y no me iba a quedar con los brazos cruzados, esperando a que volvieran a traicionar a la nación precisamente quienes habían resultado triunfadores al final de la Revolución y habían jurado, por los cuatro clavos de Cristo, imponer la democracia sobre todo después del artero asesinato sufrido por Madero. Se dijo que mi feroz individualismo, mi sed de triunfos, mi vanidad personal habían sacrificado toda la credibilidad de mis palabras. Ignoré los comentarios de la oposición. Mi obligación consistía en rescatar a mi país de manos de los tiranos, asesinos y corruptos, y si expuse a muchos de mis correligionarios a una muerte segura todo fue en bien de la patria. Cuando se pretende construir un nuevo país es menester dar todo a cambio, con tal de alcanzar el objetivo. No sólo asesinaron a muchos de los míos, sino que la inmensa mayoría de los militantes del Partido Antirreeleccionista fueron intimidados, perseguidos, encarcelados o golpeados con tal de que abandonaran la contienda. Calles iba por todas. Yo también.

Finalmente, el día de las elecciones las tropas militares patrulla-
ron las ciudades más importantes de la República. Fueron acuartela-
dos más de doce mil soldados. Se trataba de inmovilizar a la víctima,
o sea a México, para zurcirla a puñaladas haciendo todo tipo de co-
chupos a través de las urnas. El fraude fue escandaloso. En aquellos
lugares donde el vasconcelismo se había enraizado con ejemplar ferocidad, no se distribuyeron credenciales ni papeletas para votar
y en muchas ocasiones ni siquiera abrieron las casillas electorales
porque los funcionarios encargados de su operación, o habían sido
comprados o desaparecidos o secuestrados con los más diferentes
pretextos. En mis recorridos, seguido de cerca por soldados que me
amedrentaban simulando protegerme, pude observar cómo las casetas se habían instalado en domicilios distintos a los señalados en la
prensa, o bien, dimos con una enorme cantidad de votos falsificados
o nos encontramos con que dichas casetas habían cerrado mucho
antes de la hora fijada. ¡Ése era el callismo a su máximo esplendor,
el verdadero futuro de México si el PNR se eternizaba en el poder,
la corrupción en su apogeo, la putrefacción del país, la descomposición social! No pude sino enfurecerme cuando descubrí cómo se eje-
cutaban multitud de asaltos armados gracias a los cuales los pillos
se robaban las cajas con los votos en aquellos lugares en donde la
simpatía por mi campaña era francamente arrolladora. Baste decir
que en el Distrito Federal diez mil personas protestaron en el Palacio de Justicia, porque con arreglo a diferentes pretextos, ni siquiera
se les había permitido llegar a las respectivas casillas.

Mis temores respecto a la suscripción de un *tratado* de paz entre
el gobierno y la Iglesia (el famoso *modus vivendi* no pasó de ser un
acuerdo verbal), finalmente se materializaron: yo tenía cifradas mis
esperanzas en que la rebelión cristera pudiera continuar hasta después de las elecciones de noviembre de 1929, de tal manera que la
Iglesia pudiera hacer causa común conmigo, apoyándome en otro
levantamiento armado, éste de carácter político, del cual yo pudiera resultar electo como el primer presidente cristero de México; sin
embargo, en junio de 1929 Morrow ejerció su conocida influencia
hipnótica en Calles y, a modo de un gran diplomático, sentó a la
mesa de negociaciones al gobierno y a la Iglesia, representada por
Pascual Díaz y por Leopoldo Ruiz y Flores, para llegar a la solución
de un severo problema del que difícilmente podrían resultar vence-
dores o derrotados. El hecho real es que el *modus vivendi* me resta-

ría mucho poder explosivo de cara a una revuelta militar a estallar cuando se declarara el triunfo de Ortiz Rubio. ¡Qué orgullosa podría haber estado mi madre si yo hubiera defendido la religión católica con el lenguaje de las armas! Ella, que no pudo equivocarse en su lecho de muerte, al dejarme este recado: «...A Pepe, que nunca olvide a Dios nuestro Señor».

Dwight Morrow, con quien en ocasiones almorcé en el más sigiloso secreto durante mi campaña, me ofreció la rectoría de la Universidad Nacional siempre y cuando yo reconociera el triunfo de Ortiz Rubio. ¿Quién era este impertinente enviado del imperio yanqui para ofrecerme cargos en el propio gobierno mexicano? ¿Cómo se atrevía? ¿No se trataba de una muestra inequívoca de sus poderes? Hubiera sido una canallada aceptar esa posición desde la que, en efecto, habría podido cambiar el rostro de México. De haber accedido me hubiera entregado a una cáfila de bandidos, me habría hecho cómplice de unos rufianes que entendían el servicio público como la dorada oportunidad de enriquecerse desfalcando el tesoro de la nación. Rechacé cualquier oferta.

Entre persecuciones, odios y amenazas, el ambiente de terror en el que se desarrollaba la campaña electoral sufrió otra terrible puñalada por la espalda: María Antonieta había huido, sí, huido a Estados Unidos. Yo la necesitaba a mi lado y no en Estados Unidos, movida supuestamente por el deseo de hacerse de fondos para mi candidatura. No le entendí. Me confundió. Ella misma me confesó a través de una carta:

> Pues bien, esta mañana comprendí que ese anhelo de triunfo en México, de fuerzas buenas que nos darían una oportunidad de trabajo, se me caía de la voluntad como fruta demasiado madura... Además, siento otra cosa: que, abandonada por primera vez a mis propios recursos y posibilidades, estoy aquí donde yo puedo tener sentido. He dejado tras de mí la tierra de angustia que es la nuestra, donde yo estaba cogida en la trampa de la pasión política, y no siento la menor inclinación a seguir dándole albergue.[40]

El 28 de septiembre, después de falsificar la firma de su esposo para poder salir del país, cruzó la frontera por Ciudad Juárez, una vez encargado su hijo a su hermana Alicia. Fue una pequeña venganza,

[40] Schneider, 1981: 19-20.

lo sé. ¿Los celos empezarían a devorarla? Durante la última entrevista que sostuvimos en Chihuahua, no logró convencerme de su decisión. El malestar me impidió hacerle el amor...

Si bien pude despedirme de ella, me costó trabajo asimilar el abandono de su hijo, para ya ni hablar de la falsificación de la firma de su marido. Le deseé suerte en la redacción de su futura novela: *La que no quiso ser*, que con el tiempo se refundiría en otra: *El que huye*, que comenzaría a escribir en Burdeos en enero de 1931, un mes antes de suicidarse. Tenía otra asignatura pendiente: escribir un artículo sobre *la Malinche* y otro sobre Sor Juana. Algún día tendrán que aparecer a la luz pública.

Como si la batalla política que estaba yo librando fuera insuficiente, todavía me llegó el comentario de que María Antonieta había conocido en la Universidad de Columbia a un poeta español conocido como Federico García Lorca, de quien se había enamorado perdidamente. No tardó en decepcionarse al descubrir que se trataba de un homosexual, es decir, de un *putete*. Otro más aparte de Rodríguez Lozano. Fracasó. Fracasó en ambos casos, de la misma manera en que había fracasado con Albert Blair y con el propio Diego Rivera, otro que jamás la tomó en serio, como fue el caso de este último con Tina Modotti y la propia mujer de León Trotsky. María Antonieta estaba condenada, por lo visto, a vivir sola y a morir sola y a no alcanzar nada en la vida. Sus afanes amorosos se desvanecían como papel mojado. Yo, por mi parte, continuaría en contacto con ella. La amaba, o creía hacerlo, pero más admiraba su esfuerzo por conquistar las metas que ambos nos habíamos propuesto. Finalmente, ¿para qué es el dinero sino para gastarlo? ¿Para qué es la belleza femenina sino para que un gran macho la disfrute en la cama antes de que ésta se convierta en un conjunto de pellejos despreciables y asquerosos? Todo a su debido tiempo. María Antonieta también se iría desnuda al otro mundo. No se llevaría nada puesto ni podría gastar un quinto en el más allá, entonces, si me ayudaba y con eso se reconciliaba con la vida, ¿cómo podría yo rechazar su generoso patrocinio? Si como consecuencia de su auxilio financiero ella se sepultaba en una escandalosa ruina, pues ya vería mi querida Antonieta cómo hacerse de más dinero para llegar a tener una vejez tranquila, cómoda y apacible.

Debo confesar que durante mi campaña electoral muchas veces me soñé convertido en Quetzalcóatl, ese dios mítico. Sentía que encarnaba en aquel excelso y abnegado reformador que regeneraba a un pueblo embrutecido y sanguinario enseñándole la civilización que él trajera a estas tierras ignotas. Yo era el hombre-dios que odiaba como odio el militarismo y el caudillaje y que nunca se cansaba de condenar el asesinato de mexicanos; por eso es que me aparecía con mis poderes divinos, como una deidad pacífica y progresista a perturbar la paz de la República al extremo de impedir que se llevaran a cabo las elecciones presidenciales, todo ello por el bien del país. Yo era el salvador de México, el dios bueno que venía a imponer por la fuerza el progreso y el orden en esta raza maravillosa a la que se le deben inculcar los odios más ancestrales en contra de los yanquis, por más que he comido gracias a ellos durante muchos años...

Soy necio, nada hay perfecto, pero también soy inmaculado y además competente y autorizado para dirigir el criterio del universo y, si como dije, se ha inmolado a muchos inocentes por el desbordamiento de mis discursos intemperantes, así es la vida y así debe de enfrentarse. ¿Que soy la reencarnación de Quetzalcóatl, como tal vez lo fue el mismo Madero? Puede ser, como tal vez también sea un nazareno mexicano, un iluminado injustamente ignorado que predica la impasible fraternidad, el perdón, la justicia y la honradez y al mismo tiempo incita al aniquilamiento de los tiranos. Lo acepto, soy un profeta singular que además tiene una debilidad incontrolable, como lo son las mujeres. Concedo que como nazareno resulta incompatible llamar a la violencia en contra de los delincuentes electorales; también puede resultar inaceptable predicar la pureza de los sentimientos y al mismo tiempo disfrutar los placeres del sexo en la cama con la hembra que siempre soñé, a pesar de estar casado ante la mirada escrutadora de Dios. Sí, lo concedo, pero nunca podré construir el país que he deseado sin recurrir a la violencia para acabar con los pillos que volvieron a secuestrar al país después de la Revolución. En mis prácticas como espiritista me vi como un vidente, como un superhombre que despierta el fervor, la irritabilidad y la violencia de un antiguo apóstol. ¡Claro!, y por lo mismo habré de aprovechar esa fuerza que me fue concedida por una inteligencia superior para hacer el bien de la patria. ¡Qué orgullosa estaría mi madre!

En este orden de ideas recomendé a mis seguidores que no pagaran contribuciones al gobierno a partir del día siguiente de la elección si es que el resultado no me favorecía. Las amenazas no se hicieron esperar, mi respuesta tampoco. Yo había venido a liberar al pueblo de México de sus tiranos y cumpliría con mi sagrada encomienda al precio que fuera. Nunca me prestaría a una farsa. Por esa razón una y otra vez grité hasta perder la voz en diferentes foros durante mi campaña: «¿Estáis aquí de curiosos o como ciudadanos que acuden al llamado de la patria?... Los que así estén dispuestos a morir, si es necesario, para defender el voto, que levanten la mano... Ninguna mano se quedó colgada.»

Durante el mes de octubre continué recibiendo empleados de todos los rumbos del país. A cada uno le pedí que recurriera a la protesta armada dado que yo estaba seguro de que, a pesar de ganar legítimamente las elecciones, Calles, el maldito Turco, jamás me reconocería el triunfo, ya que de hacerlo se acabaría sin duda su carrera política. Si como consecuencia de los sufragios se descubría un delito electoral, éste sólo se podría lavar con sangre y enlutando los hogares mexicanos.

¿Qué aconteció? El resultado de la votación llegó a Nueva York a las once de la mañana del mismo día de las elecciones, rebasando así todos las marcas de cómputo en la historia universal de los fraudes electorales. En México las cifras se publicaron en los vespertinos del domingo 17 de octubre: Ortiz Rubio: 2 millones de votos: Triana: 40 mil votos: Vasconcelos: 12 mil votos.

¿Cómo era posible que se hubiera conocido en Estados Unidos el resultado de las elecciones antes que en México y, sobre todo, antes aun del cierre de casillas y de que concluyera el proceso electoral? ¿Cómo podía aceptarse que yo, quien llenaba las plazas y estadios, hubiera tenido doce mil votos, yo, el Maestro de la Juventud, una figura consagrada en la política y en la educación? Una burla, todo había sido una vil y flagrante burla. Por esa razón, el 10 de diciembre de 1929 hice del conocimiento público el Plan de Guaymas, a través del cual desconocía a Plutarco Elías Calles como presidente de la República y convocaba a la nación a la toma de armas para defender con dignidad y coraje las instituciones, así como la democracia. Obviamente salí al extranjero para que alguien protegiera mi plan militar poniéndome a salvo de los largos brazos de acero que utilizaba el jefe de la nación, un reconocido criminal, para acabar con sus enemigos. No fui ningún cobarde al salir a ese nuevo destierro, sólo que no podía ignorar los alcances de Calles ni su historia que relataba el sinnúmero de asesinatos políticos cometidos en contra de sus opositores. ¿Que mi deber consistía en quedarme en México al frente de los levantados, para imponer por medio de las armas la voluntad popular consignada en las urnas tal y como lo habían hecho Obregón y Calles? Sí, sin duda, sólo que hubiera caído acribillado, desvirtuándose todo mi movimiento de salvación y de rescate para esta nación de minusválidos. No fue miedo, no, sino precaución. No fue que no me atreviera a exponer mi pellejo, no, sólo cuidaba mi integridad física desde Estados Unidos.

Supe que María Antonieta se había desplomado anímicamente a raíz del fraude electoral. Comprobó que todo su esfuerzo amoroso y económico había sido en vano. Cayó en una depresión que la obligó a permanecer tres semanas internada en el Saint Luke's Hospital, en Manhattan, al terminar noviembre. Pidió un sacerdote inteligente para que la confesara. Deseaba comulgar. Pensaba que se moría, que se iba extraviada en una sórdida soledad. El presidente de Estados Unidos se había negado a concederme una audiencia solicitada por ella a través de interpósitas personas. Ponía a prueba sus habilidades de cabildera. Nuestra causa se hundía sin dinero, ya que, además de hablarme de sus penurias económicas, ninguna autoridad internacional daba manotazos sobre la mesa para obligar el recuento de los votos y concederme la razón electoral. Amaba a María Antonieta como si fuera la única sobreviviente de un naufragio total. Ella correspondía a mis anhelos igual que Serafina, mi esposa. Ambas desesperaban con mi naufragio. María Antonieta, una vez recuperada, se mudó a California, donde volvimos a convertirnos en amantes vigorosos e intensos, sin ignorar que la derrota electoral había abierto un enorme orificio en nuestra relación sentimental, que bien pronto empezó a hacer agua, hasta ser engullidos víctimas de nuestra impotencia y de nuestra rabia. Serafina también se encontraba en Los Ángeles con mis hijos, a quienes veía cuando las coyunturas me lo permitían.

Desde Los Ángeles declaré a voz en cuello que a mí no me había derrotado el gobierno de Calles, sino que mis propios partidarios me habían dejado solo convirtiéndome en un presidente peregrino. «No fui yo quien desistió de la lucha sino todo un pueblo fatigado que no pudo hacer bueno el compromiso de pelear para la defensa del voto.» Más tarde supe cómo un grupo de aproximadamente cien vasconcelistas, que estaban detenidos en el cuartel Narvarte, fueron asesinados a la medianoche del 14 de febrero: se ordenó sacar a los presos de Narvarte, mientras el general Maximino Ávila

Camacho, conmovido, ataba a las víctimas de dos en dos, pero con alambre de púas, en lugar de cuerda, en tanto decía «pobrecitos, pobrecitos, ya se los llevó la chingada... ¿Pero qué quieren que yo haga si cumplo órdenes del superior?» Acto seguido los mandó sacrificar con una sonrisa vesánica. Calles había mandado asesinarlos en Topilejo de la misma manera que había mandado asesinar a Francisco Serrano en Huitzilac tan sólo tres años atrás. Que nunca se olvidara que los problemas con Calles se arreglaban a balazos. Con él no se jugaba.

Claro que en mi Plan de Guaymas yo establecí que volvería al país a hacerme cargo del mando tan pronto como hubiera un grupo de hombres libres, armados, que estuvieran en condiciones de hacerlo respetar. Pues bien, uno de esos hombres «libres y armados» que se decía vasconcelista a toda honra, el famoso Daniel Flores, disparó el 5 de febrero de 1930 a la cabeza del presidente Ortiz Rubio cuando éste se disponía a abandonar la ceremonia de toma de posesión como presidente de la República. Este generoso cristero, amante de la verdad electoral, le disparó a quemarropa, desde afuera del automóvil presidencial, a Ortiz Rubio, hiriéndolo en la cara: la bala le destrozó la mandíbula y salió por el lado opuesto. Su mujer y su sobrina, esta última su amante y futura esposa ante los ojos de Dios, muy a pesar del nexo familiar, salvaron milagrosamente la vida. La Iglesia le había mandado otra señal muy clara a Calles para que entendiera que esta institución divina ni se dejaba intimidar ni sería jamás vencida. José de León Toral no había fallado cuando asesinó a Álvaro Obregón gracias al apoyo espiritual de la madre Conchita y del padre Jiménez. Daniel Flores, a quien detuvieron días después de que hubiera desaparecido la gloriosa Asociación Católica de la Juventud Mexicana, falló en el intento sólo para aparecer un tiempo después brutalmente asesinado en su celda a manos del Procurador General de la República, bajo las órdenes de Ortiz Rubio. Daniel Flores fue asesinado en prisión, es decir, martirizado, por lo que siempre he esperado que su sacrificio sea recogido algún día por la Santa Sede, de tal manera que su imagen sea adorada por siempre y para siempre en los altares mexicanos. El presbítero Gregorio Romo bendijo la pistola de Daniel y ni así pudo hacer blanco en la cabeza del Jefe de la Nación. Dios por alguna razón quiso proteger al Nopalito, siendo que nosotros, los humildes mortales, estamos incapacitados para escrutar y criticar sus elevados designios. Daniel Flores trató de asesinar a Ortiz Rubio para que yo ascendiera a la presidencia de la República, un reconocimiento a mi éxito incuestionable en las elecciones pasadas. Fui derrotado por la canalla, pero en mi fuero interno siempre supe que Dios estaba conmigo, que yo era su apóstol, que yo era su querido nazareno, su profeta y que, tarde o temprano, recibiría de sus sacratísimas manos las herramientas para rescatar a México de la barbarie y de las luchas civiles, sangrientas y devastadoras. Yo simplemente seguiría la luz y recorrería la senda marcada por Quetzalcóatl. Si además aceptaba mi derrota, podría despertar la sospecha de que había tomado parte en la contienda electoral para servir de palero. ¿Palero yo...?

Pero las calamidades continuaban y se sucedían las unas a las otras. En abril de 1930, María Antonieta ingresó clandestinamente al país al saber que su hijo, Donald Antonio, había pasado al poder de su padre, según una resolución judicial; que el juez había absuelto a Blair de la demanda de divorcio por abandono de hogar, habían sido revocadas todas las partes alusivas a la pensión alimentaria y anulado el pago de los cuarenta mil pesos pedidos por Antonieta como compensación por los gastos de su estancia en Europa. Había perdido el amparo. La sentencia le prohibía también salir del país sin la autorización de Blair, mandamiento que igualmente alcanzaba al pequeño Antonio. No me costó ningún trabajo sospechar que Calles había influido en esta determinación porque de sobra sabía, como lo sabía todo México, de mi relación con María Antonieta. Tenía en sus manos otra hermosa posibilidad para lastimarme. Desesperada, logró hacerse de dos pasaportes británicos, mismos que utilizó en el mes de julio, para huir del país una vez secuestrado su hijo, con quien llegó a Nueva Orleans a bordo de un avión facilitado por unos amigos. Semanas después se embarcaría rumbo a Francia en donde me esperaría en un humilde departamento de Burdeos para tratar de rehacer nuestras vidas.

Si María Antonieta me desconcertó cuando viajó sorpresivamente a Estados Unidos al final de mi campaña, el hecho de que secuestrara a su hijo, obtuviera dos pasaportes falsos y huyera rumbo a Estados Unidos y de ahí zarpara a Francia, esta actitud desequilibrada, me desconsoló, me agobió, me confundió por desentrañar de su conducta decisiones suicidas que sin duda le acarrearían males mucho mayores. Jamás olvidaré aquellos días cuando hablábamos de viajes después de hacernos el amor como salvajes y ella me hacía saber lo feliz que sería si pudiera morir en el interior de la nave central de la catedral de Notre Dame, en París. ¿No te parece, Pepe, mi amor, que ningún lugar es mejor para terminar de vivir que la catedral de Notre Dame?

Una vez instalada en Burdeos en condiciones de pobreza, dolorosas y humillantes para una mujer de su historia económica, empezó a redactar un diario que contenía este tipo de anotaciones: «Imagino las reflexiones de Vasconcelos en caso de que cayera en sus manos una de las cartas que me ha estado mandando el oficial aquel del barco. Insiste en que le otorgue otra cita de plena sensualidad; no me arrepiento de lo que hice, pero no le he contestado. ¿Le dolería verdaderamente a Vasconcelos saber lo que pasó?... El oficial de marras es un macho hermoso acostumbrado a causar placer. Presiento, sin embargo, que allá en el fondo tendría que darse cuenta de que una traición de la carne de nada altera la identidad de dos almas». «La irritabilidad, exagerada antes de este periodo, ha sido sustituida por trastornos más hondos que amenazan la médula misma de mi equilibrio y que no son de superficie, sino de sustancia.» Cerca de la Navidad, la situación se complicó: no había llegado la remesa y tampoco ninguna explicación al respecto. ¿Se trataría de algún error, de algún embrollo pasajero...? La realidad es que sus fondos estaban congelados, embargados o simplemente ya no existían... Lo poco que tenía lo dilapidaba sin poder poner los pies en el mundo terrenal. Algo parecido me sucedía a mí: peso o dólar que me ingresaba llegaba a quemarme las bolsas. O los gastaba o perecía. En mi coraje y confusión decidí no escribirle a María Antonieta en casi seis meses, hasta que resolví viajar a Europa a principios de enero de 1931, propósito que le expliqué por carta de modo que pudiéramos reunirnos en París y arrebatarnos la palabra con tal de conocer el detalle de nuestras vidas en el último medio año. Ella escribió en su diario: «Él necesita de mí más que yo de él, y lo sabe. Tengo el encanto de un espíritu poco común, una belleza cuyo sabor espiritual y exótico retiene y un cuerpo cuya pasión potencial exalta».

Mi objetivo prioritario en París consistía en publicar una revista para divulgarla en el mundo de habla hispana, de ser posible, con la colaboración de Antonieta, pero eso sí, prescindiendo de toda relación personal con ella. Por supuesto que María Antonieta no me esperaba al pie de la escalinata del barco en el puerto del Havre, por lo que me dirigí directamente a París para hospedarme en el hotel Place de la Sorbonne. Como no podía soportar mi soledad, llamé a una antigua amante, Consuelo Sunsín, quien estaba a punto de casarse con el conde Saint Exupéry.

Una vez a su lado —dicho sea lo anterior sin la menor emoción—, Antonieta me informó cómo remataba las escasas alhajas que todavía mantenía en su poder y cómo ordenaba a su hermana Alicia malbaratar las que había dejado en México. Lo importante era hacerse de dinero no tanto para sobrevivir, sino para volver a disfrutar su dilapidación como si todavía fuera una mujer rica, hasta que llegó la ruina total. Carecía de recursos ya no sólo para financiar el lanzamiento de la revista, sino para su propia supervivencia y la de su hijo, por lo que no podría ni comprar un pasaje de tercera clase a fin de volver a México. Me extendió el ejemplar terminado con el relato de mi campaña electoral. Un compendio maravilloso, una auténtica prueba de amor. ¡Qué gran escritora era María Antonieta, qué manera de consignar todos los colores, ambientes y sonidos, qué estilo para narrar un acontecimiento! ¡Era dueña de un gran talento para describir al mexicano y palpar con las manos sus esencias! Hablamos largo rato de su obra y su excelente calidad como escritora, así como de la habilidad narrativa y la portentosa imaginación que poseía, sí, pero yo no me atrevía ni sentía el impulso de expresar ternura, a la cual, sin duda alguna, estaba obligado. ¿Cenar para festejar? ¡Ah, sí, iríamos a festejar...! De pronto, la intimidad de la habitación comenzó a asfixiarme. Sentía que ella esperaba algo de mí que yo ya no podía darle, sobre todo cuando descubrí las condiciones de miseria en las que estaba viviendo, y más aún cuando supe que carecía de fondos para financiar mi revista. Yo sólo pensaba en saber a la brevedad cuánto costaba un par de pasajes en el próximo barco que zarpara rumbo a Veracruz, y si todavía había alguna cabina vacía. Mientras mi mente viajaba por otras latitudes, completamente alejadas de su realidad, ella esperaba de mí una declaración de amor como: «¡Cuánto te he extrañado! ¡Cuánto te quiero! ¡Te amo! ¡Te necesito! ¡Sin ti no puedo vivir!», pero yo carecía de energía incluso para mentir...

¿Cómo dar lo que no se tiene? ¿Cómo entregar aquello que ya no existe? ¿Cómo complacer cuando se tienen las manos vacías y la piel ya no dice nada, cuando el perfume antes anhelado hoy irrita y la caricia arremete; cómo, si la súplica enfurece y el dolor del otrora ser querido ya no despierta preocupación ni angustia? Yo la miraba enjuta, débil, pálida, demacrada y con los ojos hundidos, sus pómulos salientes, abatida, desesperada y extraviada. Para mí era claro lo que implicaba su regreso a México: su marido la haría encarcelar por haber violado una sentencia judicial inatacable y haber pasado por alto lo dispuesto por la ley; ella había secuestrado a un menor, abandonado el país sin su autorización y utilizado pasaportes ilegítimos falsificando su firma… sabía que, al poner un pie en México, perdería la custodia de su hijo, y que estaba, además, en bancarrota. Asimismo conocía el desprecio que le dispensaban sus hermanos, así como una buena parte de la sociedad que conocía nuestra relación adúltera, dado que ninguno de los dos nos habíamos divorciado de nuestros respectivos cónyuges. ¿Qué le esperaba en México? La cárcel, la miseria, el despojo de los escasos bienes que todavía le quedaban ante su notable insolvencia, la pérdida de la custodia de Donald, a quien tal vez no volvería a ver nunca más y, por si todo lo anterior fuera insuficiente, junto con el desprecio social todavía tenía que soportar los desequilibrios nerviosos que la torturaban sin piedad. Yo advertía que todo esto le ocurriría a María Antonieta al poner un pie en México y, sin embargo, me urgía conseguirle un par de boletos que obtendría con el dinero pagado por mis conferencias para que zarpara a la brevedad rumbo a su destino final. Si no cabíamos los dos en París, menos, mucho menos, íbamos a caber en una reducida habitación en la que a los amantes apasionados les sobra espacio.

Descubrí en su rostro las huellas de otra crisis nerviosa, similar a la padecida cuando se hizo pública la noticia de mi derrota electoral. No era la misma mujer entusiasta del inicio de mi campaña por la presidencia. No. Estaba demacrada, abatida. Reía, si acaso, con alguna dificultad. Su sonrisa no era espontánea, bueno, ella ya no era espontánea ni natural. La encontraba ajena, apartada, fría, lejana, como si se tratara de una persona que sólo espera la llegada de un telegrama para ausentarse. Ya todo estaba decidido, sólo faltaba una confirmación y ésta se produjo cuando María Antonieta me preguntó, cuando caminábamos entre las calles del Barrio Latino:

—Dime si de verdad, de verdad, tienes necesidad de mí.

Seguimos caminando sin rumbo fijo entre los callejones de Saint-Severin. Ante mi sorprendente silencio, ella insistió:

—Te hice una pregunta, Pepe.

Al sentirme sin alternativa posible, le disparé a quemarropa:

—Ninguna alma necesita de otra —aduje con el ánimo de evitar cualquier personalización—. Nadie, ni hombre ni mujer necesita más que a Dios. Cada uno tiene su destino ligado con el Creador.

Antonieta sintió que un estilete florentino la penetraba por la espalda. No volvió a hablar. Se negó a contestar mis preguntas. Interrumpió cualquier comunicación para caer en un grave mutismo. Me ignoró. Todo parecía indicar que una decisión radical dependía de mi respuesta. Se dirigió como si caminara sola rumbo al hotel. Se desplazaba como un fantasma a veces mirando al suelo y otras tantas al cielo o a los pequeños edificios circundantes. ¿Respiraría? En ningún momento se detuvo para encararme. Nunca me reclamó mi actitud ni solicitó explicación alguna. Todo había sido dicho. Si hubiera podido gritar me hubiera dicho: ¡Vete con tu santo Dios a la mierda!

Al llegar al hotel tomó el ascensor y, sin despedirse, desapareció hasta perderse pisos arriba.

Al día siguiente se presentó en mi habitación con la misma actitud de los días anteriores. Hablamos de la revista. Dejamos de lado cualquier situación personal. Discutimos sobre el origen etimológico de una palabra. No coincidíamos. Ajeno a sus intenciones le pedí que buscara en el diccionario que yo había colocado en unos anaqueles. Mientras ella cumplía con su cometido, yo continué calculando los fondos necesarios para mantenerme en París por un largo plazo y para medir las posibilidades de financiar por lo menos durante un año la revista *La Antorcha*. Las cuentas no me cuadraban. Mis planes se derrumbaban. Mientras pensaba en fuentes alternativas de financiamiento, no recordé que había guardado mi pistola .38, recortada, precisamente atrás de los libros. Si Calles mandaba por mí no me iría solo al otro mundo. Por lo menos me llevaría a un par de sicarios conmigo al viaje sin regreso… La posesión de un arma me parecía indispensable. No supuse que María Antonieta la encontraría ni menos que diera con el vocablo buscado y regresara a la pequeña mesa sin hacer el menor comentario. Más tarde entendí el sentido de la sonrisa sardónica dibujada en sus labios cuando volvimos a tomar la conversación y, peor aún, recuerdo la expresión de su rostro en el momento en que tomé la llamada de mi amante francesa, Consuelo Sunsín, quien me solicitaba un nuevo encuentro amoroso después de ir a cenar esa misma noche a un restaurante cercano a la Place Vendôme. Obviamente me negué, pero Antonieta se percató perfectamente bien de mi incapacidad de desperdiciar una sola noche sin estar acompañado de una mujer. Sin embargo, se cuidó de exhibir la menor señal de celos ni mostrar desilusión ni coraje. Nada. Cualquier manifestación sentimental resultaba inútil. Es más, en esos momentos ya todo le resultaba igualmente inútil, sólo que yo lo desconocía...

El día 10 de febrero fuimos al banco para retirar fondos, de modo que María Antonieta pudiera adquirir los dos boletos en la Compañía Francesa de Navegación para regresar a México. Todavía tendría que tramitar las visas respectivas en el consulado mexicano e ir a Burdeos por el pequeño Donald Antonio. Regresó tarde, muy tarde, tratando de despertar una escena de celos en mí cuando yo sólo esperaba el momento de acompañarla a la Gare du Nord a tomar el tren rumbo al Havre. ¿No resultaba increíble que una mujer tan rica, al extremo de poder financiar una buena parte de mi campaña electoral, se hubiera quedado en la miseria, y que yo —¿quién era yo económicamente?— tuviera que poner de mis escasos ahorros para pagar el viaje de regreso? ¿No era irritante el tema? María Antonieta Rivas Mercado, la niña mimada, la poderosa y envidiada heredera, la mujer multimillonaria no tenía ni para invitarme un par de café-crème en el bar más pobre de París. Si no hubiera sido por mí, Antonieta hubiera tenido que pasar la noche en una buhardilla en los alrededores del mercado de pescados y mariscos cerca del Boulevard Saint Germain. ¿Tener que cargar con ella y el chamaco en lugar de contratar a un linotipista para *La Antorcha*? ¿Gastar en su comida y en su alojamiento y no en rentar una mejor oficina con lo caro que resultaba un metro cuadrado? Definitivamente había dejado de ser una socia atractiva en todos los órdenes de la palabra y, lo peor de todo, el contacto con su piel no me producía la menor emoción. El lenguaje de la carne también se había extinguido. Su perfume ya no me decía nada, como tampoco me inspiraba su cabellera ni me llamaba la atención contemplar esquivamente el nacimiento de sus breves senos. Toda curiosidad se había agotado cuando es evidente que en las relaciones de pareja ambos desean saber hasta los mínimos detalles de la vida de la otra parte. ¿Cómo pasaste el día? ¿Qué fue de ti? ¡Cuéntame, quiero saber! A lo dicho: la curiosidad y el deseo habían desaparecido de la misma manera mágica en que habían llegado.

En ocasiones se desea sentir aun cuando se entienda que en el mundo de las emociones la razón no gobierna. De acuerdo, sólo que yo había llegado al extremo de ni siquiera desear. Es más, su presencia me agredía como puede acontecer con cualquier pareja, pero eso sí, insisto: mi amor no se acabó junto con su dinero, simplemente se erosionó porque sí. ¡Cómo nos hubiéramos divertido, en otro orden de ideas, si Antonieta hubiera tenido millones de francos para comprar un piso con vista al Sena y me hubiera prestado para comprar una imprenta! ¡Jamás hubiéramos vuelto a México! Nunca imaginé que, mientras yo la esperaba en la calle para ir a cenar, ella entraba en mi habitación para tomar la pistola. Se llevó el arma para esconderla en su baúl, al fondo de la escasa ropa que había traído de Burdeos. En la noche, a solas, escribió la siguiente nota dirigida al cónsul Arturo Pani:

> Antes de mediodía me habré pegado un balazo... Le ruego cablegrafíe (no lo hago yo porque no tengo dinero) a Blair y a mi hermano para que recojan a mi hijo... Mi hijo está en Burdeos: 27, rue Lechapellier con la familia Lavigne... Me pesó demasiado aceptar la generosa ayuda de Vasconcelos al saber que facilitándome lo que necesitaba, le robaba fuerza... De mi determinación nada sabe, está arreglando el pasaje. Debería encontrarme con él a mediodía. Yo soy la única responsable de este acto con el cual finalizo una existencia errabunda.[41]

En la mañana del 11 de febrero de 1931, Antonieta entró a mi habitación. Me informó que no regresaría a México por ningún concepto y que aceptaría un sueldo de taquígrafa en mi revista. Me negué alegando que una mujer con su talento literario y con su sensibilidad artística no estaba para tomar dictado ni para copiar textos. Le pedí que regresara a México para arreglar sus asuntos y que volviera en paz sin mayores complicaciones judiciales, una vez resueltos los pleitos con los acreedores hipotecarios, entre otros tantos más... ¡Cuántos créditos había solicitado entregando sus fincas como garantía para hacerse de dinero líquido a fin de financiar mi campaña! ¡Qué problema convencer a los bancos de las ventajas de una redocumentación! Sí, sí, que fuera a México y que dejara en orden sus asuntos con la esperanza de poder hacerse de más fondos para financiar ahora *La Antorcha*, la gran causa de la libertad y de la democracia mexicana e hispanoamericana.

—Me voy a suicidar, José...

Sin creerle, contesté sin mayores aspavientos:

---

[41] Bradu, 1991: 217-224.

—Pareces una niña caprichuda que ha perdido su juguete. Tu padre no está ni podría estar para resolver tus problemas. Enfrenta la realidad y trabaja. Aprende de una buena vez por todas a manejar la adversidad.

—Estoy hablando en serio, José.

—¿Ah, sí? —repuse enojado pero sin ponerme de pie para no dar tanta importancia a la escena—, en ese caso debes saber que quien se suicida antes que nada es un cobarde, un gran cobarde que se va por la puerta falsa sólo porque no es capaz de enfrentar sus responsabilidades y un tonto por no saber resolver los problemas que él mismo originó... Sólo los tontos y los cobardes se privan de la vida...

María Antonieta sonrió con una mueca de resignación y cansancio.

—Arréglate y vámonos a desayunar. Te espera un delicioso *croissant* relleno de chocolate —argüí en tono desenfadado.

Momentos después de nuestro obligatorio café-crème, nos separamos para cumplir con una cita contraída en el banco. María Antonieta tomó un taxi rumbo al hotel. Quedamos de encontrarnos de nueva cuenta en un famoso café del Boulevard des Italiens, a la una de la tarde. Almorzaríamos juntos. De sobra sabía yo que ella ordenaría una ensalada Niçoise con una doble ración de atún y una copa de Chablis bien frío. No me imaginaba lo que acontecería ese día...

Al llegar a su habitación, María Antonieta se dio un prolongado baño de tina; acto seguido se vistió con un deslumbrante traje de seda negra, adquirido en los años de bonanza, la prenda más elegante de que disponía. A continuación sacó cuatro objetos de su baúl: un abrigo y un sombrero del mismo color del que caía un velo muy corto que no le cubría todo el rostro; una pequeña bolsa de terciopelo y, desde luego, mi pistola .38 recortada. Una vez arreglada, se comunicó telefónicamente con Arturo Pani, cónsul de México, para ratificarle que había decidido ejecutar el suicidio esa misma mañana. La voz del diplomático suplicándole que la esperara dejó de escucharse cuando ella abruptamente colgó la bocina. Tomó un papel, con el nombre del hotel impreso en la parte superior, para escribir lo siguiente: «En este momento salgo a cumplir lo que te dije; no me llevo ningún resentimiento; sigue adelante con tu tarea y perdóname. ¡Adiós!»

A pie se dirigió a la isla de la Cité. No tenía mayor prisa en llegar a la catedral de Notre Dame, dedicada a María, madre de Jesucristo, Nuestra Señora, que tantas veces visitamos juntos deleitándonos, en uno de los escenarios góticos más hermosos del mundo, con los conciertos de órgano o con la *Misa Solemnis* de Beethoven o el *Réquiem* de Mozart. En ese momento no estaba ella para poner atención en el Sena, apacible y helado, ni le importaba el frío invernal que azotaba París con una dolorosa severidad. El cielo gris, congestionado de nubes densas, parecía caerse de un momento a otro, como si se tratara de un negro presagio. El viento no soplaba. La luz era mortecina. Antonieta caminaba y evaluaba su vida sin destino ni justificación alguna. En México sería arrestada por plagio, encarcelada por falsificadora y secuestradora de menor, además de otra serie de acusaciones como el desacato a un mandato de autoridad, entre otros cargos penales no menos graves. ¿Antonieta Rivas Mercado en prisión? ¿La multimillonaria mimada supuestamente por la vida tras las rejas? ¿Así saldría su foto en la primera plana de todos los diarios del país? ¿El hazmerreír de la sociedad mexicana, eternamente holgazana, morbosa, agiotista y apática? No tenía recursos ni para contratar a un buen abogado ni menos para hacer frente a la catarata de deudas contraídas. La miseria y el desprestigio también la esperaban tan pronto descendiera por la escalinata del barco en el puerto de Veracruz. Albert Blair le arrebataría para siempre a su hijo Donald Antonio. Perdería la patria potestad. Sus hermanos, Mario y Alicia, la despreciaban por inmadura, torpe, irresponsable, derrochadora, dispendiosa y despilfarradora. ¿Cuál era la idea de apostarle todo a un hombre casado, incapaz de divorciarse, sin futuro, inmoral por lo que se sabía de sus amantes, a quien únicamente lo movía la fortuna de María Antonieta? Ese mal bicho, repetía Mario hasta el cansancio, se parece a las palomas de las plazas públicas europeas, son juguetonas y simpáticas siempre y cuando no se te acabe el maíz de las manos para que lo coman a placer. Cuando el alimento se acaba simplemente vuelan y se apartan dejándote picoteado y lleno de mierda y lodo…

¡Qué palabras tan sabias! ¿Dónde estaba su papá para ayudarla en la peor coyuntura de su existencia? ¿Talentos? Los tenía de sobra y, sin embargo, jamás había sabido ni podido lucrar con sus enormes fortalezas. Sabía escribir pero nunca rebasaría el círculo infernal de la mediocridad. ¿Pintar, bailar, dedicarse a la filantropía desde la miseria, traducir obras clásicas, ejercer la política, sacar fotografías? ¿Una nueva pareja en caso de quererla? ¿En la cárcel…? Todo era inútil. Ningún tema le despertaba interés ni le producía la menor emoción… ¿Qué tal entonces un impacto de bala sonoro, estridente, escandaloso para llegar de inmediato al reino del eterno silencio?

Ahí no había angustias ni dolores ni pesares ni insolvencia ni celos ni pasiones incontrolables. Con qué facilidad se resolvía todo: un simple balazo y ya. A otra cosa. No tendría nada qué discutir conmigo ni suplicarme el empleo de taquígrafa, ¿ella taquígrafa?; ni le arrebatarían a su hijo ni existirían prisiones ni hambre ni pánico ni sociedad ni dolor ni rabia ni impotencia ni nada de nada de nada…

Al entrar por la imponente fachada principal se desplazó como una parisina que ya no se sorprende por la belleza de los monumentos de la Ciudad Luz. Olvidó nuestras conversaciones en torno a Quasimodo, quien se había enamorado de una gitana conocida como Esmeralda, y no volvió a imaginar la coronación de Enrique VI durante la guerra de los Cien Años o la de Napoleón Bonaparte, emperador de Francia, acompañado por su esposa Josefina de Beauharnais, quien lo engañaba en sus largas ausencias militares hasta con el jardinero de su residencia. Tampoco pensaría en la beatificación de Juana de Arco ni en el montaje de estos apoteósicos escenarios. No había tiempo ni interés en hurgar en su mente confundida para rescatar recuerdo alguno. ¿Qué sentido tenía? Si ella había apostado todo a mi causa y a mi persona y ahora empobrecida yo no la quería ni siquiera de taquígrafa… En la vida se apuesta y se gana y se pierde: ella perdió al igual que yo, pero yo nunca pensé en quitarme la vida. Todavía tenía mucho qué decir y hacer…

Recorrió el pasillo principal hasta sentarse en la primera banca, en la nave central, de cara al Cristo Crucificado. ¿La perdonaría el Señor por quitarse la vida que Él le había dado? Ya tendría tiempo de discutirlo en el más allá si es que para ella había más allá y si es que había Dios, Señor, vírgenes, ángeles, arcángeles, santos y beatos. Sentada y sin quitar la vista de Cristo introdujo su mano derecha en el bolso. Sintió helada el arma. El frío de París también la había congelado. Se cubrió el rostro inclinando el sombrero y encorvándose de tal manera que nadie pudiera advertir sus intenciones. Tomó la pistola por la cacha, puso el dedo en el gatillo y la extrajo lentamente hasta colocarse el cañón en dirección al corazón. Imaginó el rostro comprensivo de Jesús y disparó sin más, permaneciendo inmóvil unos instantes antes de precipitarse al piso. El balazo produjo un eco siniestro en la casa de Dios. Los sacerdotes salieron aterrorizados de los confesionarios y de la sacristía temiendo que Lucifer hubiera violado el sagrado recinto, sólo para encontrarse con una mujer muerta tirada en el suelo, con rostro angelical, rodeada de un espeso charco de sangre. ¡Qué gratificante y contagiosa expresión de paz ostentaba María Antonieta! La había conquistado a pulso.

«Las puertas de Notre Dame permanecieron cerradas toda la tarde del miércoles 11, mientras era reconsagrada con mucha prisa (con un ritual de purificación que ofreció el canónigo Fauvel...) pues al día siguiente tenía que celebrarse un Tedeum solemne por el noveno aniversario de la coronación de Pío XI.» Cuando la policía encontró la llave del hotel en su bolsa, fue muy fácil dar conmigo. Sorprendido por el precio de una tumba personal, pedí el costo de una fosa común. Era gratuita. Me sentí entonces obligado, quién sabe por qué, a pagar aun cuando fuera por cinco años el importe de una sepultura personal para María Antonieta. Ni hablar. En 1936 caducaría la concesión de su tumba y si sus restos no eran reclamados por la familia, serían trasladados a la fosa común, de acuerdo con lo estipulado en el contrato. Según supe después, su osamenta fue a dar efectivamente a una fosa común, nadie se acordaba de ella, miserables malagradecidos, mientras ya se escuchaban en España los tambores del fascismo, sonido que llamaba en forma poderosa mi atención por las ventajas que podría representar su imposición en México. Hitler llevaba tres años en el poder. Yo podría abanderar el nazismo en México y catapultarme hasta la presidencia de la República. ¿Ya no estaba Antonieta? No importaba, siempre habría otras herramientas para conquistar el poder...

Después del suicidio de María Antonieta viajé, troté por el mundo, escribí, divagué hasta que en septiembre de 1932, por los días en que Ortiz Rubio, presidente de México impuesto por Calles, presentó su renuncia presionado por el mismo a quien le debía el puesto, me vi obligado a suspender la publicación de *La Antorcha* ante la imposibilidad de cubrir siquiera los gastos, para ya ni hablar de las utilidades con las que soñé infructuosamente durante mucho tiempo. Bienvenido el mal si viene solo. Además del suicidio de mi amada y de la quiebra de mi revista, en 1933 fui brutalmente expulsado de mi propio partido, el Nacional Antirreeleccionista, el instituto político que lanzó mi candidatura para la presidencia de la República, con el argumento de que yo había perdido la razón y me había instalado en la locura. ¡Habráse visto semejante injusticia! Nunca me he encontrado a un mexicano bien agradecido. La hierba mexitl es una hierba maldita y venenosa que se daba en las orillas del Lago de Texcoco, precisamente en el lugar donde los aztecas fundaron su imperio. De ahí, de esa hierba maldita, deriva el nombre *mexica*, México y sus habitantes mexicanos, malditos y venenosos por definición.

El 15 de septiembre de 1933 escribí una carta dirigida a la intelectualidad mexicana, de la que entresaco los siguientes párrafos para dejar constancia de mi absoluto desprecio respecto a dichos pensadores:

> Desde antes del 29, en el 25, denuncié yo ante la nación mexicana el abismo a que la arrastraría el hecho insólito, aun en la patria de Huitzilopochtli, de que un Calles asumiese el mando sin más posibilidad de programa que el asesinato como sistema... Ofrecía Mr. Morrow dos ministerios para mis partidarios y para mí la Universidad con todo y su autonomía portesgilista. Decliné el honor que Mr. Morrow me hacía y aconsejé a cada mexicano que tuviera vergüenza, que se preparara para batir con las armas y con las uñas a toda la canalla que ha contribuido a que tal proposición de Morrow pudiera surgir... Ya lo he dicho por ahí: si alguna vez, como lo deseo, cuelgo yo a Calles, no habré hecho otra cosa que cumplir la justicia en un reo. En cambio, si alguna vez Calles me cuelga a mí, no habrá hecho otra cosa que convertirme en un ilustre mártir. Estas pequeñas y grandes diferencias dan su sentido a toda la historia de nuestra noble y admirable humanidad... Denuncié a Carranza como un corruptor de la Revolución, fui echado del país a balazos por los soldados de Carranza, que todavía en el Paso del Río me mataron a dos de mis mejores y más queridos asistentes, dos nobles muchachos de no más de veinte años. [El] Plan de Guaymas... llama al pueblo mexicano a las armas para la defensa de sus derechos escarnecidos. Después de intentar un levantamiento personal y habiéndome fallado los comprometidos, me fui al extranjero para procurar desde allí el cumplimiento del plan tal como lo hizo Madero, yéndose a Texas, y Obregón, escondiéndose y escapando a la policía carrancista...
>
> ...Me regocijo con la ignominia de mi incomprensión.
>
> ...Mi cabeza, cabeza dura la mía; dura a los golpes y firme a las convicciones; linda cabeza, créamelo, y con la de Alamán, la única cabeza que ha llegado a un Ministerio mexicano, y que se perdieron ustedes de tenerla de presidente. Yo me alegro de que me hayan robado la Presidencia, que gané por votos, porque ya me tendrían hastiado mis yerros. Figúrese usted, hubiera yo formado gabinete en parte con ustedes. Y aunque ustedes no me hubieran rehusado en tal caso, yo andaría ya cuesta abajo con mi prestigio, hoy intacto, luminoso y espléndido. Un sol menos para los ciegos del alma.[42]

[42] Vasconcelos, 1933: 15-25.

344 FRANCISCO MARTÍN MORENO

Escribí y escribí y seguí escribiendo hasta publicar *De Robinson a Odiseo*. En Chile se editó *Bolivarismo y monroísmo*, en donde Juárez encarna al panamericanismo traidor en tanto Lucas Alamán representa al hispanoamericanismo patriótico. Por supuesto que mi tesis implicaba una inversión de los valores que veneramos en México, desde que el maldito indio zapoteca hizo triunfar a la República, pero así era necesario: todo el liberalismo está contaminado de masonería yanqui. Es necesario ser liberal y tolerante pero sin yanquismos. Desde Argentina dije:

> ...pero si el pueblo mexicano se levanta en armas haciendo honor a su vieja tradición de valentía y amor a la patria y a la libertad, marcharé inmediatamente a incorporarme a sus filas para arrostrar su suerte en esta nueva jornada que tiene mucho de liberación regeneradora... Hay situaciones que sólo se resuelven con las armas en la mano, y la de mi pobre país es una de ellas. Pueden ustedes decir que José Vasconcelos sabrá siempre cumplir con su deber...[43]

Cuando pensaba en instalarme en Ecuador después de un largo peregrinaje en América Latina, fui informado de que Calles había encumbrado como presidente de la República al general Lázaro Cárdenas, obligando al nuevo jefe de la nación a que incluyera en el gabinete a uno de los hijos del Jefe Máximo. Por eso declaré que «la mafia de los malos dirigidos por Calles simplemente había caído en manos del ridículo neófito de Cárdenas». ¿De dónde tendría Cárdenas el talento y las agallas para encabezar el Poder Ejecutivo, inexperiencia que se demostró al principio de su gobierno cuando se recrudecieron las tensiones entre el Estado y el clero? La Iglesia, por toda respuesta, se vio obligada a organizar la Legión, una estructura celular secreta regida por un consejo supremo, una instancia parecida a la Asociación Católica de la Juventud Mexicana o a la Liga Nacional de la Defensa de la Libertad Religiosa, ambas instituciones tan directamente vinculadas a nuestra santa guerra Cristera de 1927 y 1928 y al heroico asesinato del presidente Álvaro Obregón. México necesitaba calcar las bases ideológicas del falangismo español y organizar de esta suerte la Unión Nacional Sinarquista. Se

[43] Cárdenas, 1982: 235.

requería la creación de un Estado clérigo-militar para controlar al país con mano de acero y el debido consuelo espiritual a fin de lanzarlo a la conquista de un mejor futuro.

Los obispos católicos exiliados conjuraron justificadamente en contra del gobierno cardenista: fue entonces cuando me buscaron en los Estados Unidos, me costearon el viaje a Nueva Orleans con el objetivo de planear una nueva rebelión cristera que me conduciría hasta la presidencia de la República. Las posibilidades de convertirme en el principal inquilino del Castillo de Chapultepec se dispararon hasta el infinito. Contaría yo con todo el apoyo financiero de la Iglesia y además con los inmensos recursos de acaudalados hombres de negocios que deseaban imponer a un nuevo Porfirio Díaz o a un Victoriano Huerta en el máximo poder mexicano. Reformaría el artículo 3º constitucional, además de cualquier otra disposición anticlerical contenida en la Carta Magna promulgada en 1917. Al diablo con las malditas Leyes de Reforma, ordenamientos suicidas y heréticos que habían sido especialmente útiles para hundir a México en el atraso y apartarlo de las sagradas bendiciones divinas impartidas por el gran Señor de los cielos. Soñaba con devolver a mi querida Iglesia la posición que había tenido durante el virreinato, de tal manera que cogobernara a nuestro país en beneficio de todos nosotros, sólo que los planes de la rebelión se vinieron abajo y fueron desechados en razón de que Cárdenas le extendió sorpresivamente las debidas garantías a nuestro clero católico. Sobra decir que me quedé abandonado, solo y frustrado en Nueva Orleans, soñando con una presidencia a la que tal vez jamás tendría acceso. ¡Cuánto malestar me produjo haberme quedado al garete nada menos que en Nueva Orleans, el puerto norteamericano desde el cual Juárez, ese cochino indio zapoteca, y su pandilla empezaron a tramar ya desde antes de la promulgación de la Constitución de 1857, la emisión de las Leyes de Reforma que desquiciarían el futuro de México!

Desde un principio proclamé que si había veinte hombres en México que me acompañaran a una sierra maestra, en el acto me les uniría. En una carta exigí que me proporcionaran cien mil dólares para el viaje, pero ante el escándalo armado por Salvador Azuela, tuve que bajar mis pretensiones a tres mil dólares, mismos que nunca me llegaron. ¿Qué hacer otra vez sin dinero?

Nada, no podía armar ningún plan, ya no se diga ejecutarlo. La vida se me complicó en Estados Unidos cuando el padre de una *po-*

346 FRANCISCO MARTÍN MORENO

chita me acusó en los tribunales de haber abusado de ella, siendo que, menor de edad o no, por supuesto que yo no estaba para pedirle su acta de nacimiento como lo haría un agente del Ministerio Público; se metió en mi habitación medio desnuda, por lo que tuve que hacerle todos los honores a una hembra inocente y prácticamente intocada. Por esos días en que me preparaba para el litigio y la deshonra fui expulsado, para colmo, de ese maldito país del modo más indigno y sin recibir explicación alguna. ¡Fuera! De golpe me vi en la frontera, obligado contra mi voluntad a volver a México...

En todo momento recibía un sonoro revés ante mis pretensiones, por todo ello en 1940 reingresé abiertamente a la Iglesia católica con el propósito de erigirme como su principal intelectual en México, algo así como un luminoso profeta. Fue precisamente en ese año cuando fundé una nueva revista, *Timón*, creada para conquistar todas las simpatías posibles a favor de Hitler y de Mussolini. Me convencí de que con la dictadura ilustrada que ellos encabezaban se lograría más velozmente elevar el nivel de vida de los países escasamente civilizados, necesitados de ser guiados por un dedo de acero. «En países incapacitados para la democracia es saludable que una mano fuerte defienda la raza, las costumbres, la personalidad y la soberanía nacionales, así como las fuerzas latinoamericanas del hispanismo y la religión católica.»

En *Timón*, la revista por la que mis eternos enemigos me atacaron alegando que constituía una mancha muy grave en nuestro *Ulises criollo*, sin detenerse a considerar que se trataba de ideas llamadas a construir el México del futuro ante el fracaso de la democracia inserta en un contexto de analfabetismo e ignorancia, precisamente en *Timón* publicamos «El significado del laicismo»:

> A nosotros nos impuso el laicismo el grupo poinsetista encabezado por Gómez Farías, el mismo que después, con Benito Juárez, entregó el territorio de México a la economía yanqui y el alma nacional a los protestantes... Entre nosotros, el laicismo tuvo por objeto combatir el catolicismo, arrancarle sus colegios para dárselos a los protestantes norteamericanos... Fue impuesto a sangre y fuego, con el fuego de cañones norteamericanos... Nos produce cólicos de alimento podrido, nos mantiene con la ponzoña viva en el cuerpo moribundo.[44]

---

[44] Editorial de *Timón*, 30 de marzo de 1940, citado por Bar-Lewaw, 1971: 5.

La embajada de Alemania en la ciudad de México buscaba febril-
mente a un individuo o a un grupo de personas auténticamente
mexicanas que gozaran de cierta fama y prestigio nacional o, si fuera posible, continental, para explicar su punto de vista en esta parte
del mundo. ¡Claro que lo encontró en mi persona, en José Vasconcelos...! Sólo que para efectos de los mal pensados, sepultamos bajo
siete metros de tierra, en un cofre de granito herméticamente cerrado, los verdaderos secretos de mi relación con ellos. Hoy en día no
tengo objeción en que se sepa que la revista *La reacción* era la expresión de los círculos derechistas en México con una fuerte inclinación hacia los países del Eje, Alemania, Italia y Japón, mientras
que *Timón* era el órgano de Goebbels destinado a ayudar, con la palabra escrita, a la máquina militar nazi de aquella época. No es el
momento en que deba ocultar por más tiempo que yo era el director, y a mucha honra, de dicha publicación.

Cuando se habla de imponer en México un gobierno con mano
de acero, pienso que el camino adoptado por Porfirio Díaz durante
más de treinta años era el adecuado, sólo que su gestión se desvió de
sus objetivos centrales para desembocar en una pavorosa revolución.
La equivocación está a la vista. Después del movimiento armado ad-
vino un gobierno presidido por asesinos y bribones como Carranza,
Obregón y el propio Calles, cuando la sociedad anhelaba el arribo
de la democracia, de la libertad dentro del feliz imperio de las garantías individuales. Las administraciones de los tres pseudolíderes
invariablemente se condujeron fuera de la ley, con todas sus consecuencias. Adiós al orden y, por ende, adiós al progreso. ¿Por qué
evoluciona tan bien Alemania en el contexto mundial? La respuesta
es muy simple: los germanos aman el orden, han sido educados para
ello, razón que les permite disfrutar una envidiable evolución social.
Los germanos aman la academia, de donde se desprende su éxito
económico y científico a escasos veinte años de concluida la Gran
Guerra. Los germanos aman la precisión, de ahí que hubieran electo
a un gran líder, como el Führer, para dirigir los esfuerzos coordina-
dos del pueblo alemán hacia un objetivo concreto y específico que
jamás alcanzarían si no contaran con el mismo nivel de educación.
En México no sólo hace falta una mano dura, sino una mano dura
que ordene, que coordine, que eduque, que dirija, que cultive, que

oriente, que planee, que organice y sistematice a la sociedad, en fin, un gobierno presidido por un déspota ilustrado, un militar amante fervoroso de la religión, que imponga simultáneamente el rigor ético y moral necesario para alcanzar las metas industriales, agrícolas, educativas imprescindibles para estructurar el gran edificio de la nación, el mismo en el que habremos de vivir por el resto de los años los mexicanos de todos los tiempos. Francisco Franco, dictador español, es otro de los ideales a los que debemos aspirar.

Tenemos que forjar, en las aulas, el orgullo de nuestra nacionalidad, aquilatar nuestros tamaños para conquistar el mundo entero, calibrar nuestras potencialidades para emplearnos a fondo en los objetivos planteados, prepararnos militar y religiosamente para dar el gran salto, tomados de la mano con el mismo nivel educactivo hacia el horizonte con el que todos invariablemente hemos soñado. Tenemos que educar a la fuerza a la nación, ordenarla a la fuerza, coordinarla a la fuerza, orientarla a la fuerza, dirigirla a la fuerza, hacerla crecer a la fuerza, enriquecerla a la fuerza, prepararla a la fuerza, obligarla a creer en nosotros mismos a la fuerza, rescatar a la fuerza sus valores y nadie mejor que Hitler para alcanzar esas metas a fin de compartir, también a la fuerza, nuestra ansiada prosperidad inserta dentro de un esquema de principios religiosos. Por ello escribí el siguiente editorial en el primer número de mi revista *Timón*, ya financiada holgadamente con dinero alemán. Así pondríamos la primera piedra del México del futuro:

> En las marejadas y torbellinos del momento actual, más que en época alguna, hace falta, a la nave de los destinos colectivos, un timón que la dirija en la marcha. Pero el manejo del timón supone conocimiento de la ruta, firmeza de puño y audacia de la voluntad... Se habla hoy de la defensa de la Democracia, que se supone amenazada por las dictaduras totalitarias, como si hace tiempo no la hubiera ya enterrado el capitalismo en los países dominadores y entre nosotros el militarismo que, al servicio del extranjero, nos ha impuesto instrucciones y opiniones, ideas y gobiernos. Por lo mismo a nadie engañan... Lo importante para nosotros, de la situación internacional, es que se están debilitando las potencias bajo cuya hegemonía padecemos desde hace siglo y medio. Ni Inglaterra volverá a lo que fue; ni Francia tornará a ser el feudo de frentes populares... ni los Estados Unidos van a escapar al cambio universal. Este cambio que se les está volviendo al revés... Una nueva era surgirá en la historia, a consecuencia de la guerra que

se está librando hoy. Y en esta nueva era los pueblos de América hallarán renovada oportunidad para organizarse conforme a su tradición y su sangre, y según sus antecedentes cristianos libres de las imposiciones francas o disimuladas del poinsetismo... Transformaciones profundas se incuban en los Estados Unidos del Norte... Y esas transformaciones que ya se vislumbran, repercutirán de inmediato entre nosotros... Y sin embargo la oposición misma... tímidamente reclama el cumplimiento de la Constitución como si no fuesen, la actual y todas las constituciones poinsetistas que hemos soportado, la causa primordial de nuestros males... Por el momento, nuestro interés reside en el debilitamiento de la hegemonía anglosajona en el Planeta... Por eso mismo nuestro esfuerzo combativo ya no se limitará al presente y a la situación local, sino que buscará más bien la raíz de nuestros males para prender en ella el fuego purificador... Creímos habérnoslas con el caudillismo nacional y detrás de sí asomó la faz turbia del internacionalismo falso que disimula las rapacidades del Imperio racial anglosajón. El mismo que nos prohíbe a nosotros hablar de ideas de raza... Por eso nuestra lucha no es nada más de desesperación, contiene asimismo semilla de esperanza, quizá también promesas de victoria. ¿Cuándo...? ¡Qué importa cuándo![45]

A lo largo de las páginas de *Timón*, sostuve y sostuvimos que «Hay que hacer limpieza» y abogar por la expulsión de elementos judíos de la República Mexicana... «México no puede transformarse en la cloaca máxima de todos los detritus que arrojan los pueblos civilizados.» Informamos acerca de los tenebrosos planes de los judíos, una de las causas determinantes del antisemitismo alemán. «*Ante el Destino*», expresamos la esperanza de la victoria total de los nazis: «La Historia está en marcha, dijo hace tiempo un profesor alemán y, nunca como ahora, la frase resulta más exacta. Los acontecimientos bélicos se precipitan con tal rapidez, que nada puede pronosticarse con una hora de anticipación...» «Hasta las piedras saben que la democracia quedó enterrada desde el día en que los principales pueblos de la época entregaron sus destinos, ya no la libertad de sufragio, como en las pequeñas repúblicas medievales de Italia, o de España, sino a las mafias judeo-masónicas que han venido explotando el afán y la angustia, la inocencia y la desventura de las naciones.» La América española ganará después de

---

[45] *Timón*, núm. 1, 22 de febrero de 1940, citado por Bar-Lewaw, 1971: 25-29.

la victoria alemana una mayor libertad de comercio: «Alemania se levantó... para construir lo que será, ya mañana, el primer imperio de la época».

Nuestra revista fue censurada y después cancelada abruptamente por el general Cárdenas. ¿Qué se podía esperar de un inquisidor, de un militar que sólo sabe dirimir las diferencias a balazos? Mientras circulamos aduje que «México debe abandonar la Liga de las Naciones». «El cristianismo, amenazado durante largas épocas, una y otra vez retorna a conquistar lo suyo. Hitler, aunque dispone de un poder absoluto, se encuentra a mil leguas del cesarismo. La fuerza no le viene a Hitler del cuartel, sino del libro que le inspiró su cacumen. El poder no se lo debe Hitler a las tropas, ni a los batallones, sino a sus propios discursos que le ganaron el poder en democrática competencia con todos los demás Jefes y aspirantes a Jefes que desarrolló la Alemania de la posguerra... Las raíces de Francia... son raíces católicas, incompatibles en consecuencia, con las finalidades del Gran Oriente... Alemania está ganando, y lo decimos y esto ofende a nuestros enemigos. No sólo lo decimos sino que lo previmos. El no habernos equivocado es la causa que nos ha concitado enemistades... Nuestra revista es la mejor impresa, la mejor presentada y la más notoria de las que se publican en el país. No contamos, pues, sino con el favor del público...

¿Qué tal ese hermosísimo párrafo que habla del *fuego purificador*?:

> Sea «misántropo» el nombre más dulce para mí y los rasgos de mi carácter el mal humor, la aspereza, la grosería, la ira y la carencia de humanidad. Si alguna vez veo a alguien que se abrasa en el fuego y me suplica que le salve, apagaré sus llamas con pez y aceite; y si el río, desbordado por la tempestad, arrambla con algún hombre y éste me tiende sus manos y suplica que le saque de allí, le empujaré y hundiré su cabeza bajo las aguas, de modo que no pueda flotar ya más. Así recibirán su merecido. Ha propuesto esta ley Timón, hijo de Equecrátides, del demo de Colito, y el mismo Timón la ha presentado a la aprobación de la asamblea. Bien.
>
> Aceptemos dicha ley y ciñámonos a ella con firmeza.
> Luciano de Samosata, *Timón o el misántropo*.

Estuve conforme con respaldar la idea de que «todo aspirante a dictador en América Latina está moralmente obligado a visitar al

Führer, al Duce y al Papa. Según las vinculaciones financieras, las órdenes decisivas se reciben de uno u otro: en Chile se prefiere la voz de Hitler y en Argentina la de Mussolini. Es como la meca para los musulmanes y Jerusalén para los cristianos. Por todo ello estaba yo de acuerdo en que las legiones nacionalsocialistas de México recibieran gran cantidad de armas directamente de Alemania para ayudar al general Cedillo que organizaba un movimiento armado en las Sierras de Guadalupe para derrocar al gobierno cardenista. Mi esperanza radicaba en que un golpe de Estado dirigido desde Alemania en contra de Cárdenas, simultáneamente auspiciado por la Iglesia católica, me pudiera conducir finalmente al poder. Ni Obregón ni Calles me hubieran permitido jamás acceder al Castillo de Chapultepec porque ambos sabían que dicha decisión implicaría la destrucción de su carrera política. Claro que no creían en la democracia, claro que jamás la habrían impulsado, claro que sus promesas republicanas no fueron sino meras patrañas, claro que intentaban apropiarse del poder y morirse con la banda presidencial en el pecho asfixiando a nuestro país mientras que ellos y los integrantes de su banda lo saqueaban a placer.

¿Por qué no decirlo en esta hora suprema? Yo contaba con cuatro radioemisoras a mi servicio durante la primera mitad de 1940. Ahí estaba la XERC, 830 kc., en la ciudad de México, que transmitía programas pro nazis desde las ocho y media de la mañana hasta las once y media de la noche, y la XEHV, 1420 kc., de Veracruz, que transmitía desde las siete de la mañana hasta la medianoche. También en Veracruz las radioemisoras XEU y EEUW, 1000 kc., transmitían igualmente, con la debida discreción, programas pro hitlerianos. Toda herramienta era válida con tal de sacudirnos el dominio político y económico de Estados Unidos. Nuestro ideal consistiría en estar cerca de Dios y lejos, muy lejos de Estados Unidos y, obviamente, no porque hubiera sido expulsado de aquel país en 1938 debido a razones que yo juzgo desconocidas...

Pero no podíamos depender del éxito militar de Hitler para continuar con nuestro proyecto de rescate y reconstrucción de México. Dios estaba con nosotros, era obvio, pero al mismo tiempo resultaba imperativo crear una infraestuctura política que facilitara la defensa de los intereses clericales y desde la que se pudieran impulsar reformas constitucionales para consolidar el reino de Dios, aquí en la Tierra. Nuestro lema tenía que haber sido «Hitler, Dios y dictadura». Así podríamos modificar el artículo 3º de nuestra Carta Magna, de tal suerte que la educación que impartiera el Estado fuera obligatoriamente la católica. ¡Cuánto trabajo habría que realizar para desmantelar el aparato juarista, pero habría que lograrlo y, para ello, nada mejor que recurrir al sinarquismo!

El alto clero, inteligente y capaz, conocedor de la psicología popular, se encargaría, desde las sombras, de explotar hábilmente la ignorancia y los sentimientos religiosos de algunos sectores de la población para alcanzar nuestros objetivos políticos... La Unión Nacional Sinarquista fue fundada oficialmente el 23 de mayo de 1937. Un mes después fue lanzado nuestro primer manifiesto, titulado *Patria, justicia y libertad*. Por supuesto que en 1941 llegó a mis manos el informe del *attaché* militar norteamericano respecto a los agentes nazis en México: Oscar Hellmuth Scheller, uno de los padres del sinarquismo mexicano, y Otto Gilbert, estaban estrechamente conectados con los sinarquistas; su centro de operaciones se hallaba en Guanajuato; la Iglesia católica estaba presente en el movimiento en tanto que los líderes sinarquistas actuaban con miras a hacerse del gobierno nacional. A mí, José Vasconcelos, me identificaban como el subcomandante de la Unión Nacional Sinarquista y, la verdad, no estaban nada lejos en sus apreciaciones. Yo alentaba a los miembros de la UNS asegurándoles: «Veo que ustedes están bien organizados y resueltos [...] ya sobran mártires y es necesario organizar ahora falanges que sepan vencer». «Todas las fuerzas enemigas de la Revolución mexicana se aplicaron con ganas a la tarea de estructurar ese partido y, al fin, lo consiguieron: la Unión Nacional Sinarquista es el instrumento político más perfecto que haya tenido jamás la reacción en México desde la Independencia a esta fecha.» La organización totalitaria dirigida por nazis encubiertos, a través de la Falange Española, creada para contrarrestar la *anarquía* e imponer dictaduras fascistas, contaba con un escaso margen de error porque los jóvenes sinarquistas habían sido adiestrados por jesuitas, quienes, entre otros, jalaron los hilos de la insurrección cristera, el levantamiento armado diseñado para derrocar al gobierno mexicano presidido por Calles. Los mismos que dirigieron la guerra cristera formaron la Unión Nacional Sinarquista de México y el PAN, nuestra gran esperanza para erigir un nuevo reino de Cristo en México. «El programa sinarquista, diseñado por falangistas, apunta hacia el establecimiento de un Estado totalitario bajo el dominio de España, donde México formaría parte de un nuevo imperio español dominado por Alemania.» ¿No era una genialidad que nos garantizaría el progreso que finalmente habíamos buscado desde la primera noche de los tiempos? Seamos claros: «Acción Nacional, el PAN, es un grupo interconexo de estratos superiores de la vida mexicana y forma parte del movimiento falangista». Queremos mártires «porque la sangre de los mártires Dios la pide para salvar a México...» Salvador Abascal, nuestro pequeño Führer mexicano, nos deleitaba a todos cuando entonaba un canto de lucha: Fe, Sangre, Victoria...

Ya es hora que se sepa que, en efecto, yo, sí, yo, José Vasconcelos, era uno de los subjefes de la Unión Sinarquista Nacional, al mismo tiempo que Manuel Gómez Morín, éramos miembros del Consejo Falange-Iglesia, también conocido como Consejo de la Hispanidad, o simplemente La Base, que controlaba a la Unión Nacional Sinarquista, un movimiento social cristiano de extracción auténticamente mexicana, la esperanza de los pobres de México a través de los nazis y de la Falange Española y de los elementos fascistas en la Iglesia.

Los cimientos del México del futuro ya estaban bien firmes. Confieso, lo confieso: intenté ser gobernador de Oaxaca y perdí al ser víctima de una trampa más de Obregón. Intenté ser presidente de la República al ganar las elecciones en 1929 y volví a perder. Después, durante el gobierno de Cárdenas me ofrecí como candidato neocristero y volví a fracasar. Acto seguido me acerqué al Calles desterrado y amargado en el exilio, para proponerle un movimiento militar encabezado por mí para derrocar al trompudo de Cárdenas pero volví a fracasar. Toda la ayuda que me extendió fue un cheque de mil ochocientos dólares entregado por él mismo. La vida me permitió hacer las paces con él y hasta formar una muy respetuosa guardia de honor el día de sus exequias fúnebres. Cómo cambia la vida, ¿no...? A los enemigos eternos también es menester perdonarlos. Así procedí con Gonzalo N. Santos, asesino de Germán del Campo, y con el general Amaro, ministro de Guerra en los años negros del callismo. El rencor es veneno retenido. Mi última gran oportunidad de hacerme del poder la perdí cuando los Aliados derrotaron a las Potencias del Eje, en 1945. Era claro que Hitler ya no podría ayudarme a materializar mi más caro anhelo. Franco negoció en forma truculenta con Roosevelt y Truman de tal manera que mi querido dictador español se olvidó de impulsar el fascismo en América, de acuerdo con sus intereses políticos.

¿Amores? A mi querida Antonieta, Valeria para ocultarla de toda suspicacia, le dediqué mi libro *El proconsulado*, mi desconsolada autobiografía, con las siguientes palabras: «Dedico este volumen a la memoria de Doña A.R.M. y de todos los que cayeron por el ideal de un México regenerado». De haber engañado a María Antonieta aquella mañana del 11 de febrero de 1931 expresándole falsas palabras de amor, ¿cuánto tiempo hubiera podido resistir el embuste cuando ya no había nada entre nosotros? Se hubiera suicidado un día, un mes después, al descubrir mis verdaderos sentimientos...

En 1943 conocí a Esperanza, una pianista excepcional que me dio un hijo excepcional, Héctor, mi querido Héctor. Quiero dejar constancia de mis sentimientos otoñales al confiarle al lector el siguiente párrafo:

Amor otoñal

Esperanza querida:

Te escribo para convencerme a mí mismo de que existes y eres una realidad maravillosa, y no fue sueño el momento de anoche, ni las breves horas que hasta la fecha he pasado mirándote, asombrado y dichoso de verte. Se va detrás de ti todo mi corazón... Con todo el cuerpo me gustas y al mismo tiempo se me llena el alma de dulzura si pienso en tu cariño y tu bondad... Que seas feliz, que seas gloriosa, tal es mi deseo... Me limito a decirte que pienso en ti con lágrimas en los ojos... También quiero pedirte que creas en mí... Gloriosa, gloriosa, cuando un alma descubre otra alma que le inspire amor... Te amo, Esperanza querida, pero no con amor exigente, egoísta; te amo con dulzura profunda, como de viejo a joven.... Tus manos que vuelan sobre el piano, dominadoras y suaves, pasean así sobre mi corazón... Beso tus manos gloriosas y suaves, dominadoras y dulces. Esperancita grande: hasta pronto, a las 6:30 según quedamos, pasaré por ti. Devotamente.

Febrero 19 de 1943.
JOSÉ VASCONCELOS.
¡A Esperanza con locura![46]

---

[46] Taracena, 1982: 148.

Ahí está mi obra. Mi gestión como secretario de Educación en el gobierno de Obregón, un salvaje, un criminal que yo ayudé con mi titánica obra educativa a que pasara a la historia. ¿Otro de mis orgullos? Mis libros, mis publicaciones como *Pitágoras*, *El monismo estético*, *La raza cósmica*, *Indología*, *Metafísica*, *Pesimismo alegre*, *Estética*, *Ética*, *Historia del pensamiento filosófico*, *Lógica orgánica*, *Teoría dinámica del derecho*, *La intelectualidad mexicana*, *Ulises criollo*, *La tormenta*, *Breve historia de México*, *El desastre*, *El proconsulado* y *El ocaso de mi vida*, además de cientos de artículos, sin olvidar mis revistas, a través de las cuales también quise influir en los míos. Nunca me movió la tenencia del poder sólo por el poder. ¡No! Si lo busqué fue invariablemente para poder construir un México mejor a través de un brusco golpe de timón. Eché mano de la política para ejecutar un cambio tan inaplazable como imprescindible. Manipulé todo tipo de herramientas para lograr mis objetivos, algunos de ellos tal vez deleznables para muchos lectores, sin embargo, volví a fracasar. Ni con las letras ni con la fuerza accedí a las máximas alturas del poder político, desde donde podría haber cambiado para siempre el rostro de México. Me dediqué después, y así lo dije, a la lambisconería política, si bien ya nadie pudo removerme de esta biblioteca, la Biblioteca México, mi feudo, mi búnker, donde me apresto a dejar escondida esta melancólica confesión. El tiempo dirá si estaba equivocado. Abandono este mundo a sabiendas de que México sigue una ruta de colisión que conduce al desastre... Yo, por mi parte, el verdadero Ulises criollo, me preparo a contemplar, arrobado, el rostro celestial de Dios...

Sor Juana Inés de la Cruz

EL TINTERO Y LA HOGUERA

¿Que mi tintero es la hoguera
donde tengo que quemarme…?

Pues podré decir, al verme
expirar sin entregarme,
que conseguiste matarme
mas no pudiste vencerme.

Sor Juana Inés de la Cruz

A Aldo Falabella, quien me sugirió la redacción
emocionada de estos Arrebatos carnales.

Soy María Luisa Manrique de Lara Gonzaga y Luján, XI condesa de Paredes de Nava, esposa de Tomás Antonio de la Cerda y Aragón, conde de Paredes y marqués de la Laguna. Mi linaje aristocrático se remonta al Sacro Imperio y a la Casa de Mantua. El 8 de mayo de 1680, el duque de Medinaceli —recién nombrado primer ministro de Carlos II— designó a su hermano menor, mi marido, como el vigésimo octavo virrey de la Nueva España, encargo que cumpliría en forma sobresaliente de 1680 a 1686.

Sí, sólo que si me decidí a escribir estas líneas que habrán de ser publicadas veinticinco años después de mi muerte, no fue para explicar la trayectoria de mis ancestros ni para describir la carrera política de mi querido Tomás, sino para dejar constancia, de cara a la historia, por lo pronto en el más hermético de los secretos, de mis relaciones con la Décima Musa, Sor Juana Inés de la Cruz, Juana de Asbaje y Ramírez de Santillana, la Shakespeare mexicana, la Cervantes nacida en la joya más cara de la corona española.

Todo comenzó cuando llegamos a la capital del otrora colosal imperio azteca, la Gran Tenochtitlan, a finales de 1680, para gobernar este gigantesco y riquísimo territorio de la Nueva España. ¡Cuál no sería mi inmensa sorpresa cuando me encontré, a un lado de la catedral, con un enorme arco alegórico decorado con flores de un pueblo cercano llamado Xochimilco, en el que constaban versos escritos por una monja poetisa conocida como Sor Juana Inés de la Cruz! El texto, rico en metáforas exquisitamente planteadas, llevaba por título *Neptuno Alegórico*, bella composición en la que comparaba al virrey con el dios Neptuno, y a mí, nada menos que con la bella Anfitrite. Si nunca imaginé encontrar en estas latitudes a un poeta de semejantes dimensiones literarias, un gigante de las letras, menos supuse que se trataría de una mujer, siendo que a nosotras, las de nuestro género, se nos tenía y se nos tiene prohibido pensar y hablar, para ya ni intentar el paso temerario de atrevernos a publicar nuestras ideas. La curiosidad me devoró desde un principio con tan sólo leer esas líneas estructuradas en perfecta métrica, maduras, excelentemente bien vertebradas, cuyas alegorías me presentaban a la distancia a una mujer singular que me preocupé por buscar y conocer de inmediato. Así me recibió Sor Juana aún sin conocerme…

Nuestro antecesor el virrey y simultáneamente arzobispo de México, Payo Enríquez de Ribera, primo de mi marido, me hizo las primeras semblanzas de ese genio literario novohispano sin ocultar la simpatía que le despertaba esta humilde monja, esposa juramentada de Dios, que había decidido permanecer enclaustrada en el convento de San Jerónimo hasta que obsequiara con su último aliento al Señor. Fray Payo la protegió, la dejó hacer, le permitió estudiar y crecer a pesar de las críticas recibidas porque la monja no dedicaba la mayor parte de su tiempo a la oración, a la lectura del Evangelio ni cumplía al pie de la letra con sus obligaciones conventuales: prefería estar rodeada de libros, inmersa en la lectura, perdida en el espacio infinito de su imaginación redactando frases sueltas, garrapateando ideas viendo al techo de su celda, consumiendo tinta y papel sin limitación alguna, al extremo de amanecer rodeado su escritorio de textos arrugados, hojas desgarradas aventadas al suelo con repentina desesperación, sin olvidar los pedazos de las velas agotadas que una tras otra eran arrojadas al piso después de haber anunciado con breves parpadeos su proximidad a la base de los candelabros. Fray Payo, bajo cuyo arzobispado Juana Inés ingresó a la vida monacal, invariablemente vio por ella, la apoyó y la estimuló con la debida discreción para no interrumpirla en su trabajo creativo concediéndole perdones, dádivas y permisos, además de comprensión, tolerancia y condescendencia, obsequios todos ellos impropios de una época de negra y tétrica intransigencia dominada por varones cavernícolas en el orden familiar, político, académico y religioso.

Cuando llegué a México contaba con treinta y un años de edad. Sor Juana era tres años mayor que yo. Me encontraba en el esplendor de la vida, en la pleamar de una existencia saturada de apetitos culturales. La adquisición de conocimientos iluminaba mis días, la lectura de poesía, teatro y literatura justificaba mis horas; el descubrimiento de leyes científicas que me alegraban el espíritu y me lanzaban a la búsqueda de explicaciones que, a su vez, despertaban aún más mi sed de saber; la contemplación de las obras de arte me inundaba de placer, pero sobre todo, la conversación con personas inteligentes y cultas llenaba mis aspiraciones, acicateaba mi curiosidad y me abría nuevos horizontes hacia los que me encaminaba en soledad para echar luz en mi realidad.

¿Cómo era Sor Juana? ¿Una monja encorvada, vieja, de mirar cansado, de hablar fatigado, piel marchita, pelo canoso, amargada, arrugada, con los dedos deformados por las humedades conventuales, una mujer cubierta por una caperuza negra incapaz de mostrar el rostro? ¿Una mujer agresiva y violenta desesperada por el enclaustramiento sin la menor vocación religiosa, angustiada en su imposible resignación al haber aceptado no conocer hombre alguno ni tener hijos ni disfrutar las maravillas de la maternidad, a cambio de casarse con el Señor?

Si bien me habían dibujado sus cualidades físicas, antes de referirme a las intelectuales, nunca supuse los alcances de su belleza. Ojos negros como los de la piedra obsidiana que conocería más tarde. Mirada intensa, penetrante, viva, un contraste con la suavidad de sus versos y sus calculadas rimas. Piel blanca, suave, tersa, estatura media, labios nobles, pequeños, escasamente carnosos, cincelados y tallados cuidadosamente por un escultor; nariz recta, cuello espigado, frente luminosa, manos pálidas, dedos largos, mentón apenas sobresaliente para ocultar su inagotable energía... Ya, ya sé, lo sé, me adelanto al lector mordaz y cáustico que estará pensando cómo conocí la forma del cuello y la textura de su piel si invariablemente lo llevaba oculto y, además, nunca la pude haber acariciado. No es el momento de sarcasmos, sino de encumbrar a esta perínclita esposa de Dios hasta el punto más alto del arco iris, en donde siempre la adivinaré sentada en su trono de colores vaporosos del que ya nunca nadie podrá hacerla descender.

Me cautivó su disimulada timidez, su humilde indumentaria, su hablar pausado, apenas audible, su mirar caritativo e inofensivo, su léxico escogido y bien armado como si cada expresión la rematara con un rima preciosa y enhebrada a la perfección. Me impresionó su dominio del idioma, su humildad o más bien su falsa humildad, o su humildad tan honorable y auténtica que parecía falsa en este mundo de hipócritas, su cultura, su conversación alegre y diáfana, salpicada de musicalidad. Jamás supuse la fuerza volcánica que escondía con su actitud aparentemente sumisa y condescendiente. Jesús no necesitó de una sola moneda para cambiar el rumbo del mundo: con su túnica blanca, sandalias y un discurso convincente, logró hacerse, al paso del tiempo, de millones de seguidores, ¿no...? Pues bien, Sor Juana y su talento provocarán en el futuro, espero que muy cercano, una poderosa revolución que facilitará el rescate de las mujeres para elevarlas hasta la altura mínima exigida mucho más allá de la más elemental dignidad humana. Sólo ella, Sor Juana, mi Sor Juana, podrá lograrlo, luego otras habrán de recorrer el mismo camino y recoger la estafeta en donde ella la haya abandonado en su lecho de muerte.

¡Claro que en muy breve plazo nuestra amistad se fortaleció al extremo de que me llegara a dedicar treinta y ocho poemas, lo anterior sin contar la correspondencia epistolar que intercambiábamos construyendo ricas metáforas sujetas a diferentes interpretaciones a prueba de las mentalidades cáusticas y perniciosas! ¡Claro que empezamos a tutearnos, primero en privado y más tarde en público, sin importarnos la envidia que despertábamos entre nuestros semejantes y sin medir el daño que, con el paso del tiempo, yo podría ocasionarle a la ilustre monja cuando tuviéramos que volver a la península dejándola desamparada y rodeada de jerarcas católicos, antropoides misóginos decididos a conducirla como una bruja cubierta por andrajos hasta el centro mismo de una pira en la que se le reduciría a cenizas junto con sus supuestos libros heréticos... ¡Imposible eternizarme en el cargo de virreina! Algún día tendría que levar anclas para volver a la tierra que me vio nacer; sí, en efecto, pero ella, mi amadísima poetisa, mi musa, en mi ausencia eterna sería sometida a todo género de torturas inquisitoriales que tarde o temprano apagarían su precioso intelecto, un obsequio de Dios, hasta terminar con su existencia. ¿Por qué el Señor la agració con tantos dones que los hombres le impidieron desarrollar sin alcanzar su máximo esplendor...?

Si la vida en la Nueva España a finales del siglo XVII era particularmente difícil para cualquier humilde mortal, en razón del poder omnímodo de la Iglesia católica y del gobierno fusionados en una mancuerna siniestra en la que los arzobispos llegaban a ocupar simultáneamente el cargo de virrey y, por ende, ostentaban y ejercían al unísono la autoridad política y la espiritual en contra de los gobernados y de la propia grey, la situación de las mujeres que, según ellos, encarnan todos los males, no era, ni mucho menos, transitable ni cómoda ni segura. Pues bien, en ese contexto hostil hacia nosotras, descuella, crece, evoluciona y se universaliza Sor Juana Inés de la Cruz, una mujer de las que nace solamente una cada mil años, si acaso…

La tarea de la Inquisición era tratar de proteger a la sociedad de la herejía que se definía arbitrariamente según la época y el lugar. Un poco de polvo acumulado en los hombros de un Cristo crucificado por un simple descuido doméstico podría ser causal para iniciar un juicio inquisitorial por herejía, más aún si la víctima era un judío adinerado a quien la alta jerarquía asediaba con todos los medios a su alcance, que no eran pocos ni ineficientes, para apoderarse de sus bienes a cualquier precio y con cualquier pretexto. Las blasfemias, la bigamia, la brujería o el curanderismo, las insinuaciones a las mujeres a través de la confesión, y los que se ostentaban falsamente como sacerdotes, constituían crímenes menores comunes que no llegaban a justificar la muerte en la hoguera, salvo que el acusado gozara de una gran fortuna económica apetecida por la Iglesia, en cuyo caso era quemado sin mayores tardanzas ni aplazamientos.

En lo que se refería a nosotras, los códigos de comportamiento establecidos por el Santo Oficio nos dejaban a salvo, siempre y cuando respetáramos nuestra posición como súbditas del hombre. Ni más ni menos, tal y como lo había dejado claramente asentado fray Luis de León en *La perfecta casada*, según el libro que yo misma le conseguí clandestinamente a mi querida nuncia sin que nadie se percatara. Vea el lector este texto infamante: «El mejor consejo que les podemos dar a las tales (mujeres), es rogarles que callen, y que, ya que son poco sabias, se esfuercen a ser mucho calladas… Mas como quiera que sea, es justo que se precien de callar todas, así a quienes les conviene encubrir su poco saber, como aquellas que pueden sin vergüenza descubrir lo que saben; porque en todas es no sólo condición agradable, sino virtud debida el silencio y el hablar poco».

El propio sacerdote jesuita Antonio Núñez de Miranda, el confesor de Sor Juana, uno de sus más notables asesinos intelectuales, definió la obediencia de las mujeres como «la renuncia a la propia voluntad para sujetarse a la de sus prelados». Es decir, se nos privaba del derecho de pensar, de ejercer nuestra libre voluntad, se nos sometía a lo que dispusieran los hombres, violando abiertamente el Evangelio, las sabias palabras de Jesús, a través de las cuales conocemos nuestra facultad de disfrutar el libre albedrío. Como bien diría Sor Juana en la *Respuesta*, al dar gracias porque «Dios es el que juzga, no el hombre». He ahí un ataque decididamente audaz y atrevido al sistema legal y al proceso inquisitorial, «donde los hombres usurparon el derecho de Dios de acusar, juzgar y castigar». ¡Que nadie participe en juicios humanos. Reservemos la justicia para Dios!

Los autos de fe eran las manifestaciones más grandiosas del poder del Santo Oficio. Sor Juana presenció tres de dichos autos durante el gobierno virreinal de los marqueses de Mancera en 1664, según me lo comentaría ella misma años más tarde. Las ceremonias no estaban diseñadas para salvar el alma del acusado, sino para aterrorizar al pueblo, según ellos, la manera más eficiente de controlar desde un niño hasta una nación. A más miedo, menos policía. La sociedad se controla por sí misma si teme el castigo de sus infracciones. Impongamos el terror.

Durante las ejecuciones primero aparecía la llamada procesión de la Cruz Verde, el símbolo del Santo Oficio, donde participaban los frailes, los oficiales reales y los reos, en última instancia. Después había la presentación pública de los condenados a muerte, quienes tenían la oportunidad de *reconciliarse*, o sea, de confesar sus errores y recibir el perdón, así como un castigo que incluía desde las penas espirituales —como oraciones, misas y limosnas— hasta la imposición de llevar el sambenito, la confiscación de bienes, los castigos corporales, las multas, o el destierro. En caso de no arrepentirse, o si el reo había reincidido en la herejía, el penitente era *relajado*, es decir, entregado a las autoridades seculares para ser quemado en una de las hogueras... Tan drásticas medidas constituían una eficaz herramienta de dominio de las masas. ¿Quién se encontraba dispuesto a correr el riesgo de caer en los sótanos macabros de esa diabólica organización católica?

Sor Juana presenció la incineración de varios escritores reacios a aceptar el dogma católico. Ellos renegaban y refutaban las afirmaciones en torno a la Santísima Trinidad, a la Resurrección del Señor, el Verbo Encarnado, y otras tantas patrañas que discutí en secreto con Sor Juana. En el fondo coincidíamos con esos desgraciados, sí, ¿pero quién se atrevía a desafiar a la Iglesia para marchar descalzo, maniatado y arrastrando cadenas por las calles de la ciudad de México recibiendo insultos, golpes y escupitajos, rodeado de sacerdotes vestidos con sotanas negras y cubierta su cabeza con enormes capirotes del mismo color, hasta llegar a la Plaza de San Hipólito, donde estaba instalada la gran pira para quemar, previa confiscación de bienes, a los apóstatas de la fe católica, a los protervos y pertinaces en la observancia de la ley de Moisés, a los que tenían un pacto explícito con el demonio, a los fautores y encubridores de herejes judaizantes, maestros de dicha ley y pervertidores de personas católicas?

Mi adorada musa asistió varias veces a las ejecuciones que, desde luego, la llenaron de horror, en buena parte por su exquisita sensibilidad de artista inmortal, pero además porque le resultaba indigerible que los representantes de Dios en la Tierra, dedicados supuestamente a divulgar las sabias palabras de Jesús consignadas en el Evangelio, a impartir consuelo, amparo y comprensión al prójimo, hubieran equivocado su santo mensaje de «paz entre los hombres de buena voluntad», para quemar vivo a quien no profesara sus ideas, torturarlo con instrumentos propios de la imaginación de Satanás o para perseguirlo hasta la muerte, y una vez enterrados sus restos mortales, exhumarlos con el objetivo de quemarlos y volverlos a quemar hasta que no existieran siquiera las cenizas. Ella y sólo ella, Sor Juana, me contó al oído en nuestras primeras reuniones en el locutorio del convento de San Jerónimo, sobre un escritor, quien renegó hasta el último momento de la existencia de Dios antes de que cayera la tea sobre la madera seca colocada en su entorno. Subido a un templete oponiendo toda la resistencia de que era capaz, fue atado a un palo contra el que se agitaba inútilmente mientras el fuego empezaba a consumirlo entre maldiciones lanzadas a diestra y siniestra:

«Si Dios existiera no permitiría que me quemaran vivo», exclamaba desesperado como si intentara zafarse de las amarras que lo sujetaban.

«¿Cómo voy a creer en un Dios que tortura y mata?», gritaba en su angustia. «Oídme: ¡Dios que tiene verdugos en lugar de sacerdotes! ¡Dios no existe, no existe! No, no me arrepiento de nada: nunca hice nada malo», blasfemaba en tanto las llamas quemaban su humilde indumentaria de manta convertida en harapos manchados, incineraban sus poderes creativos, su talento, su imaginación, su futuro en el mundo de las letras, su capacidad para iluminar los caminos ajenos, su fuente de poder para generar ideas y ayudar a la comunidad.

«¡Muera Dios! ¡Dios es mierda, mierda, mierda!», se desgañitaba en tanto el fuego devoraba sus carnes, incendiaba su barba, quemaba el vello de su pecho y su abundante cabellera. Muy pronto de ese ilustre pensador no quedaría nada. Todo indicaba que los sacerdotes habían suscrito un pacto con el diablo porque las llamas se convertían por instantes en dedos incandescentes, sádicos, que escarbaban gozosos en las cuencas de sus ojos hasta dejarlo completamente ciego a pesar de agitar la cabeza compulsivamente de un lado al otro. Ninguna parte de su cuerpo se salvaría de ese flagelo divino. Por alguna razón Dios se apiadó repentinamente de él haciéndole perder el sentido. Muy pronto cayó en un desmayo eterno. Jamás volvería a blasfemar. Un macabro olor a carne quemada silenció a la muchedumbre enardecida que disfrutaba en el fondo los autos de fe con los que la Iglesia católica intentaba escarmentar a los herejes…

Mientras sus huesos se consumían en medio de una densa nube de terror, se escuchaba un eco macabro en la Plaza de San Hipólito: «¡Muera Dios! ¡Dios es mierda! ¡Si de verdad amara a sus hijos no los mandaría a quemar…! ¡Dios es mierda, mierda, mierdaaaa…!»

Por todo ello, Sor Juana dejó consignado para siempre en una loa de Occidente, en *El divino Narciso*, su resistencia eterna al decir:

> Yo ya dije que me obliga
> a rendirme a ti la fuerza;
> y en esto claro se explica
> que no hay fuerza ni violencia
> que a la voluntad impida
> sus libres operaciones;
> y así, aunque cautivo gima
> ¡no me podrás impedir
> que acá, en mi corazón, diga
> que venero al gran Dios de las Semillas!…[47]

¿Más herejías? Herejía también era la tenencia de libros prohibidos por la Iglesia. Ésta y sólo ésta decidía qué leer y qué no leer; conducía el conocimiento, lo limitaba, lo administraba, lo mutilaba, inducía al oscurantismo y no a la luz para no perecer quemado o pasar el resto de la existencia con los huesos rotos después de haber sido sometido al *potro de descoyuntamiento* o a la inyección de agua, sin que por ningún concepto apareciera la sangre para no cometer pecado: *Ecclesia abhorret a sanguine*. La Iglesia aborrece la sangre.

[47] De la Cruz, 2002: 387.

Sor Juana y yo teníamos que guardar discreción y callar y callar, como decía fray Luis de León, como si no nos percatáramos del ambiente siniestro que nos acosaba. Sufríamos una agonía en silencio de la que el tiempo nos convertía en cómplices. Nuestros secretos iban trenzando una amistad. ¿Amistad? No, ¡qué va...! Una fraternidad. Nos uníamos, nos respetábamos, nos admirábamos y nos mirábamos...

Sor Juana se sabía candidata a la hoguera no por sus escritos, que hasta esa fecha no habían sido publicados —de ello me encargaría yo más tarde, el mundo cambiaría a raíz de la publicación de sus ideas—, sino por sus convicciones religiosas y sociales, provenientes, además, de una mujer. ¿Qué suerte le depararía el destino de llegarse a divulgar la realidad de sus ideas? ¡Claro que se veía atada a un triste palo rodeada de leña y de verdugos mientras veía caer la antorcha que la haría desaparecer de la faz de la Tierra! ¿Y sus trabajos? Ésos los rescataría yo para la historia.

Según empecé a extrañar la compañía de Sor Juana entendí los horrores del enclaustramiento. Ella había escogido entre todos los conventos el ejemplarísimo y observantísimo monasterio de Carmelitas Descalzas de esta ciudad de México, al que ingresó por primera vez a los diecinueve años, el 14 de agosto de 1667, con el beneplácito de los señores virreyes de Mancera y gracias a la sugerencia del padre Antonio Núñez de Miranda, según las dicencias, varón recto, asceta, penitente y culto, a quien llamaron «la biblioteca viva de los jesuitas»; sabio maestro en Teología moral, Escolástica y expositiva, docto conocedor del Derecho canónico, civil e Historia eclesiástica. Núñez de Miranda confesor de gran número de monjas prevenía a su grey de la importancia de evitar, de rehuir a las personas más cercanas y a familiares porque éstos eran los más peligrosos agentes perpetradores de pecados. Para guardar la castidad y dominar las pasiones corporales recomendaba la oración, la penitencia y el rezo del rosario, como si la postración y las oraciones fueran suficientes para alejar la tentación de la carne... ¿Qué hacer cuando una mujer hermosa como Sor Juana se desprende de los hábitos en su íntima soledad y se contempla desnuda frente a un espejo? ¡Por supuesto que se asombrará de la belleza de sus formas al observarse de perfil, tocarse los senos y acariciarse las nalgas, mientras recorre soñadora con la mano el cabello sedoso bien cepillado después de deleitarse con la textura de su piel! Luego se flagelará pero, por lo pronto, se deleitará con su figura. ¿Dios no nos concedió el talento para usarlo en lugar de mutilarlo, reprimirlo y esconderlo? ¿No se trata de lucirlo de la misma manera en que nos obsequió prendas y gracias femeninas que obsesionan a los hombres, los únicos seres con los que podemos compartir y disfrutar estos haberes divinos? ¿Para qué nos concedió el Señor un cuerpo que supera cualquier otro tesoro de la creación? ¿Para ocultarlo tras unos hábitos negros que impidan ver los alcances de Su portentosa imaginación o para tocarnos nosotras mismas sin avergonzarnos de la respuesta provocada por el sólo tacto de nuestros dedos índice y pulgar al juguetear con nuestros pezones? ¿Para qué los senos, las nalgas, las piernas, los labios y el cabello? ¿Para qué tener el talento y el cuerpo si no es para compartirlos?

Nos empezamos a extrañar la una a la otra. Ella consignaba sus sentimientos con estas líneas que me estremecían, me debilitaban, me agotaban y me hacían delirar de emoción. ¿Yo era capaz de despertar sentimientos tan hermosos y motivadores en otra persona?

> vivo; no quiero, Señora,
> que con piedad inhumana
> me despojéis de las joyas
> con que se enriquece el alma,
> sino que me tengáis presa;
> que yo, de mi bella gracia,
> por vos arrojaré mi
> libertad por la ventana.[48]

O bien, lamentándose porque a causa de las constantes obligaciones inherentes a mi cargo, me resultaba imposible verla, me mandaba estos versos:

> ¿Que no he de ver tu semblante,
> que no he de escuchar tus ecos,
> que no he de gozar tus brazos
> ni me ha de animar tu aliento?[49]

¿Nos queríamos, nos necesitábamos, nos admirábamos? Ojalá y yo misma hubiera podido consignar mis sentimientos con un arte tan

[48] De la Cruz, 2002: 23.
[49] De la Cruz, 2002: 13.

sofisticado e inaccesible como lo lograba hacer constar Sor Juana mediante su pluma llena de estrellas.

¡Claro que mi musa abandonó a los tres meses el convento de las Carmelitas Descalzas!, porque, según me lo comunicó en una carta: «sólo te permitían leer libros de devoción y la estricta observancia del voto de pobreza te obligaba no únicamente a caminar descalza sino a guardar frecuentes ayunos y a dormir en una celda pequeña, con una cama de tablas sin colchón. Y no sólo eso, querida María Luisa —todavía no me llamaba Lysi, *la divina Lysi*, nombre seguramente derivado de *Lysis*, el tratado de Platón sobre la amistad— sino que la humedad era tan intensa que me dolían todos los huesos, más aún cuando pasaba el día entero fregando los pisos de laja o de barro cocido para purgar mis instintos y apartar al diablo de mi cabeza. ¿Qué preferirías, amadísima María Luisa, fregar de rodillas el suelo del convento o leer a Francisco de Quevedo o a Calderón de la Barca? ¿Te imaginas levantarte a diario cuando no hay luz y ni siquiera han empezado a cantar los gallos, para rezar durante toda la jornada las Vísperas, las Completas, los Maitines, los Laúdes, las Primas o el Ángelus en la hora Tercia, la Nona y la Sexta y todavía en la tarde dedicarme a las soporíferas preces comunales, a las que seguía la confesión obligatoria para concluir con la comunión en misa? ¿Verdad que preferirías deleitarte leyendo a Lope de Vega, a Garcilaso, a san Juan de la Cruz o a Góngora? No te imaginas la comida que contenían las escudillas: ni los perros podrían comer semejante inmundicia… Sólo que era la única posibilidad antes de morir de hambre, además de constituir un recurso para domar mi carácter y rebeldía obsequiándole mi dolor y malestar al Señor para corresponder así a lo que él había sufrido por nosotros… La virreina, doña Leonor Carreto, siempre desvelada por tu amiga, me volvió a acoger en su maternal regazo a finales de aquel 1667 en el propio Palacio de los Virreyes…»

¿Cómo hacer constar en esta confesión el reproche poético que me hizo Sor Juana en alguna ocasión en que no apareció puntualmente a las puertas del locutorio y decidí retirarme? He aquí su determinación y coraje convertido en poesía elegíaca:

> …Y así, pese a quien pesare,
> escribo, que es cosa recia,
> no importando que haya a quien
> le pese lo que no pesa.

...Y si es culpable mi intento,
será mi afecto precito;
porque es amarte un delito
de que nunca me arrepiento.
Esto en mis afectos hallo,
y más, que explicar no sé;
mas tú, de lo que callé,
inferirás lo que callo.[50]

Tiempo después Sor Juana ingresó al convento de San Jerónimo, también llamado de Santa Paula, en la inteligencia de que no podría volver a salir de él ni traspasar las puertas del locutorio ni asomarse a la calle. Después de profesar como religiosa con el nombre de Sor Juana Inés de la Cruz, el 24 de febrero de 1669, el enclaustramiento continuó hasta la muerte. Nunca más abandonó ese sacratísimo recinto. Fue enterrada dentro de sus linderos en abril de 1695, cuando decidió rendirse ante sus perseguidores, unos salvajes que no pudieron impedir que el Señor la recibiera en el más allá con los brazos abiertos y pasara la eternidad sentada a Su lado. ¡Que se escuche bien porque lo repetiré en el paraíso: a Sor Juana la mató la Iglesia católica. Que caiga sobre esta institución todo el castigo de Dios...!

Ella me contó cómo ese 24 de febrero se llevaron a cabo sus bodas con el Señor:

Después de decir la misa el sacerdote bendijo mi velo blanco de novicia e hizo la señal de la Santa Cruz en mi cabeza mientras me interrogaba para conocer si era mi libre voluntad ingresar a la vida religiosa. Después de hacer la profesión de los cuatro votos ante la priora y en tanto las cantoras entonaban la letanía, me alejaron unos pasos para que el sacerdote me llamara por tres veces:

«Veni sponsa Christi», cada vez con voz más sonora.

Una vez escuchadas mis respuestas se entonó el himno Veni Creator al Espíritu Santo, mientras el sacerdote me quitaba el velo blanco para imponerme el negro de las profesas mientras exclamaba: «Te desposo con Jesucristo, hijo del Sumo Padre, quien te conserve incólume». A lo que debes contestar cantando:

[50] Scott, 1993: 159-169.

«Con Él, a quien sirven los ángeles y de cuya hermosura se asombran la luna y el sol, me he desposado.» Al concluir el sacerdote te pone el anillo, una corona sobre la cabeza y un ramo de palma en la mano para entregarte, acto seguido, a la abadesa: «Te entrego esta esposa para que la conserves sin mancha hasta el día del juicio», momento en que empieza a cantarse el Tedeum, el himno de acción de gracias. Al final el sacerdote abraza a todas las hermanas y recibe su bendición junto con todas las asistentes.[51]

Durante la ceremonia doña Juana, todavía no Sor Juana, miraba las paredes del convento en tanto se resignaba a no salir jamás. Aceptaba en su críptico silencio y con el rostro inescrutable que no volvería a pisar la calle ni podría recorrer otra vez los caminos laberínticos de su infancia en Nepantla ni visitar de nueva cuenta la casa donde nació, ni asistir al palacio virreinal ni pisar la escuela en la que aprendió a leer y a escribir cuando contaba tan sólo tres años de edad en Amecameca, ni contemplar los volcanes que más que verla nacer la parieron, ni entrar a la biblioteca de Pedro Ramírez, su abuelo en Panoayán, ni ver los animales de las granjas o ranchos en los que había crecido: nada. Se encerraría para siempre en ese sagrado recinto de 1667 hasta su muerte en 1695, veintiocho años sin volver a tener contacto con la naturaleza y sin poder rezar en iglesia alguna ni sentarse a disfrutar de un paisaje, y sin poder contemplar a unos chiquillos jugando en un parque ni comer en cualquier fonda ni comprar un ramito de cilantro en los mercados ni viajar, salvo con la imaginación, a cualquier paraje que la conmoviera. ¿Soñar y pensar? Eso nunca nadie se lo quitaría, ni siquiera lo lograría el más siniestro de los cancerberos ni el más sanguinario de los verdugos…

¿Deseaba yo comunicarme con la monja poetisa? Por carta y a través de un lacayo de toda mi confianza. He aquí la evidencia:

El paje os dirá, discreto,
cómo, luego que leí,
vuestro secreto rompí
por no romper el secreto.
Y aun hice más, os prometo:
los fragmentos, sin desdén,
del papel, tragué también;

---

[51] «Regla y Constituciones del Convento de San Jerónimo» del año 1650, Peñalosa, 1997: 92-93.

> que secretos que venero,
> aun en pedazos no quiero,
> que fuera del pecho estén.[52]

¿Deseaba verla? Forzosamente debería dirigirme al convento para hablar con ella en el locutorio, rodeadas de hermanas de la orden dispuestas a atenderme en todo aquello que se me ofreciera, no en balde yo era la virreina. ¿Me proponía hablar con ella sin que nadie me escuchara? Acercábamos nuestras sillas de palo para estar fuera del alcance de los oídos y de los espías en busca de la menor señal delatadora de lo que fuera. ¿Que buscaba más intimidad de modo que ni mis damas de compañía ni las monjas nos vieran siquiera? Entonces en uso y abuso de mi autoridad nos encerrábamos en la celda de dos pisos que Sor Juana había pagado para gozar de total soledad. Cuando yo llegué a la Nueva España, Sor Juana ya llevaba enclaustrada once años. Una especie de asfixia repentina me impedía respirar de tan sólo comparar mi vida con la suya...

Las quejas por mis ausencias empezaron a ser más frecuentes. Su posición era más compleja que la mía. Yo podía visitarla, ella debía esperar mi llamado para asistir al locutorio mientras, encerrada en su celda creía escuchar la ansiada voz de la hermana que solicitaba su presencia de inmediato puesto que deseaba verla, nada menos que la condesa de Paredes, virreina de la Nueva España. El *Romance* 27, escrito en la época de cuaresma durante la cual se suspendían las visitas a los conventos, la definía a ella en cuerpo y alma:

> ...pobre de mí,
> que ha tanto que no te veo,
> que tengo de tu carencia,
> cuaresmados los deseos,
> la voluntad traspasada,
> ayuno el entendimiento,
> mano sobre mano el gusto
> y los ojos sin objeto.
>
> De veras, mi dulce amor;
> cierto que no lo encarezco:

---

[52] De la Cruz, 2002: 119.

que sin ti, hasta mis discursos
parece que son ajenos.[53]

En esas ocasiones, en entrevistas al principio efímeras, o a través de
correspondencia privada, empecé a conocer los detalles de la vida
de Sor Juana. Ella me contó que poco o nada sabía de su padre, un
tal Pedro Manuel de Asbaje y Vargas Machuca, tal vez un caballero
vizcaíno, es más, ni siquiera estaba segura de la ortografía de su apellido: Asbaje, Ascaje o Azuaje... A saber... Lo odió, más aún cuando
corría el rumor de que bien podría haberse tratado de un fraile, dado
que en aquella época no eran de extrañar ni de sorprender las relaciones sexuales, que no amorosas, con solteras o casadas. Si Juana
Inés mató a su padre en su imaginación, lo despreció y lo escupió en
sueños, no así dejó de querer a su madre hasta el último minuto de su
existencia. Su inclinación por las mujeres se hizo con el tiempo más
evidente. Eran para ella la parte débil de la sociedad, la excluida, la
despreciada, la disminuida, la que era necesario rescatar, aquilatar y
proteger. Ella no correría la misma suerte que la autora de sus días
procreando tres hijos con un hombre y otros tres con otro. No estaba para pasar la vida amamantando críos, limpiando excrementos ni
orines ni para acabarse las manos tallando la ropa contra las piedras
de los ríos ni perder la vida atrás de un fogón confeccionando tres
veces al día la comida para la familia ni para soportar, tal vez, golpes de un marido borracho ni para ser prácticamente ultrajada cada
noche para, acto seguido, ser arrojada como la cáscara vacía de una
fruta a un lado del petate después de que la bestia, el animal salvaje, se saciara en el interior de sus entrañas. No, ella no era el objeto
de nadie ni aceptaba el papel que le imponía la sociedad a las de su
sexo, menos aún cuando había descubierto muy tempranamente, a
los tres años, una herramienta mágica de evolución y de progreso, la
cual guardaría como un tesoro para siempre: la lectura.

Los libros le abrirían múltiples horizontes, le revelarían nuevos
caminos, opciones y alternativas. El mundo era un gran escapara-
te a través del cual era posible conocer parajes desconocidos, vivir
sorpresas, fenómenos naturales, duendes, tesoros, brujas, sabios,
historias y filósofos. Echaría cubetadas de luz en su futuro. No ca-
minaría a ciegas. El pensamiento de quienes le habían precedido en

[53] De la Cruz, 2002: 38.

la vida iluminaría hasta el último de sus días. Sin embargo, le estaba prohibida la ilustración. Ella no era la primera mujer que se enfrentaba a esa terrible realidad. ¿Qué habían hecho otras para no perecer presas de los hombres? ¿Amamantar? ¡No! ¿Ser golpeadas? ¡No! ¿Ser ultrajadas? ¡No! ¿Limpiar excrementos? ¡No! ¿Descubrir que su marido les era infiel y tenía hijos con otras mujeres? ¡No! ¿Pasar la vida en las tinieblas sin saber a qué habían venido? ¡No! ¿De qué se trataba esto de la existencia, cómo aprovechar su estancia temporal en la Tierra? ¿Jugar con las palabras recurriendo a dobles sentidos de tal manera que siempre pudiera dejarse abierta una puerta, una salida airosa ante los morbosos incapaces de tener buenos y saludables pensamientos? ¡Sí, claro que sí! ¿La poesía sería el vehículo que le permitiría incursionar en todos los caminos, alcanzar cualquier horizonte, dibujar los sentimientos, las pasiones y los desengaños? ¡Sí, por supuesto! Las palabras eran perlas con las que podría hacer collares, ladrillos con los que construiría castillos, lodo con el que fabricaría personas. La poesía también sería una máscara, tras de la cual escondería sus verdaderas intenciones. ¿Por qué no pensar en Francisco de Quevedo, un poeta genial? Él era el ejemplo a seguir. Bastaba con recordar la anécdota aquella de cuando los caballeros de la corte habían apostado a que nadie se atrevía a decirle a Su Majestad, la reina de España, que era coja y él, Quevedo, por medio de un poema virtuoso se lo enrostró: «Entre el clavel y la rosa, Su Majestad escoja...»

Sor Juana podría expresarse a plenitud sin dejarse sorprender ni acusar por cualquier prelado de la Inquisición. Copiaría al gran maestro. Todo se puede decir sabiéndolo decir. ¿Que la vida es un juego? A ver quién me atrapa. Tendría toda la razón don Pedro Calderón de la Barca, otro poeta inmortal que la había cimbrado y conmovido:

> ¿Qué es la vida? Un frenesí.
> ¿Qué es la vida? Una ficción,
> una sombra, una ilusión,
> y el mayor bien es pequeño.
> ¡Que toda la vida es sueño,
> y los sueños, sueños son![54]

[54] Keil, 1827: 19.

Ella buscaba hacerse de conocimientos antes de pensar en el convento. Siendo una moza decidió cortarse el pelo y disfrazarse como hombre para ingresar a la universidad. Su madre, Isabel, lo reprobó. Tarde o temprano sería descubierta y podría enfrentar castigos draconianos por haber engañado y mentido, como si los curas no engañaran ni mintieran... La opción universitaria estaba cancelada. La evolución intelectual era un privilegio de los varones. ¿Casarse? ¡Ni hablar! ¿Vivir como cortesana al servicio de los virreyes? ¡Imposible, más aún cuando en los arzobispos podía concurrir la autoridad política y civil, además de la espiritual! Tarde o temprano sería mutilada intelectualmente, suprimida y reprimida. Las alternativas se agotaban. Las mujeres deben callar. ¿Dónde estudiar? ¿En la granja materna ordeñando vacas y recogiendo huevos? ¡Obviamente, no! ¿Trabajar en el gobierno? Nadie la aceptaría en razón de su sexo, además de que sería muy mal visto por la sociedad. ¿Bordar trabajos externos, ganarse la vida remendando o colocándose como criada en cualquier casa de la gente acomodada? ¿Y Bernardo de Balbuena o Francisco Cervantes de Salazar? ¿Abandonar a dichos autores lavando ropa de cama o planchándola? Necesitaba un empleo, una actividad que le permitiera vivir con dignidad, aislada del mundanal ruido, dedicada a las letras, a construir universos desconocidos dentro o fuera de ella y apartada, por todo y sobre todo, del alcance y de las insinuaciones libidinosas de los hombres. Un asco, los hombres son un asco, nos acusan de lo que ellos mismos causan y cuando han alcanzado sus objetivos despreciables nos desechan después de haber extraído todo el jugo a la fruta... ¡Miserables! Lo único que los mueve es el dinero, la carne y el poder. Asco, asco, son un asco... ¿Por qué reducirme a bordar, a planchar, a cocinar y aprender catecismo? ¿Porque la lectura de trabajos científicos o filosóficos me puede convertir en un monstruo de vicio? No en balde o porque sí había compuesto a los ocho años de edad su primera loa al Santísimo Sacramento para la fiesta de Corpus, que los frailes dominicos premiaron con un libro. ¿No era claro su talento precoz, su mentalidad inquisitiva y su sorprendente inteligencia? Estaba condenada a la incomprensión, vivía incomprendida, existiría incomprendida y moriría incomprendida...

Como ella siempre me lo mencionó, los hombres nos acusan de aquello de lo que nos convencieron hacer; nos incitan al mal para, acto seguido, reclamarnos haber incurrido en el mal; nos seducen para acusarnos de liviandad; parecen crear un monstruo para luego asustarse de su obra; empañan el espejo para alegar que no se ve claro el reflejo; se quejan si los tratan mal y se burlan si se les quiere bien; la que se deja es casquivana y la que los rechaza es ingrata. ¿Quién es más culpable, el que paga por pecar o la que peca por la paga? ¿Cómo relacionarse con los del sexo opuesto cuando se piensa de ellos en los términos antes expresados? Su desprecio y actitud en torno al género masculino los dejó claramente asentados de acuerdo con los siguientes versos que la proyectarían como una gigante poetisa para toda la eternidad:

Hombres necios que acusáis
a la mujer sin razón,
sin ver que sois la ocasión
de lo mismo que culpáis;

Si con ansia sin igual
solicitáis su desdén,
¿por qué queréis que obren bien
si las incitáis al mal?

Combatís su resistencia
y luego, con gravedad,
decís que fue liviandad
lo que hizo la diligencia.

Parecer quiere el denuedo
de vuestro parecer loco,
al niño que pone el coco
y luego le tiene miedo.

Queréis, con presunción necia,
hallar a la que buscáis
para pretendida, Thais,
y en la posesión, Lucrecia.

¿Qué humor puede ser más raro
que el que, falto de consejo,
él mismo empaña el espejo
y siente que no esté claro?

Con el favor y el desdén
tenéis condición igual,
quejándoos, si os tratan mal,
burlándoos, si os quieren bien.

Opinión, ninguna gana,
pues la que más se recata,
si no os admite, es ingrata,
y si os admite, es liviana.

Siempre tan necios andáis
que, con desigual nivel,
a una culpáis por cruel
y a otra por fácil culpáis.
¿Pues cómo ha de estar templada
la que vuestro amor pretende,
si la que es ingrata ofende,
y la que es fácil enfada?

Mas, entre el enfado y la pena
que vuestro gusto refiere,
bien haya la que no os quiere
y quejaos en hora buena.

Dan vuestras amantes penas
a sus libertades alas,
y después de hacerlas malas
las queréis hallar muy buenas.

¿Cuál mayor culpa ha tenido
en una pasión errada:
la que cae de rogada,
o el que ruega de caído?

¿O cuál es de más culpar,
aunque cualquiera mal haga;
la que peca por la paga
o el que paga por pecar?

¿Pues, para qué os espantáis
de la culpa que tenéis?
Queredlas cual las hacéis
o hacedlas cual las buscáis.

Dejad de solicitar,
y después, con más razón,
acusaréis la afición
de la que os fuere a rogar.

Bien con muchas armas fundo
que lidia vuestra arrogancia,
pues en promesa e instancia
juntáis diablo, carne y mundo.[55]

¿Solución? ¿Ingresar a un beaterío o a la cárcel de Belén, para huir de las tentaciones de la carne, más aún en su caso, por tratarse de una mujer hermosa, hembra apetecible, potranca indomable, yegua de largas crines, virgen intocada, un desperdicio, carne fresca e inocente, frágil, dócil, buena alumna que había permanecido inaccesible a los hombres, blanco perfecto para los conquistadores, los seductores profesionales? ¿Ahí, en los beateríos, encontraría espacio al igual que lo disfrutarían las prostitutas, ya apartadas de los abusos sexuales, viudas, huérfanas, mujeres arrastradas a la orilla por los avatares de la vida que purgaban una condena acusadas de diversos delitos? ¡No!, no se enclaustraría para rodearse de fanáticas obnubiladas incapaces de razonar, sino para poder leer y estudiar, alejada lo más posible de la sociedad y de su proceso permanente de descomposición. ¡El convento! Desde ahí tejería su red para estar lo más cerca posible del poder, tal y como había sido el caso con el virrey Mancera, con fray Payo de Ribera y ahora con nosotros. Envidiada por la mayoría y por

[55] De la Cruz, 2002: 109.

diferentes razones, Sor Juana estaba obligada a desarrollar un sistema defensivo, por lo cual adquirió una gran destreza en los ardides e
intrigas palaciegas. Siempre salía victoriosa, más aún cuando estaba
inmersa en un mundo de varones acostumbrados a someter a las mujeres. Para muchos su soberbia y arrogancia resultaban insoportables
y hacían los esfuerzos necesarios para destruirla. Mi musa tenía talento, era, sin duda una superdotada. Con estas palabras me explicó, en
su tiempo, las razones de la eterna clausura a la que se sometería:

> Entréme religiosa porque, aunque conocía que tenía el estado de
> cosas muchas repugnantes a mi genio, con todo para la total ne-
> gación que tenía al matrimonio, era lo menos desproporciona-
> do y lo que más decente podía elegir en materia de la seguridad
> que deseaba de mi salvación; a cuyo primer respeto cedieron y
> sujetaron la cerviz todas las impertinencillas de mi genio, que
> eran de querer vivir sola; de no querer ocupación obligatoria
> que embarazase la libertad de mi estudio, ni rumor de comuni-
> dad que impidiese el sosegado silencio de mis libros.[56]

Yo, María Luisa Manrique de Lara Gonzaga y Luján, XI condesa
de Paredes de Nava, esposa del virrey de la Nueva España, me percaté, con el paso del tiempo, de que no podía prescindir de la compañía de mi amadísima monja, ni de sus letras, nuestras letras, ni
de las ideas luminosas de mi musa poetisa, ni de su manera de contemplar el mundo de las mujeres, nuestro mundo, ni de su visión de
la vida, ni de su sorprendente capacidad de dibujarla con sus pince-
les de múltiples colores, ni de sus conclusiones filosóficas ni de su
concepción de lo femenino en contra de lo masculino, una batalla
en que se pierden la mitad de los valores dignos de custodiar por el
género humano. Buscaba entonces cualquier pretexto para ir personalmente al convento o la ocasión propicia para hacerle llegar un
pequeño obsequio, libros de música, comedias, castañas o un nacimiento de marfil o hasta una diadema emplumada de origen azteca, con toda certeza, una insignia real, a lo que ella me retribuía
con creces mandándome una rosa, sólo una rosa, o una notita con
un romance, una carta con una décima, un dulce de nueces o un
poema de los casi cuarenta que me dedicó durante los ocho años
en que pudimos convivir dentro de la escasa estrechez que nos per-

[56] Paz, 1982: 156.

mitían las circunstancias. Yo deseaba fervientemente contemplar la existencia a través de los filtros que ella utilizaba. Llenarme con su dulzura, contagiarme con su fortaleza, aprovechar la menor oportunidad para absorber las esencias de ese ser privilegiado, luchar a su lado, hombro con hombro, con tal de ayudarla a alcanzar sus objetivos, abrevar en su idealismo y divulgar, sobre todo, su obra, su pensamiento, gritarlo hasta desgañitarme por todo el universo para que nunca nadie la olvidara y se aprendiera de ella antes de que fuera condenada a morir en la hoguera por bruja y sacrílega: yo la cuidaría, yo vería por ella aun a la distancia, existieran o no océanos de por medio, yo velaría su obra, yo vería que no faltara ni papel ni tinta ni tiempo, yo me volvería una feroz cancerbera de su talento, yo me ocuparía de la publicación de sus versos y composiciones, yo sería la primera sorjuanista, su primera admiradora y, si llegara a ser posible, su fuente de inspiración, aun cuando me resignaría a ser sólo una de ellas...

Nuestras relaciones alcanzaron su máxima expresión cuando fuimos notificados de la cancelación de nuestra misión virreinal en la Nueva España. ¿Cómo explicárselo a Sor Juana? Constituíamos su sostén, el apoyo político necesario para que escribiera dentro de las difíciles y casi infranqueables limitaciones que la Iglesia imponía. El fantasma de la hoguera nos aterrorizaba a todos. La intolerancia clerical reducía hasta la asfixia todos los espacios diferentes a los rezos y a las preces. ¿Qué suerte correría ella abandonada y desamparada al caer en manos de la intransigencia, del oscurantismo y del reino de las tinieblas aquí en la Tierra, sin nuestra protección? ¿La dejarían escribir? ¿La encarcelarían? ¿La quemarían en la pira como a otros tantos pensadores utilizando sus mismos trabajos, sus libros propios o los prohibidos utilizados en lugar de la leña seca para acelerar la combustión? La envidia, los prejuicios y los intereses creados, las supersticiones, la intolerancia política y la espiritual bien podían conducirla al cadalso. ¿Con qué cara cruzaría yo el Atlántico de regreso a casa dejando en manos de unos despiadados verdugos a una mujer escritora de esas que nacen cada mil años? ¿Cuánto tiempo pasaría para que volviera a nacer un Cervantes o un Shakespeare, ambos muertos apenas hacía sesenta y nueve años? ¡Claro que yo lucharía para que no nos removieran y, de sucumbir en el esfuerzo, vería la forma de sostenernos en la Nueva España aun sin encargo oficial dedicándonos a otros menesteres mercantiles! ¿Cómo hacerle saber tan infausta noticia si yo misma carecía de la fuerza suficiente para informársela? Nada es eterno. Nuestra estancia en México como virreyes tampoco podía serlo. Algún día tendríamos que abandonar esta maravillosa Colonia española. La vida tampoco es eterna. En cualquier momento podríamos desaparecer de la faz de la Tierra, al igual que esa musa poetisa, llena de encantos, cuya voz simplemente me embelesaba, para ya ni hablar de su talento, de su imaginación, de sus manos, de su mirada ni de toda ella: tal vez la auténtica majestad era ella y no yo...

Una tarde helada de enero de 1685 me presenté en el convento para verla. Lo necesitaba, la necesitaba, me necesitaba, nos necesitábamos, lo sabía, lo sabíamos, ambas lo sabíamos: teníamos que vernos, tomarnos las manos, sentir la emoción de nuestra compañía por medio del sudor de nuestras extremidades y hablar, conversar, comunicarnos, intercambiar miradas, saber de ella, de mí, de nosotras. Una curiosidad recíproca nos devoraba. No podía pasar un solo segundo de nuestras respectivas existencias sin informárselo la una a la otra. ¡Feliz aquel privilegiado que tiene la sensación de la sed intensa por estar con el ser amado! La sabía enferma. ¿Enferma? Horror de horrores. ¡Cuánto peligro! Más aún cuando resultaba imposible que los médicos que ingresaban al convento pudieran auscultar abiertamente a las monjas. Era menester revisarlas con los hábitos puestos e invariablemente por arriba de la ropa para no cometer pecado alguno y siempre acompañado el galeno cuando menos por dos hermanas de la orden y previa autorización del arzobispado para practicar la visita. ¡Imposible tocar sus carnes, era pecado! Las monjas enclaustradas corrían muchos riesgos por su sola condición de mujeres intocadas e intocables casadas con Dios, sin ignorar además el escandaloso atraso de la ciencia médica en la Colonia. ¿Sor Juana delicada? Mi lugar no estaba, desde luego, en el Palacio de los Virreyes, sino en el convento de San Jerónimo, para cuidar esa intensa luz blanca que iluminaba mis días. No dejaría que se apagara.

Por supuesto que me condujeron sin trámites ni preguntas capciosas a la celda. ¡No faltaba más! Pasé de largo por la fachada de corte herreriano, fría, sobria, carente de adornos, estrictamente austera. La había visto tantas veces que me resultaba irrelevante detenerme. Nada me podía sorprender. Al llegar precipitadamente me encontré a Sor Juana, sentada en su silla de palo sin un solo cojín, como siempre con su pluma de ganso en la mano y el tintero abierto. No llevaba el velo puesto. Su cabellera negra lucía bien arreglada. Resultaba imposible cualquier reunión con ella en semejantes circunstancias. En aquella ocasión no ostentaba el enorme medallón dorado que contrastaba con su indumentaria negra y sobria. Obviamente escribía. Siempre escribía. Al verme se levantó de inmediato, ya que no había sido anunciada. Me tomó ambas manos con una espontaneidad que me llenó de calor interno. Alargó los brazos como si quisiera observarme a la distancia. Sin soltarme se deshizo en halagos. Mi pelo rubio le fascinaba. Mis ojos azules iluminados por una tonalidad turquesa refulgente acaparaban su atención. Mis diademas cubiertas por piedras preciosas, para ella las joyas favoritas de Anfitrite, esposa del dios Neptuno, apenas hacían un honor insignificante a mi belleza y a mis dimensiones de amiga, reina, su dueña, su verdadera y única patrona. Mi altura y esbeltez que ella contemplaba como si yo hubiera sido elevada a un pedestal de mármol blanco, la hacían compararme con la imagen y el rostro de los arcángeles. ¿Por qué tenían que ser ángeles masculinos y no había espacio para las ángeles como yo? ¿Por qué Dios tenía que ser varón...? En fin, mi figura, según ella, rayaba en la divinidad...

Al soltar mis manos me jaló hacia ella para abrazarme y hacerme sentir la tersura de su mejilla y el tibio calor de su oreja adherida a la mía. Sentí la presión de sus senos apretados contra los míos, sus piernas calientes, así como el pulso de su pubis intacto. No olía a fragancia alguna. No se permitía darse toques en el cuello ni en la ropa porque hubiera parecido una provocación. ¡Cuántos pecados cometidos por tan sólo acicalarse, humedecer cualquier parte del cuerpo con un aroma silvestre manufacturado con heliotropo y agua de rosas! Pecado, sí, pecado y además pecaminoso porque despierta al diablo, lo tienta, sacude a la fiera que habita en todos los mortales y que la Iglesia trata de sofocar a través de la oración. El estímulo del olfato despierta pasiones demoníacas, sentimientos perversos, intenciones carnales condenables, acercamientos indebidos, imágenes perniciosas, además de relajar la voluntad, invitar a la seducción y sus horrores, enfrentar a Dios con Satanás, el bien en contra del mal para proyectar al penitente al infierno en lugar de ver por su purificación y santidad con la idea de lograr el día de mañana el eterno perdón al concluir el Juicio Final y garantizarse así un lugar en el paraíso.

Nos sentamos. Conversamos. Salía de un simple resfriado sin consecuencias. Se trataba de evitar mayores complicaciones. De ahí los cuidados excesivos. Me tranquilizó. La animé. Mi presencia la animaba, era evidente, me enorgullecía. ¡Que si lo sabía yo! A mí me alegraba la existencia, me reconfortaba el hecho de encontrarme con ella una vez más. Hice varios circunloquios antes de entrar en materia. ¿Cómo informarle, sin lastimarla, de nuestro obligado regreso a Madrid? ¿Cómo abordar el tema? El año siguiente, en 1686, regresaríamos a la península. Adiós presencia física, adiós encuentros, adiós gratificaciones inmediatas producidas por la cercanía del Palacio de los Virreyes con el convento de San Jerónimo. Siempre me impresionaron los cinco patios que integraban la estructura de este regio edificio. Pocas veces disfruté el de los Cipreses, el de los Confesionarios, el de las Novicias, el de la Fundación y el de los Gatos. El tiempo no me lo permitía. Mi prioridad era Sor Juana. ¿Cómo recrearme con una joya arquitectónica, por más hermosa que ésta fuera, cuando mi musa adorada me esperaba?

¿Qué me había hecho ir apresuradamente al convento aquella tarde en que Sor Juana había dejado de estar *encuaresmada*? Mi señor, don Tomás, había salido a Veracruz a revisar unas instalaciones construidas para la defensa de los piratas que atacaban periódicamente el puerto, y ella, a sabiendas de mi soledad, me hizo llegar este verso en un papelillo que llevaba yo guardado en una de las mangas:

> Cómo estarás, Filis mía
> sin mi Señor y tu dueño
> es tan difícil decirlo
> cuanto no es fácil saberlo...
> ¿Cómo se ausenta un amante,
> quedándose al mismo tiempo?
> ¿Cómo se va, sin partirse
> y está cerca, estando lejos?...
> Porque ¿cómo puede holgarse
> quien se apartó de tu cielo?
> Quien se aparta de la gloria
> se va a la pena derecho...»[57]

[57] Benítez, 1985: 158-159.

No podía más. Verla no me bastaba. Leerla me era insuficiente. Soñarla me afligía al despertar sólo para descubrir la cruda realidad.
Su compañía me tranquilizaba, sí, sin duda, la contemplación de su
figura, su rostro, sus hábitos, me gratificaba, su belleza me atraía,
la suavidad de sus movimientos me embelesaba, su voz pausada me
cautivaba, la conversación me estimulaba, alertaba mi inteligencia,
sacudía mis sentimientos, me contagiaba su insaciable curiosidad,
justificaba mi existencia, me sepultaba en dudas que me invitaban a
estudiar, me llenaba de paz, pero invariablemente algo me faltaba,
algo, a saber de qué se trataba. ¿Un hijo? Finalmente había sobrevi-
vido José María Francisco en 1683 después de dos intentos frustra-
dos, dos vástagos que no lograron remontar la infancia. Disfrutaba
inmensamente el placer de la maternidad, a la cual Sor Juana le dedicó por los menos seis romances. ¿Qué podía pedirle a la vida?
¿Relaciones amorosas con mi marido? Imposible quejarme: él me
atendía a su máxima capacidad y con la más exquisita ternura. ¿Entonces? Yo deseaba apoderarme de ese ser humano privilegiado, de
esa monja poetisa que llenaba mis días, los inundaba con sus metáforas, los agitaba con sus fantasías y los hechizaba con sus palabras
improvisadas como si se tratara de gotas de agua caídas, una a una,
en la garganta del sediento. ¿Cómo convertirnos Sor Juana y yo en
una sola persona? ¿Cómo respirar lo que ella respira, ver lo que ve,
sentir lo que siente, percibir lo que percibe, soñar lo que sueña, comer lo que come, tragar lo que traga, disfrutar lo que disfruta, llorar lo que llora, odiar lo que odia y blasfemar lo que blasfema? Un
solo ser: Sor Juana y Lysi, su Lysi, la monja y la virreina, la filósofa
y la lectora, la escritora y la poetisa, la enclaustrada y la exclaustrada, la luchadora y su cómplice, la genio y su admiradora: sí, ella y
yo, las dos, la una…

Sentadas una frente a la otra en el convento, admirándola cara a
cara sin ningún afeite, demacrada por la enfermedad, convaleciente
y recuperándose, amable y receptiva como siempre, bella como un
rayo de luz, clavé mi mirada en sus ojos candorosos, saturados de
fe y de buena fe y sin detenerme más, a sabiendas de que la mataría,
empecé a desenvainar para informarle la decisión proveniente de
Madrid que cancelaba nuestra estancia en la Nueva España.

Como si se tratara de un mensaje divino, en ese preciso momento empezó a temblar. El terremoto sólo duró tres credos con sus res-

pectivas réplicas. Había quien decía que pudo pronunciar, en voz baja al principio, dos padrenuestros completos hasta que terminó el movimiento de tierra, pero yo jamás creí en esa aseveración escuchada cuando todavía estábamos en España. Ambas nos tomamos de las manos. Sor Juana alzó la cabeza como si elevara una plegaria mientras que yo la bajé viendo al suelo con la esperanza de que el techo no se viniera abajo y acabara con la vida de las dos. Nada, no pasó nada, salvo que sentí la humedad de sus palmas entre las mías. Nos comunicábamos. Por supuesto que era una forma diferente de lenguaje, pero válida al final. El sudor nos unía. Mis dedos no me engañaban: estaban empapados. Cuando terminó el temblor ella acarició mi rostro desencajado y mi pelo, como una madre cariñosa y presente. Sin duda ella pasó menos miedo que yo. Sabía que de haber muerto tenía garantizado un lugar en el paraíso. Salvo que Dios fuera injusto. ¿Qué suerte correría yo…? A saber…

Una vez superado el peligro y concluidas las invocaciones, los rezos, las réplicas y las preces, Sor Juana se puso repentinamente de pie y se dirigió a la venta orientada al patio central del convento de San Jerónimo, en donde todavía tuvo ocasión de ver a varias monjas arrodilladas con los rosarios enredados en una mano, en tanto que con la derecha se persignaban repetidamente. ¿Por qué tendrían tanto miedo a la muerte si el Señor las iba a acoger al haberle dedicado su vida libre de pecado? ¿Dios es vengativo? ¡No! Entonces, ¿por qué temer si la vida eterna será en el cielo, en santa paz, sin sufrimientos ni dolores físicos ni del alma?

Juana estaba irritada. De tiempo atrás resentía la severidad de los ataques de Francisco Aguiar y Seixas. Era evidente su resistencia a que la monja siguiera escribiendo. Le agredía que colocara una palabra junto a la otra. Cualquier oración, un simple verso, contenía supuestamente alguna intención dolosa, perversa, que él no alcanzaba a descifrar. El prelado percibía burlas y sarcasmo en su obra poética, de cierto herética y saturada de dobles sentidos, que invariablemente le concedían a la jerónima una salida exhibiendo al doloso intérprete como a un ser pervertido capaz de las peores blasfemias y pecados. Sor Juana podía revertir los ataques con exquisita gentileza y fino talento. Su interpretación es equivocada: yo nunca sostuve, ni me atrevería a hacerlo, semejante argumento que, francamente, me parece no sólo una expresión de ligereza, sino una auténtica vulgaridad, una procacidad impropia de usted… Aguiar había desatado de tiempo atrás una campaña antifemenina, una cacería implacable de mujeres, más hacia las que pensaban, para ya ni hablar de las que se atrevían a publicar versos y, por si fuera poco, capciosos, que además le reportaban una gran popularidad sin olvidar que, para mayor coraje, todavía escribía y vivía al amparo de la intocable autoridad imperial bajo la cual se había hecho de un gran prestigio.

Sor Juana había ganado un certamen poético disfrazada de hombre y con el seudónimo de Felipe Salayzes Gutiérrez, y otro más con el nombre de Juan Sáenz del Cauri, perfecto anagrama de Juana Inés de la Cruz... Su obra era reconocida. El talento estaba ahí. No faltó quien asegurara que los poemas triunfadores eran de su autoría y no del tal Salayzes. Sus relaciones con España y con los virreyes enojaban al Tribunal de la Fe. La Santa Inquisición ocultaba con grandes esfuerzos su frustración por no poder llevarla encadenada a la pira y convertirla en cenizas junto con sus geniales creaciones. La protección que le obsequiaba el hecho de tenerla fuera del alcance del garrote o la imposibilidad de sentarla en el potro de descoyuntamiento y de que pudiera burlarse a sus anchas de las santas organizaciones religiosas divulgando versos, a su juicio satánicos, reducía a la autoridad clerical al límite de la ineficacia haciéndola alimentar esperanzas para el día en que los virreyes tuvieran que retirarse de la Nueva España. Aguiar y Seixas, Núñez de Miranda, el antiguo confesor y censor, sabrían esperar... ¡Ah, que si sabrían...! A las brujas hay que quemarlas en público y en leña verde para que el calor las consuma lentamente antes de incinerarlas. El desamparo era aún mayor porque en 1684 había fallecido el arzobispo-virrey Payo Enríquez de Ribera, otro de sus influyentes protectores.

Cuando giró para dirigirse a mí con el propósito de contarme, tal vez, cualquier otro de los intentos de Aguiar o de Núñez para mutilarla, imponerle una censura insoportable, acotarla, limitarla y finalmente matarla intelectual y físicamente, miserables misóginos, ignoro por qué, pero en ese momento cuando ella articulaba una nueva diatriba en contra del arzobispo, no pude contener la presión que muy pronto me haría estallar el pecho y, sin más rodeos, sin posibilidad alguna de contener ni un instante más mis sentimientos, me atreví a hablar a sabiendas de que la mataba por abandonarla y por dejarla indefensa en manos de la Inquisición: «Juana: nos vamos, nos han anunciado el final de nuestra gestión en estas tierras pródigas.

Nos volvemos a España», aduje con voz temblorosa pero audible.

Sor Juana permaneció inmóvil durante unos momentos. De pronto empezó a girar lentamente para encararme. Estaba petrificada como quien se siente herida de muerte antes de desplomarse. No hablaba ni retiraba la mirada de mis ojos. Me veía con horror. No parpadeaba. De golpe perdió la compostura, se rindió. En un santiamén Juana, en ocasiones altiva, sobrada, segura de sí misma, dueña de una gran dignidad, agachó la cabeza cruzando sus manos entre las mangas gruesas de sus hábitos hasta hacerlas desaparecer. Bien sabía yo que había introducido hasta el fondo el afilado estilete florentino atravesándola de un lado al otro. Pronto, sin pronunciar palabra alguna, empezó a agitar los hombros. Las lágrimas abundantes rodaban hasta el suelo. Continuaba enmudecida. Se agitaba por instantes mientras se recargaba contra la ventana como si quisiera asirse de algo estable y fijo. Pronto podría caer de rodillas al piso. Al acercarme para consolarla y abrazarla, estalló en un llanto profundo, doloroso, sonoro, como el de quien acaba de recibir la noticia de la muerte de un ser muy querido, tal vez el más cercano a su corazón, a su vida, a su alma. Al volver a hacer contacto con su cuerpo esa misma tarde, se aferró a mí, como si fuera la tabla de salvación de un náufrago. Berreaba, chillaba inconsolable aquella mujer de casi cuarenta años de edad, el auténtico talento del siglo XVII y de los que estuvieran por venir. No me soltaba. Me estrechaba con una fuerza desconocida negando con la cabeza y pegando su mejilla empapada contra la mía. En ese momento la retiré suavemente de la ventana para que la escena tan dolorosa no pudiera ser vista por la priora o cualquier otra monja desde el patio, en cuyo centro se encontraba una fuente labrada en cantera que también hacía las veces de pozo artesiano. Ninguna de ellas entendería lo que en realidad acontecía en la celda de Sor Juana… La sola imagen a la distancia podría ser la fuente de rumores perniciosos.

Ella creyó que la conducía de regreso hacia la silla de palo para ayudarla a recuperar su fuerza, cuando únicamente deseaba apartarla de los ojos de las curiosas y maldicientes. Caminaba arrastrando los zapatos como lo haría una viuda desamparada porque no siendo suficiente el doloroso sentimiento de vacío originado por la pérdida de su marido, éste se había llevado a la tumba las llaves de la alacena. En lugar de sentarse, volvió a rodear mi cuello con sus brazos en tanto suplicaba con la voz pastosa:

—No te vayas, Lysi, no te vayas, sin ti no habrá valladar que contenga a estas fieras, además te necesito aquí, a mi lado, cerca de mí. ¿Qué haré conmigo cuando ya no te pueda ver? ¿De dónde me sujetaré?

—Nos escribiremos, reina mía, lo juro —contesté constatando mi orfandad espiritual sin apartarme de ella y sintiendo el contacto indescriptible de sus senos apretados firmemente contra los míos. Había abrazado a muchas mujeres sin que la mente me traicionara con esa exquisita percepción.

Coloqué entonces mis manos a ambos lados de sus mejillas humedecidas. Nuestras frentes hacían un gratificante contacto. No nos decíamos nada y nos lo decíamos todo. Le acariciaba el rostro y sufría con ella el daño ocasionado por mis palabras. Sentí entonces un enorme nudo en la garganta. Se despertaron los poros de mi piel. A la respiración desacompasada siguió una sensación de asfixia mientras mis ojos se anegaban y me resultaba imposible articular palabra alguna. Sor Juana continuaba sin hablar, tal vez por pudor. Estaba deshecha sin que yo pudiera consolarla. Me sentía impotente, inútil y torpe. Víctima de un impulso ininteligible, algo realmente tan inesperado como incontrolable, posé suavemente mis labios sobre los de ella, cubiertos en su totalidad de saliva y lágrimas. El contacto la estremeció y por un momento intentó retirarse, pensó en rechazarme, sin embargo, la contuve con una fuerza sutil y cariñosa. Sor Juana apretó su boca contra la mía. Dejó de gimotear. No lloraba. Sus manos ahora cubrían mi cara como quien sostiene un cáliz sagrado o detiene entre las palmas la figura de una virgen recién retirada de un altar. Bien pronto sus respuestas fueron más intensas que mis iniciativas. Se abría una gigantesca compuerta de afectos retenidos. En la caudalosa catarata se precipitaban pasiones enclaustradas, poderosos deseos carnales inconfesables, indomables, sofocados con plegarias, ímpetus feroces silenciados que caían sobre mí como gotas cristalinas, tibias, celestiales, inundándome de placeres que justificaban toda una vida.

Nunca nadie la había tocado. Ningún varón se había atrevido a tratar de seducirla veinte años atrás, cuando aquella hermosa y sorprendentemente talentosa chiquilla vivía en el Palacio de los Virreyes durante el reinado de los marqueses de Mancera. Había escapado a lo largo de dos décadas de las relaciones amorosas con el sexo opuesto buscando el debido consuelo y la paz espiritual a través de las oraciones, de las flagelaciones y la poesía. Ahora descubría una realidad distinta. Su pubis, adherido al mío, latía aceleradamente como un poderoso corazón ubicado en su entrepierna. Sus senos se habían endurecido en un solo instante mientras su lengua exigía trenzarse con la mía, enroscarse, hundirse en mi boca. Nos fundíamos. Nos convertíamos en una sola persona. Entendía mis sentimientos. Ahora sabía por qué no encontraba la plenitud ni lograba saciar una sed devoradora a través de sus versos ni de su simple presencia física ni de sus declaraciones amorosas encubiertas ni de los ánimos que me infundía a través de sus mensajes llenos de metáforas que sólo yo podría comprender. Nunca había sido mía, ahora lo era y lo sería para siempre. Lo supe cuando, sin dejar de besarla, palpé sus senos escondidos tras de sus hábitos sin explicarme por qué no había captado antes esa necesidad, la de tocarla, la de tenerla en mis brazos, la de estrecharla y recorrerla con mis manos llenándome de ella, dejándome invadir por una nueva sensación que yo nunca me había atrevido a vivir con ser humano alguno que no fuera mi marido, mi adorado Tomás, el virrey, el único hombre de mi vida. Jamás habría otro, eso lo sabía yo porque había jurado con sangre serle fiel hasta después de la muerte sin permitirle el acceso a mi lecho a ningún otro varón en cualquier tiempo... Él siempre sería el único.

¿Por qué nunca había querido frotar mi pubis contra el de otra mujer? ¡A saber! Ahora lo deseaba. Era amor, amor puro, sin limitaciones territoriales, sin espacios prohibidos. Nos acercamos a la puerta de entrada, contra la que ella se recargó mientras yo hacía girar discretamente la llave. Muy pronto desvestí a Sor Juana sin pronunciar palabra alguna. Sus hábitos cayeron a un lado, mientras mi indumentaria real se deslizaba al opuesto. Sus pezones rosados, jamás besados ni vistos por hombre alguno, me invitaban a besarlos en silencio. Jamás habían amamantado. Sus senos tampoco habían asomado atrevidamente por medio de un generoso escote para despertar el gusto por la lujuria de cualquier varón admirador de la belleza femenina durante las cenas de gala en nuestro palacio. Su piel blanca, sedosa, intacta no dejó de sorprenderme. Su dieta rigurosa le impedía precipitarse en la obesidad. Esos pequeños botoncillos que coronaban sus pechos bien podrían haber sido fuente prodigiosa de inspiración para conquistar continentes, armar ejércitos, nutrir arcas, apoderarse de tesoros, expandir imperios; permanecían erectos y desafiantes para acariciarlos hasta hartarme. Eran

míos, absolutamente míos. Pensaba yo en Miguel Ángel cuando hacía descender a su modelo del *David* para devorarlo a besos, tenerlo, poseerlo y agotarlo, después hacerlo subir a su histórico pedestal
desde el que asombraría al mundo entero. Mi David era Juana, mi
Juana, mi reina, mi sol, la dueña de mis sentimientos, de mis pensamientos, de mi corazón y de mi espíritu.

Aun cuando mis pechos se estaban marchitando después de haber amamantado a tres niños, la animé a rodearlos cuidadosamente con sus manos, a tomarlos para compartirnos hasta el delirio. Se
dejó conducir, perdía gradualmente la timidez, entendía la importancia de este momento inolvidable. Tocó mi entrepierna, descubrió
audazmente mis humedades, me sujetó por las nalgas, me estrechó
el talle hasta rodar por el suelo en donde, en pocos momentos, nos
desplomamos sin separar las bocas. ¡Claro que ella había esperado
ansiosamente este momento! Por supuesto que lo debía de haber
idealizado y soñado en su más recóndita intimidad, pero ¿se habría
atrevido a confesárselo a un sacerdote a pesar de ser un pensamiento pecaminoso que atentaba en contra de su pureza reservada únicamente al Señor? ¡Qué más daba! Vencía mis resistencias internas
y alcanzaba la plenitud tan intensamente buscada, la ininteligible,
la supuestamente inaccesible plenitud. Miguel Ángel nunca pudo
comer un brazo de mármol blanco purísimo de su *David* ni una
pierna de su *Moisés*, pero yo sí podía devorar a Sor Juana, una creación de Dios en la que no podía competir inteligencia ni talento humano alguno. Julio César, el emperador, o Alejandro Magno, ¿eran
acaso menos hombres porque compartían el lecho con honorables
prisioneros o con sus comandantes o con sus protegidos o simplemente con sus amantes? Pues que lo sepa todo el mundo: Sor Juana
no perdería nada de su genio ni de su reconocimiento universal por
haber amado a una mujer como yo dentro del más hermético de los
secretos. ¿O acaso moriría sin haber amado? ¿No había dicho Jesús, amaos los unos a los otros?

Después de unos gemidos casi inaudibles que parecían interminables, un agasajo para nuestros oídos, yacíamos la una frente a la otra
sobre un tapete tejido a mano por indios tlaxcaltecas. Todo transcurrió en el tiempo que lleva exhalar un suspiro. Desfallecíamos de la
emoción. Sor Juana hubiera deseado penetrar por mi boca, hundirse
en mis carnes y perecer engullida completamente dentro de mí. Yo
guiaba sus manos inexpertas, ella me dejaba hacer. Nos abrazamos,

nos besamos, nos estrechamos con toda la fuerza de que éramos capaces. Cada una chupaba los dedos de la otra mientras nuestras lenguas recorrían una y otra vez los cuerpos sudorosos que se arqueaban al tacto de los labios de la misma manera en que encogíamos los hombros y se crispaban los ojos al percibir el aliento de la otra en los oídos. Cuando apreté mi muslo derecho contra su entrepierna y lo froté de manera arrebatada, brutalmente sentí cómo se retorcía la monja y contenía un grito de placer que hubiera remontado todos los confines territoriales de la Nueva España. Apretó las quijadas y se llevó las manos a la frente como si la cabeza le fuera a estallar en mil pedazos. Invocó a santos, herejes, beatos, vírgenes y apóstoles... Convocó a toda la divinidad al percibir por primera vez este delicioso elixir de amor. Giró, se retorció, se convulsionó en silencio, suplicó, gimió como una fiera herida antes de caer desfalleciente dando sus espaldas contra el tapete que amortiguó el golpe. ¡Cuánto tiempo transcurrió antes de que mi monja recuperara la respiración extraviada! Un homenaje a nuestra relación. Una obra maestra entre enamorados. Una maravilla equivalente a un millón de poemas, los mejores versos de la existencia, la mejor obra de arte imaginada y creada por Dios para el interminable disfrute de su humanidad... Cuando pudo volver a hablar se dio cuenta de que había llegado mi turno. Bien pronto me vi bajo una lluvia de estrellas. Nos habíamos encontrado. Rara vez escuchábamos los pasos de las monjas dirigidos a cualquier parte del convento. No nos avergonzábamos. Nunca nadie conocería este histórico hallazgo.

Abrazadas, tensadas, Sor Juana me exigió que no regresara a España, me necesitaba ahora más que nunca porque ambas habíamos confesado nuestros sentimientos; dijo que no entendería su vida sin mí, más aún porque había descubierto el gran tesoro reservado a los privilegiados hijos de Dios: el amor en cualquiera de sus formas y expresiones. Aseguró que deseaba tenerme para siempre al alcance de la mano; que ella no estaba dispuesta a violar sus votos de clausura no únicamente por temor a Dios, sino porque una mujer poetisa como ella sería una formidable candidata a la pira por sus publicaciones, y que el convento y los virreyes le daban la protección necesaria para continuar su obra sin que lo anterior, obviamente, no significara correr ciertos riesgos. Era mejor estar dentro de la organización eclesiástica y tener apoyos políticos poderosos externos, que fuera de ella sujeta a los caprichos de los arzobispos y confesores impíos, además de otros bichos de la misma ralea. Me pidió que no me fuera, que no la abandonara, que hablara con don Tomás para que se quedara en la Nueva España haciendo negocios fuera ya de su cargo, pues Dios que todo lo sabía, no podía ignorar lo nuestro, y que si nos había dado semejantes prendas físicas y sentimientos era para que las aprovecháramos y las disfrutáramos, de otra suerte, ¿para qué tener dichas dotes de origen divino si no era para gozarlas y explotarlas? Suplicó que guardáramos en escrupuloso secreto lo nuestro, que observáramos la máxima discreción, que no dejara de ver por ella y siguiera conteniendo a Aguiar y Seixas, el peor enemigo de las de nuestro sexo. Que no, que no la abandonara ni volviera jamás a la metrópoli; exclamó que yo le pertenecía y que sin mí moriría o la matarían... Ya ni siquiera le dije que nuestro sucesor sería el conde de Monclova, militar despiadado enviado ex profeso a combatir piratas y mejor conocido como *Brazo de Plata*, ¡y no en vano...! El horizonte era desolador.

Días después recibí estos versos que me traspasaron el alma con el mismo estilete que yo había utilizado para anunciarle mi regreso a España:

> ¡Ay, mi bien, ay prenda mía,
> dulce fin de mis deseos!
> ¿Por qué me llevas el alma,
> dejándome el sentimiento?
>
> Acuérdate que mi amor,
> haciendo gala del riesgo,
> sólo por atropellarlo
> se alegraba de tenerlo.[58]

Sor Juana escribió y escribió. Casi todos los días llegaba mi lacayo con un poema, cada vez más audaz, que ponía en mis manos con la cabeza inclinada sin atreverse a verme el rostro. Yo lo leía, lo volvía a leer una y otra vez, la mayoría con una copa de vino en mis manos. ¡Qué satisfacción llegar a ser la fuente de inspiración de una poetisa eterna! Yo lo era, sin duda yo inundaba su mente con imágenes. He aquí otra prueba:

[58] De la Cruz, 2002: 13.

A la condesa de Paredes

Ángel eres en belleza,
y Ángel en sabiduría,
porque lo visible sólo
de ser Ángel te distinga.
Pero si es tan bello el cuerpo
que tu heroica forma anima,
lo que lo desmiente más
es lo que más lo acredita...

Y también, porque en el tiempo
que la Iglesia nos destina
a que en mortificaciones
compensemos las delicias,

Por pasar algunas yo,
que tantas hacer debía,
hice la mayor, y quise
ayunar de tus noticias.

Pero no de tus memorias:
que ésas, en el alma escritas,
ni el tiempo podrá borrarlas
ni otro objeto confundirlas...

Reina de las flores eres,
pues el verano mendiga
los claveles de tus labios,
las rosas de tus mejillas.[59]

¿Qué tal estas líneas que me dedicó cuando llegaron las pascuas?

Tú eres Reina, y yo tu hechura;
tú deidad, yo quien te adora;
tú eres dueño, yo tu esclava;
tú eres mi luz, yo tu sombra.

[59] De la Cruz, 2002: 25.

Mientras yo le pido a Dios,
que te acuerdes, gran Señora,
que nací para ser tuya,
aunque tú no lo conozcas.[60]

La poetisa se dice una y otra vez criada y enamorada, esclava y amante; en los pasajes de mayor frenesí también se llama idólatra y creyente. ¿Qué tal cuando Sor Juana me hizo llegar en un papel arrugado y destruido estas palabras escritas, tal vez, al amanecer?

Así, cuando yo mía
te llamo, no pretendo
que juzguen que eres mía,
sino sólo que yo ser tuya quiero.

¡Oh cuán loca llegué a verme
en tus dichosos amores,
que, aun fingidos, tus favores
pudieron enloquecerme![61]

Ambas entendimos que ni la vida religiosa ni la matrimonial ni la liturgia conventual ni las ceremonias palaciegas nos ofrecían a Juana Inés y a mí las satisfacciones emocionales o sentimentales que requeríamos. Por supuesto que las relaciones con otros hombres estaban prohibidas, canceladas y excluidas para las dos: nuestro único consuelo radicaba en nosotras mismas. Sólo que yo no estaba dispuesta a abandonar ni a mi esposo ni a mi hijo y ella no consentiría jamás en ser exclaustrada del convento… Las fronteras de nuestra relación estaban muy bien definidas y acotadas.

Las limitaciones de nuestro amor las contemplaba Sor Juana con su asombrosa visión poética:

Ser mujer, ni estar ausente,
no es de amarte impedimento;
pues sabes tú, que las almas
distancias ignoran y sexo. [62]

[60] De la Cruz, 2002: 42.
[61] De la Cruz, 2002: 108.
[62] De la Cruz, 2002: 27.

Si un tema obsesionaba a Sor Juana era el relativo a sus más grandes enemigos, a los cuales Tomás y yo habíamos logrado cortarles las uñas y sacarles los dientes con todo y colmillos para que se abstuvieran de lastimar a *nuestra monja*. Nuestra protección muy poco disimulada, yo diría casi abierta y pública, irritaba sobremanera a Francisco Aguiar y Seixas, arzobispo de México, elevado a la jerarquía de máxima autoridad católica en la Nueva España en 1681, arribo catastrófico que casi coincidió con el despido del padre Antonio Núñez de Miranda, nada menos que el confesor de mi musa, de quien prescindió por intolerante y feroz opositor de los trabajos poéticos y en prosa de la monja sin igual...

La guerra entre Juana, mi Juana, la Juana de la Nueva España, la futura Juana del mundo entero, la musa universal de las letras de todos los tiempos en contra de los jerarcas de la Iglesia católica, comenzó cuando decidió ya no compartir con el padre Núñez los secretos de confesión; lo canceló, lo rechazó a través de una carta histórica en la que respondía, con su nombre y firma, a los ataques que el jesuita le dirigía a sus espaldas, censurando en sus conversaciones su conducta y calificándola de *escándalo público*. ¿Cómo se había atrevido a revelar sus conversaciones? Algún día esa carta debería quedar colgada en la pared de un museo con un marco de oro. Agrega que si no ha respondido a sus ataques, ha sido «por humano respeto», y no «por cristiana paciencia». Reconoce que Núñez tiene fama de oráculo divino y que sus palabras son —a oídos de todos— «dictadas por el Espíritu Santo». Afirma que trató de guardar silencio «para que V.R. se desapasionase, pero antes parece que le irrita mi paciencia» y enseguida pasa a hablar de la razón de sus enojos: «no ha sido otra que la de estos negros versos de que el cielo tan contra la voluntad de V.R. me dotó», recordándole «la natural repugnancia que siempre he tenido a hacerlos», así como el hecho de que, aquellos que han sido publicados, han sido corregidos por él y han contado con su venia. «¿En cuál de estas ocasiones ha sido tan grave el delito de hacerlos?», le pregunta, y se queja amargamente: «¿De qué envidia no soy blanco?... ¿Qué palabra digo sin recelo?... Unos no quisieran que supiera tanto, otros dicen que había que saber más para tanto aplauso... ¿Qué más podré decir?», se pregunta, y recuerda la vez que la obligaron a malear su letra porque dicen que parecía de hombre y que no era decente... «Y de esto toda la comunidad es testigo», afirma. Brevemente, Juana menciona como posible causa del enojo de Núñez su amistad con los virreyes, y le pregunta: «Aunque no había por qué ¿podré yo negarme a tan soberanas personas?, ¿podré sentir el que me honren con sus visitas?» ¿Serán, pues los estudios?: «Mis estudios no han sido en daño ni perjuicio de nadie», le recuerda, «mayormente habiendo sido tan sumamente privados que no me he valido ni aun de la dirección de un maestro... No ignoro que el cursar públicamente las escuelas no fuera decente a la honestidad de una mujer, por la ocasionada familiaridad con los hombres... Pero los privados y particulares estudios ¿quién los ha prohibido a las mujeres? ¿No tienen alma racional como los hombres?... ¿Qué revelación divina, qué determinación de la Iglesia, qué dictamen de la razón hizo para nosotras tan severa ley? ¿O serán las meras letras?: ¿Las letras estorban, sino que antes ayudan a la salvación? ¿No se salvó san Agustín, san Ambrosio y todos los demás santos doctores? Y V.R. cargado de tantas letras, ¿no piensa salvarse?... ¿No estudió santa Catalina, santa Gertrudis, mi Madre santa Paula?... ¿Por qué en mí es malo lo que en todas fue bueno? ¿Sólo a mí me estorban los libros para salvarme?... ¿Quién no alaba a Dios en la inteligencia de Aristóteles? ...¿Por qué ha de ser malo que el rato que yo había de estar en una reja hablando disparates, o en una celda murmurando cuanto pasa fuera y dentro de casa, o pelear con otra, o riñendo a la triste sirviente, o vagando por todo el mundo con el pensamiento, lo gastara en estudiar?» Seamos claros, parece decirle: «V.R. quiere que por fuerza me salve ignorando... Sálvese san Antonio con su ignorancia santa, que san Agustín va por otro camino...»

Enterada de las palabras de Núñez en el sentido de que, de haber sabido que iba a hacer versos, no la mete al convento, sino que la casa, le pregunta: «¿cuál era el dominio directo que tenía V.R. para disponer de mi persona?... Cuando ello sucedió hacía muy poco que yo tenía la dicha de conocer a V.R.... Lo tocante a la dote, mucho antes de conocer yo a V.R. lo tenía aprestado mi padrino... Luego no hay sobre qué caiga tal proposición... ¿Tócale a V.R. mi corrección por alguna razón de obligación, de parentesco, crianza, prevacía, o tal qué cosa?» Y finalmente: «¿Soy por ventura hereje? Y si lo fuera ¿había de ser santa a pura fuerza...?» Pasando a despedirse: «El exasperarme no es buen modo de reducirme, ni yo tengo tan servil naturaleza que haga por amenazas lo que no me persuade la razón... Y así le suplico a **V.R.** que si no gusta ni es servido favorecerme (que eso es voluntario) no se acuerde de mí... Podré gobernarme con las reglas generales de la Santa Madre Iglesia, mientras el Señor no me da luz de que haga otra cosa, y elegir libremente Padre espiritual el que yo quisiere...» Y heréticamente: «No sé decir las cosas sino como las siento».

¿Cómo continuar resistiendo a un confesor que mutilaba sus versos, se había convertido en un censor de sus pensamientos, en un juez que sancionaba su obra y sus creaciones, y todavía se atrevía a modificar su estilo y forma sin su autorización? ¿Cómo era posible que una mujer pensara, escribiera y publicara? ¡Imposible! Sor Juana cancela su supuesta ayuda y guía espiritual en realidad disfrazada de censura inquisitorial. No la acepta. Lo despide. Ella tiene su temperamento: no lo aceptará en lo sucesivo en el convento ni él volverá a saber de ella a través de la confesión... Ni el padre Núñez ni el arzobispo Francisco Aguiar y Seixas resisten aquello de: «¿No estudió santa Catalina, santa Gertrudis, mi Madre santa Paula...? ¿Por qué en mí es malo lo que en todas fue bueno? ¿Sólo a mí me estorban los libros para salvarme?» La acusan en secreto de insolente, irreverente, impía, soberbia, altanera, atea, blasfema, profanadora, infiel, execradora, imprecadora, malhablada, juramentosa, desvergonzada, atrevida, egoísta, malagradecida, arrogante, deslenguada, petulante, hereje, procaz, descarada, descocada, lanzada, temeraria, imprudente, irreligiosa, sacrílega, fresca, jactanciosa, presumida, renegadora, maldiciente, irrespetuosa, desconsiderada, descortés, ingrata, desleal, olvidadiza, altiva, engreída, presumida, vanidosa, envanecida, orgullosa, desdeñosa, despreciativa, sólo porque cuenta con el apoyo de los señores virreyes. Juran venganza también en silencio. Algún día habrás de quedar desamparada y entonces la sabia mano de Dios se ocupará de ti...

Recordé entonces cuando me habían contado las luchas entabladas por el arzobispo de México, Francisco Aguiar y Seixas, que éste, en una ocasión, a medianoche, estaba inmerso en una espantosa pesadilla diferente a aquella en la que soñó que el mismísimo Satanás lo masturbaba para dibujarle con su propio semen una cruz en la frente, para así bautizarlo con el nombre de la lujuria y el pecado y condenarlo a pudrirse en el infierno. En otro encuentro con el maligno, empezó a ser despertado diariamente por éste, quien se apersonó entre carcajadas encarnándose de nueva cuenta en los genitales del máximo representante de la Iglesia católica de la Nueva España. ¿Qué sucedió la primera noche en que percibió la presencia de Mefistófeles quien sujetaba firmemente su pene estirándoselo, encogiéndoselo a placer sin que él, maniatado, inmóvil, pudiera impedirlo, extraviado como estaba, en el fondo de una pesadilla? El maligno reía mientras contemplaba en su arrobo cómo el miembro respondía a sus estímulos diabólicos y se erguía orgulloso y desafiante, feliz y lujurioso, como corresponde a un poderoso músculo inflexible dotado de una fuerza impresionante para traspasar todas las puertas que conducen al paraíso. El arzobispo movía la cabeza de un lado a otro mientras sus partes nobles eran agitadas por Lucifer, quien lucía unas manos de seda, expertas, dóciles, inocentes y, sobre todo nuevas, desconocidas al tacto. El jerarca sudaba. Las gotas resbalaban por su frente enarcada en tanto su ropa de noche se empapaba, se humedecía durante ese tormento en el que Dios, nuestro Señor, parecía haberlo puesto a prueba, una ante la cual sucumbiría el más encumbrado y puro de todos los santos de la antigüedad remota y del presente más doloroso y que, sin duda, haría fracasar a toda la santidad del futuro, incluidos beatos y otros personajes canonizados.

El pene de su santidad mantenía una forma erecta impecable que sobresalía marcadamente por encima de las sábanas cuando, de repente, Francisco Aguiar y Seixas, despertado abruptamente por la voluntad irrefutable de Dios, salió de su sueño sólo para constatar cómo su cuerpo estaba todavía poseído por Satanás. Aterrorizado se percató de la inminente necesidad de acabar de inmediato con ese promontorio macabro. ¿Cortarlo con la hoja de afeitar? ¡Ni hablar, no se trataba de suicidarse. ¡Dios lo castigaría! ¿Golpearlo? ¡Tampoco! No podría ni dar un paso después y sería el hazmerreír de la jerarquía. ¿Qué hacer si ni siquiera se atrevía a desprenderse de la bata utilizada para dormir y contemplar desafiante el rostro mismo de Satanás encarnado en su persona? Bien sabía él que si llegaba a tocarlo con sus santas manos cometería un pecado mortal, imperdonable, el cual impediría su absolución el día del Juicio Final. Ni cortarlo ni golpearlo ni verlo. ¿Entonces? Entonces se levantó con las debidas dificultades para no tocar ni con las piernas las partes ya poseídas por el diablo de modo que no se contagiara todo su organismo. Una vez de pie se dirigió apresurado a una pequeña pila de agua bendita que tenía en su habitación. Para su desgracia constató que estaba vacía. Su ayuda de cámara había olvidado llenarla.

Tomó el agua de una pequeña jícara ubicada a un lado del bacín. La colocó sobre un pequeño armario en donde guardaba las casullas y, sin más miramientos ni protocolos, violando alguna parte sagrada de la liturgia, hizo una y otra vez la señal de la Santa Cruz sobre el improvisado recipiente para volcar todo el ya santísimo contenido sobre la notable protuberancia que todavía aparecía a la altura de la entrepierna en su ropa de dormir. Descansó. Se persignó. Se volvió a persignar contemplando el montículo que no cedía ni siquiera con el contacto del agua, unas veces en la frente y otras tantas en el pecho. Besó repetidamente la cruz hecha con su pulgar y el índice. No, la terrible inflamación no cedía. Recurrió entonces de nueva cuenta al agua. Más agua. La bendijo, la volvió a bendecir, y nada, no, nada parecía aplacar la furia del diablo. Agua, más agua, agua sin bendecir, sin señales divinas, agua, agua, agua...

Tomó la jarra entera y se la derramó sobre el maldito ropón. No, ni toda el agua del Lago de Texcoco, el de Chalco y el de Xochimilco juntos podrían sofocar semejante incendio. ¿Lagos? ¿Cómo lagos? Ni las aguas completas del Océano Pacífico ni del Atlántico ni del Índico juntas, vertidas en magníficas y estruendosas cataratas podrían evitar esta siniestra catástrofe que lo devoraba con el fuego de todos los infiernos conocidos y por conocer. ¿El remedio? «¡Dios, apiádate de este hijo pecador tuyo, amantísimo y devoto que lucha y compensa tu sufrimiento con su diario dolor! Perdóname, ¡oh, Dios y prívame de este horroroso tormento!» Recurrió entonces al crucifijo pectoral de plata pura, colocado sobre la percha, obsequiado por el arzobispo de Toledo, Luis Manuel Fernández Portocarrero, para repetir con él varias veces la señal de la Santa Cruz. ¿Respuesta? Nada, la maldita inflamación no cedía. Invocó, suplicó, demandó, pidió, apeló, deprecó, exhortó, se encomendó, rogó y protestó sin resultado alguno. Todo parecía inútil. Por alguna suerte inexplicable su mano se dirigió entonces a un cajón del que extrajo el cilicio más agresivo y lo colocó sin tardanza alrededor de la cintura. Su rostro aparecía demudado, desencajado. Temblaba. Las puntas de hierro de la faja se encarnaron salvajemente mientras las apretaba sobre su talle jalando hasta el último agujero del cinturón para producirse una espantosa mortificación. No lloraba. Las muecas revelaban un genuino agradecimiento al auxilio prestado por Dios. La presencia del diablo empezó a ceder hasta que desapareció cuando comenzó a golpearse la espalda con el látigo de puntas aceradas, su preferido, el que sólo utilizaba cuando la tentación se presentaba como una amenaza incontrolable. Cuando el ropón se ensangrentó en la espalda y en la cintura y el sudor mojó por completo la prenda, y su respiración alborotada parecía desquiciarse mientras él gritaba compulsivamente: «Ten, ten, ten, miserable pecador... Haz sonreír con tu sangre y tu dolor el sagrado rostro de Dios...», entonces y sólo entonces, cuando la fuerza de los brazos y de las piernas lo abandonaron, se desplomó al piso rojo de barro cocido y se golpeó la frente sin poder contener un contagioso arrebato de llanto...

Siempre pensé que el arzobispo soñaba con mi musa, con Juana, con Sor Juana, la más odiada y la más amada de todas las mujeres... Ella también lo tenía embrujado, sólo que el arzobispo no podía reconocerlo ni siquiera en su fuero interno y yo sí... Por ello él llamaba regularmente a un sacerdote ajeno al oratorio, para que vigilara algunas noches su sueño dado que temía hablar dormido y violar así, sin proponérselo, el secreto de la confesión... «Como al final se le informó que no decía nada, pudo dormir liberado de temores.»

¿Cómo era el arzobispo Aguiar y Seixas, el enemigo más poderoso de Sor Juana, en visión del apostolado que él deseaba ejercer?

Baste decir que Aguiar y Seixas, «hombre de grandes pasiones, debió practicar la castidad en grado heroico. Aguiar era un viejo cojo y cegato, aquejado de tabardillos, mal de costado, además de otras enfermedades... Todos los días de su vida, pasara lo que pasara y donde estuviese, don Francisco cantó la misa... Nunca visitó un monasterio de monjas... Dictó y posteriormente reiteró la excomunión contra las mujeres que se atrevieran a subir la escalera de su palacio». Les tenía prohibido pisar su santo recinto. ¿Cómo concederle el menor espacio a la encarnación del mal en su propia casa? Sí, en efecto, llegó a pensar en renunciar al arzobispado por el temor de que la virreina de la Nueva España, doña María Luisa, se atreviera a besarle la mano... No lo permitiría, no lo soportaría, no lo sobreviviría, no, no y no. ¿Cómo sería su rechazo flagrante a las personas del sexo opuesto, que ni siquiera se atrevía a verlas a la cara?

Aguiar y Seixas creía ejercer un control total en la feligresía hasta que una tarde, en la iglesia, empezó, desde el púlpito, a criticar a las mujeres «que andan por ahí provocando a los hombres, mostrándose como emisarias de Luzbel...» Entre los feligreses se encontraba una dama, tal vez la primera defensora de su género en la Colonia. Indignada por el dicho del arzobispo, perdida de coraje al llamarlas culpables de todos los males terrenales, mostró su rabia pensando en una primera instancia en gritarle, enrostrarle sus errores. Decidió, en su ira, que la queja pública, la protesta verbal, resultaba una respuesta insignificante ante los atropellos e insultos proferidos por el altísimo jerarca católico. No, no era suficiente. ¿Gritar, para qué...? Impulsada por una rebeldía natural prefirió ponerse de pie sobre las bancas de la iglesia y, una vez vista por toda la feligresía, reclamando sus derechos pisoteados, empezó a quitarse la ropa y aventarla furiosa entre los devotos que la contemplaban aterrados, al igual que el arzobispo, hasta dejar ver lo que para cualquier cura de la época era lo más abominable, la evidencia apodíctica de la existencia de Satanás; lo que para los creyentes era la cruz, para el diablo era el triángulo negro del sexo... Aguiar, al contemplar la escena, cayó al suelo impactado por la impresión, arrojando espuma por la boca, retorciéndose de dolor espiritual en tanto daba vueltas compulsivamente al torniquete del cilicio.

Hacía conducir a las mujeres extraviadas al convento de Belén, mejor conocido como «la cárcel de Belén», para que jamás volvieran a pisar la calle. Resultaba imposible encontrar a hombres en sus celdas, sólo mujeres, siendo que él se ostentaba como el dueño absoluto de la prisión... Pretendía recoger «a todas las mujeres de la ciudad», convertir el beaterío en un gigantesco reclusorio sin conformarse con las ya reclutadas... «Desde luego las mujeres se asilaban voluntariamente pero, una vez dentro, no volvían a salir, ni a ser vistas por ningún hombre. Valido de diversos pretextos —el excesivo sol o el frío extremo— tapió ventanas, clausuró puertas, levantó muros y en 1683 estableció la más rígida clausura...» Las confesaba, oficiaba misas, organizaba pláticas piadosas y ordenaba que se les diera la Eucaristía con la salvedad de que él no podía ni verlas. ¡Claro que fundó una institución de asistencia para mujeres locas!

Pero no, no sólo eso, compraba todos los asientos de los palenques de modo que nadie pudiera asistir, por tratarse de espectáculos pecaminosos y, por si fuera poco, todavía se encargó de proscribir, bajo pena de excomunión, la venta de pulque, el juego, las apuestas, así como la crianza y pelea de gallos... Cometía pecados imperdonables quien se dedicara a semejantes actividades. «Enemigo mortal de comedias y novelas, persuadía a los libreros de que no las vendieran o se las cambiaba por los mil quinientos ejemplares del libro *Consuelo de Pobres*, importado por él de España... Él mismo presenciaba en su palacio, con gran satisfacción, la quema de los libros nefandos, heréticos, deformantes, incendiarios y disfrutaba particularmente la forma en que perecían los gallos más renombrados víctimas del fuego...» Describía prolijamente la coronación de espinas que sufrió Cristo y propiciaba la confesión de todos los pecados para que aquellos que se ocultaran al sacerdote no se convirtieran en sapos atorados en la garganta, que produjeran la asfixia y la muerte por vergüenza al ser relatados. Era un gran limosnero incapaz de percatarse de que mientras más daba, más pobres había... El furor misericordioso de Aguiar y Seixas —los contadores del virreinato calcularon que en dieciséis años había gastado dos millones, sin incluir donativos secretos— nos describe la infinita miseria de la ciudad, de sus barrios y pueblos...

¡Cómo olvidar cuando reunió a una multitud el 12 de noviembre de 1694, en la iglesia, y habló así!: «Ea hijos, estad advertidos que tal día a las tres de la tarde han de tocar tres veces una campana, así en la catedral como en las demás iglesias: os habéis de hincar de rodillas, rezar tres credos en cruz, y así lo habéis de decir a cuantos os preguntaran...Durante años tañeron las campanas y muchos se arrodillaron en las calles rezando sus tres credos, con la esperanza de encontrar una buena muerte».

En los últimos meses de su vida, muy enfermo, siguió absorbiendo rapé en un rincón apartado de la vista de los curiosos, sin prescindir jamás de los cilicios: hasta la muerte trajo encarnado uno de acero tan metido en la carne «que los médicos debieron cortarlo con sierra y tenazas. Murió con un cilicio muy apretado y una cruz colgada de una cadenilla erizada de púas».

Al año siguiente, 1686, don Tomás mi marido dejó de ser el virrey de la Nueva España. Sin embargo, gracias a mis buenos oficios todavía pudimos permanecer en la Colonia dos años más sin representación oficial alguna, eso sí, sufriendo una nueva y devastadora campaña del arzobispo Aguiar desatada en contra de las mujeres. Don Tomás invertía la mayor parte de su tiempo en la realización de negocios que nos permitieran vivir en Europa con la máxima dignidad. Yo, por mi parte, sólo tenía dos objetivos en la mente: uno, absorber todas las esencias de esa hermosísima monja en la más amplia acepción de la palabra, pasar a su lado todo el tiempo que me fuera posible y, dos, recopilar la obra de Sor Juana para publicarla inmediatamente a mi llegada a España. De llegar yo a convertirla en una deidad poética por la publicación de sus trabajos en Europa, de sobra lo sabía, se haría una mujer intocable para cualquier cura, arzobispo o inquisidor. ¿Quién se atreve a condenar a la hoguera a la máxima expresión de las letras castellanas universales personificadas, esta vez, por una mujer? ¿Aguiar y Seixas iba a mandar quemar junto con sus libros a la figura más conocida de la poesía novohispana? No, se condenaría en el infierno. ¿Objetivos centrales? Amar a mi musa, recopilar a la máxima velocidad posible y publicar al desembarcar en España. Nadie podría con ella. Un ídolo de las artes universales. ¡A trabajar!

«Finge estar enferma, Sor Juana, te visitaré mañana en la tarde en tu celda...»

Ella contesta: «Ama y Señora mía, beso los pies de Vuestra Excelencia. Su criada. Juana Inés de la Cruz».

El tiempo pasaba y Sor Juana me hacía confesiones unas veces en su celda y otras en el locutorio, a la vista, mas no al oído del público, para guardar las apariencias.

En una ocasión me mandó uno de sus *papelillos* con este mensaje: «Pensé yo que huía de mí misma pero ¡miserable de mí! Trájeme a mí conmigo y traje mi mayor enemigo en esta inclinación: que no sé determinar si por prenda o castigo me dio el cielo, pues de apagar o embarazarse con tanto ejercicio que la religión tiene, reventaba como pólvora y se verificaba en mí el *privatio est causa appetitus*».

La abstención origina el apetito... ¿No es una síntesis maravillosa expresada en un genial latinajo?

El virrey visitó un par de veces el convento y si yo lo hice en repetidas ocasiones fue al amparo de mi incuestionable autoridad virreinal. Supe entonces que su padrino, el capitán don Pedro Velásquez de la Cadena, un hombre acaudalado, había pagado cinco mil pesos en oro, una muy elevada y sustanciosa cantidad para facilitar su ingreso en el convento de San Jerónimo en 1669. Cualquier trámite eclesiástico podía costar una fortuna, como fortuna había tenido que pagar mi Sor Juana para comprar la celda de dos pisos en la que vivía enclaustrada y que albergaría cuatro mil volúmenes de libros coleccionados a lo largo de toda su existencia. Debo reconocer que yo, en alguna medida, ayudé a la integración de esa magnífica biblioteca, envidia de propios y extraños, porque yo contaba con todas las ventajas aduaneras desde que nadie se atrevía a abrir el correo real en el que venían también un gran número de obras prohibidas en España, redactadas en la Europa progresista. ¿Un gran peligro de cara a la Inquisición de haber descubierto este contrabando de ideas? Bien, ¿y no valía la pena correr el riesgo para alimentar el prodigioso intelecto de esta mujer superior en todos los órdenes de la palabra? La propia Sor Juana me hizo saber cómo la marquesa de Mancera también la había protegido y ayudado a conseguir libros prohibidos, tal y como yo lo había hecho. Durante aquellos años mi musa fue también intocable. Yo lo desconocía, como también ignoraba que la muerte de la marquesa de Mancera, en Tepeaca, rumbo a Veracruz el 21 de abril de 1674, le hubiera afectado tanto a Juana. ¡Cómo lloró mi monja adorada, según me lo expresó, la pérdida de esa mecenas que hizo tanto por ella! Dicha virreina y su marido fueron quienes habían convocado a una competencia entre Juana de Asbaje y los cuarenta sabios más sobresalientes de la Nueva España, prueba de la que esa pequeña, que ni siquiera había cumplido los veinte años, había salido gallarda y exitosa...

Sor Juana y yo hablamos con mayor frecuencia, intensidad y honestidad a partir del momento en que anuncié mi regreso a España. Nos arrebatábamos la palabra. Cada una de nosotras deseaba llenarse de recuerdos de la otra, sepultarse en imágenes, afirmar de tal manera los conceptos, que nunca desaparecieran con la facilidad con que las huellas de las gaviotas se desvanecen al caminar sobre la arena húmeda del mar. Juana, mi Juana, nunca recurrió a su físico para causar escándalo, sino a su inteligencia. Invariablemente se negó a ser la priora del convento porque ello la distraería de sus obsesiones literarias. Nada podía apartarla de la filosofía ni de la poesía ni de las letras ni de la literatura. Por ello había pasado interminables momentos de frustración cuando aceptó el cargo de archivista y contadora del convento. Nada mejor, como ella misma me decía, que ascender por los escalones de la ciencia para poder entender la teología. En esos días me confesó que la escritura sería su perdición: «...mi tintero es la hoguera donde tengo que quemarme...» El miedo a la Inquisición, a perecer incinerada en la hoguera o a perder brazos y piernas por medio de una de las torturas que podía imponer el Tribunal de la Fe, algún día le iba a quitar la pluma de la mano. La Mariolatría, su adoración por la virgen María, le había permitido argumentar a favor del derecho de la mujer, específicamente del suyo, a leer y a escribir. Sor Juana adoptó entonces una posición crítica en relación con la Trinidad masculina, reconstruyéndola con un principio femenino. ¿El Padre, el Hijo y el Espíritu Santo de pura extracción masculina? ¿Hombres, hombres y sólo hombres en la cúpula de la religión católica? ¿Y las mujeres? ¿Por qué razón Dios, el Padre, no puede ser mujer, es decir, una Diosa? Excluirnos implicaba una perversión. Y esto era realmente inadmisible para el arzobispo Aguiar y Seixas y su cáfila de diablillos misóginos. En sus villancicos queda claro que Dios puede ser mujer o un ser sin sexo o estar ausente. ¿Cómo puede ordenar Dios un mundo en que mujeres como Sor Juana tuvieran que arriesgar la salud, el bienestar mental o la propia vida para ejercer la inteligencia que el mismo Dios les dio? Excluir a las mujeres es una conjura de los hombres para prostituir el orden espiritual y moral de la sociedad y de la Iglesia. ¿Una monja, una mujer, un ser inferior que debía permanecer callado, se atrevía a abordar temas teológicos? Era preciso amordazarla, silenciarla, quemarla o desaparecerla: no había espacio para las sacerdotisas. ¡La pira!

La Iglesia invariablemente se había distinguido por tratar de erradicar los valores femeninos de la conciencia religiosa del pueblo. Sor Juana se oponía a veces en forma abierta o encubierta por medio de sus escritos a la hegemonía masculina. Ella la había padecido desde niña cuando su madre se había convertido en esclava de los hombres por la sola razón de su sexo. Las mujeres cargaban con los hijos, con la educación, con las carencias materiales, con el aseo doméstico hasta depender totalmente de la suerte del jefe de la familia sin poder instruirse ni capacitarse ni estudiar en bien precisamente de la familia. ¿Cómo los hombres podían encargarle los hijos a las mujeres si éstas eran unas ignorantes apenas útiles para lavar y planchar la ropa hasta acabar con las manos deshechas en la peor desazón? ¿Cómo culpar del embrutecimiento de los hijos, de la escasa prosperidad familiar a las mujeres cuando a éstas les era prohibido pisar una universidad? El atraso de la Nueva España se debía, entre otras razones, a la dolorosa exclusión de las mujeres de la academia y de la vida económica. Ella sufría, tanto dentro del convento como afuera, en una sociedad que festejaba los valores del Padre, del Hijo y el Espíritu Santo. El entendimiento humano, decía Sor Juana, es una potencia libre que juzga lo que es o no verdad en asuntos espirituales. ¿Por qué las mujeres iban a quedar excluidas de dicho entendimiento? Para ella algo terriblemente malo había ocurrido al aparecer el cristianismo en el horizonte religioso del mundo. Había sido algo terriblemente injusto, «contrario a la lógica más elemental y a todo principio humanitario». Las mujeres habían sido rebajadas de su debido puesto en la jerarquía religiosa convirtiéndolas en seres criminales responsables de todo mal en la Tierra. «Para Sor Juana, un cristianismo que les negaba a ellas su naturaleza divina era un cristianismo equivocado y de hecho, ini-cuo.» Ahí radicaba una parte de su odio al padre, a los hombres, al género masculino.

Escucharla representaba para mí un privilegio, un obsequio de la vida. Algo bueno tenía yo que haber hecho para merecer seme-jante premio: poder convivir con la máxima luminaria femenina del siglo XVII. ¿Por qué? A saber: se trataba de una más de las inescru-tables decisiones de Dios... Sólo que bien pensado, si Dios era sa-bio, como lo era, por ello me había puesto en el camino de Juana de Asbaje: para compilar sus trabajos, publicarlos en España, res-catarla del anonimato y de la muerte a la que la condenaría tarde o temprano el propio Aguiar y Seixas. Yo me encargaría de hacer escuchar el doloroso grito de protesta de esta mujer reacia a acep-tar cualquier tipo de dependencia, defensora a ultranza de las más caras causas de las mujeres. Con más Sor Juanas tendríamos una sociedad más libre y próspera. Si las madres pudieran ilustrarse en las academias, si no fueran analfabetas en su gran mayoría, ¿qué seres humanos se podrían forjar en el hogar en lugar de criar per-sonas dependientes y resignadas? En su interior «combatían creen-cias rivales: el cristianismo y el feminismo, la fe religiosa y el amor a la filosofía, la independencia intelectual y la inclaustración con-ventual». ¡Cuántos pleitos internos y externos libraba Sor Juana si-multáneamente!

¿Paradojas de la vida? Baste leer estos renglones redactados por ella:

> Estudia, arguye y enseña,
> y es de la iglesia servicio,
> que no la quiere ignorante
> el que racional la hizo.[63]

Tal y como ella y yo conversábamos: ¿Dios nos dio el talento, Dios nos dio la razón, Dios nos dotó con un poderoso intelecto para

---

[63] De la Cruz, 2002: 291.

que no lo utilizáramos porque una Iglesia traidora de los principios evangélicos se opone a ello? ¿Quien nos dio la inteligencia nos quiere ignorantes, dependientes y torpes? Dios no debería permitirlo y por ello había enviado a Sor Juana a cambiar este patético estado de cosas. Yo estaría permanentemente de su lado. Las primeras respuestas que escuchamos nos advertían lo siguiente: «Sor Juana Inés de la Cruz es una mujer que expone ideas peligrosas sobre la veneración de deidades no masculinas, además de proponer la independencia del individuo de la jerarquía eclesiástica y de mundos en que Dios no existe». El conflicto estaba planteado. En cualquier momento estallaría. Bastaba que yo me retirara como árbitro...

Sor Juana no se cansaba de repetirme la importancia que yo había tenido en su vida, mucho mayor a la de nuestro común amigo don Carlos de Sigüenza y Góngora, el ilustre cosmógrafo del rey, catedrático de matemáticas en la universidad, historiador, poeta, apasionado coleccionista de libros y antigüedades americanas y afortunado poseedor de los mejores aparatos científicos en la Nueva España de nuestro tiempo. Sin duda yo era la persona que Sor Juana más había querido en el mundo. Mi apoyo había sido definitivo para llenarla de vigor y de audacia. Sin embargo, una de las razones de mi embarazo, justo es reconocerlo, que dio como resultado el nacimiento de mi hijo José María Francisco, se debió a que para procrear hace falta amor y ese amor me lo obsequió, sin duda alguna, mi musa. ¿Mi marido? Bueno, él también me lo dio, pero nada comparable con el que me obsequió Juana... Siempre lo acepté. Conversábamos sentadas a veces en las sillas de su celda, teniendo a la vista su sobria mesa de trabajo, sobre la cual se encontraba un crucifijo, un humilde tintero de vidrio antiguo, de donde ella sacaba la sangre para escribir durante las noches, sin faltar una buena dotación de plumas de ganso, su plumero, según contaba ella, además de una buena provisión de velas nuevas colocadas a diario por Ignacia, su esclava, una sirviente de extracción zapoteca, la única con el permiso para sacudir sus preciados libros. Nunca en mi vida me encontré con una persona que profesara tanto amor por sus libros. Nunca, lo juro... Le conté cómo estuve a punto de aparecer como una de las Meninas en el cuadro pintado por Diego de Velázquez en 1656 cuando estaba por cumplir los cinco años de edad en la corte de Felipe IV. Fui Menina, dama de honor de la infanta Margarita, y había asistido al gran salón en donde el pintor llevaba a cabo su monumental obra que, según yo, perduraría a lo largo de los siglos por venir. ¿A qué venía este hecho? Bueno, sólo para ilustrar cómo abordábamos los más diversos temas, de modo que entre conversaciones y conversaciones pasaba el tiempo hasta que don Tomás renunció como virrey, sobre la base de quedarnos en la Nueva España dos años más, término durante el cual pude reunir, entre otras obras: *Los empeños de una casa*, diversos romances, como el del *Triunfo parténico*, epístolas, poesías y sonetos, *El festín plausible* y *Del mexicano fénix de la poesía*...

Mientras yo reunía pacientemente sus obras, las ordenaba para publicarlas tan pronto desembarcara en España, las inundaciones continuaban en la Nueva España, no, claro está, como la de 1629, que, según me contaron, tardó dos años en secarse produciendo un sinnúmero de enfermedades estomacales. La basura acumulada en las acequias, túneles y canales impedía que las obras de desagüe funcionaran adecuadamente. De ahí que se produjera una espantosa pestilencia que atentaba contra la salud de los habitantes de la Colonia, de la misma manera en que atentaba la ausencia de drenajes instalados en las casas y edificios para evacuar los desechos humanos que eran arrojados a las calles a la voz preventiva de ¡aguas!, para avisar civilizadamente a los vecinos del lanzamiento repentino y matinal de heces fecales combinadas con orines desde los hermosos balcones decorados con artísticos herrajes que los indígenas muy pronto aprendieron a manufacturar con sorprendente habilidad. Los hedores eran insoportables si no se perdía de vista también la presencia de perros y otros animales muertos en plena vía pública que, en su conjunto aterrador, invitaban a la llegada de la peste, de las epidemias y pandemias junto con otras catástrofes sanitarias propias de la falta de limpieza e higiene urbana. Don Tomás, mi marido, siempre insistía en que si bien el ataque de viruela de 1519, importada por un negro que acompañaba a Pánfilo de Narváez para arrestar a Hernán Cortés, había diezmado y permitido la consolidación de la conquista de México por la muerte de cientos de miles de aborígenes del Valle de Texcoco, no sería menos cierto que, de producirse otra peste, esta vez por desaseo, las consecuencias podrían ser de tal manera fatales que los daños y pérdidas humanas ocasionadas por la viruela podrían convertirse en un juego de niños...

Sólo que además de las lluvias excesivas, también se producían sequías, de las sequías se desprendía la carencia de alimentos en los

mercados, y de la carencia de alimentos en los mercados no únicamente se despertaba la desesperación popular, sino la ingesta angus-
tiosa de productos en estado de descomposición o contaminados por
diferentes razones. La salud y la vida entonces estaban amenazadas
por diversas circunstancias, entre otras los devastadores terremotos,
mientras que la Corona consumía cantidades enormes de oro proveniente de la Nueva España, oro que bien podría haber destinado a
construir muchas más obras públicas en beneficio de los naturales.
Este tema, debo confesarlo, provocó agrias discusiones con mi marido,
quien, justo es decirlo, se encontró siempre entre la espada y la pared.

El tiempo me atropelló, me sorprendió, me engañó. Cuando me
percaté estaba anunciándole a Sor Juana nuestra decisión irreversi-
ble de volver a España. Los negocios no habían resultado lo prove-
chosos que era de esperar y don Tomás me comunicó la cancelación
de cualquier otra alternativa que no fuera regresar a la península.
Por dos años él había complacido mis caprichos, pero esta vez la
decisión resultaba inapelable, incuestionable: «María Luisa: esto se
acabó. Nos volvemos con todo y el crío. No hay más. He dicho».

De esta suerte me preparé debidamente para la que sería la última entrevista con mi musa. Me di un largo baño con la ayuda de
mis damas de compañía. Escogí un corsé sin mayores ataduras ni
botones excesivos, medias cortas sujetas por un liguero cubierto de
brocados belgas y bragas ligeras; un vestido color carmesí de seda,
discretamente escotado, un mantón negro tejido en Sevilla para cu-
brirme los hombros y el pecho al llegar al convento, además de un
sombrero y velo del mismo color. Me perfumé el cuello con agua de
heliotropo y rosas, me di un toque de carmín en las mejillas y otro
tanto de crema de cacao en los labios, después de que me arreglaron
el cabello con peinetas andaluzas heredadas de mi madre. Estaba
lista. Habíamos preparado el momento con la debida anticipación
para evitar desgarramientos emocionales que podrían presentarse
de cualquier manera en contra de nuestra voluntad.

Me presenté en el convento en la mañana cuando se celebraba la
Hora Tercia y se rezaba aquello de *In aeternum, Domine, verbum
tuum constitutum est in caelo… Firmasti terram, et permanet.* Sor Juana se encontraba en la planta baja de su celda acomodando una vez
más sus libros, acariciándolos, recordándolos, haciéndolos de nueva
cuenta suyos, cuando le anunciaron mi visita, la última que habría de
hacerle durante esta estancia en la Nueva España. Sólo Dios me con-

cedería o no licencia para volver a verla en vida. Sólo Dios me impidió regresar a América. Sólo Dios sabrá por qué me obligó a cerrar los ojos muchos años después que ella sin volver a acariciar su rostro ni sus hermosas formas de mujer. ¿Leerla? Leerla hasta saberla de memoria fue la única gracia que me concedió. ¿Escribirnos? Nos escribimos una, dos o tres veces al día, según el ánimo y la terrible desazón. Sus cartas no contestaban mis preguntas, la prueba de que no recibía toda la correspondencia que yo enviaba. Era muy claro que la Santa Inquisición y sus censores interceptaban nuestros mensajes y los secuestraban por más que nadie podría haber derivado una sola conclusión perniciosa de nuestros respectivos textos. Sabíamos que nos espiarían y por ello fuimos absolutamente celosas en la correcta preservación de nuestras imágenes y en el contenido y dimensión de nuestras expresiones, que podrían costarle la vida, por lo pronto, a mi inolvidable musa. ¡Jamás me hubiera perdonado que una palabra mía hubiera podido conducirla a la hoguera, de la misma manera en que ella escribía con diversos juegos de imágenes mediante los que podía condenar a sus jueces por perversos y mal pensados! ¿Quién podía sorprender a una poetisa de sus tamaños en un descuido cuando ambas nos sabíamos el objetivo más añorado por los inquisidores? ¡Claro que secuestraban nuestros intercambios epistolares, por algo el arzobispo Aguiar se comportaba como una beata hipócrita de sacristía! ¡Cuánto hubiera dado este miserable misógino por ver arder en la pira a Sor Juana Inés de la Cruz de la misma manera en que ardió el cuerpo de otra famosa Juana, Juana de Arco, doscientos cincuenta años atrás…!

Un día de 1689, amaneció en las librerías de Madrid la primera edición de *Inundación castálida*, sí, sí, las poesías prometidas de Sor Juana, un obsequio literario del Nuevo Mundo a España, por lo pronto, y al mundo entero después… De eso me ocuparía yo misma. Mientras más popular fuera mi Juana en el Viejo Continente, menos posibilidades tendría de ser quemada de acuerdo con las intenciones inconfesables de Aguiar y Seixas, así como de Núñez de Miranda. «*Castálida*, es decir, raudal de la fuente de Castalia, en aquel rincón de Delfos cuyas aguas eran inspiradoras de poesía… Su nombre se debe a una virgen, Castalia, ninfa que, huyendo de Apolo, prefirió ahogarse en la fuente que entregarse al dios… Éste, adolorido y arrepentido, concedió el don poético —y profético— a sus aguas, en las cuales se purificaban la Sibila y los peregrinos que llegaban al santuario.» Me atreví a llamarla la Décima Musa en la portada, sin olvidar que lo de Musa Décima había sido aplicado por Platón a Safo y en México era identificada con el mismo sobrenombre nada menos que la propia virgen María. ¿Qué más daba? ¿Sor Juana no era una virgen que superaba cualquier dimensión o figura humana? Pues Aguiar indignado declaró que Sor Juana, en su herejía, había usurpado un título correspondiente a la Divinidad... Sin embargo, la *Inundación castálida* obtuvo la aprobación eclesiástica española, con lo cual Sor Juana se apartaba de las manos flamígeras de los inquisidores de América, quienes, en efecto, deberían, ellos sí, haber sido quemados por oponerse a la evolución y a la libertad de hombres y mujeres, habitantes de la Nueva España.

Ganábamos, ganábamos espacios en Europa, mientras que en la Nueva España se le tendían trampas aviesas a Sor Juana. Aguiar estaba dispuesto a acabar con ella a como diera lugar. La primera puñalada mortal se la asestó por la espalda el propio Núñez de Miranda, quien pronto se impondría nuevamente como su confesor, ante la apatía y miedo de los nuevos virreyes de Gálvez. Éstos no deseaban el menor conflicto con la Iglesia, a la cual dejaban hacer y deshacer a su antojo aun tratándose de asuntos relativos a la mejor escritora de todos los tiempos. Manuel Fernández de Santa Cruz, obispo de Puebla, le asestó la estocada a Sor Juana cuando *inocentemente* le solicitó su opinión por escrito respecto de un texto redactado cuarenta años atrás por Antonio Vieira, un jesuita portugués, a propósito de las *finezas de Cristo*, la visión del amor del Señor para con los hombres. Mi musa accedió y envió sus ideas al tal obispo sin imaginar ni suponer que éste las publicaría sin su autorización, además con un título apócrifo, como el de *Carta atenagórica*, un sarcasmo inaudito, puesto que el significado era altanero, provocador y arrogante: «carta digna de la sabiduría de Atenea». Un insulto, una bajeza, una felonía sin igual, un atentado en contra de la inteligencia de Sor Juana, quien se decía criada, su servidora y se le conocía por su humildad al extremo de llamar a sus obras de teatro *papelillos*. En dicha carta Sor Juana rebate, según la opinión general, al jesuita portugués Antonio Vieira, a propósito de las *finezas de Cristo*, cuando en realidad desbarataba, entre líneas, por lo menos tres libros de Núñez de Miranda, *La explicación literal*, 1687; *El comulgador penitente*, 1690, y la *Práctica*, 1693. Sor Juana no sólo se oponía a las tesis de Núñez sino que afirmaba, en contra de él, su absoluta libertad, concedida por Dios, para dedicarse a la vida intelectual.

La *Carta atenagórica* sólo pretendía en el fondo ridiculizar al confesor, para quien deseara entenderlo así, y por supuesto que Núñez lo entendió perfectamente en su preciso contexto, poniendo en tela de juicio su capacidad para dirigir la conciencia de otros creyentes. La mayor *fineza de Cristo*, según Sor Juana, era respetar el libre albedrío de los hombres, un mensaje abierto y obvio dirigido al jesuita Antonio Núñez de Miranda, su ex confesor, un sacerdote con mentalidad retardataria de inquisidor que invariablemente trató de apartarla de las ideas y de los libros para sepultar su talento en la lectura del Evangelio y en la elevación de plegarias después de ayudar a las monjas del convento a trapear el piso, lavar la vajilla y asear las letrinas.

Imposible resistir semejantes insultos y calumnias de una monja, de una mujer, encarnación del diablo. La guerra silenciosa quedó declarada entre Sor Juana, el arzobispo Aguiar y Seixas, el ex confesor Núñez de Miranda y obviamente el Tribunal de la Santa Fe que siguió paso a paso la publicación de la dicha carta y el comportamiento herético de Sor Juana, quien se había atrevido a abordar temas teológicos divorciados de su quehacer como esposa del Señor. ¿Eso había sido todo? No, qué va: en ese mismo año de 1690, cinco años antes de la muerte de Sor Juana —llamémosle muerte por lo pronto—, mi santa monja, a estas alturas de la narración ya nuestra santa monja, aparecen dos nuevas publicaciones: unos *Villancicos* y el *Auto sacramental del divino Narciso*. Ella, estando en plena producción, recibe la *Carta de Sor Filotea de la Cruz*, una bofetada en pleno rostro, una respuesta aviesa a una *Carta atenagórica* que ella intituló originalmente como *Crisis sobre un sermón*, sin ningún contenido oprobioso. Alguien se vengaba de algo de lo que ella era inocente. ¿Quién podría ser? El obispo Manuel Fernández de Puebla y Núñez de Miranda volvieron a inventar, a mentir, violando el octavo mandamiento que establecía: no levantarás falsos testimonios ni mentirás. Pues bien, en esa ocasión inventaron el nombre de Filotea de la Cruz, una persona inexistente, para poner en boca de ella las canalladas que ni Fernández ni Núñez, de la más alta jerarquía católica, se atrevían a decirle en pleno rostro a una humilde monja jerónima. A Núñez le dolía en las entrañas el hecho de haber sido descalificado en público, ya no sólo como conductor de un rebaño de almas, sino como simple confesor de una persona, pero además lo devoraba la envidia y el rencor porque ya no se cantaban sus villancicos en las iglesias de la Nueva España, sino los de esa «maldita monja, esa rebelde desahijada espiritual», quien, por si fuera poco, le había arrebatado la ascendencia que él solía tener con los virreyes. No se podía más y, por si fuera poco, se trataba de una mujer... ¡Horror de horrores...! Una hereje...

Sor Juana contesta y vuelve a contestar a Filotea, exista o no en la realidad, y a Aguiar y Seixas y a Núñez de Miranda, entre líneas, den la cara o no... Ella no es una enemiga fácil ni dócil ni maleable ni inculta ni tonta ni indigna ni indolente ni apática ni abandonada ni candorosa ni inocente. Sabe quiénes operan los cañones. Sabe cómo descubrir a los hipócritas. Sabe cómo se comportan los sacerdotes tras candilejas. Sabe cómo funciona la Inquisición. Sabe cómo y en qué condiciones emite sus sentencias el Tribunal de la Fe. Sabe cómo se controla a los pensadores a través de la censura. Ha visto morir hasta cuatro escritores en un solo auto de fe. Sabe cómo el gobierno silencia a los opositores. Sabe escribir, pensar, atacar con ingenio y sutileza, sabe desarmar, exhibir, denostar, defenderse, argumentar y argüir, sabe hundir el estilete en el momento y el lugar adecuados, sabe ser necia, implacable cuando se sabe poseedora de la razón, sabe ser humilde, inteligente. Sabe. Sabe mucho. Es incapaz de aceptar una autoridad que ella no haya reconocido. Responde con un texto intitulado *Carta de Serafina de Cristo* a sus detractores. Se burla de ellos. Es cáustica, aguda, hiriente, inalcanzable. ¿Qué arguye en la *Carta de Serafina de Cristo*? La poeta más insigne del castellano rechaza la prepotencia de cualquier autoridad espiritual, religiosa e intelectual que ella no hubiera primero reconocido. Se trata de convencer y no de vencer a fuego y sangre. En la *Carta de Serafina de Cristo* está allí, antes que nadie, la mujer, la mujer poetisa, la mujer creadora, la mujer defensora de sus propios derechos y de los de su género, inserta, hoy y siempre, en un mundo poblado y dominado por hombres ciegos, en buena parte ignorantes y en una inmensa mayoría ágrafos.

Salen defensores como Palavicino, Carlos de Sigüenza y Góngora con la debida discreción, monjas anónimas, otras de Portugal animadas, informadas, motivadas por mí. Yo sabía que esto acontecería tan pronto me retirara de la Nueva España. Yo lo sabía. Ella lo sabía. Ambas lo sabíamos. La Inquisición levanta la mano. Interviene. El arzobispo Aguiar pide de rodillas al Señor, en el reclinatorio de su palacio, que lo oriente: ¿cuál será el mejor momento y la mejor herramienta para acabar con esta mujer demoniaca? Ilumíname, Dios mío, apiádate de mí...

Aparece la *Respuesta de la poetisa a la muy ilustre Sor Philotea de la Cruz* en 1691. La monja es rebelde casi desde el histórico día de su feliz nacimiento: «Si el crimen está en la *Carta atenagórica...* Si es como dice el censor herética, ¿por qué no la delata?» «¡Oh, cuántos daños se excusaran en nuestra república si las ancianas fueran doctas como Leta, y que supieran enseñar como manda san Pablo y mi padre san Jerónimo!» «Si algunos padres desean doctrinar más de lo ordinario a sus hijas, les fuerza la necesidad y falta de ancianas sabias, a llevar maestros hombres a enseñar a leer, escrivir y contar; a tocar y otras habilidades, de que no pocos daños resultan, como se experimentan cada día en lastimosos exemplos de desiguales consorcios... Por lo cual, muchos quieren más dexar bárbaras e incultas a sus hijas que no exponerlas a tan notorio peligro, como la familiaridad con los hombres, lo cual se excusara si huviera ancianas doctas, como quiere San Pablo; y de unas en otras fuesse subcediendo el magisterio como sucede en el de hazer labores y lo demás que es su costumbre.» «Y no hallo yo que este modo de enseñar de hombres a mugeres pueda ser sin peligro, si no es en el severo tribunal del confessonario, o en la distante decencia de los púlpitos o en el remoto conocimiento de los libros, pero no en el manoseo de la inmediación. Y todos conocen que esto es verdad; y con todo, se permite, sólo por el defecto de no haber ancianas sabias; luego ¿es grande daño el no haberlas? Esto debían considerar los que atados al *Mulieres in Eclessia taceant*, blasfeman de que las mujeres sepan y enseñen; como que no fuera el mismo apóstol el que dijo: *bene docentes.*»

¿Dios hizo a las mujeres racionales? ¿Sí? Pues sólo Él y no la Iglesia y ninguna otra autoridad puede arrebatarnos el don que nos dio como una santa gracia...

El 15 y el 18 de julio de 1691 se publica el segundo volumen de las *Obras* de Sor Juana. Hice lo posible por que en las primeras treinta y cuatro páginas apareciera valientemente la *Crisis sobre un sermón*, o sea, una versión —la original— de la *Carta atenagórica* de Puebla. Logré que se conservara así su título original. «La Censura de don Cristóbal Báñez de Salcedo no es tal, sino un entusiasta elogio... Llama a Sor Juana sublime honor de nuestro tiempo, singular timbre de su sexo, brillante sol, tan raro en todo, que amanece esparciendo retrógradas luces de sabiduría desde el Occidente mismo, que comunica sombras...»

Mientras que don Ambrosio de la Cuesta, erudito canónigo de la catedral de Sevilla, asegura: «Desde la primera hasta la última edad del mundo, ha puesto Dios en él grandes e ilustres mujeres que, en varias ciencias y facultades, se merecieron el crédito de inmortales en la atenta admiración de los sabios; pero mujeres de perfección igual en lo general de las ciencias todas, sólo en nuestra sabia Americana se admira, pues de cada una se manifiesta profesora con eminencia». En cambio, el carmelita fray Pedro del Santísimo Sacramento, del convento del Ángel de la Guarda, llama a Sor Juana el monstruo de las mujeres... Los Caballeros de la Orden de Santiago vuelven a protegerla. La guerra se desata. Yo tampoco cedería. Estaría hasta después de la muerte con Sor Juana y con todas las mujeres de hoy y del mañana. Seguiría publicando incansablemente cada renglón escrito por mi musa.

La naturaleza empieza también a conjurar en contra de mi musa. La lluvia se cae junto con el cielo en la capital de la Nueva España. El agua arrastra casas de indios, chozas, las más débiles, la gente se ahoga junto al ganado. Se inundan los sembradíos, se pierden las cosechas de los agricultores que tenían cifradas sus esperanzas en poder llevar sus productos a los mercados para venderlos a buen precio. Las pérdidas son escandalosas. El hambre amenaza. La ciudad aislada. Los caminos, destruidos. No hay carbón ni fruta ni hortalizas ni aves ni maíz, ni agua potable. Las infecciones no se harán esperar. Los ríos se desbordan. La desesperación cunde. Reparar los daños llevará mucho tiempo. El año de 1692 empezará con los comales y los metates vacíos. Todo escaseará, menos las muertes y la violencia... Por si lo anterior fuera poco, todavía se produce un eclipse de sol, la inequívoca señal de que vendrán malos tiempos, un pésimo presagio, el heraldo histórico de la inminente catástrofe. Las aves, desconcertadas, caen al suelo a mitad de su vuelo. Los perros aúllan enloquecidos y corren para todos lados. Las mujeres gritan como si se fuera acabar el mundo. Muchos hombres se ponen de rodillas en plena calle invocando a Dios, en tanto otros corren a sus casas para rodearse los tobillos con cordones de cascabeles y salir a bailar danzas rituales a fin de apagar el coraje de los dioses. El trigo escasearía. Todo lo malo estaba por ocurrir. No habría ni tortillas ni mucho menos carne para hacer un taco. Las alhóndigas estarían vacías. El virrey pide granos en Puebla, pero el obispo Fernández se los niega. Sólo faltaba un par de acontecimientos para que se declarara la presencia del maligno, y éstos se dieron como si se tratara de una consigna diabólica. Abajo del Puente de Alvarado se encuentran figurillas de barro con la forma de españoles degollados o con el cuerpo ensangrentado.

En 1692 el maíz falta. Alguien lucra con el poco que se llegó a producir o con el que se importó del interior de la Nueva España. ¡Muera el virrey y cuantos lo defiendan!, gritan enardecidas las masas. ¡Mueran los gachupines que nos comen nuestro maíz! Se invita al levantamiento armado. ¿Qué hace un pueblo antes de morir de hambre? ¡Fuera los españoles de nuestra tierra! ¡Quememos el Palacio de los Virreyes! El incendio comienza, la represión también. Mueren cincuenta indios. El pulque se consume. Las borracheras invitan aún más a los actos sin razón. Sólo falta la nueva y temida presencia de la peste. Ésta no tardaría en hacer su acto necrológico de presencia para enlutar una vez más a la Nueva España. La epidemia cobraría una vida que no se repararía en los siglos por venir…

La presentación del segundo volumen de las *Obras* de Sor Juana en la Nueva España gozó de una gran aceptación al mismo tiempo que despertaba sentimientos de envidia y frustración ante la imposibilidad de limitar y contener a la monja que no se cansaba de desafiar a la autoridad eclesiástica colonial. Su imagen en España ya era incuestionable. Me bastaba imaginar a Sor Juana con el ejemplar en sus manos mientras la temperatura del cuerpo se le desbordaba por la justificada emoción. No cualquiera publicaba en España. La alegría sería incontenible. No se sentiría sola ni abandonada sujeta de la mano de Dios… ¡Qué lejos estaba yo de suponer que el segundo volumen serviría para elevar hasta la sordera el ruido inquisitorial! El clero lo interpretó como una abierta provocación que se utilizó de pretexto para romper la tregua porque se exhibía a Sor Juana como una teóloga: invadía territorios religiosos reservados a los hombres y dentro de éstos minimizaba a las máximas autoridades de la Iglesia. Por si fuera poco parecía insistir en revivir el fuego en contra de Vieira y, por ende, en contra de Núñez de Miranda, quien había sido impuesto de nueva cuenta como su más odiado y despreciable confesor. Incluir en la edición, bastante gruesa por cierto, poemas amatorios y comedias, fue entendido por el arzobispo Aguiar como un marcado desafío a su elevada jerarquía. El arribo de esta nueva obra publicada por Sor Juana a la Nueva España desató la violencia, una furia irracional en contra de ella que, en el corto plazo, habría de acabar con su existencia. Aguiar estaba dispuesto a llegar a las últimas consecuencias aun a costa del escándalo público. ¿Una mujer se le ponía enfrente? ¿Una mujer? Él no estaba manco ni ciego ni sordo ni solo y, además y por si fuera poco, contaba nada más y nada menos con el apoyo de Dios para apagar una poderosa luz intelectual que estaba destruyendo conciencias por doquier, sin ponerse a pensar que el Señor mismo, Dios, su marido por toda la eternidad, era quien la había encendido desde que le diera la vida. Esta vez iría por todas el alto jerarca y, para comenzar, con la valentía que lo caracterizaba, iniciaría de inmediato un juicio secreto en contra de la humilde monja, faro de las Américas. Él la destrozaría, la aplastaría, la sometería bajo su absoluto control, le impediría leer una sola línea que no fuera las Sagradas Escrituras... Cancelaría la menor posibilidad de que ella redactara un solo párrafo herético más y vigilaría su inclaustración, la aislaría, la *encuaresmaría* de por vida, de forma que no pudiera ni siquiera concebir ideas profanas ni contar con libros ni plumas ni tintero ni velas ni escritorio ni papel ni compañías extrañas ajenas al convento, ni tiempo ni cabeza para pensar: la aniquilaría. La reduciría a la nada, a lo que debería ser una verdadera esposa de Dios, una mujer dedicada a captar su milagrosa sonrisa hasta el último momento de su existencia.

Por algo ella siempre me repetía: «Mi tintero es la hoguera donde debo quemarme...»

Con arreglo al Derecho canónico y a los Estatutos de la Iglesia mexicana el 2 de abril de 1693, «el provisor eclesiástico del arzobispado, Antonio de Aunzibay y Anaya, declaró a puerta cerrada el comienzo de un proceso episcopal secreto en contra de Sor Juana acusada de diversas culpas —sospecha de herejía, desacato a la autoridad y actividades incompatibles con su estado monacal— pero cuya finalidad era una sola: reducirla al silencio y que no escribiera ni publicara más, ni escritos teológicos ni poesía mundana».

¿Qué podía esperarse de un proceso artero, amañado, ladino, marrullero y malicioso que tenía una condena dictada de antemano por el arzobispo Aguiar y Seixas y por Núñez de Miranda? ¿Cuál posibilidad de defensa? ¿Cuál oportunidad de argumentar en contra? ¿Por qué se volvieron a violar los Mandamientos? ¿Por qué se cometieron una vez más actos impuros sin el menor respeto y

amor a sus semejantes? ¿Por qué se levantaron falsos testimonios y
se mintió tantas veces fue necesario? ¿Cuántos pensamientos y deseos impuros habrán tenido Aguiar y Núñez que nunca confesa-
ron? Bandidos, perversos, mezquinos, malvados, ¿por qué destruir
lo que Dios creó? ¡Canallas! ¿Por qué no hay una hoguera para los
embusteros y egoístas, como estos dos miserables? ¿Dónde quedó
aquello de que no quieras para otro lo que no quieres para ti?

Sigüenza fue el primero en informarme el resultado del proceso
en los siguientes términos:

> Después de diez meses finalizó el proceso secreto que le siguió
> a Sor Juana con una sentencia rigurosa que la obligaba a abju-
> rar de sus errores, a confesarse culpable, a desagraviar a la Pu-
> rísima Concepción, a no publicar más y a ceder su biblioteca y
> sus bienes al arzobispo, lo que equivalía además a la anulación
> expresa de testamento. Los cinco documentos de la abjuración
> fueron el resultado de ese proceso secreto que culminó en febre-
> ro de 1694...[64]

> PD: Un dato importante, señora mía: el padre Núñez está ya
> ciego por las cataratas.[65] ¿Dios lo priva de la vista para que no
> pueda ver sus crímenes? ¿Lo ayuda o lo castiga? Usted dirá...

¿Cuáles errores había cometido mi santa musa? ¿Cuáles? ¿Escribir, pensar, ayudar, componer poesías, destruir dogmas teológicos,
rescatar a las mujeres de la infamia, de la ignorancia y del atraso?
¿Nos llaman brutas por analfabetas y nos impiden asistir a academias y universidades? ¡Claro que hombres necios que acusáis a la
mujer sin razón sin ver que sois la ocasión de lo mismo que culpáis! ¿Cuándo y en qué circunstancias agravió a la Purísima Concepción? ¿Por qué teniendo cultura y talento y mucho qué decir se
le impide publicar, hablar, divulgar sus ideas, difundirlas para arro-
jar luz y aire en esta caverna oscura, infectada con aire pestilente y encerrada de siglos, un ambiente en el que crecen y proliferan
todo género de bichos malignos? ¿Por qué estar rodeados de éstos
en lugar de abrir las ventanas para que huyan, escapen y nos libe-
ren? La limpieza los mata, ¿verdad? Pero sobre todo este fétido ser
agusanado, el tal Núñez de Miranda, sabía a ciencia cierta, a tra-

[64] Trabulse, 1998: 146-147.
[65] Muriel, 1993: 77.

vés de la diaria confesión, que el máximo orgullo de Sor Juana era, sin duda alguna, su biblioteca, sus libros, a los que les debía cuanto era, había sido y sería. La deuda con sus libros era impagable. La habían alertado, despertado, sacudido, aleccionado, orientado, forjado, formado, ilustrado, ayudado e informado de los puntos de vista de pensadores de todos los tiempos, filósofos ávidos de explicaciones, de revelaciones en torno al mundo y a la vida. Ahora le quitaban a sus padres, a sus hijos, a la fuente de sus ideas, a sus razones de existir, a sus compañeros de desvelos, fatigas y dudas. Se quedaba sola, abandonada y además, ni siquiera podía narrar a falta de papel y tinta lo que acontecía en su interior. ¿Cómo sobrevivir sin narrar cuando había nacido precisamente para ello? La mutilación era total. Se ahogaría en sus propias emociones al no poder vaciarlas, describirlas y consagrarlas. Las conclusiones retenidas se convertirían y se convirtieron en veneno, veneno puro. Su sangre se transformaría en veneno, ella se envenenaría sin poder expresar sus sentimientos. Su mente sería su peor enemiga. ¿Cómo contener una catarata interminable de ideas? Cuando finalmente pudiera seguir el agua su caudaloso cauce destruiría como enloquecida todo a su paso. Sor Juana moriría en la asfixia. Núñez lo sabía. Núñez la conocía. Núñez hablaba a diario con su superior, el arzobispo. Núñez delataba los puntos débiles de la monja. Núñez aportó el estilete y Aguiar lo hundió y lo removió en la espalda de Sor Juana. Ambos mataron, la mataron. Existen muchas formas de matar, y a mi musa la mataron cuando la privaron de sus libros, de sus plumas, de su tinta y de su papel, con lo cual volvieron a violar el quinto mandamiento: no matarás...

¡Claro que Sor Juana no renunció en forma voluntaria a sus libros, sino que Aguiar Seixas se los incautó, siendo que, según él los vendió para donar el producto de la enajenación venal a la caridad! ¡Cuántos volúmenes de Sor Juana aparecieron después en la reducida biblioteca de este bárbaro, de este salvaje arzobispo de extracción cerril! Cuatro mil ejemplares hablan de la inagotable curiosidad y talento de esta monja sin par, sin igual y sin comparación alguna... ¿Si los cerdos no comen margaritas, para qué iba a desear Aguiar contar con instrumentos mágicos que estimulasen un intelecto del que él carecía? ¿Libros para un marrano? Afortunadamente, como me lo comunicó Sigüenza en su oportunidad y con el debido cuidado, los libros prohibidos, los que hacían *pensar peli-*

groso, los que *contaminaban la mente* como *El discurso del método* de René Descartes; el *De ratione estudii* de Erasmo; las *Obras* de Platón, el *Amadís de Gaula, Historia y milicia cristiana del caballero peregrino* de Alonso de Soria, *Arcadia* del italiano Sannazaro, *Il pastor Fido* de Guarini, *Diana* de Jorge de Montemayor, *La Galatea* de Cervantes, *Ninfas y pastores de Henares* de González Bobadilla, *Historia de la vida del Buscón llamado don Pablos* de Quevedo, *El peregrino en su patria* y la *Dorotea* de Lope de Vega, la *Ilíada* de Homero, la *Eneida* de Virgilio, *La divina comedia* de Dante, el *Orlando furioso* de Ariosto, la *Jerusalén liberada* de Tasso; *La Araucana* de Alonso de la Ercilla; *La Cristiada* de Diego de Hojeda, entre otros más que atraían a Satanás, despertaban los poderes de la carne y del espíritu, y fueron puestos por Sor Juana en buenas manos haciéndolos escapar de la hoguera por haberlos poseído en contra de toda instrucción inquisitorial. ¡Bastardos!

Quise morir, fallecer, que me partiera un rayo cuando leía una copia del texto que había sido obligada a redactar Sor Juana por Aguiar y Seixas y por Núñez de Miranda, su confesor contra toda su voluntad. De acuerdo con lo previsto, se habían lanzado como buitres al acecho de una mujer indefensa. No, no la quemarían junto con su obra poética como el *Primero sueño* o sus autos sacramentales: *El cetro de José, El mártir del Sacramento* y *El divino Narciso* o sus comedias como *Los empeños de una casa, Amor es más laberinto* o sus trabajos en prosa, *Carta a Sor Filotea de la Cruz; Carta atenagórica, Ejercicios devotos para los nueve días antes de la Purísima Encarnación, Ofrecimientos para el santo Rosario, Respuesta a Sor Filotea*, y sus manuscritos como la *Carta de Serafina de Cristo*, además de un compendio de armonía musical bellamente titulado *El caracol*, entre otras tantas más. Tampoco la torturarían ni la pasearían atada de manos y con un capirote negro en la cabeza como si se tratara de una bruja, no, la destruirían lentamente y en secreto, de la forma más infame y cobarde, de modo que nunca nadie supiera lo acontecido hasta que perdiera la vida de muerte natural... Yo que conozco a mi musa, la otra madre de mi hijo José María Francisco, ella jamás hubiera escrito semejante confesión si no hubieran mediado las amenazas de muerte dictadas clandestinamente y sin identificarse por el malvado Aguiar y Seixas y su cofradía de asesinos.

¿Cómo creer que este escrito lo redactó ella respetando su voluntad? Sólo una Sor Juana que deseaba huir de la hoguera, sabiéndose perdida en una cueva de mandriles rabiosos, unos primates perversos, pudo escribir las siguientes líneas, cuya lectura yo misma no pude concluir sino pasados varios días. La mataban. La mataron. La doblegaron. La descoyuntaron.

«Petición, que en forma causídica presenta al tribunal divino la madre Juana Inés de la Cruz, para impetrar perdón de sus culpas», documento estremecedor:

JUANA INÉS DE LA CRUZ, la más indigna e ingrata criatura de cuantas crió vuestra Omnipotencia, y la más desconocida de cuantas crió vuestro amor, parezco ante vuestra divina y sacra Majestad, en la mejor vida y forma que en el derecho de vuestra misericordia e infinita clemencia haya lugar; y postrada con toda reverencia de mi alma ante la Trinidad augustísima, digo:

Que en el pleito que se sigue en el Tribunal de vuestra Justicia contra mis graves, enormes y siniguales pecados, de los cuales me hallo convicta por todos los testigos del Cielo y de la Tierra, y por lo alegado por parte del Fiscal del Crimen de mi propia conciencia, en que halla que debo ser condenada a muerte eterna, y que aun esto será usando conmigo de clemencia por no bastar infinitos Infiernos para mis innumerables crímenes y pecados; y aunque de todo me hallo convicta, y reconozco no merezco perdón ni que me deis lugar de ser oída; con todo, conociendo vuestro infinito amor e inmensa misericordia, y que mientras vivo estoy en tiempo, y que no se me han cerrado los términos del poder apelar de la sentencia al Tribunal de vuestra Misericordia, como de hecho lo hago, suplicándoos me admitáis dicha apelación, por aquel inmenso e incomprensible acto de amor con que por mí sufristeis tan afrentosa muerte, la cual, como quien tiene a ella derecho, os ofrezco en la justificación de mis graves culpas, y con ella ofrezco todos vuestros méritos y el amor mismo que me tenéis y los méritos de vuestra Virgen y Santísima Madre, y Señora mía, y de su esposo y mi amado abogado San José, Ángel Santo de mi Guarda, y de mis Devotos y Universidad de Bienaventurados.

Y aunque lo ofrecido es tanto que con ello queda plenísimamente satisfecha vuestra Justicia y revistado en su entera fuerza y vigor el derecho que yo tengo de hija vuestra y heredera de vuestra Gloria, el cual reproduzco; con todo, por cuanto sabéis vos que ha tantos años que yo vivo en religión, no sólo sin Religión sino peor que pudiera un pagano; por compurgar algo de mi parte, de tanto como en esto he faltado y reintegrar algo de las

424	FRANCISCO MARTÍN MORENO

obligaciones que me obligan y que tan mal he cumplido, es mi voluntad volver a tomar el Hábito, y pasar por el año de aprobación, la cual ha de examinar vuestro Ministro, y padre de mi alma, haciendo el oficio de provisor vuestro y examinando mi voluntad y libertad, en que estoy puesta; y por lo tocante a mi dote, ofrezco toda la limosna que de sus virtudes me han dado los Bienaventurados, a quienes la he pedido; y todo lo que faltare, enterarán mi Madre y vuestra, la purísima Virgen María, y su esposo y padre mío, el glorioso Señor San José, los cuales (como me fío de su piedad) se obligarán a dicha dote, cera y propinas.

Por lo cual, a V. Majestad Sacramentada suplico conceda su licencia, venia y permiso a todos los Santos y Ángeles, y especialmente a los que están asignados para ser votos, para que me puedan proponer y recibir a votos de toda la Comunidad Celestial; y estándolo, como lo espero de su piedad, se me dé el Sagrado Hábito de nuestro padre San Jerónimo, a quien pongo por abogado e intercesor, no sólo para que yo sea recibida en su santa Orden, sino para que en compañía de mi madre Santa Paula, me impetre de vos la perseverancia y aumento en la virtud, que siempre os suplico. En todo lo cual recibiré bien y caridad de vuestra clemencia infinita, que proveerá lo que más convenga. Pido Misericordia, y para ellos, etc.

JUANA INÉS DE LA CRUZ[66]

Para justificar el crimen, la Iglesia alegó que la teología católica asegura que Dios es Padre, Hijo y Espíritu Santo y Sor Juana Inés de la Cruz argüía lo contrario... «A lo largo de su poesía, la monja mexicana del siglo XVII apenas se refiere a la Trinidad masculina ortodoxa... En su obra Dios es el Ser Supremo, Autor Divino, Centro, Mente Divina, Majestad Infinita, Divina Esencia, Sumo Poder, Eterna Sabiduría, entre otros...» admite que hace años que vive «no sólo sin Religión sino peor que pudiera un pagano...» Fue menester amordazar a la monja porque hablaba públicamente de asuntos teológicos. No había ni hay lugar en la Iglesia para sacerdotisas... Dios dispuso que la única salvación para una mujer que naciera pobre, decente, hermosa, brillante consistía en entrar con convicción religiosa o sin ella, en un convento... Ella armó una conspiración en contra de los hombres para pervertir el orden espiritual y moral de la Nueva España... A lo largo de su obra esconde pensamientos

[66] De la Cruz, 2002: 874-875.

peligrosos y subversivos... Establece un paralelo hermético entre el cristianismo y el paganismo... Su posición adoptada en *Crisis sobre un Sermón* constituye una herejía... El entendimiento humano no es una *potencia libre*, como lo apunta Sor Juana ni tiene por qué asentir o disentir en torno a lo que juzga ser o no ser verdad en asuntos espirituales. ¿Quién es ella para opinar? ¿Se encuentra acaso por encima del Santo Padre? Los sacerdotes católicos deben acatar dogmáticamente la autonomía del alma y no cuestionarla como Sor Juana... ¿Cómo aceptar su argumento: «como yo fui libre para disentir de Vieira, lo será cualquiera para disentir de mi dictamen...»? ¡Falso, falso, los dogmas deben acatarse al pie de la letra e imponerse con sangre si fuera necesario en caso de que alguien disintiera...! Su herejía antiTrinitaria debe ser castigada con la vida... Sor Juana es una pagana... Debemos silenciar la voz de esta peligrosa mujer por los siglos de los siglos...

Si cuando fui informada del juicio secreto al que se sometía a mi musa caí víctima de un pavoroso desconsuelo —¿culpas...?, ¿cuáles culpas graves, enormes, de las cuales se halla convicta?, ¿cuáles, Dios mío?, apiádate de nosotras las mujeres—, cuando supe que se le había obligado a redactar con gotas de su propia sangre la siguiente protesta, otra canallada de Aguiar, me desplomé de rodillas. ¿Con sangre...? Sí, con sangre... ¡Alabado sea el Señor y respetados sean sus santos e inescrutables designios...! ¡Claro que Aguiar y Seixas estaba sentado al lado de Sor Juana, dictándole sus consignas infamantes, amenazándola con ser reducida en la hoguera, de no cumplir al pie de la letra sus instrucciones! ¡Él mismo llevó el cuchillo para que mi ilustre monja se abriera las venas y pudiera escribir! Éste es el texto que hizo publicar Aguiar y Seixas para lavarse las manos de toda responsabilidad y evitar una confrontación con la corona española patrocinada por nosotros, los ex virreyes. En todo momento se llamó inocente alegando que Sor Juana se había arrepentido *motu proprio* cuando en realidad ella jamás se arrepintió tal y como se demuestra en las sangrientas líneas, vergonzosas para la Iglesia católica, que cito a continuación:

Hoy 5 de marzo de 1694 se fecha la «Protesta que rubricada con su sangre, hizo de su fe y amor a Dios la madre Juana Inés de la Cruz, al tiempo de abandonar los estudios humanos para proseguir, desembarazada de este afecto, en el camino de la perfección». Yo, Juana Inés de la Cruz, protesto para ahora y para toda la eternidad, que creo en un solo Dios todopoderoso, Creador del Cielo y de la Tierra y de todas las cosas; y creo el misterio augustísimo de la Santísima Trinidad, que son tres Personas distintas y un solo Dios verdadero; que de estas tres personas, la segunda, que es el Divino Verbo, por redimirnos, se encarnó y se hizo hombre en el vientre virginal de María Santísima siempre virgen y Señora nuestra; y que después padeció muerte y pasión y resucitó al tercer día entre los muertos y está sentado a la diestra de Dios Padre. Creo también que el día final ha de venir a juzgar todos los hombres, para darles premio o castigo según sus obras. Creo que en el Sacramento de la Eucaristía está el verdadero Cuerpo de Cristo nuestro Señor; y en fin, creo todo aquello que cree y confiesa la Santa Madre Iglesia Católica nuestra madre, en cuya obediencia quiero morir y vivir, sin que jamás falte a obedecer lo que determinare, dando mil veces la vida primero que faltar mi dudar en algo de cuanto nos manda creer; por cuya defensa estoy puesta a derramar la sangre y defender a todo riesgo la santa Fe que profeso, no sólo creyéndola o adorándola con el corazón, sino confesándola con la boca en todo tiempo y a todo riesgo. La cual protesta quiero que sea perpetua, y me valga a la hora de mi muerte, muriendo debajo de esta disposición y en esta Fe y creencia, en la cual es mi intento pedir confesión de mis culpas, aunque me falten signos exteriores que lo expresen.

Y me duelo íntimamente de haber ofendido a Dios, sólo por ser quien es y porque le amo sobre todas las cosas, en cuya bondad espero que me ha de perdonar mis pecados sólo por su infinita misericordia y por la preciosísima sangre que derramó por redimirnos, y por la intercesión de su Madre Purísima. Todo lo cual ofrezco en satisfacción de mis culpas; y postrada ante el acatamiento divino, en presencia de todas las criaturas del Cielo y de la Tierra, hago esta nueva protestación, reiteración y confesión de la Santa Fe; y suplico a toda la Santísima Trinidad la acepte y me dé gracia para servirle y cumplir sus santos mandamientos, así como me dio graciosamente la dicha de conocer y creer sus verdades.

Asimismo reitero el voto que tengo ya hecho de creer y defender que la siempre Virgen María nuestra Señora fue concebida sin mancha de pecado en el primer instante de su ser purísimo; y asimismo creo que ella sola tiene mayor gracia a que corresponde mayor gloria que todos los ángeles y santos juntos; y hago voto de defender y creer cualquiera privilegio suyo que no se oponga a nuestra Fe, creyendo que es todo lo que no es ser

Dios; y protestada con el alma y corazón en la presencia de esta divina Señora y su glorioso Esposo el Señor San José, y de sus santísimos padres Joaquín y Ana, les suplico humildemente me reciban por su esclava, que me obligo a serlo toda la eternidad.

Y en señal de cuánto deseo derramar la sangre en defensa de estas verdades, lo firmo con ella, en cinco de marzo del año de mil seiscientos y noventa y cuatro.

JUANA INÉS DE LA CRUZ[67]

Podía imaginar el rostro contrito de Sor Juana al ver cómo unos desalmados ignorantes, sabuesos al servicio del arzobispo, violaban el recinto conventual para entrar a su celda a fin de vaciar los anaqueles saturados de libros, de luz, de información, de soluciones, de perspectivas y alternativas. Uno a uno desaparecieron los trabajos de científicos, músicos, filósofos, historiadores, pensadores, poetas, dramaturgos, teólogos, además de cientos de obras religiosas y textos eruditos de la más diferente naturaleza. Pensaba en los sepultureros que cumplen su trabajo sin conmoverse con el dolor de los deudos. Habrían echado en sacos de tela de manta los candelabros, las velas, los tinteros, las hojas de papel intocadas, las plumas con las que se pudo haber cambiado el destino, por lo menos, de la Nueva España. Conociendo a mi monja excelsa bien sabía yo que jamás podría superar semejante desahucio. El desamparo la mataría sin tener a su alcance las herramientas que justificaban su existencia. ¿Qué sentido tendría seguir viviendo en dichas condiciones? ¿Para qué? En lugar de utilizar su prodigioso talento en la búsqueda de explicaciones filosóficas o de sensibilizar al mundo entero con su poesía, mi genial autora se vería reducida a asistir, día con día, a las preces, a las plegarias y a rezar las vísperas, las completas, los maitines, los laúdes, las primas y el ángelus en las diferentes horas como la tercia, la nona y la sexta. Cualquier desviación sería sancionada. Sólo podría leer textos religiosos. Sólo que Sor Juana supo esconder cuatrocientos libros, sus consentidos, sus favoritos, poniéndolos fuera de las manos aviesas de la Inquisición. Con ellos respiraría al menos por un tiempo más... El resto sería rematado —supuestamente— por Aguiar y Seixas, y el dinero dedicado a la ayuda a los pobres, cuando en realidad la mayoría, como ya dije, fueron a dar a la ridícula biblioteca de este prelado tan asesino como ladrón y fanático.

[67] De la Cruz, 2002: 875-874.

En febrero de 1695 Dios le concedió a Sor Juana el inmenso privilegio de saber del fallecimiento del padre jesuita Antonio Núñez de Miranda, quien la había perseguido implacablemente por varios lustros declarando públicamente, a quien lo quisiera oír, que mi musa, la de las Américas, era un *azote mayor*. Pues bien, a mí también que me escuche quien lo desee: este prefecto de la Congregación de la Purísima Concepción de la Virgen María, que él dirigió treinta y dos años, varón recto, asceta, penitente y culto, a quien llamaron «la biblioteca viva de los jesuitas», sabio maestro en Teología moral, escolástica y expositiva, docto conocedor del Derecho canónico, civil e Historia eclesiástica, «escogido para dirigir las conciencias de dos arzobispos y de tres virreyes», entre todos sus títulos el más destacado será el de cómplice en el asesinato de Sor Juana Inés de la Cruz, cargo con el que pasará a la historia extraviado en el anonimato más oprobioso con todo y sus reconocimientos banales. Nunca nadie, y el tiempo lo dirá, podrá apagar la luz que encendió Sor Juana Inés de la Cruz. La silenciarán, sí, pero no la vencerán: sus letras serán eternas, su ejemplo inmarcesible y su legado inagotable para ser disfrutado y aprovechado por todas las generaciones subsecuentes. Seres mezquinos, ruines y miserables como Aguiar y Seixas y otros de su calaña jamás podrán opacar su santa gloria ni silenciarla para siempre ni esconder sus lúcidas razones ni destruir sus poderosos argumentos. Nadie se acordará de ellos, mientras que Sor Juana será honrada en academias y universidades a las que la sevicia, la crueldad y la sinrazón le impidieron ingresar. ¡Jesús: cómo se distorsionaron tus palabras y tu sacratísimo mensaje de amor! Sor Juana tendrá monumentos de mármol blanco, las avenidas llevarán su nombre, su efigie será elevada en gigantescas columnas de hierro, su rostro aparecerá inmortalizado en enciclopedias o en estupendos óleos que habrán de colgarse en las salas de los museos de todo el orbe, mientras que ellos, sus detractores, irán a dar a la fosa común de la historia...

Sí, la historia, claro que la historia, pero la Nueva España sufría los estragos de una nueva peste de las que la azotaban recurrentemente. El flagelo, como siempre, no respetaba edades ni sexos ni profesiones ni niveles económicos. El Señor pasaba la guadaña por igual sin detenerse en contemplaciones. La enfermedad ingresó por las puertas y ventanas del convento de San Jerónimo. Sor Juana asistía a las enfermas pese a las recomendaciones de que se apartara de las hermanas dolientes debido al poderoso nivel de contagio del padecimiento. Asistió al lecho de muerte de muchas de ellas; les cerró los ojos, les dio la bendición para que se marcharan en paz, en tanto acariciaba su rostro o les secaba el sudor con un pañuelo, las acompañaba en sus delirios previos al deceso encomendándoselas a Dios. No dormía. Amanecía arrodillada en el reclinatorio con las manos cruzadas por varios rosarios. A saber si le pedía al Señor que viniera por ella. En su necedad se advirtió una intención suicida. Todo parecía indicar que deseaba contaminarse y morir, sí, morir y llegar a los pies del Señor para pasar a Su lado la eternidad. Sor Juana las animaba, las consolaba, las ayudaba a bien morir describiéndoles el rostro generoso de Dios que las esperaría cuando expiraran, hasta que los primeros malestares de la fiebre empezaron a acosarla. Ya nada tenía remedio. Su rostro expresó en todo momento una sonrisa celestial. Dios la había oído. Juana se rendía, mientras que el arzobispo daba las gracias porque Jesús había escuchado sus plegarias. ¿Dios autorizó el castigo porque ella ejercitó la inteligencia con la que Él mismo la dotó?

Según escribió Calleja, su biógrafo, el 17 de abril de 1695, a las tres de la mañana, Sor Juana Inés de la Cruz se rindió para siempre. Yo, la condesa de Paredes, su gran amiga, no pude estar a su lado teniéndole la mano, arrodillada ante su lecho de muerte, ni pude consolarla ni ayudarla ni cerrarle los ojos. Un sacerdote enviado por Aguiar y Seixas para ingresar al convento con todas las autorizaciones que el caso ameritaba, sentenció en voz grave cuando Sor Juana exhalaba su último aliento:

—*Requiem aeternam dona eis domine.*

La priora de las monjas jerónimas respondió arrodillada:

—*Et lux perpetua luceat eis.*

—*Dominus vobiscum.*

—*Et cum spiritu tuo.*

—Amén.

Una gran cantidad de escritos, poemas místicos, ensayos y obras de teatro inacabadas que Juana guardaba y que siguió produciendo, secuestradas por el arzobispo, fueron quemadas en la chimenea de su palacio. Se llegó a decir que cada hoja arrojada para ser consumida por un fuego goloso despertaba una sonrisa sardónica en

Aguiar y Seixas como cuando escuchaba los gritos de horror de los herejes y blasfemos, quemados en la hoguera, durante las ceremonias de cremación a las que asistía con supremo deleite para congraciarse con Dios.

El arzobispo presidió las misas multitudinarias cantadas en honor de esta hija privilegiada de Dios que sólo Él supo por qué nos la arrancó con tan dolorosa y patética anticipación. Es nuestro deber intentar su canonización ante el Santo Padre para que su imagen santísima sea adorada en todos los altares mexicanos por los siempre de los siempres... Amén.

EPÍLOGO

Dejo en manos de Elías Trabulse, el brillante historiador mexicano, un destacado *sorjuanista*, lo que sucedió a continuación del fallecimiento de esta perínclita monja mexicana:

> Pocos días después de la muerte de Sor Juana, la imprenta de doña María de Benavides que era la que realizaba los trabajos tipográficos para el palacio arzobispal, recibió la orden de imprimir en una pequeña hoja volante en doceavo (14.0 x 10.6 cm) un texto que llevaba por título *Protesta de fe* de la Monja profesa Sor Juana Inés de la Cruz... era una versión resumida de la protesta de fe que Sor Juana firmó con su sangre el 5 de marzo de 1694 y le entregó al provisor junto con otros dos documentos después de la sentencia pronunciada en su contra... La publicación de la *Protesta de fe* constituye la piedra de toque de la ofensiva de Aguiar y Seijas al exigir la firma de los tres documentos de abjuración... La difusión de ese texto serviría de ejemplo paradigmático a otras monjas novohispanas que verían en la conducta de Sor Juana un modelo a seguir. Pues también ésa era la prueba testimonial que se requería para establecer sobre bases firmes el hecho histórico de su santificación.
>
> La repentina y prematura muerte de Sor Juana hizo que la pugna entre el arzobispo y la condesa de Paredes adquiriera una dimensión diferente, pues ambos tenían los elementos para mostrar a la posteridad su versión de lo que realmente había sucedido. Era vital decidir... qué versión histórica del final de Sor Juana prevalecería... El obispo tenía que actuar con rapidez a efecto de neutralizar cualquier medida emprendida por la condesa y sus aliados para revelar al mundo la verdad de lo su-

cedido. De esta manera fue puesta en marcha la máquina hagiográfica que transformaría los hechos reales y sórdidos del final de Sor Juana en un itinerario edificante hacia la santidad... Las medidas que adoptó Aguiar y Seijas probaron ser eficaces y de efectos duraderos. En primer lugar envió el proceso al archivo secreto del provisorato. Después impuso silencio a los clérigos y funcionarios del arzobispado que habían conocido de dicho proceso. Ninguno de ellos hizo pública la más leve mención sobre la sentencia que se había abatido sobre la monja y que era la causa del silencio que rodeó sus dos últimos años. Por otra parte conservó los tres documentos de la abjuración que pertenecían al archivo episcopal y que estaban anexos al proceso a efecto de darlos a conocer oportunamente... No deja de ser una ironía el que haya sido precisamente el hombre que la silenció quien haya dado los elementos para crear, desarrollar y fijar históricamente ese mito hagiográfico.[68]

Sor Juana nunca abandonó por completo las letras ni sus estudios, según se lo ordenaban las sentencias pronunciadas en su contra, además del sinnúmero de presiones clericales. Los últimos descubrimientos confirman que ella se mantuvo casi hasta el final dedicada al estudio, a la filosofía, a la poesía y a todo aquello que pudiera significar abundar en el conocimiento, la máxima aventura del ser humano. Sus *Enigmas* ostentan el año de 1695, precisamente el de su muerte, como fecha de publicación, por lo que, en realidad, nunca dejó de trabajar a pesar de la pérdida de los apoyos de Payo de Rivera y de los virreyes y condes de Paredes y de las injustificadas agresiones sufridas por otras autoridades de la Iglesia católica, la única responsable de este siniestro crimen que enlutó a las letras universales.

La limitaron, la acotaron y finalmente la destruyeron. Su voz dejó de escucharse durante siglos, pero como bien decía la condesa de Paredes, su amada Lysi: ella es el lucero matutino, la primera estrella del amanecer, y nunca se apagará...

La condesa de Paredes, a la muerte de su marido, encargó la custodia de sus hijos a un tercero y se enclaustró para siempre como monja en un convento español.

Francisco Aguiar y Seixas murió tres años más tarde que Sor Juana y sus restos fueron inhumados en la catedral de México. Es de suponerse que Aguiar y Seixas estuvo enamorado hasta el último

[68] Trabulse, 1998: 149-150.

de sus días de nuestra señora Sor Juana Inés de la Cruz. Le resultaba imposible, por razones mucho más que obvias confesarle su amor, de la misma manera en que no podía oponerse frontalmente a ella limitándola en su creatividad poética ni impidiendo la publicación de sus trabajos, sobre todo en España. ¿No podía expresarle sus sentimientos como hombre ni era factible reducirla como poetisa ni someterla como pensadora, sobre todo como crítica teológica? ¿No? ¿No podría quemarla como bruja en cualquier hoguera improvisada de la Santa Inquisición? ¿No? ¿Su prestigio intelectual era de tal manera imponente en Europa que de conducirla a la pira con todos sus libros heréticos le hubiera ocasionado un mal mayor a Aguiar y Seixas, con lo cual se hubiera exhibido ante el mundo como un cavernícola? ¿Sí? Entonces sólo cabía una alternativa: silenciarla gradualmente, apagarla, secuestrar su talento, aplastarla, reducirla, matarla en vida y llorar por la pérdida del intenso amor frustrado... bien sabía el arzobispo que Sor Juana jamás podría sobrevivir sin desarrollar sus ideas filosóficas. Se trataba de una mujer adelantada por varios siglos a su momento histórico. ¿Qué hacer con lo que no se puede controlar? ¡Se destruye! Eso es lo mismo que hizo Aguiar y Seixas para su propia vergüenza y la de la Iglesia católica, esa institución maldita enemiga de los más caros valores del género humano.

Aguiar y Seixas logró que no se volviera a escuchar nada sobre la vida de Sor Juana Inés de la Cruz durante los siguientes doscientos cincuenta años, hasta que fue redescubierta para provecho y sorpresa de la humanidad.

La herida sigue abierta, como bien lo dijera nuestro Octavio Paz.

BIBLIOGRAFÍA

Carlota y Maximiliano

Arce, David N., *Desventura y pasión de Carlota. Esquema para un estudio*, Jus, México, 1962.

Blasio, José Luis, *Maximiliano íntimo. El emperador Maximiliano y su corte: memorias de un secretario particular*, Editora Nacional, México, 1960.

Bruquetas de Castro, Fernando, *Reyes que amaron como reinas (de Julio César al duque de Windsor)*, La Esfera de los Libros, Madrid, 2002.

Castelot, André, *King of Rome. A biography of Napoleon's tragic son*, Harper & Brothers, Nueva York, 1960.

——, *Maximiliano y Carlota. La tragedia de la ambición*, Edamex, México, 1985.

Cuéllar Salinas, Raúl, *Del Árbol de la Noche Triste al Cerro de las Campanas*, v. 2, Pueblo Nuevo, México, 1983.

De Bopp, Marianne O., *Maximiliano y los alemanes*, Sociedad Mexicana de Geografía y Estadística, México, 1965.

De María y Campos, Armando, *Carlota de Bélgica (La infortunada Emperatriz de México)*, Rex, México, 1944.

Del Paso, Fernando, *Noticias del imperio*, Diana, México, 1989.

Desternes, Suzanne, y Chandet, Henriette, *Maximiliano y Carlota*, Diana, México, 1968.

Fuentes Mares, José, *Biografía de una nación. De Cortés a De la Madrid*, Océano, México, 1982.

García, Genaro, y Pereyra, Carlos (eds.), *Documentos inéditos o muy raros para la historia de México*, v. 3, Librería de la Vda. de Ch. Bouret, México, 1907.

González, Carlos Héctor, *Monografía de Chalco*, Gobierno del Estado de México, Toluca, 1973.

González Peña, Carlos, *Flores de pasión*, Stylo, México, 1945.

Harding, Bertita, *Maximiliano y Carlota*, Grijalbo, España, 1962.

Haslip, Joan, *The crown of Mexico: Maximilian and his Empress Carlota*, Holt, Rinehart and Winston, Nueva York, 1971.

Instituto Nacional para el Federalismo y el Desarrollo Municipal, *Enciclopedia de los municipios de México. Estado de Morelos*, México, 2005.

Iturriaga de la Fuente, José, *Escritos mexicanos de Carlota de Bélgica*, Banco de México, México, 1992.

Kisch, Egon Erwin, *Descubrimientos en México*, v. 2, Offset, México, 1988.

López González, Valentín, *El imperio en Cuernavaca, 1862-1867*, Instituto Estatal de Documentación de Morelos, Cuernavaca, 2000.

Luca de Tena, Torcuato, *La Ciudad de México en tiempos de Maximiliano*, Planeta, México, 1991.

Moreno, Carmen, *Carlota de Méjico*, Atlas, Madrid, 1944.

Praviel, Armand, *La vida trágica de la emperatriz Carlota*, Espasa-Calpe, Buenos Aires, 1937.

Ratz, Konrad, *Tras las huellas de un desconocido. Nuevos datos y aspectos de Maximiliano de Habsburgo*, Siglo XXI, México, 2008.

Reinach Foussemagne, Hélène, *Charlotte de Belgique, Impératrice du Mexique*, Plan-Nourrit Imp, París, 1925.

Remin, Nicolas, *Venezianische Verlobung*, Kindler, Hamburgo, 2006.

Rosenberg, S. L. Millard, "Documentary Evidence of Carlota's Sanity in 1868", *Hispania*, American Association of Teachers of Spanish and Portuguese, marzo 1927, núm. 2, pp. 88-90.

Salado Álvarez, Victoriano, *Episodios nacionales (La corte de Maximiliano / Orizaba)*, Porrúa, México, 1985.

Toro, Alfonso, *Compendio de historia de México (3º)*, Patria, México, 1978.

Toro, Oliverio, *La quimera, el trono y el suplicio*, Offset Continente, México, 1948.

Valadés, José C., *Maximiliano y Carlota en México. Historia del segundo imperio*, Diana, México, 1993.

Villalpando César, José Manuel, "El dinero de Carlota", *Más nuevas del imperio: estudios interdisciplinarios acerca de Carlota de México*, Iberoamericana-Frankfurt: Vervuert, Madrid, 2001.

Porfirio Díaz

Aguirre Benavides, Adrián, *Madero el inmaculado: historia de la Revolución de 1910*, Diana, México, 1962.

Álvarez de la Borda, Joel, *Los orígenes de la industria petrolera en México, 1900-1925*, Editorial Petroleros Mexicanos, México, 2005.

Barrera Peniche, Alfonso, *El verdadero Porfirio Díaz*, Imprenta de Redención, México, 1911.

Beals, Carleton, *Porfirio Díaz*, Domes, México, 1982.

Bulnes, Francisco, *El verdadero Díaz y la revolución; Rectificaciones y aclaraciones a las memorias del general Porfirio Díaz*, Instituto de Investigaciones José María Luis Mora, México, 2008.

Cabrera, Luis, *La revolución es la revolución*, Gobierno del Estado de Guanajuato, México, 1977.

Cantón, Wilberto, *Porfirio Díaz, soldado de la República*, SEP, México, 1966.

Capistrán Garza, René, *Porfirio Díaz: su obra y sus consecuencias*, Publicaciones Herrerías, México, 1940.

Colorado Aguirre, Juan José, "La familia Díaz", en http://www.el mundodecordoba.com/index.php?command=show_news&news_id=58381

Cosío Villegas, Daniel, *Estados Unidos contra Porfirio Díaz*, Hermes, México, 1956.

——, *La Constitución de 1857 y sus críticos*, Sepsetentas, México, 1973.

Cruz Serrano, Noé, «Los cimientos del oro negro», *El Universal*, México, 29 de septiembre de 2006, en http://www.eluniversal.com.mx/finanzas/54137.html

De Bopp, Marianne, *Maximiliano y los alemanes*, Sociedad Mexicana de Geografía y Estadística, México, 1965.

Duclós Salinas, Alfonso, *Méjico pacificado: el progreso de Méjico y los hombres que lo gobiernan*, Hughes, San Luis Misuri, 1904.

Escobar, Carlos, "Intimidades de una buena amante", en http://fronterizochiapas.blogspot.com/2009/04/cocina-afrodisiaca_28.html

Espinosa Gamboa, Raúl, "Precisiones: ¿Don Porfirio en México?", en http://mx.geocities.com/REVISTA_ESPERANZA/precisiones.htm

Figueroa Alcocer, Jesús, «Mina de Mercurio», en http://sites.huizuco.com/index/historia/mina-de-mercurio, 2009.

Fragoso, Kim, blog "Días tras Díaz", en http://diatrasdiaz.blogspot. com/2008/12/cartas-de-porfirio-daz-carmelita.html

Fusco, Federico, *Los hombres que rodean al señor general Porfirio Díaz*, Oficina Tipográfica de la Paz Pública, México, 1896.

García, Genaro, *Porfirio Díaz: sus padres, niñez y juventud*, Museo Nacional, México, 1906.

García Granados, Ricardo, *Por qué y cómo cayó Porfirio Díaz*, Andrés Botas e hijo, México, 1928.

García Naranjo, Nemesio, *Porfirio Díaz*, Lozano, San Antonio, 1930.

Gil, Carlos B., *The age of Porfirio Díaz*, University of New Mexico, Albuquerque, 1977.

González-Blanco, Pedro, *De Porfirio Díaz a Carranza*, Consejo Editorial del Gobierno del Estado de Tabasco, México, 1980.

Guzmán, Martín Luis, *Muertes históricas. Tránsito sereno de Porfirio Díaz. Ineluctable fin de Venustiano Carranza*, Conaculta, México, 1990.

Iturribarría, Jorge Fernando, *Porfirio Díaz ante la historia*, Unión Gráfica, México, 1967.

Katz, Friedrich, *La servidumbre agraria en México en la época porfiriana*, Era, México, 1984.

Kenneth Turner, John, *México bárbaro*, Instituto Nacional de la Juventud Mexicana, México, 1964.

Krauze, Enrique, *Porfirio Díaz: místico de la autoridad*, FCE, México, 1987.

Lara Pardo, Luis, *De Porfirio Díaz a Francisco I. Madero: la sucesión dictatorial de 1911*, Comisión Nacional para la Celebración del 175 Aniversario de la Independencia Nacional y 75 Aniversario de la Revolución Mexicana, México, 1985.

Léonard, Eric, y Velázquez, Emilia (coords.), *El Sotavento veracruzano. Procesos sociales y dinámicas territoriales*, CIESAS, México, 2000.

Lerdo de Tejada, Sebastián, "Memorias inéditas de don Sebastián Lerdo de Tejada", v. 2, Brownsville, Texas, 1889.

——, *El verdadero Porfirio Díaz*. Complemento a las "Memorias de Don Sebastián Lerdo de Tejada", San Antonio, 1911.

López Portillo y Rojas, José, *Elevación y caída de Porfirio Díaz*, Librería Española, México, 1921.

Maldonado Villalpando, Óscar, "Dicen que fue un milagro", *El Regional*, San Juan de los Lagos, Jalisco, 16 de agosto de 2008, en http:// 7diastepa.blogspot.com/2008/08/dicen-que-fue-un-milagro.html

Orozco Linares, Fernando, *Porfirio Díaz y su tiempo*, Panorama, México, 1984.

Ponce Alcocer, María Eugenia, *La elección presidencial de Manuel González, 1878-1880: preludio de un presidencialismo*, Universidad Iberoamericana, México, 2000.

Quevedo y Zubieta, Salvador, *El caudillo. Continuación de «Porfirio Díaz. Ensayo de psicología histórica»*, Editora Nacional, México, 1976.

Roeder, Ralph, *Hacia el México moderno: Porfirio Díaz*, FCE, México, 1981.

Tamayo, Jorge L., *Ignacio Zaragoza. Correspondencia y documentos*, Gobierno de Puebla, México, 1979.

Taracena, Ángel, *Porfirio Díaz*, Jus, México, 1960.

Vázquez del Mercado, Angélica, "El fin de una era: la renuncia de Porfirio Díaz", en http://www.inehrm.gob.mx/Portal/PtMain.php?pagina=exp-renuncia-porfirio-diaz-articulo

Velador Castañeda, Ascencio, *Manuel Romero Rubio: factor político primordial del porfiriato*, tesis de maestría, UNAM, México, 1990.

Velasco, Alfonso Luis, *Porfirio Díaz y su gabinete: estudios biográficos*, E. Dublán, México, 1889.

Villalpando César, José Manuel, "El exilio perpetuo de Porfirio Díaz", *Excélsior*, México, 29 de junio de 2008, en http://www.exonline.com.mx/diario/noticia/comunidad/expresiones/el_exilio_perpetuo_de_porfirio_diaz/268806#

Yudelevich Pekalok, Antonia, *Porfirio Díaz y la República Restaurada*, UNAM, México, 1971.

Zayas Enríquez, Rafael, *Porfirio Díaz*, Appleton and Company, Nueva York, 1908.

Morelos

Aguirre Beltrán, Gonzalo, *La población negra de México*, Centro de Estudios Históricos del Agrarismo en México, México, 1981.

Alamán, Lucas, *Historia de México*, v. 4, Publicaciones Herrerías, México, 1849.

Autor desconocido, *Morelos y la Iglesia católica. Documentos*. Empresas Editoriales, México, 1948.

Arriaga, Antonio, *Morelos: Documentos*, Gobierno del Estado de Michoacán, Morelia, 1965.

Benítez, J.R., *Morelos, su casta y su casa en Valladolid*, Gobierno del Estado de Michoacán, Morelia, 1947.

Bustamante, Carlos María, *Historia Militar del General Don José María Morelos Sacada en o conducente de sus declaraciones recibidas de orden del virrey de México, cuando estuvo arrestado en la ciudadela de esta capital*, Oficina del Águila, México, 1825.

——, *Páginas escogidas*, Sistema de Transporte Colectivo Metro, México, 1975.

Campuzano, R. Juan, *Paso a la Eternidad*, Ediplesa, México, 1981.

Carranco, Leopoldo, *El siervo de la nación y sus descendientes*, Fimax Publicistas, México, 1984.

Chávez Sánchez, Raúl, *La progenie de Morelos*, Universidad Michoacana de San Nicolás de Hidalgo, Morelia, 2000.

Esperón, Víctor, *Morelos. Un estudio biográfico*, Prometeo, México, 1944.

Fuentes Díaz, Vicente, *El obispo Abad y Queipo frente a la guerra de independencia*, Altiplano, México, 1985.

Fuentes Mares, José, *Biografía de una nación. De Cortés a De la Madrid*, Océano, México, 1982.

González-Polo, Ignacio, *La estirpe y el linaje de José María Morelos*, Universidad del Claustro de Sor Juana, México, 1982.

Guedea, Virginia, *José María Morelos y Pavón. Cronología*, UNAM, México, 1981.

Hernández y Dávalos, J. E., *Colección de documentos para la historia de la guerra de independencia de México de 1808 a 1821*, v. 6, Imprenta José María Sandoval, México, 1882.

Herrejón Peredo, Carlos, *Morelos. Vida preinsurgente y lecturas*, El Colegio de Michoacán, Zamora, 1984.

——, *Morelos: documentos inéditos de vida revolucionaria*, El Colegio de Michoacán, Zamora, 1987.

——, *Los procesos de Morelos*, El Colegio de Michoacán, Zamora, 1985.

Instituto José María Luis Mora, *La Independencia. Textos de su historia*, México, 1985.

Herrera Peña, José, *Maestro y discípulo*, Universidad Michoacana, México, 1995.

——, *Morelos ante sus jueces*, Porrúa, México, 1985.

Jackson, Jack (ed.), *Almonte's Texas*, Texas State Historical Association, 2003.

Lemoine Villicaña, Ernesto, *Morelos: su vida revolucionaria a través de sus escritos y de otros testimonios de la época*, UNAM, México, 1965.

Mancisidor, José, *Hidalgo, Morelos, Guerrero. Biografías*, Candesa, México, 1956.

Oropeza y S., Mauricio A. *El Ejército Libertador del Sur*, SEP, México, 1969.

Ruiz Fabián, José, *Morelos frente a sus mitos y leyendas*, Ediciones Casa Natal de Morelos, Morelia, 2002.

——, *Morelos en tres tiempos*, Ediciones Casa Natal de Morelos, Morelia, 2005.

——, *Morelos, origen familiar, infancia y juventud*, Ediciones Casa Natal de Morelos, Morelia, 2008.

Senado de la República, *Documentos históricos constitucionales de las Fuerzas Armadas Mexicanas*, v. I, México, 1965.

Sosa, Francisco, *Efemérides*, Instituto Nacional de Estudios Históricos de las Revoluciones de México, México, 1985.

Timmons, Wilbert H., "Los Guadalupes: A Secret Society in the Mexican Revolution for Independence", *The Hispanic American Historical Review*, Duke University Press, noviembre 1950, núm. 4, pp. 453-479.

Teja Zabre, Alfonso, *Vida de Morelos, nueva versión*, UNAM, México, 1959.

Vincent, Ted, "The Blacks Who Freed Mexico", *The Journal of Negro History*, Association for the Study of African-American Life and History, Inc., verano 1994, núm. 3, pp. 257-276.

Zárate, Julio, *Morelos. Biografía*, Gobierno del Estado de Michoacán, Morelia, 1976.

Francisco Villa

Aguilar, José Ángel, *En el centenario del nacimiento de Pancho Villa*, Instituto Nacional de Estudios Históricos de las Revoluciones de México, México, 1978.

Almada, Francisco R., *La Revolución en el estado de Chihuahua*, Talleres Gráficos de la Nación, México, 1964.

Benítez, Fernando, *Lázaro Cárdenas y la Revolución Mexicana*, v. 2, FCE, México, 1984.

Braddy, Haldeen, "The Loves of Pancho Villa", *Western Folklore*, Western States Folklore Society, julio 1962, núm. 3, pp. 175-182.

Corral, Luz, *Pancho Villa en la intimidad*, Centro Librero La Prensa, México, 1977.

Cortés, Rodrigo Alonso, *Francisco Villa, el quinto jinete del apocalipsis*, Diana, México, 1972.

Del Arenal Fenochio, Jaime, *Agustín de Iturbide*, Planeta, México, 2007.

——, *Un modo de ser libres: Independencia y Constitución en México (1816-1822)*, El Colegio de Michoacán, Zamora, 2002.

Dromundo, Baltasar, *Francisco Villa y "la Adelita"*, s/e, Durango, 1936.

Foix, Pere, *Pancho Villa*, Trillas, México, 1967.

Guzmán Esparza, Roberto, *Memorias de Adolfo de la Huerta*, en http://www.antorcha.net/biblioteca_virtual/historia/adolfo/4_3.html

Guzmán, Martín Luis, *El hombre y sus armas*, Ediciones Botas, México, 1938.

Hernández Hernández, José, *Vida y hazañas de Pancho Villa desde que nació*, s.edt., México, 1991.

Herrera, Celia, *Francisco Villa ante la Historia*, Costa-Amic, México, 1964.

Katz, Friedrich, "Alemania y Francisco Villa", *Historia Mexicana*, El Colegio de México, México, julio-septiembre 1962, p. 88-102.

——, *Pancho Villa*, v. 2, Era, México, 1999.

——, "La guerra de las viudas", *Sólo Historia*, INEHRM, noviembre-diciembre 1998, pp. 12-15.

——, "Pancho Villa and the Attack on Columbus, New Mexico", *The American Historical Review*, American Historical Association, febrero 1978, núm. 1, pp. 101-130.

Langle, Arturo, *El general Francisco Villa visto a través de la prensa huertista*, tesis de doctorado, UNAM, México, 1979.

Lansford, Douglas William, *Pancho Villa*, Sherbourne Press, Los Ángeles, 1967.

Lavretski, I., y Gilly, Adolfo, *Francisco Villa*, Macehual, México, 1978.

Medina Ruiz, Fernando, *Francisco Villa. Cuando el rencor estalla...*, Jus, México, 1972.

Mejía Prieto, Jorge, *Las dos almas de Pancho Villa*, Diana, México, 1990.

Meyer, Eugenia, *et al.*, *La vida con Villa en la hacienda de Canutillo*, INAH, México, 1974.

Meyers, William K., "Pancho Villa and the Multinationals: United States Mining Interests in Villista Mexico, 1913- 1915", *Journal of Latin American Studies*, Cambridge University Press, mayo 1991, núm. 2, pp. 339-363.

Muñoz, Rafael, *Pancho Villa, rayo y azote*, Populibros La Prensa, México, 1955.

Orozco Ríos, Ricardo, *Francisco Villa*, Planeta, México, 2002.

Osorio, Rubén, *Pancho Villa, ese desconocido. Entrevistas en Chihuahua a favor y en contra*, Gobierno del Estado de Chihuahua, México, 1991.

Patronato del Instituto Nacional de Estudios Históricos de la Revolución Mexicana, *En el centenario del nacimiento de Francisco Villa*, México, 1978.

Peterson, Jessie, y Cox Knoles, Thelma (eds.), *Pancho Villa. Intimate Recollections by people who knew him*, Hasting House Publishers, Nueva York, 1977.

Robleto, Hernán, *La mascota de Pancho Villa. Episodios de la Revolución Mexicana*, Ediciones Botas, México, 1934.

Rouverol, Jean, *Pancho Villa. A Biography*, Doubleday & Company, Nueva York, 1972.

Ruiz Aguilar, Armando, *Testimonios relativos a la figura de Francisco Villa por dos jóvenes testigos de la época*, Instituto de Investigaciones José María Luis Mora, México, 1988.

Sandos, James A., "German Involvement in Northern Mexico, 1915-1916: A New Look at the Columbus Raid", *The Hispanic American Historical Review*, Duke University Press, febrero 1970, núm. 1, pp. 70-88.

Taibo II, Paco Ignacio, *Pancho Villa. Una biografía narrativa*, Planeta, México, 2006.

Taracena, Alfonso, *La verdadera Revolución Mexicana. Tercera etapa (1914-1915)*, Jus, México, 1972.

Terrazas, Silvestre, *El verdadero Pancho Villa. El Centauro del Norte... sus heroicas batallas y sus acciones revolucionarias*, Era, México, 1985.

Torres, Elías L., *La cabeza de Villa y 20 episodios más*, Tatos, México, 1938.

——, *Vida y hazañas de Pancho Villa*, El Libro Español, México, 1991.

Vilanova Fuentes, Antonio, *Muerte de Villa*, Instituto Chihuahuense de la Cultura, Chihuahua, 2003.

José Vasconcelos

Bar-Lewaw, Itzhak, *José Vasconcelos: vida y obra*, Clásica Selecta, México, 1965.

——, *La revista* Timón y José Vasconcelos, Edimex, México, 1971.

——, "La revista *Timón* y la colaboración nazi de José Vasconcelos", en Eugenio Bustos Tovar (coord.), *Actas del Cuarto Congreso Internacional de Hispanistas*, Universidad de Salamanca, Salamanca, 1982.

Barrios, Miguel Ángel, *Perón y el peronismo en el sistema-mundo del siglo XXI*, Biblos, Buenos Aires, 2008.

Blanco Gil, Joaquín, *El clamor de la sangre*, Rex, México, 1947.

Blanco, José Joaquín, *Se llamaba Vasconcelos*, FCE, México, 1977.

Blanco Moheno, Roberto, *Crónica de la Revolución Mexicana*, v. 3, Libro-Mex, México, 1959.

Bradu, Fabienne, *Antonieta*, FCE, México, 1991.

Cárdenas Noriega, Joaquín, *Vasconcelos visto por la Casa Blanca*, Editores de Comunicación, México, 1980.

——, *José Vasconcelos 1882-1982. Educador, político y profeta*, Océano, México, 1982.

——, *Morrow, Calles y el PRI*, PAC, México, 1995.

Cedillo, Juan Alberto, *Los nazis en México*, Debate, México, 2007.

Contreras, José Ariel, *México 1940. Industrialización y crisis política*, Siglo XXI, México, 1992.

Cheron, Philippe, "Relectura de un clásico. José Vasconcelos, *Ulises criollo...*", *Letras Libres*, México, 27 de marzo de 2001, pp. 80-81.

Díaz Escobar, Alfredo F., *Yo se los dije... El peligro sinarquista*, s.edt., México, 1948.

Domínguez Michael, Christopher, *Tiros en el concierto. Literatura mexicana del siglo V*, Era, México, 1999.

Dooley, Francis Patrick, *Los cristeros, Calles y el catolicismo mexicano*, Sepsetentas, México, 1976.

Garrido, Luis Javier, *El Partido de la Revolución Institucionalizada (Medio siglo de poder político en México). La formación del nuevo Estado en México 1925-1945*, Siglo XXI, México, 1981.

Gill, Mario, *El sinarquismo*, Olin, México, 1962.

Giudicci, Ernesto, *Hitler conquista América*, Acento, México, 1938.

González Ramírez, Manuel, *Planes políticos y otros documentos*, Centro de Estudios Históricos del Agrarismo en México —Secretaría de la Reforma Agraria, México, 1981.

Knight, Alan, "Cardenismo: Juggernaut or Jalopy", *Journal of Latin American Studies*, Cambridge University Press, febrero 1994, pp. 73-107.

Larín, Nicolás, *La rebelión de los cristeros*, Era, México, 1968.

Lombardo Toledano, Vicente, *Cómo actúan los nazis en México*, Universidad Obrera, México, 1941.

López Gallo, Manuel, *Las grandes mentiras de Krauze*, El Caballito, México, 1997.

MacGregor Campuzano, Javier, "Orden y justicia: el partido fascista mexicano", *Signos Históricos*, Universidad Autónoma Metropolitana-Iztapalapa, México, junio 1999, pp. 150-180.

Paz, Octavio, «Las páginas escogidas de José Vasconcelos», en *Obras Completas*, v. 4, FCE, México, 1996.

Pérez Monfort, R., et al., *Fascismo y antifascismo en América Latina y México (Apuntes históricos)*, CIESAS, México, 1984.

Rivas Mercado, Antonieta, *La campaña de Vasconcelos*, Oasis, México, 1981.

Schneider, Luis Mario (pról.), en Antonieta Rivas Mercado, *La campaña de Vasconcelos*, Oasis, México, 1981.

Soto Correa, José Carmen, *Los grupos armados de los políticos católicos*, Instituto Politécnico Nacional, México, 2002.

Taracena, Alfonso, *La verdadera Revolución Mexicana. Decimosegunda etapa (1926-1927)*, Jus, México, 1963.

——, *La verdadera Revolución Mexicana. Decimocuarta etapa (1928-1929)*, Juan Pablos, México, 1964.

——, *La verdadera Revolución Mexicana. Decimosexta etapa (1930). La tragedia vasconcelista*, Jus, México, 1965.

——, *La revolución desvirtuada*, v. VIII, Costa-Amic, México, 1971.

——, *José Vasconcelos*, Porrúa, México, 1982.

Timón, Revista Continental. Dir. José Vasconcelos, 23 de marzo de 1940 a 15 de junio de 1940.

Vasconcelos, José, *Carta a la intelectualidad mexicana*, La Verdad, México, 1933.

——, *Qué es el comunismo*, Ediciones Botas, México, 1936.

——, *Ulises criollo*, Universidad de Costa Rica, San José, 2000.

——, *En el ocaso de mi vida*, Populibros La Prensa, México, 1957.

Vázquez G., Samuel, *Las locuras de Vasconcelos*, s/e, México, 1929.

Wertz Jr., William F., «La Unión Nacional Sinarquista de México. La ofensiva hitleriana contra Iberoamérica, Informe del agrega-

do naval estadounidense Braman», en www.larouchepub.com/
spanish/other_articles/2005/sinarquia/union_sinarquista2.htm

Sor Juana Inés de la Cruz

Aguirre Carreras, Mirta, *Del encausto a la sangre: Sor Juana Inés de la Cruz*, Instituto Nacional de Protección a la Infancia, México, 1975.

Alatorre, Antonio, *Serafina y Sor Juana*, El Colegio de México, México, 1998.

Arias de la Canal, Fredo, *Intento de psicoanálisis de Juana Inés*, Frente de Afirmación Hispanista, México, 1972.

Benítez, Fernando, *Los demonios en el convento*, Era, México, 1985.

Bénassy-Berling, Merie-Cécile, "Sobre dos textos del arzobispo Francisco Aguiar y Seijas", en Sara Poot (ed.), *Y diversa de mí misma entre vuestras plumas ando*, El Colegio de México, México, 1993.

Bijuesca, Koldovica, "Una mujer introducida a teóloga y escriturista: Exegesis y predicación en la *Respuesta*", en Josú Bijuesca y Pablo Briesca, *Sor Juana & Vieira. Trescientos años después*, University of California, Santa Bárbara, 1998.

Bouvier, Virginia, "Sor Juana y la Inquisición: las paradojas del poder", *Revista de Crítica Literaria Latinoamericana*, Lima-Hanover, v. XXIV: 1999, pp. 63-78.

Camarena Castellanos, Ricardo, "La crisis de otro sermón: La Fineza mayor, de Francisco Javier Palavicino", en Josú Bijuesca y Pablo Briesca, *Sor Juana & Vieira. Trescientos años después*, University of California, Santa Bárbara, 1998.

De la Cruz, Juana Inés, *Obras completas*, Porrúa, México, 2002.

De la Maza, Francisco, *Sor Juana Inés de la Cruz ante la Historia*, pról. de Elías Trabulse, El Colegio de México, México, 1982.

Egan, Linda, "Donde Dios todavía es mujer: Sor Juana Inés y la teología feminista", en Sara Poot (ed.), *Y diversa de mí misma entre vuestras plumas ando*. Homenaje Internacional a Sor Juana Inés de la Cruz, El Colegio de México, México, 1993.

Elizondo Alcaraz, Carlos, *Presencia de Sor Juana Inés en el siglo XXI*, Instituto Mexiquense de Cultura, México, 2004.

Galaviz, Juan M., *Juana Inés de la Cruz*, Quórum, México, 1987.

Junco, Alfonso, *El amor de Sor Juana*, Jus, México, 1951.

Keil, Johann Georg, *Las comedias de Pedro Calderón de la Barca: cotejadas con las mejores ediciones hasta ahora publicadas*, Casa de Ernesto Fleischer, Nueva York, 1827.

Leal, Luis, "Sor Juana y la crítica", en Josú Bijuesca y Pablo Briesca, *Sor Juana & Vieira. Trescientos años después*, University of California, Santa Bárbara, 1998.

López González, Aralia, "Anticipaciones feministas en la vida y en la obra de Sor Juana Inés de la Cruz", en Sara Poot (ed.), *Y diversa de mí misma entre vuestras plumas ando*. Homenaje Internacional a Sor Juana Inés de la Cruz, El Colegio de México, México, 1993.

Manjares, Alejandro, "Mujeres exitosas", *Síntesis*, México, 1 de marzo de 2009, en http://www.sintesisdigital.pue-mx.com/Muestra Analisis.aspx?id=91

Marquet, Antonio, "Para atravesar el espejo: de Sor Juana a Serafina de Cristo", en Josú Bijuesca y Pablo Briesca, *Sor Juana & Vieira. Trescientos años después*, University of California, Santa Bárbara, 1998.

Martínez López, Enrique, "Sor Juana, Vieira y Justo Lipsio en la Carta de Sor Filotea de la Cruz", en Josú Bijuesca y Pablo Briesca, *Sor Juana & Vieira. Trescientos años después*, University of California, Santa Bárbara, 1998.

Medina, Toribio, *La Inquisición en México*, Imprenta Elzeviriana, Santiago de Chile, 1905.

Méndez, María Águeda, "Las mujeres en la vida de Antonio Núñez de Miranda, confesor de Sor Juana", en *Aproximaciones a Sor Juana*, Universidad del Claustro de Sor Juana, México, 2005.

——, "La prohibición y la conveniencia: Antonio Núñez de Miranda y la Inquisición novohispana", en Josú Bijuesca y Pablo Briesca, *Sor Juana & Vieira. Trescientos años después*, University of California, Santa Bárbara, 1998.

Montané, Julio C., *Intriga en la corte*, Universidad de Sonora, México, 1997.

Muriel, Josefina, "Sor Juana Inés de la Cruz y los escritos del padre Antonio Núñez de Miranda", en Sara Poot (ed.), *Y diversa de mí misma entre vuestras plumas ando*. Homenaje Internacional a Sor Juana Inés de la Cruz, El Colegio de México, México, 1993.

Paz, Octavio, *Sor Juana Inés de la Cruz o Las trampas de la fe*, FCE, México, 1982.

Peñalosa, Joaquín Antonio, *Alrededores de Sor Juana*, Universidad de San Luis Potosí, México, 1997.

Poot-Herrera, Sara, "Una carta finamente calculada, la de Serafina de Cristo", en Josú Bijuesca y Pablo Briesca, *Sor Juana & Vieira. Trescientos años después*, University of California, Santa Bárbara, 1998.

Puccini, Darío, *Una mujer en soledad: Sor Juana Inés de la Cruz, una excepción en la cultura y la literatura barroca*, FCE, México, 1997.

Quintero Íñiguez, Alejandro Jesús, *A Francisco lo persiguen los demonios: la infancia de un obispo del siglo XVII*, tesis de maestría, Universidad Iberoamericana, México, 2007.

Rebelo Gómes, Florbela, "Una nueva lectura de la *Carta Atenagórica*", en Sara Poot (ed.), *Y diversa de mí misma entre vuestras plumas ando*. Homenaje Internacional a Sor Juana Inés de la Cruz, El Colegio de México, México, 1993.

Sabat de Riviers, Georgina, "Mujeres nobles del entorno de Sor Juana", en Sara Poot (ed.), *Y diversa de mí misma entre vuestras plumas ando*. Homenaje Internacional a Sor Juana Inés de la Cruz, El Colegio de México, México, 1993.

——, "Octavio Paz ante Sor Juana Inés de la Cruz", MLN, *Hispanic Issue*, The Johns Hopkins University Press, marzo 1985, núm. 2, pp. 417-423.

Schons, Dorothy, "Some Obscure Points in the Life of Sor Juana Inés De La Cruz", *Modern Philology*, The University of Chicago Press, noviembre 1926, núm. 2, pp. 141-162.

Scott, Ninna M., "Ser mujer, ni estar ausente, no es de amarte impedimento: los poemas de Sor Juana a la Condesa de Paredes", en Sara Poot (ed.), *Y diversa de mí misma entre vuestras plumas ando*. Homenaje Internacional a Sor Juana Inés de la Cruz, El Colegio de México, México, 1993.

Sistema informativo Arquidiócesis de México, www.siame.com.mx/index2.php?option=com_content&do_pdf=1&id=3832, 2008.

Spell, Lota M., *Cuatro documentos relativos a Sor Juana*, Imprenta Universitaria, México, 1947.

Trabulse, Elías, *El enigma de Serafina de Cristo: acerca de un manuscrito inédito de Sor Juana Inés de la Cruz (1691)*, Instituto Mexiquense de Cultura, México, 1995.

——, "El silencio final de Sor Juana", en Josú Bijuesca y Pablo Briesca, *Sor Juana & Vieira. Trescientos años después*, University of California, Santa Bárbara, 1998.

Vernon, Richard, "Sor Juana and Vieira", en Josú Bijuesca y Pablo

Briesca, *Sor Juana & Vieira. Trescientos años después*, University of California, Santa Bárbara, 1998.

Zertuche, Francisco, *Sor Juana y la Compañía de Jesús*, Universidad de Nuevo León, México, 1961.

ÍNDICE